Michael Bartl

**Virtuelle Kundenintegration
in die Neuproduktentwicklung**

Betriebswirtschaftslehre für Technologie und Innovation, Band 52

Herausgegeben von Prof. Dr. Dr. h.c. Sönke Albers,
Prof. Dr. Dr. h.c. Klaus Brockhoff (em.),
Prof. Dr. Holger Ernst,
Prof. Dr. Hans Georg Gemünden,
Prof. Dr. Dr. h.c. Jürgen Hauschildt,
Prof. Dr. Thorsten Teichert

Geschäftsführender Herausgeber:
Professor Dr. Dr. h.c. Sönke Albers,
Institut für betriebswirtschaftliche Innovationsforschung,
Christian-Albrechts-Universität zu Kiel

In der Schriftenreihe werden Ergebnisse von Forschungsarbeiten veröffentlicht, die sich in herausragender Weise mit Fragen des Managements neuer Technologien, der industriellen Forschung und Entwicklung und von Innovationen aus betrieblicher Perspektive beschäftigen. Die Reihe richtet sich an Leser in Wissenschaft und Praxis, die Anregungen für die eigene Arbeit und Problemlösungen suchen. Sie ist nicht auf Veröffentlichungen aus den Instituten der Herausgeber beschränkt.

Michael Bartl

Virtuelle Kundenintegration in die Neuproduktentwicklung

Mit einem Geleitwort von Prof. Dr. Holger Ernst

Deutscher Universitäts-Verlag

Bibliografische Information Der Deutschen Nationalbibliothek
Die Deutsche Nationalbibliothek verzeichnet diese Publikation in der
Deutschen Nationalbibliografie; detaillierte bibliografische Daten sind im Internet über
<http://dnb.d-nb.de> abrufbar.

Dissertation WHU – Otto Beisheim School of Management Vallendar, 2006

1. Auflage September 2006

Alle Rechte vorbehalten
© Deutscher Universitäts-Verlag | GWV Fachverlage GmbH, Wiesbaden 2006

Lektorat: Brigitte Siegel / Sabine Schöller

Der Deutsche Universitäts-Verlag ist ein Unternehmen von Springer Science+Business Media.
www.duv.de

Das Werk einschließlich aller seiner Teile ist urheberrechtlich geschützt. Jede Verwertung außerhalb der engen Grenzen des Urheberrechtsgesetzes ist ohne Zustimmung des Verlags unzulässig und strafbar. Das gilt insbesondere für Vervielfältigungen, Übersetzungen, Mikroverfilmungen und die Einspeicherung und Verarbeitung in elektronischen Systemen.

Die Wiedergabe von Gebrauchsnamen, Handelsnamen, Warenbezeichnungen usw. in diesem Werk berechtigt auch ohne besondere Kennzeichnung nicht zu der Annahme, dass solche Namen im Sinne der Warenzeichen- und Markenschutz-Gesetzgebung als frei zu betrachten wären und daher von jedermann benutzt werden dürften.

Umschlaggestaltung: Regine Zimmer, Dipl.-Designerin, Frankfurt/Main
Druck und Buchbinder: Rosch-Buch, Scheßlitz
Gedruckt auf säurefreiem und chlorfrei gebleichtem Papier
Printed in Germany

ISBN-10 3-8350-0450-6
ISBN-13 978-3-8350-0450-4

Meinen lieben Eltern

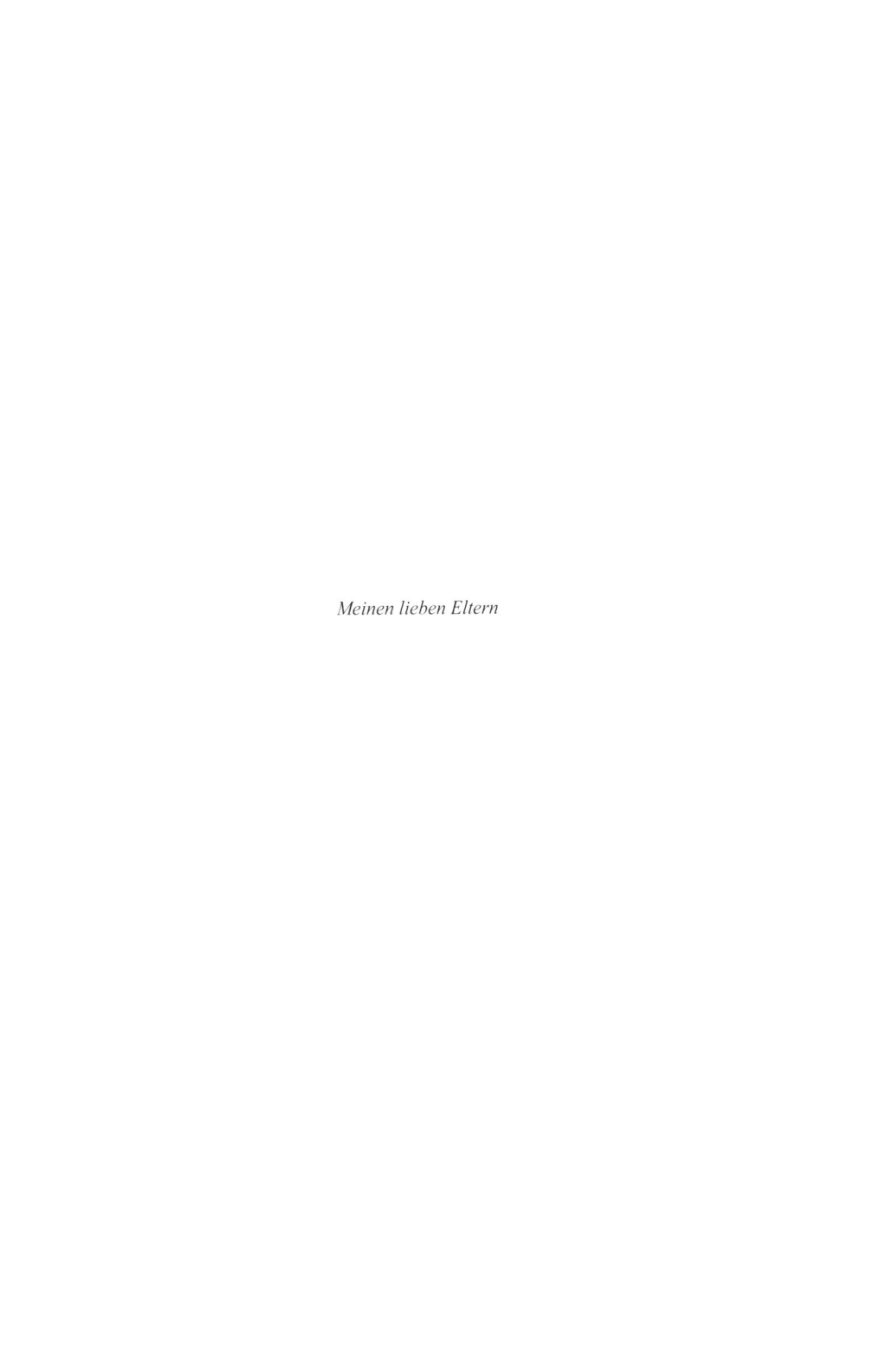

Geleitwort

Die Nutzung des Internets für die Einbindung von Kunden in die Neuproduktentwicklung verspricht große Potenziale. Das Internet kann die Distanz zwischen Unternehmen und Kunden reduzieren und die konsequente Orientierung des Neuproduktentwicklungsprozesses an den Anforderungen des Marktes verbessern. Da es bisher kaum aussagefähige empirische Befunde zur internet-gestützten, virtuellen Kundenintegration in die Neuproduktentwicklung (VKI) gab, leistet die vorliegende Arbeit von Herrn Bartl Pionierarbeit und liefert erste wichtige Hinweise für die Wissenschaft und die Unternehmenspraxis.

Herr Bartl zeigt zunächst die konzeptionellen Möglichkeiten der VKI auf. Zahlreiche praktische Beispiele der VKI aus verschiedenen Industrien illustrieren die Ausführungen in gelungener Art und Weise. Herr Bartl testet dann in einer sehr umfangreichen Fallstudie, die er zusammen mit der Audi AG durchführte, die Eignung der VKI für die Unternehmenspraxis. Von den vielen interessanten empirischen Befunden können an dieser Stelle nur einige grundsätzliche Aspekte hervorgehoben werden:

Es zeigt sich, dass die Teilnahmebereitschaft von Kunden an der VKI hoch ist, auch wenn keine expliziten Anreize für Kunden zur Teilnahme an der VKI gegeben werden. Kunden scheinen primär intrinsisch motiviert zu sein, an der Neuproduktentwicklung mit Unternehmen teilzunehmen. Durch die VKI lassen sich hochwertige Ideen von Kunden für neue Produkte gewinnen. Aus der Sicht der befragten Experten von Audi haben die von Kunden generierten Ideen ein hohes Anwendungspotenzial. Die Neuartigkeit der Ideen ist aus Sicht der Unternehmensexperten allerdings gering. Radikale Produktideen sind von Kunden daher eher nicht zu erwarten. Die Befunde von Herrn Bartl zeigen ferner, dass innovative, aber auch nicht-innovative Kunden qualitativ hochwertige Ideen liefern. Dieser Befund lässt die „Lead-User"-Forschung in einem differenzierteren Licht erscheinen. Innovative Kunden liefern zwar häufiger Ideen als nicht-innovative Kunden; allerdings rechtfertigt die zumindest nicht schlechtere Qualität der Ideen, dass Firmen auch nicht-innovative Kunden in die Neuproduktenwicklung einbinden. Durch eine ausschließliche Fokussierung auf innovative Kunden besteht die Gefahr, dass das kreative Potenzial anderer Kundengruppen ungenutzt bleibt. Das Internet als Instrument der Kundeneinbindung wird aufgrund seiner grundsätzlichen Eigenschaften (Reichweite, Effizienz etc.) um so wichtiger, je mehr Kunden für die Zwecke der Neuproduktentwicklung erreicht werden sollen.

Neben der Generierung von vielversprechenden Ideen für neue Produkte, kann die VKI auch eingesetzt werden, um ganze Produktkonzepte durch Kunden bewerten zu lassen. Herr Bartl testet dazu, wiederum am Beispiel der Audi AG, die Anwendung des sogenannten „User Designs", mit dessen Hilfe sich Kunden im Internet ihr optimales Produkt zusammenstellen können. Aus der Konfiguration, dem Klickverhalten und den Antworten der Kunden, können Unternehmen wichtige Informationen zur optimalen Gestaltung neuer Produkte (z.B. relevante Produkteigenschaften und Zahlungsbereitschaften) gewinnen. Die erste erfolgreiche empirische Anwendung dieser Methode zeigt die großen Möglichkeiten der VKI bei der Entwicklung neuer Produkte.

Herr Bartl gibt schließlich noch empirisch fundierte Empfehlungen zur optimalen Gestaltung der VKI ab, und er identifiziert wichtige Faktoren, die den erfolgreichen Einsatz der VKI in Unternehmen beeinflussen.

Insgesamt hat Herr Bartl eine methodisch und empirisch fundierte Arbeit vorgelegt, die die Möglichkeiten der VKI für die Neuproduktentwicklung aufzeigt. Die Arbeit von Herrn Bartl wird die Verbreitung der VKI in der unternehmerischen Praxis positiv beeinflussen. Für Unternehmen, die sich über die Möglichkeiten der VKI fundiert informieren möchten, gehört die Arbeit von Herrn Bartl sicherlich zur Standardlektüre.

Prof. Dr. Holger Ernst

Vorwort

Eine Zentrale Voraussetzung für die Entwicklung erfolgreicher Neuprodukte ist die Ausrichtung des Innovationsprozesses an den Wünschen und Bedürfnissen der Kunden. Neben der klassischen Rolle des Kunden als Abnehmer und passiven Leistungsempfängers werden in jüngster Zeit neue Formen der aktiven Einbindung des Kunden als Innovationsquelle in Konsumgütermärkten verstärkt diskutiert. Insbesondere die virtuellen Interaktionsmöglichkeiten im Internet bieten enorme Potenziale, um von dem Innovationstrieb der Kunden zu profitieren und eine konsequente Orientierung des Neuproduktentwicklungsprozesses an den Marktanforderungen zu erlangen.

Vor diesem Hintergrund ist die grundlegende Zielsetzung der Arbeit, die Interaktion zwischen innovierenden Unternehmen und Endkunden mit den aktuellen Potenzialen und Herausforderungen des Internets sinnvoll zu verknüpfen und erstmals umfassend und systematisch zu untersuchen. Der Arbeit liegen eine empirische Untersuchung aus der Perspektive der innovierenden Unternehmen und eine zweite aus der Perspektive eingebundener Kunden zugrunde.

Ausgangspunkt und Grundlage des Dissertationsvorhabens bildete meine Tätigkeit bei der AUDI AG, Abteilung Infotainment. Demgemäß gilt zunächst mein großer Dank Herrn Ricky Hudi für die lehrreichen Jahre und seine intensive Unterstützung während meiner Zeit bei I/EE-5. Im November 2005 wurde die vorliegende Arbeit von der WHU (Wissenschaftliche Hochschule für Unternehmensführung), Otto-Beisheim-Hochschule, als Promotionsschrift angenommen. Sie wurde am Lehrstuhl für Betriebswirtschaftslehre, insbesondere Technologie- und Innovationsmanagement angefertigt. Prof. Dr. Holger Ernst danke ich sehr herzlich für die wissenschaftliche Betreuung und jederzeitige Unterstützung der Arbeit. Seine Diskussionsbeiträge und Vorschläge haben wesentlich zur erfolgreichen Fertigstellung der Dissertationsschrift beigetragen. Herrn Prof. Dr. Detlef Schoder danke ich für die bereitwillige Übernahme des Korreferats und dessen zügige Abwicklung. Meinen Kollegen am Lehrstuhl, Herrn Simon Papies, Herrn Marcus Rumpf †, Herrn Jan Henrik Soll und Herrn Carsten Vogt danke ich für die ungezählten Diskussionen und Gespräche sowie deren tatkräftige Unterstützung insbesondere in den turbulenten Phasen der Arbeit. Herr Rochus Landgraf hat sich durch die kompetente Durchsicht der Arbeit Verdienste erworben. Ein besonderer Dank gilt Herrn Dr. Johann Füller für die langjährige wissenschaftliche Zusammenarbeit im Bereich der virtuellen Kundenintegration, die in Kombination mit unserer beruflichen Partnerschaft hoffentlich noch lange Zeit fortgesetzt werden wird. Herrn Schmidt, ebenfalls Vorstand der HYVE AG, danke ich für die aufgebrachte Geduld und seinen ausgleichenden Arbeitseinsatz bis zur Fertigstellung der Dissertationsschrift. Meinen Eltern, die mich während meiner gesamten Ausbildung gefördert und bei meinen Zukunftsplänen stets unterstützt haben, möchte ich diese Arbeit widmen.

Michael Bartl

Inhaltsverzeichnis

Abbildungsverzeichnis XVII

Tabellenverzeichnis XXI

1 Einführung 1
   1.1 Problemstellung 1
   1.2 Zielsetzung und Aufbau der Arbeit 5
   1.3 Abgrenzung zentraler Begriffe 10

2 Grundlegende Erkenntnisse zur Kundenintegration 16
   2.1 Interaktionsforschung als theoretisches Fundament der Kundenintegration 16
   2.2 Kundenintegration als Interessengebiet der Erfolgsfaktorenforschung 20
   2.3 Arbeiten zum Rollenverständnis des Kunden in der Neuproduktentwicklung 23

3 Stand der Forschung zur virtuellen Kundenintegration 27
   3.1 Virtual Customer Integration nach Ernst 27
      3.1.1 Phasenspezifische Einsatzpotenziale der virtuellen Kundenintegration im Neuproduktentwicklungsprozess 27
      3.1.2 Zentrale Vorteilsdimensionen der virtuellen Kundenintegration 38
   3.2 Weitere konzeptionelle Ansätze zur virtuellen Kundenintegration 41
      3.2.1 Virtuelle Kundenintegration nach Meyer/Pfeiffer 41
      3.2.2 E-Customer-Innogration nach Rüdiger 44
      3.2.3 Internetbasierte Anwenderkooperation nach Wobser 46
   3.3 Methodenorientierte Forschungsarbeiten zur virtuellen Kundenintegration 50
      3.3.1 Methoden der Initiative "Virtual Customer" 52
      3.3.2 Der Toolkit-Ansatz 55
      3.3.3 Community Based Innovation 59
   3.4 Forschungsdefizit und Einordnung der vorliegenden Arbeit 64

4	Bezugsrahmen der Untersuchung zur virtuellen Kundenintegration	66
5	**Untersuchungsblickwinkel Kunde**	**70**
5.1	Selektion und Beiträge fortschrittlicher Kunden	70
5.1.1	Merkmale fortschrittlicher Kunden	70
5.1.2	Identifikation fortschrittlicher Kunden im Internet	75
5.1.3	Der Selbstselektionseffekt	77
5.1.4	Qualität der Kundenbeiträge	80
5.2	Einflussfaktoren des Innovationstransfers im Internet	81
5.2.1	Informationsgehalt	82
5.2.2	Realitätsgetreue Produktpräsentation	84
5.2.3	Benutzerfreundlichkeit	85
5.2.4	Einbindungsgrad	86
5.2.5	Spaßfaktor	87
5.3	Einsatz des User Designs zur Unterstützung des Innovationstransfers	88
6	**Untersuchungsblickwinkel Unternehmen**	**93**
6.1	Akzeptanz der virtuellen Kundenintegration	93
6.1.1	Konkretisierung des Messmodells	94
6.1.1.1	Verhaltensorientierte Akzeptanz	96
6.1.1.2	Akzeptanz als affektive Einstellungskomponente	97
6.1.1.3	Akzeptanz als kognitive Einstellungskomponente	98
6.1.1.4	Subjektive Normen	100
6.1.1.5	Wahrgenommene Verhaltenskontrolle	101
6.1.2	Determinanten der kognitiven Einstellungskomponente	102
6.1.2.1	Vorteilsdimensionen	102
6.1.2.2	Nachteilsdimensionen	108
6.1.3	Der Einfluss situativer Faktoren	113
6.1.3.1	Untersuchung direkter Einflüsse	113

6.1.3.2 Untersuchung moderierender Einflüsse 116

6.1.4 Das Messmodell im Überblick 116

6.2 Gestaltung der virtuellen Kundenintegration 117

6.2.1 Gestaltungsmerkmale der virtuellen Kundenintegration 119

6.2.1.1 Intensität 120

6.2.1.2 Kontinuität 121

6.2.1.3 Anonymität 123

6.2.1.4 Interaktions- und Kommunikationsmuster 125

6.2.1.5 Zugang zur Interaktion 128

6.2.1.6 Organisatorische Aufhängung 131

6.2.2 Die Innovationsaufgabe als situativer Faktor 135

6.2.3 Bedingungszusammenhänge zwischen Innovationsaufgabe und Gestaltung. 138

6.3 Motivation und Anreize zur virtuellen Kundenintegration 141

6.3.1 Motivationsgrundlage der virtuellen Kundenintegration 142

6.3.2 Anreize zur Aktivierung intrinsischer und extrinsischer Motive 146

7 Grundlagen der empirischen Untersuchung 149

7.1 Vorgehensweise der empirischen Untersuchung 149

7.2 Methodische Aspekte im Rahmen der Datenanalyse 151

7.2.1 Operationalisierung und Messung von Konstrukten 152

7.2.2 Dependenzanalyse 156

7.2.2.1 Varianzanalyse 156

7.2.2.2 Regressionsanalyse 156

7.2.2.3 Strukturgleichungsanalyse 161

8 Empirische Analyse - Untersuchungsblickwinkel Kunde 163

8.1 Datenerhebung und Datenbasis 163

8.1.1 Infotainment Elektronik im Automobil als empirisches Feld 163

8.1.2 Erhebungskonzeption und Ablauf des Virtual Labs 167

8.1.3 Informationen zum Sample 172
8.2 Empirische Befunde zur Selektion und den Beiträgen fortschrittlicher Kunden ... 176
    8.2.1 Messung der berücksichtigten Variablen 176
    8.2.2 Deskriptive Untersuchungsergebnisse zu den Kundenmerkmalen 179
    8.2.3 Deskriptive Untersuchungsergebnisse zu der Qualität der Kundenbeiträge .. 180
    8.2.4 Befunde zum Selbstselektionseffekt 183
    8.2.5 Explikative Untersuchungsergebnisse des Zusammenhangs zwischen den Kundenmerkmalen und der Beitragsqualität 186
8.3 Empirische Befunde zum Innovationstransfer 195
    8.3.1 Messung der Einflussfaktoren des Innovationstransfers 195
    8.3.2 Deskriptive Untersuchungsergebnisse zum Innovationstransfer 199
    8.3.3 Explikative Untersuchungsergebnisse zum Innovationstransfer 201
8.4 Methodentest des User Designs 204
    8.4.1 Einsatz des User Designs im Virtual Lab 204
    8.4.2 Plausibilität und Weiterentwicklung des User Designs bei der Audi AG 207

9 Empirische Analyse - Untersuchungsblickwinkel Unternehmen 212
9.1 Datenerhebung und Datenbasis 212
    9.1.1 Erhebungskonzeption und Ablauf der Befragung 212
    9.1.2 Informationen zum Sample 216
9.2 Empirische Befunde zur Akzeptanz 219
    9.2.1 Operationalisierung des Messmodells 219
        9.2.1.1 Operationalisierung der Hauptelemente 219
        9.2.1.2 Operationalisierung der Vorteils- und Nachteilsdimensionen 224
        9.2.1.3 Operationalisierung der situativen Faktoren 225
    9.2.2 Deskriptive Bestandsaufnahme zur virtuellen Kundenintegration 231
    9.2.3 Befunde zur Einstellung gegenüber der virtuellen Kundenintegration 235
    9.2.4 Kausalanalyse zur verhaltensorientierten Akzeptanz 241
    9.2.5 Befunde zu den situativen Einflüssen 244

9.2.5.1 Direkte Einflüsse der situativen Faktoren 244

9.2.5.2 Moderierende Einflüsse der situativen Faktoren 245

9.3 Empirische Befunde zur Gestaltung 250

9.3.1 Deskriptive Untersuchungsergebnisse zu den Gestaltungsmerkmalen 250

9.3.1.1 Intensität 250

9.3.1.2 Kontinuität 252

9.3.1.3 Anonymität 254

9.3.1.4 Interaktions- und Kommunikationsmuster 255

9.3.1.5 Zugang zur Interaktion 256

9.3.1.6 Organisatorische Aufhängung 257

9.3.1.7 Ergänzende deskriptive Auswertungen 259

9.3.2 Deskriptive Untersuchungsergebnisse zur Innovationsaufgabe als situativer Faktor 260

9.3.3 Bedingungszusammenhänge zwischen der Innovationsaufgabe und der Gestaltung 261

9.4 Empirische Befunde zu den Anreizen 265

9.4.1 Deskriptive Untersuchungsergebnisse zu den Anreizen 265

9.4.2 Bedingungszusammenhänge zwischen der Gestaltung und der Gewährung von Anreizen 267

10 Zusammenfassung und Implikationen 270

10.1 Zusammenfassung der wesentlichen Befunde 270

10.2 Implikationen für die Wissenschaft 278

10.3 Implikationen für die Unternehmenspraxis 281

Anhang 285

Literaturverzeichnis 293

Stichwortverzeichnis 327

Abbildungsverzeichnis

Abbildung 1:	Aufbau der Arbeit	8
Abbildung 2:	Nichtlinearer Zusammenhang der Kundeneinbindung und NPE-Profitabilität	22
Abbildung 3:	Ideeneingabe im Windowlab	31
Abbildung 4:	Konzeptpräsentation und Bewertung im Windowlab	32
Abbildung 5:	Swarovski Toolkit für Schmuckdesign im Internet	33
Abbildung 6:	Von Kunden entwickelte Crystal Tattoo Motive	34
Abbildung 7:	Visuelle und textliche Präsentation des innovativen Weinkorkenkonzepts	35
Abbildung 8:	Ausschnitt der internetbasierten Conjoint-Analyse	36
Abbildung 9:	Einfluss der VKI auf den NPE-Erfolg	41
Abbildung 10:	Dimensionen der virtuellen Kundenintegration nach Rüdiger	45
Abbildung 11:	Regelkreis der Anwenderkooperation nach Wobser	48
Abbildung 12:	Startbildschirm	58
Abbildung 13:	Anwendermodi zur Spielentwicklung	59
Abbildung 14:	Schuhkonzept des Air Odonata	61
Abbildung 15:	Bezugsrahmen der Untersuchung zur virtuellen Kundenintegration	67
Abbildung 16:	Virtueller Prototyp eines neuartigen Snowboardrucksacks	85
Abbildung 17:	Bearbeitungshinweise zur Benutzerführung	86
Abbildung 18:	Einstellungs-Verhaltens-Theorien	96
Abbildung 19:	Akzeptanzmodell der virtuellen Kundenintegration	117
Abbildung 20:	Kontingenzanalyse der Bedingungszusammenhänge zwischen Innovationsaufgabe, Gestaltung und Anreizen	118
Abbildung 21:	Kontinuierliche Einbindungsplattform bei Procter&Gamble	123
Abbildung 22:	Auszug einer Online-Studie zur Evaluierung eines modularen Laufschuhkonzepts	124
Abbildung 23:	Kommunikationstriade der virtuellen Kundenintegration	126

Abbildung 24:	Beispiele für Bannerwerbungen zur VKI	128
Abbildung 25:	Bewerbung der VKI für ein Produkt aus der Konsumgüterwelt	129
Abbildung 26:	Abgrenzung des Typs der Innovationsaufgabe anhand der Aufgabenmerkmale	137
Abbildung 27:	Grobskizze zur Vorgehensweise der empirischen Gesamtuntersuchung	149
Abbildung 28:	Graphische Darstellung moderierender Effekte	160
Abbildung 29:	Entwicklungsansatz der Audi AG	166
Abbildung 30:	Aufbau und Ablauf des Virtual Lab	168
Abbildung 31:	Informationsbereich des Virtual Lab	169
Abbildung 32:	Kundenbewertung angebotener Dienste	170
Abbildung 33:	Textfeld zur Eingabe der Infotainmentvisionen der Kunden	171
Abbildung 34:	„pop up"-Fenster zur Teilnehmerrekrutierung im Internet	172
Abbildung 35:	Auszug des Newsletters zur Ankündigung des Virtual Labs	173
Abbildung 36:	Selektionsraten des Virtual Labs in Abhängigkeit der Erhebungsform	174
Abbildung 37:	Deskriptive Übersicht der Merkmalsausprägungen teilnehmender Kunden	179
Abbildung 38:	Deskriptive Übersicht zur Beitragsqualität im Bereich Visionen	181
Abbildung 39:	Deskriptive Übersicht zur Beitragsqualität im Bereich Dienste	182
Abbildung 40:	Dimensionen der Beitragsqualität im Bereich Visionen und Dienste	182
Abbildung 41:	Adaptionsverhalten der Kunden	185
Abbildung 42:	Auszug einer bildbetonten Darstellung zum Thema Telematik im Virtual Lab	196
Abbildung 43:	Virtueller Prototyp eines Radionavigationssystems im Virtual Lab	197
Abbildung 44:	Benutzerführung im Virtual Lab	197
Abbildung 45:	Deskriptive Übersicht der Einflussfaktoren des Innovationstransfers	200
Abbildung 46:	Teilnehmer des Virtual Lab nach Automarken	203
Abbildung 47:	User Design zur Entwicklung eines Infotainmentsystems	205
Abbildung 48:	Übersicht des konfigurierten Gesamtgeräts	206
Abbildung 49:	Das User Design im Virtual Lab II	209

Abbildungsverzeichnis XIX

Abbildung 50: Anpassungsmöglichkeiten der Konfiguration im Virtual Lab II 210

Abbildung 51: Vergleichsmöglichkeit der Kundenkonfiguration mit den von Audi geplanten Gerätekonfigurationen 211

Abbildung 52: Aufbau des Online-Fragebogens zur virtuellen Kundenintegration 215

Abbildung 53: Phasenspezifischer Umfang der virtuellen Kundeneinbindung 232

Abbildung 54: Internetnutzung zur kundenbezogenen Informationsgewinnung 233

Abbildung 55: Bestandsaufnahme zur Verwendung der virtuellen Kundenintegration 234

Abbildung 56: Deskriptive Auswertung zur affektiven Einstellungskomponente 236

Abbildung 57: Übersicht der Expectancy-Values der Vorteile virtueller Kundenintegration 237

Abbildung 58: Übersicht der Expectancy-Values der Nachteile virtueller Kundenintegration 238

Abbildung 59: Kausalmodell der verhaltensorientierten Akzeptanz 241

Abbildung 60: Moderierender Effekt der Marktorientierung auf die Beziehung zwischen kognitiver Einstellung und verhaltensorientierter Akzeptanz 248

Abbildung 61: Moderierender Effekt der Marktorientierung auf die Beziehung zwischen subjektiven Normen und verhaltensorientierter Akzeptanz 249

Abbildung 62: Intensität der virtuellen Kundenintegration 251

Abbildung 63: Kontinuität der virtuellen Kundenintegration 253

Abbildung 64: Anonymität der virtuellen Kundenintegration 254

Abbildung 65: Interaktions- und Kommunikationsmuster der virtuellen Kundenintegration 255

Abbildung 66: Zugang zur virtuellen Kundenintegration 256

Abbildung 67: Organisatorische Aufhängung der virtuellen Kundenintegration 257

Abbildung 68: Rollenstruktur der Kunden 259

Abbildung 69: Erwünschter Ausarbeitungsgrad der Kundenbeiträge 260

Abbildung 70: Erforderliche und gewährte Anreize zur Teilnahmemotivation der Kunden 265

Abbildung 71: Moderierender Effekt der Technologiedynamik auf die Beziehung zwischen kognitiver Einstellungskomponente und verhaltensorientierter Akzeptanz 290

Abbildung 72: Moderierender Effekt der Managementposition auf die Beziehung zwischen sozialen Normen und verhaltensorientierter Akzeptanz 290

Abbildung 73: Moderierender Effekt der Managementposition auf die Beziehung zwischen wahrgenommener Verhaltenskontrolle und verhaltensorientierter Akzeptanz 291

Abbildung 74: Moderierender Effekt des Geschlechts auf die Beziehung zwischen wahrgenommener Verhaltenskontrolle und verhaltensorientierter Akzeptanz 291

Tabellenverzeichnis

Tabelle 1:	Phasenspezifische Einsatzpotenziale der virtuellen Kundenintegration nach Ernst	28
Tabelle 2:	Entwicklungen in der Marktforschung	51
Tabelle 3:	„Virtual Customer" Methoden entlang des Innovationsprozesses	54
Tabelle 4:	Kundenseitige Motive zur Teilnahme an der virtuellen Kundenintegration	144
Tabelle 5:	Anreize zur Motivaktivierung	146
Tabelle 6:	Überblick der Gütekriterien der 1. Generation zur Konstruktbeurteilung	153
Tabelle 7:	Überblick der Gütekriterien der 2. Generation zur Konstruktbeurteilung	155
Tabelle 8:	Überblick der Gütekriterien der multiplen Regressionsanalyse	158
Tabelle 9:	Überblick der Gütekriterien der logistischen Regression	159
Tabelle 10:	Vergleich der Merkmale fortschrittlicher Kunden Offline versus Online	175
Tabelle 11:	Übersicht zur Messung der Merkmale fortschrittlicher Kunden	176
Tabelle 12:	Vergleich der Merkmale fortschrittlicher Kunden Offline versus Online	184
Tabelle 13:	Merkmalsvergleich in Abhängigkeit der eingereichten Innovationsbeiträge im Bereich Visionen	187
Tabelle 14:	Merkmalsvergleich in Abhängigkeit der eingereichten Innovationsbeiträge im Bereich Dienste	187
Tabelle 15:	Gruppeneinteilung nach der Fortschrittlichkeit der Kunden	189
Tabelle 16:	ANOVA zur Qualität der Innovationsbeiträge	190
Tabelle 17:	Logistische Regression zum Einfluss der Merkmale fortschrittlicher Kunden auf die Qualität im Bereich Visionen	192
Tabelle 18:	Logistische Regression zum Einfluss der Merkmale fortschrittlicher Kunden auf die Qualität im Bereich Dienste	193
Tabelle 19:	Übersicht zur Messung der Einflussfaktoren des Innovationstransfers	198
Tabelle 20:	Einflussfaktoren des Innovationstransfers	201
Tabelle 21:	Informationen zum Sample	218

Tabelle 22:	Operationalisierung der Modellkomponenten zur verhaltensorientierten Akzeptanz	220
Tabelle 23:	Gütekriterien des Faktors der affektiven Einstellung	221
Tabelle 24:	Gütekriterien des Faktors der verhaltensorientierten Akzeptanz	223
Tabelle 25	Operationalisierung der Vorteils- und Nachteilsdimensionen der virtuellen Kundenintegration	225
Tabelle 26:	Übersicht der Indikatoren zur Messung situativer Faktoren der Umfeldebene	227
Tabelle 27:	Informationen zum Konstrukt Technologiedynamik.	228
Tabelle 28:	Informationen zum Konstrukt Marktorientierung	229
Tabelle 29:	Informationen zum Konstrukt Innovativität	231
Tabelle 30:	Einfluss der Vorteile virtueller Kundenintegration auf die kognitive Einstellung	239
Tabelle 31:	Einfluss der Nachteile virtueller Kundenintegration auf die kognitive Einstellung	240
Tabelle 32:	Direkte Einflüsse der situativen Faktoren auf die verhaltensorientierte Akzeptanz	244
Tabelle 33:	Untersuchungsdesign zur Überprüfung moderierender Effekte der situativen Faktoren	246
Tabelle 34:	Moderierende Effekte der Marktorientierung mit der verhaltensorientierten Akzeptanz als abhängige Variable	247
Tabelle 35:	Operationalisierung der Merkmale der Innovationsaufgabe	261
Tabelle 36:	Zusammenhänge zwischen der Innovationsaufgabe und der Gestaltung	263
Tabelle 37:	Zusammenhänge zwischen der Gestaltung und den gewährten Anreizen	268
Tabelle 38:	Übersicht der Hypothesenprüfung der Gesamtuntersuchung zur virtuellen Kundenintegration	272
Tabelle 39:	Moderierende Effekte der Technologiedynamik mit der verhaltensorientierten Akzeptanz als abhängige Variable	285
Tabelle 40:	Moderierende Effekte der Mitarbeiteranzahl mit der verhaltensorientierten Akzeptanz als abhängige Variable	286
Tabelle 41:	Moderierende Effekte der Innovativität mit der verhaltensorientierten Akzeptanz als abhängige Variable	287

Tabelle 42: Moderierende Effekte der Managementposition mit der verhaltensorientierten Akzeptanz als abhängige Variable 288

Tabelle 43: Moderierende Effekte des Geschlechts mit der verhaltensorientierten Akzeptanz als abhängige Variable 289

1 Einführung

1.1 Problemstellung

Die Zukunft des Wettbewerbs besteht darin, einzigartige Werte mit dem Kunden gemeinsam zu schaffen. Dies ist die zentrale Botschaft, die der Strategieforscher *Prahalad* gemeinsam mit dem Marketingwissenschaftler *Ramaswamy* als Antwort auf die sich vollziehenden Änderungen in unserer Gesellschaft formulieren. Die Auswahl an Produkten und Dienstleistungen ist größer als jemals zuvor und versucht der stetigen Verfeinerung und Differenzierung der Bedürfnisse als typische Zivilisations- und Kulturerscheinung gerecht zu werden. Der technische Fortschritt in Disziplinen wie der Mikroelektronik, Mikromechanik, Bio- und Gentechnologie und der Informations- und Kommunikationstechnologie ist allgegenwärtig und bietet unzählige Ansatzpunkte zur Entwicklung neuer Produkte. Dennoch sehen die Autoren die Wirtschaft im 21. Jahrhundert mit zwei massiven Widersprüchen konfrontiert. Die größere Produktauswahl überwältigt die Verbraucher und verursacht Frustration und Unsicherheit statt Zufriedenheit. Das Topmanagement wiederum hat mehr strategische Optionen, die allerdings weniger Wertschöpfung versprechen. Einen Ausweg aus diesem offensichtlichen Dilemma sehen *Prahalad* und *Ramaswamy* darin, ein neues Bezugssystem für die Schaffung von Werten zu kreieren. Das traditionelle System eines produkt- und unternehmenszentrierten Denkens und Handelns wird abgelöst durch einen ko-kreativen Prozess der Wertschöpfung, in dem der aktive, vernetzte und informierte Kunde mitwirkt.[1]

Von Hippel überträgt diesen Kerngedanken auf die Entwicklung neuer Produkte. In seinem jüngsten Werk spricht der Autor sogar von einer umfassenden Demokratisierung der Innovationsfunktion.[2] Die Beobachtung dieser Entwicklung beruht auf den Kernbefunden zu der Entstehung von Anwenderinnovationen. Zunächst wird deutlich, dass Anwender grundsätzlich in der Lage sind, Produktlösungen eigenständig zu entwickeln. Spezifische Nutzermerkmale, sogenannte Lead-User-Eigenschaften, fördern die erfolgreiche Innovationstätigkeit.[3] Darüberhinaus entstehen Anwenderinnovationen häufig in Zusammenarbeit vieler Nutzer und werden der Gemeinschaft frei zur Verfügung gestellt.[4]

---

[1] Vgl. Prahalad/Ramaswamy (2004).
[2] Vgl. von Hippel (2005).
[3] Vgl. von Hippel (1986); Urban/von Hippel (1988).
[4] Vgl. z.B. Harhoff (2003); Lakhani (2003).

Aus Sicht innovierender Unternehmen besteht großes Interesse, die Innovationspotenziale der Anwender und Kunden in die eigene Produktentwicklung zu integrieren. Der Dialog zwischen innovierendem Unternehmen und Kunden wird somit zum Schauplatz der Wertschöpfung und Innovation. Jüngste Beiträge bekannter Wirtschaftsmagazine unterstreichen die Aktualität und Relevanz der Anwender- und Kundenintegration für eine breite Leserschaft.[5]

Die erfolgreiche Einbindung von Kunden in die Neuproduktentwicklung hängt von mehreren Faktoren ab. Erstens ist es wichtig besonders innovative Kunden zu identifizieren und in die Neuproduktentwicklung einzubinden. In der Investitionsgüterindustrie sind diese Kunden als Lead User bekannt, während man in der Konsumgüterindustrie von fortschrittlichen Kunden spricht.[6] Zweitens hat sich herausgestellt, dass sich die Einbindung der Kunden insbesondere in den frühen und späten Phasen der Neuproduktentwicklung als erfolgreich herausgestellt hat.[7] Als dritter Erfolgsfaktor ist der intensive Informationsaustausch zwischen dem Entwicklungsteam des innovierenden Unternehmens und dem eigentlichen Anwendungsbereich beim Kunden, der sogenannten „Area of Usage", anzuführen.[8] Neben der Isolierung der zentralen Erfolgsfaktoren der Kundeneinbindung konnte festgestellt werden, dass der Zusammenhang zwischen dem Ausmaß der Kundeneinbindung und der Profitabilität neuer Produkte nicht linear ist.[9] Dieser Sachverhalt ist auf mögliche Störungen bei der Zusammenarbeit mit Kunden zurückzuführen, die sich beispielsweise in einer zu starken Nischenorientierung, in inkrementalen Innovationsschritten, in einer Verfehlung des freezing points in der Designphase, oder in einer fehlgeschlagenen Identifikation fortschrittlicher Kunden niederschlägt.[10] Zusammengefasst handelt es sich bei der erfolgreichen Durchführung der Kundenintegration somit um ein Optimierungsproblem, bei dem das optimale Einbindungsniveau anzustreben ist.

Die jüngsten technologischen Errungenschaften in der Informations- und Kommunikationstechnologie, mit dem Internet als deren deutlichstem Indiz, lassen dieses Optimierungsproblem in einem neuen Licht erscheinen. Neue Formen der Vernetzung, der arbeitsteiligen Leistungserstellung und der Kooperation mit Anwendern erlauben es, von deren Innovationstrieb zu profitieren. Weit verteilte formale oder informale Innovationsbemühungen können durch das Internet auf einer gemeinsamen Kommunikationsplattform zusammengeführt werden. Die insbesondere in Konsumgütermärkten existierende Distanz zwischen Hersteller und Endkun-

---

[5] Vgl. o.V. (2005a); o.V. (2005b); o.V. (2005c); o.V. (2005d); o.V. (2005e); Füller (2003); Thomke/Hippel (2002).
[6] Vgl. von Hippel (1986) und Lüthje (2000).
[7] Vgl. Gruner/Homburg (2000).
[8] Vgl. Kirchmann (1994), S. 203.
[9] Vgl. Ernst (2001) S. 306.
[10] Vgl. z.B. Brockhoff (1998), S. 19 ff. und Brockhoff (1997), S. 361 ff.

de kann durch die direkten Kommunikationsmöglichkeiten im Internet entscheidend reduziert werden. Neue Produkte können effizienter und schneller entwickelt und getestet werden. Zudem wird die Diffusion von Innovation beschleunigt.

Insbesondere die Interneteigenschaften der Mulitmedialität und Interaktivität machen das Medium so interessant für die VKI. Die multimediale Produktpräsentation und -visualisierung im Internet eröffnet neue Möglichkeiten, den Kunden insbesondere in frühen Phasen des Innovationsprozesses - dem sogenannten fuzzy-front-end - verstärkt einzubinden, lange bevor die Neuprodukte tatsächlich physisch existieren. Eine detailgetreue virtuelle Darstellung des Produktdesigns sowie Funktions- und Anwendungssimulationen machen die noch im Entwicklungsstadium befindlichen Produkte für die Kunden erlebbar und damit auch beurteilbar. Der Kunde wird damit ermuntert, seine eigenen innovativen Beiträge in die Entwicklung einzubringen.[11] Auch die Kommunikation selbst, wird durch das Internet entscheidend beeinflusst. Bilaterale Dialogformen zwischen Hersteller und Endkunde können zugunsten einer Mehr-Wege-Kommunikation erweitert werden. Unternehmen werden in die Lage versetzt mit einer enormen Anzahl an Kunden gleichzeitig zu interagieren. Zudem können Kunden auch untereinander in Interaktion treten.[12]

Die geschilderten Merkmale des Internets haben neue virtuelle Verfahren zur Kundenintegration entstehen lassen. Der Ansatz der *Information Pump* ist als eine Art virtuelle Fokusgruppe zu verstehen, die es ermöglicht in frühen Entwicklungsphasen Produktideen- und konzepte in einem interaktiven Spiel zu diskutieren.[13] Das *User Design* und sogenannte *Toolkits for Innovation* versetzten die Kunden in die Lage, ihre eigenen Produkte gemäß ihren Vorstellungen und Bedürfnissen zu entwerfen.[14] Mit Hilfe benutzerfreundlicher Werkzeuge übernimmt der Kunde die Rolle des Entwicklers. Er kann mit Produktfeatures und -varianten experimentieren und wird laufend mit direkten Rückmeldungen über das entwickelte Produkt versorgt. Der große Vorteil liegt darin, dass auf diese Weise bedürfnisbezogene und schwer übermittelbare Informationen effizient vom Anwender zum Hersteller transferiert werden können. Klassische Verfahren der Marktforschung können ebenfalls auf die elektronische Ebene des Internets übertragen werden. Beispielsweise wird die *webbasierte Conjoint-Analyse* als populäres Verfahren der Präferenzmessung im Internet eingesetzt.[15] *Virtuelle Börsen* ermöglichen die Vorhersage zukünftiger Markt- und Wertentwicklungen durch die virtuelle Simulation börsiani-

---

[11] Vgl. Dahan/Hauser (2002), S. 333 f.
[12] Vgl. Dahan/Hauser (2002), S. 332 f.
[13] Vgl. Dahan/Hauser (2002), S. 348 f.
[14] Vgl. von Hippel/Katz (2002), S. 821 und Dahan/Hauser (2002), S. 341 f.
[15] Vgl. z.B. Dahan/Srinivasan (2000), S. 338 ff. und Ernst/Sattler (2000) S. 72 ff.

scher Prinzipien mit standardisiertem Biet- und Vertragsabschlussprozedere – beispielweise anwendbar auf Produktideen und -konzepte.[16] Für eine langristige und kontinuierliche Einbindung von Kunden entlang des gesamten Neuproduktentwicklungsprozesses bietet sich die Nutzung von *Online Communities* als eine besonders vielversprechende Quelle für Innovationen an.[17] Mitglieder verfügen über ein hohes Verwendungswissen und sind besonders an neuen Entwicklungen interessiert.[18]

Als Quintessenz ist festzuhalten, dass das Internet ein vielversprechendes Spielfeld für die Zusammenführung von Innovationstätigkeiten zwischen Unternehmen und Kunde darstellt.[19] Während im Rahmen klassischer Marktforschungsmethoden meist von dem Kundenbild des passiven, unkreativen und inkompetenten Nachfragers ausgegangen wird,[20] besteht im Internet die Möglichkeit, dem Kunden die Rolle eines aktiven Mitgestalters, Lösungsgebers und Beraters zuzuweisen.[21] Ausgehend von diesen Erkenntnissen stellt sich die Frage, wie die internetbasierte Integration von Anwendern und Kunden in den unternehmerischen Innovationsprozess im Einzelnen aussieht: Wie können innovative Kunden im Internet identifiziert werden? Wie müssen internetbasierte Instrumente gestaltet sein, um den Innovationstransfer zwischen Kunden und innovierendem Unternehmen zu fördern? Welche Anreize bewegen Kunden zur Teilnahme an der virtuellen Kundenintegration? Welche Faktoren beeinflussen den Entscheidungsprozess innovierender Unternehmen, den Kunden als virtuellen Innovationspartner zu akzeptieren? Diese zentralen Fragestellungen umrahmen das neue betriebswirtschaftliche Forschungsfeld der virtuellen Kundenintegration in die Neuproduktentwicklung (VKI), dem sich diese Arbeit widmet.

Der akute Mangel an wissenschaftlich fundierten Befunden zur VKI impliziert die Notwendigkeit einer eigenen empirischen Untersuchung. Die erstmalige Durchführung einer umfassenden empirischen Untersuchung der VKI, verleiht der Arbeit einen stark explorativen Charakter. Demnach liegt der zentrale Beitrag der Arbeit darin, dass das theoretische Vorverständnis zur Kundenintegration vor dem Hintergrund der Verwendung des Internets, durch die im Verlauf der Untersuchung erzielten empirischen Ergebnisse laufend angereichert und revidiert wird. Durch diese explorative Vorgehensweise wird vermieden, feste theoretische Annahmen an den untersuchten Gegenstand heranzutragen, welche die Perspektive im Voraus festlegen und somit einschränken würden. Die Erkenntnisse der Interaktionsforschung dienen als Be-

---

[16] Vgl. z.B. Chan et al. (2001), Spann (2002), Spann/Skiera (2001).
[17] Vgl. Chan/Lee (2004).
[18] Vgl. Kozinets (1999), S. 254
[19] Vgl. von Hippel (2005); S. 121 ff.
[20] Vgl. Hansen (1982), S. 30.

zugsrahmen zur Entwicklung des umfassenden Untersuchungskonzepts sowie zur Abgrenzung des empirischen Feldes und zur Systematisierung relevanter Erhebungsbereiche für die Datensammlung.

Ein weiterer zentraler Beitrag der Arbeit besteht in der tatsächlichen Umsetzung eines VKI-Praxisprojekts in der Automobilindustrie. Die empirische Untersuchung beschränkt sich somit nicht auf die Durchführung einer Kunden- und Unternehmensbefragung zum Thema. Vielmehr wird auch die Praxisanwendung der VKI in Form des *User Designs* realisiert. Die auf diese Weise gesammelten Erkenntnisse lassen erste Schlüsse hinsichtlich der Validität der eingesetzten Methode zu. Zudem werden konkrete Handlungsempfehlungen und Weiterentwicklungen der Methode des *User Designs* vorgestellt. Auch wenn teilweise eine branchenspezifische Eingrenzung der empirischen Analyse aus forschungsökonomischen Gründen angebracht erscheint, ist das vorliegende Forschungsvorhaben sicherlich für viele Unternehmen und Innovationsvorhaben, ungeachtet ihrer Branchenzugehörigkeit, von großem Interesse.

1.2 Zielsetzung und Aufbau der Arbeit

Innovation ist ein Prozess ständiger Kreation und Variation, der sowohl vom Angebots- als auch Nachfragebereich einer Volkswirtschaft vorangetrieben wird und als Ausgangspunkt für erfolgreiches Unternehmertum und Wachstum gilt.[22] Die einführenden Worte haben verdeutlicht, wie wichtig es ist, den Kunden aktiv in diesen Prozess einzubinden. Er ist Abnehmer und zugleich externe Quelle für neue Erfindungs-, Entwicklungs- und Verwertungsmöglichkeiten. Gleichzeitig bieten, insbesondere im Konsumgüterbereich, neue Informations- und Kommunikationstechnologien ideale Voraussetzungen, um die Bedürfnisse, Wünsche und das Produktwissen hunderter und sogar tausender Kunden in die Marketing- und Entwicklungsabteilungen der Unternehmen zu integrieren. Vor diesem Hintergrund ist die grundlegende Zielsetzung der Arbeit, die Interaktion zwischen innovierenden Unternehmen und Endkunden mit den aktuellen Potenzialen und Herausforderungen des Internets sinnvoll zu verknüpfen und erstmals umfassend und systematisch zu untersuchen. Ausgehend von diesem Hauptziel wird die Arbeit in sechs zentrale Untersuchungsbereiche untergliedert.

---

[21] Vgl. Ernst (2004). S. 195 ff.
[22] Zu den vielfältigen Facetten einer Begriffsdefinition der Innovation vgl. Hauschildt (1997), S. 3 ff. Zu den Erkenntnissen der betriebswirtschaftlichen Innovationsforschung und deren theoretischen Fundament vgl. Albers/Brockhoff/Hauschildt (2000), Hauschildt (1993) sowie Schumpeter (1912).

Der *erste Untersuchungsbereich* befasst sich mit den Möglichkeiten der Selektion fortschrittlicher Kunden im Internet. Für die Identifikation von geeigneten Kundengruppen für die VKI werden Kundenmerkmale aus der Lead-User-Forschung herangezogen. Darüberhinaus wird untersucht, ob die auf diese Weise als fortschrittlich identifizierten Kunden auch tatsächlich die Innovationsbeiträge mit der höchsten Qualität an das Unternehmen übermitteln.

Im *zweiten Untersuchungsbereich* wird die Wahrnehmung der Kunden bei der Teilnahme an der VKI näher analysiert. Insbesondere wird untersucht, welche internetspezifischen Einflussfaktoren den Transfer entwicklungsrelevanter Informationen vom Kunden zum Unternehmen begünstigen.

Ein im Rahmen des Praxisprojekts in der Automobilindustrie durchgeführter Methodentest des *User Designs* ist Gegenstand des *dritten Untersuchungsbereichs*. Ziel ist es, erste Aussagen zur Anwendungsplausibilität und *face validity* des verwendeten Instruments zu treffen.

Ziel des *vierten Untersuchungsbereichs* ist die Untersuchung der Akzeptanz der VKI aus Sicht der innovierenden Unternehmen. Zentraler Einflussfaktor der Akzeptanz ist die Einstellung verantwortlicher Manager gegenüber dem Einsatz der VKI im Rahmen der Neuproduktentwicklung. Die Einstellung wird hierbei durch eine gefühlsmäßige (affektive) Komponente und durch eine verstandesmäßige (kognitive) Komponente bestimmt, die sich im Wesentlichen aus einer Abwägung der Vor- und Nachteile der VKI ableiten lässt. Weitere Einflussfaktoren der Akzeptanz aus handlungstheoretischer Sicht sind der erlebte normative Druck im Unternehmen sowie die subjektiv wahrgenommene Kontrolle bei der Durchführung eines VKI Projektes. Basierend auf diesen grundsätzlichen Erkenntnissen wird ein Messmodell konzeptualisiert, das in einem empirischen Test kausalanalytisch überprüft wird.

Im *fünften Untersuchungsbereich* werden zunächst Gestaltungsmerkmale der VKI abgeleitet und mögliche Merkmalsausprägungen definiert. Es folgt die Prüfung des Bedingungszusammenhangs zwischen der Innovationsaufgabe als situativem Faktor und der konkreten Ausgestaltung der VKI anhand der eingeführten Merkmale.

Im abschließenden *sechsten Untersuchungsbereich* wird analysiert, welche Anreizstrukturen sich in Abhängigkeit von den Gestaltungsmerkmalen eignen, um Kunden an der Teilnahme zur VKI zu motivieren.

Abbildung 1 fasst den Ablauf der vorliegenden Forschungsarbeit zusammen. Ausgehend von der Problemstellung, Zielsetzung und Definition zentraler Begriffe, werden in *Kapitel 2* die grundlegenden Erkenntnisse und Theoriebezüge der Kundenintegration diskutiert. In *Kapitel 3* erfolgt ein Überblick zum Stand der Forschung zur VKI. Hierzu werden konzeptionelle, methodische und soweit vorhandenen empirische Forschungsbemühungen vorgestellt. *Kapitel 4* dient der Entwicklung des Bezugsrahmens der Untersuchung. Die oben geschilderten sechs Untersuchungsbereiche werden in diesen interaktionstheoretischen Ordnungsrahmen eingebettet und in *Kapitel 5* und *Kapitel 6* ausführlich diskutiert. Diesbezüglich erfolgt eine Unterscheidung des Untersuchungsblickwinkels Kunde und Unternehmen. *Kapitel 7* widmet sich den empirischen Grundlagen der Arbeit. Nach einer Diskussion der Gütekriterien zur Konstruktmessung werden die in der vorliegenden Arbeit eingesetzten Verfahren der Dependenzanalyse näher vorgestellt. Die empirische Analyse der in Kapitel 5 abgeleiteten Hypothesen aus dem Untersuchungsblickwinkel der Kunden erfolgt in *Kapitel 8*. Als Datenbasis dient ein bei der Audi AG durchgeführtes Praxisprojekt. Der Untersuchungsblickwinkel des innovierenden Unternehmen wird in *Kapitel 9* eingenommen. Hierzu wurde eine umfangreiche Unternehmensbefragung durchgeführt. Die Berücksichtigung beider Untersuchungsblickwinkel ergänzt sich zu einem Gesamtbild der VKI, das in Form einer Zusammenfassung der empirischen Befunde sowie der Implikationen für die Forschung in *Kapitel 10* aufgezeigt wird. Abschließend werden Implikationen für die Unternehmenspraxis vorgestellt.

```
┌─────────────────────────────────────────────────────────┐
│                      Einführung                          │
│                      Kapitel 1                           │
└─────────────────────────────────────────────────────────┘
                            ↓
┌─────────────────────────────────────────────────────────┐
│         Grundlegende Erkenntnisse zur Kundenintegration  │
│                      Kapitel 2                           │
└─────────────────────────────────────────────────────────┘
                            ↓
┌─────────────────────────────────────────────────────────┐
│       Stand der Forschung zur virtuellen Kundenintegration│
│                      Kapitel 3                           │
└─────────────────────────────────────────────────────────┘
                            ↓
┌─────────────────────────────────────────────────────────┐
│   Bezugsrahmen der Untersuchung zur virtuellen Kundenintegration │
│                      Kapitel 4                           │
└─────────────────────────────────────────────────────────┘
              ↓                              ↓
┌──────────────────────────┐    ┌──────────────────────────┐
│ Untersuchungsblickwinkel │    │ Untersuchungsblickwinkel │
│        Kunde             │    │       Unternehmen        │
│      Kapitel 5           │    │       Kapitel 6          │
└──────────────────────────┘    └──────────────────────────┘
              ↓                              ↓
┌─────────────────────────────────────────────────────────┐
│         Grundlagen der empirischen Untersuchung          │
│                      Kapitel 7                           │
└─────────────────────────────────────────────────────────┘
              ↓                              ↓
┌──────────────────────────┐    ┌──────────────────────────┐
│   Empirische Analyse -   │    │   Empirische Analyse -   │
│ Untersuchungsblickwinkel │    │ Untersuchungsblickwinkel │
│        Kunde             │    │       Unternehmen        │
│      Kapitel 8           │    │       Kapitel 9          │
└──────────────────────────┘    └──────────────────────────┘
                            ↓
┌─────────────────────────────────────────────────────────┐
│            Zusammenfassung und Implikationen             │
│                      Kapitel 10                          │
└─────────────────────────────────────────────────────────┘
```

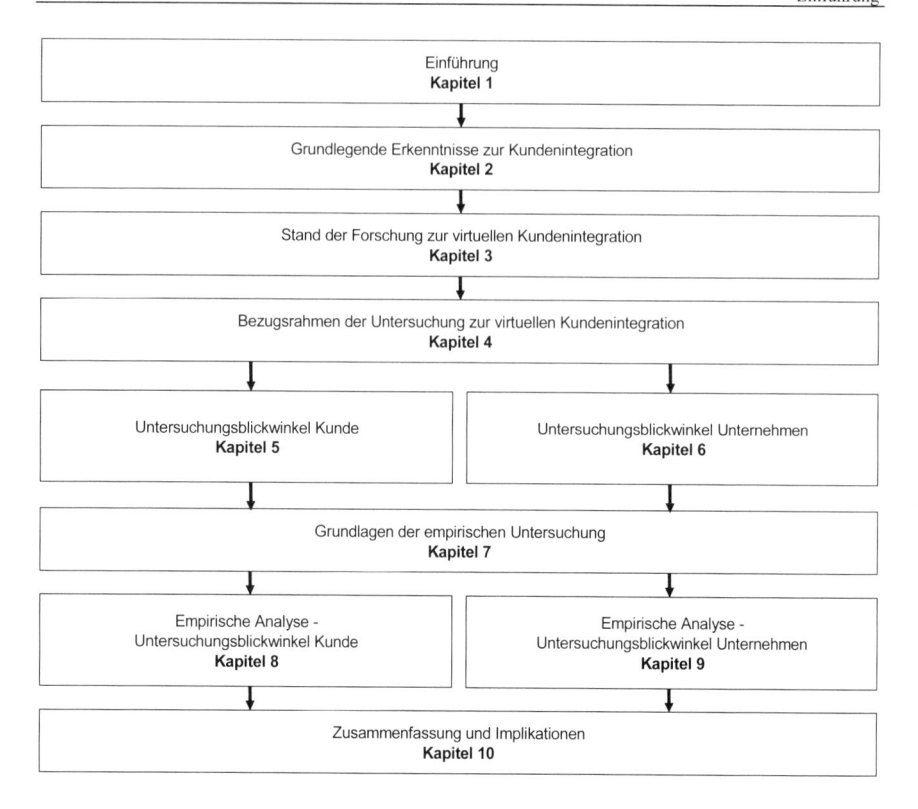

Abbildung 1:   Aufbau der Arbeit

Die einzelnen Teilziele und Fragestellungen begleitend gilt die Anforderung, empirische Vorgehensweisen und die inhaltlichen Aussagen so zu dokumentieren, dass diese der von *Witte* geforderten theoretischen Attraktivität und praktischen Relevanz einer empirischen betriebswirtschaftlichen Forschung gerecht werden.[23] Ergo sind Wissenschaftler und Praktiker gleichermaßen Adressaten dieser Arbeit. Der Untersuchungsanspruch kann durch folgende, die Arbeit stets begleitende Leitgedanken zum Ausdruck gebracht werden:

- Die breite Fassung des umrissenen Forschungsvorhabens sieht eine dyadische Datenerhebung vor. Dies erfordert, die Untersuchungsblickwinkel der beiden involvierten Interaktionsparteien einzunehmen.[24] Somit werden letztendlich zwei voneinander ge-

---

[23] Vgl. Witte (1974).
[24] Vgl. Deshpandé/Farley/Webster (1993), S. 28.

trennte empirische Erhebungen vorgenommen - eine aus der Perspektive der innovierenden Unternehmen und eine zweite aus der Perspektive eingebundener Kunden. Erst die Nutzung beider Parteien als Informationsquelle schafft die empirische Basis, Fragestellungen im Rahmen des entwickelten Gesamtkonzepts der VKI zu untersuchen. Im Zusammenhang mit dem interaktionstheoretischen Grundgedanken der vorliegenden Arbeit erscheint diese Vorgehensweise zwingend, da die Handlungen der Akteure interdependent und sinngemäß aneinander orientiert sind.[25] Bedauerlicherweise ist diese dyadische Vorgehensweise bei empirischen Arbeiten in der Betriebswirtschaftslehre eher selten zu beobachten. Ein möglicher Grund ist der große Aufwand für den Vorgang der Datenerhebung.[26]

- Aus wissenschaftstheoretischer Sicht sollen sowohl deskriptive, explikative als auch instrumentelle Aussagen aus der Untersuchung abgeleitet werden. Die deskriptive Analyse soll differenzierte Aussagen über absolute Ausprägungswerte treffen und bietet sich für die Bestandsaufnahme zur derzeitigen Verwendung der VKI als auch zur detaillierten Beschreibung der Interaktionsgestaltung an. Trotz der Zweckdienlichkeit deskriptiv-orientierter Analysen wird deren Dominanz, speziell in der empirischen Forschung zum Interaktionsverhalten, als Problem gesehen.[27] *Backhaus* fordert daher die Berücksichtigung explikativer Erklärungszusammenhänge, auf die in dieser Arbeit sowohl aus Kundenperspektive als auch aus Unternehmensperspektive in Form von Zusammenhangshypothesen zur Akzeptanz, zur Gestaltung, zur Selektion fortschrittlicher Kunden sowie zu dem Innovationstransfer zwischen Kunde und Unternehmen eingegangen wird. Instrumentelle Aussagen werden auf Basis des durchgeführten Methodentests des *User Designs* getroffen. Insbesondere werden konkrete Maßnahmen zur Weiterentwicklung der Methode geschildert.

- Im Rahmen der Hypothesenformulierung richtet sich das Augenmerk des Autors insbesondere auf die Qualität und Sorgfalt des Vorgangs der Konzeptualisierung, der Operationalisierung, der Datengewinnung und der Befundinterpretation.[28] Wie der Empiriker weiß, ist dieser Anspruch durchaus nicht trivial und mit einer Fülle von Fehler-

---

[25] Die Wechselbeziehung der Interaktionsparteien als zentrales Definitionskriterium sozialer Interaktion ist durch die Interdependenz von Aktion und Reaktion geprägt. Vgl. hierzu Schoch (1969), S. 94 oder Kern (1990), S. 7ff.
[26] Vgl. Homburg (2000), S. 216.
[27] Backhaus (1999), S. 150 f.
[28] Entsprechend dem Verständnis von Homburg wird die Erarbeitung relevanter Dimensionen eines Konstruktes als „Konzeptualisierung" und die darauf aufbauende Entwicklung eines Messinstruments als „Operationalisierung" bezeichnet. Vgl. Homburg (2000), S. 13.

quellen behaftet. Verfahrensschwächen führen mitunter dazu, dass Ergebnisse wegen mangelnder praktischer Relevanz ignoriert werden, oder eine Einordnung in das System wissenschaftlicher Aussagen mangels Theoriebezugs nicht möglich ist. *Witte* spricht in diesem Zusammenhang von „Lehrgeld für empirische Forschung" und weist auf die Irrtümer und Schwierigkeiten der empirisch-theoretischen Arbeitschritte hin.[29] Derartige Schwächen sollen in der vorliegenden empirischen Untersuchung vermieden werden.

1.3 Abgrenzung zentraler Begriffe

Zur Schaffung eines für diese Arbeit einheitlichen Begriffsverständnisses ist es erforderlich, die zentralen Begriffe näher zu erläutern und derart zu spezifizieren, wie es zur Orientierung und für das Verständnis der Arbeit erforderlich ist.

Kunde

Im Vordergrund der hier betrachteten virtuellen Entwicklungspartnerschaft steht der „Letztverbraucher" von Konsumgütern und konsumtiven Dienstleistungen. Dem innovierenden Unternehmen als Organisation wird der Kunde als Individuum bzw. als privater Endkunde gegenübergestellt. Aus der Betrachtung ausgeschlossen sind Kunden und Intermediäre als Organisationen wie beispielsweise Firmenkunden, Vertriebs- und Handelspartner, staatliche Einrichtungen oder Verbrauchervereinigungen als Interessenvertretungen. Die jeweiligen strukturellen und rechtlichen Beziehungsmuster würden eine separate Betrachtung erforderlich machen, auf die im Rahmen dieser Arbeit verzichtet wird. Vor diesem Hintergrund wird der Begriff Kunde einheitlich mit den Begriffen Endkunde, Nachfrager im Sinne privater Verbraucher (Konsumenten), Abnehmer, Anwender, oder User verwendet. Hinsichtlich der Dauer und Stabilität der Kundenbeziehung kann es sich um neue, bestehende, ehemalige oder potenzielle Kunden handeln. Wesentliche Merkmale des hier verwendeten Kundenverständnisses sind der tatsächliche Kauf, die Kaufabsicht, technisches Produktinteresse, eine emotionale Bindung an eine Marke bzw. ein Produkt oder ein sonstiges Involvement mit dem Produkt oder der Produktgruppe.[30]

---

[29] Vgl. ausführlich Witte (1977).
[30] Vgl. Kroeber-Riel (1999), S. 360ff.

Auf Seiten der innovierenden Unternehmen wird keine weitere Differenzierung nach Fertigungs-, Absatzstufe oder angebotenem Produkttyp vorgenommen, da Entwicklungspartnerschaften mit Kunden sowohl für Hersteller von Sachgütern als auch von Dienstleistungen entlang des gesamten Absatzkanals denkbar sind.

Kundenintegration

Eine scharfe Trennung des Begriffes der Integration von Begriffen wie Kooperation, Koordination oder Kollaboration ist aufgrund der bestehenden Definitionsvielfalt problematisch.[31] Die hier verwendete Auffassung von Integrativität knüpft an den Gedanken der „Customer Integration" nach Kleinaltenkamp an. Customer Integration wird von dem Autor als Management-Konzept zur tatsächlichen Umsetzung der Kundenorientierung positioniert. Die Einbindung der Kunden in den Leistungserstellungsprozess erfolgt vor dem Hintergrund, die Erwartungen der Kunden zu erkennen und besser zu verstehen.[32] Der Kunde selbst, seine Information oder andere von ihm zur Verfügung gestellten externen Faktoren, z.B. in Form von Rechten oder Gütern, werden Bestandteil der unternehmerischen Wertschöpfung. Die Möglichkeiten der Kundenbeteiligung am Wertschöpfungsprozess sind dabei vielfältig und unterscheiden sich sowohl in der Art und Weise der Integration als auch in der Interpretation der Rolle des Kunden als Wertschöpfungspartner.[33] Ob als Co-Produzent[34], Co-Designer[35] oder Erfinder[36] besteht die Möglichkeit, sowohl operative als auch gestalterische Tätigkeiten entlang der Funktionsbereiche der porterschen Wertkette auf den Kunden zu übertragen. Somit wird die in der Marketingwissenschaft und -praxis meist vorherrschende Interpretation des Kunden als passiver Leistungsempfänger zugunsten der Annahme konkreter Möglichkeiten für eine dauerhafte und intensive Kooperation von Unternehmen und Kunde aufgegeben.[37]

---

[31] Vgl. einen Versuch bei Pinto/Pinto (1990), S. 203.
[32] Vgl. Kleinaltenkamp (1996), S. 13 ff. Während *Kleinaltenkamp* sich explizit auf den Business-to-Business-Bereich konzentriert, steht im Rahmen der vorliegenden Arbeit die Integration im Business-to-Consumer-Bereich im Vordergrund.
[33] Zu Formen und Prinzipien der Kundenintegration in der Wertschöpfung vgl. Reichwald/Piller (2002).
[34] Vom Co-Produzenten-Ansatz als theoretisches Konzept oder dem zu diesem Konzept verwandten Begriff des „Prosuming" ist grundsätzlich dann zu sprechen, wenn Aktivitäten des Produzenten durch Aktivitäten des Konsumenten substituiert werden, bzw. eine Kooperation zwischen Unternehmen und Konsument in Form einer Wertschöpfungspartnerschaft eingegangen wird. Für eine nähere Diskussion des Prosuming-Konzepts vgl. z.B. Michel (1996).
[35] Das Co-Design ist als Erweiterung des Begriffsverständnisses des Kunden als Co-Produzent anzusehen. Der Kunden übt zusätzlich Einfluss auf die Spielregeln und die Spezifizierung der zu erstellenden Leistung aus. Vgl. Meyer/Blümelhuber/Pfeiffer (1999), S. 57.
[36] Vgl. Thomke/von Hippel (2002).
[37] Vgl. Hansen/Henning (1995), Wikström (1996).

Zusammenfassend kann festgehalten werden, dass Kundenintegration ein aktives Kundenbild bei der Wert-Schaffung impliziert.[38] Im Dienstleistungsbereich ist die Bedeutung der Integration des Kunden bei der Leistungserfüllung als konstitutiver Faktor unumstritten.[39] Im Konsum- und Gebrauchsgüterbereich hingegen ist, aufgrund des indirekten und meist mehrstufigen Vertriebs, eine große Distanz zwischen Hersteller und dem in der Regel anonymen Endkunden zu beobachten, was eine unmittelbare Integration des Faktors Kunde erschwert. Der Einsatz neuartiger Dialogformen zur Überbrückung der Distanz zwischen Hersteller und Endkonsument ist Gegenstand der im folgenden Unterkapitel betrachteten Virtualisierung der Kundenintegration.

Internet und Virtualität

Der in dieser Arbeit betrachtete virtuelle Charakter der Kundenintegration ist auf die Übertragung, Darstellung und Erweiterung realer Strukturen und Prozesse der Gewinnung und Auswertung von Kundeninformationen auf die elektronische Ebene moderner Informations- und Kommunikationstechnologien zurückzuführen.[40] Das Internet als bedeutendster Vertreter des Gattungsbegriffs der „Neuen Medien" bietet hierzu grundsätzlich die Möglichkeit, bisherige Beschränkungen bei der Informationsgewinnung, -verarbeitung und des Informationstransfers zu überwinden, um so die Leistungsgrenzen eines Prozesses in Bezug auf Raum, Zeit und Geschwindigkeit zu erweitern.[41] Diese tiefgreifenden Wandlungen sind Ausgangspunkt der vielzitierten „Internet Ökonomie", in deren Einflussbereich sich auch die Ausführungen der vorliegenden Arbeit einordnen lassen.[42]

Michael Dell erläutert sein Modell der „Virtual Integration" als eine Form der Kooperation mit externen Partnern als wären sie Teil des eigenen Unternehmens.[43] Anfragen von bedeutenden Kunden, sogenannten lead customers, werden ungeachtet deren Einzigartigkeit aufgegriffen und umgesetzt. So führen mehrere kleine Innovationsschritte zu großen Produktverbesserungen, die dann häufig in das Dell-Standardangebot überführt werden. Die zentrale

---

[38] Vgl. Prahalad/Ramaswamy (2004).
[39] Vgl. z.B. Engelhardt (1999); Zeithaml/Bitner (1996), S. 369 ff.
[40] Vgl. Meyer/Pfeiffer (1998), S. 302. *Meyer/Blümelhuber/Pfeiffer* sprechen von der virtuellen Kundenintegration als informationsgeleitete Integration im Gegensatz zur physischen Integration des externen Faktors Kunde in den Leistungserstellungsprozess. Vgl. Meyer/Blümelhuber/Pfeiffer (1999), S. 52.
[41] Vgl. Picot/Reichwald/Wigand (1996), S. 136 ff.
[42] Neben der Bezeichnung der Internet Ökonomie haben sich in der Literatur auch andere Begriffe etabliert, wie z.B. Network Economy (vgl. Shapiro/Varian (1999)), New Economy (vgl. Kelly (1998)) oder Digitale Ökonomie. Stellvertretend für eine Vielzahl von Publikation zum Themenkomplex der Internet Ökonomie seien an dieser Stelle die Veröffentlichungen von Evans/Wurster (1999); Tapscott/Lowi/Ticoll (2000)und Zerdick/al. (1999)genannt.

Rolle des Internets in diesem Prozess bringt Dell folgendermaßen zum Ausdruck: „I'm only half joking when I say that the only thing better than the Internet would be mental telepathy. Because what we're all about is shrinking the time and the resources it takes to meet customers' needs. And we're trying to do that in a world where those needs are changing."[44] Die Gestaltungsmöglichkeiten des virtuellen Dialogs mit Kunden werden dabei durch die wesentlichen Eigenschaften des Internets bestimmt. Dabei handelt es sich um die Multimedialität im Sinne einer verknüpften Darstellung visueller und auditiver Inhalte, die Interaktivität zwischen den Teilnehmern untereinander als auch die Interaktivität zwischen Teilnehmer und Software sowie die örtliche und zeitliche Ungebundenheit bei der Nutzung.[45] Technischer Ursprung der Eigenschaften des Internets ist die rechnergestützte Vernetzung der Nutzer per Datenleitung sowie die Verwendung des bekanntesten und größten Hypertextsystems im Internet, des World Wide Web (WWW). Die kostenlose Verbreitung anwenderfreundlicher Software zur Navigation und graphischen Darstellung von Benutzeroberflächen im WWW, sog. WWW-Browser, verhalfen letztendlich zu der explosionsartigen Verbreitung des Internets in der Bevölkerung.[46] Informationstechnische Werkzeuge wie E-Mail, Dateiversysteme, Datenbanksysteme, Workflowsysteme, Groupwaresysteme etc. sind weitere vielseitige Optionen für die Gestaltung der internetbasierten Information, Kommunikation, Interaktion und Transaktion an der virtuellen Schnittstelle zum Kunden.

Neuproduktentwicklung

Die Produkttypen, die für die Analyse der virtuellen Kundenintegration im Rahmen der vorliegenden Arbeit herausgegriffen werden, sind in die Bereiche der Konsumgüter und der konsumtiven Dienstleistungen einzuordnen.[47] Dabei wird einer weit gefassten Definition des Produktbegriffes gefolgt, die das Produkt als Bündel von Eigenschaften versteht, das als Mittel zur Bedürfnisbefriedigung und damit zur Nutzengenerierung dient.[48] Hinsichtlich des Neuar-

---

[43] Vgl. Magretta (1998), S. 75.
[44] Magretta (1998), S. 83 f.
[45] Zu den Merkmalen des Internets vgl. z.B. Zerdick et al. (1999), S. 145.
[46] Die internationalen Domainzahlen für die zehn größten Top Level Domains (.com, .de, .net, etc.) übersteigen laut DENIC eG die 70 Millionen Grenze. Vgl. hierzu
http://www.denic.de/de/domains/statistiken/domainvergleich_tlds/index.html.
[47] Zu Ansätzen für die Typologisierung von Produkten vgl. beispielsweise Knoblich (1995) oder Murphy/Enis (1986).
[48] Vgl. Brockhoff (1999), S. 12ff. Eine weitergehende Differenzierung des Begriffsverständnisses erfolgt beispielsweise in Anlehnung an Kotler (1972), der einen substantiellen, erweiterten und generischen Produktbegriff unterscheidet.

tigkeitscharakters wird dieser Arbeit ein subjektives Begriffsverständnis zugrunde gelegt. Als „neues Produkt" wird somit eine Produktinnovation bezeichnet, die durch das Unternehmen erstmalig am Markt eingeführt wird und somit neu aus Sicht des betreffenden Unternehmens ist.[49] Somit ist für die Bestimmung, ob es sich im Vergleich zu einem vorangehenden Zustand um eine Innovation handelt, die Wahrnehmung des Beurteilenden ausschlaggebend. Neben diesem „subjektiven" Verständnis wird, falls erforderlich, auf zusätzliche Anhaltspunkte für die Spezifizierung des Neuigkeitsgrades zurückgegriffen.[50] Grundsätzlich bleibt bei der Betrachtung der Fragestellung dieser Arbeit indessen zu berücksichtigen, dass die Neuproduktentwicklung sowohl in grundlegend neuen Produkten als auch in inkrementalen Veränderungen bestehen kann.

Der Begriff der Entwicklung und dessen Ausdehnung ist in der Literatur nicht immer identisch definiert. In einer engen Fassung bezieht sich die Entwicklungstätigkeit ausschließlich auf technische Neuerungen und bleibt der Domäne der Ingenieurwissenschaft vorbehalten.[51] Andere, verstärkt betriebswirtschaftlich ausgerichtete Definitionen, schließen darüber hinaus marktseitige Aspekte der Entwicklungstätigkeit mit ein. Stellvertretend hierfür sei die folgende Definition von *Picot/Reichwald/Nippa* angeführt: „Grundsätzlich kann die unternehmerische Aufgabe der Entwicklung darin gesehen werden, den Wettbewerbserfolg der Unternehmung durch die Erarbeitung und Bereitstellung markt-, zeit- und kostengerechter neuer Lösungen sicherzustellen. Über die Erreichung dieser Ziele befinden in der Regel der Markt bzw. die Kunden."[52] Nach heutiger Erkenntnis steht fest, dass eine entsprechende Zusammenführung der beiden Sichtweisen, des „technology push" und des „demand pull", ausschlaggebend für die Entwicklung erfolgreicher Innovationen ist.[53]

---

[49] Zu den unterschiedlichen Begriffsfacetten der Innovation vgl. Hauschildt (1997), S. 3ff.
[50] Für Ansatzpunkte einer differenzierten Messung des Innovationsgrades neuer Produkte vgl. Hauschildt/Schlaak (2001).
[51] Vgl. Bürgel/Haller/Binder (1996), S.1. Zu den Problemen einer überwiegenden Technikorientierung vgl. Brockhoff (1999), S. 6 ff.
[52] Picot/Reichwald/Nippa (1988), S. 118.
[53] Vgl. Hauschildt (1997), S. 8.

2 Grundlegende Erkenntnisse zur Kundenintegration

Bei der VKI handelt es sich um ein neuartiges Phänomen, das in der Literatur noch keine größere Verbreitung gefunden hat. Aus diesem Grund soll an dieser Stelle auf einige theoretische Bezugspunkte hingewiesen werden, die eine Bestandsaufnahme der *allgemeinen* Erkenntnisse des übergeordneten Ansatzes der Kundenintegration darstellen. Anschließend wird in Kapitel 3 explizit auf die wenigen Beiträge zur virtuellen Kundenintegration, d.h. zur Kundenintegration mit Internetbezug eingegangen.

2.1 Interaktionsforschung als theoretisches Fundament der Kundenintegration

Um die Zusammenarbeit zwischen Unternehmen und Endverbraucher auf ein theoretisches Fundament zu stellen, wird auf die Erkenntnisse der Interaktionsforschung zurückgegriffen werden. Die Interpretationen des zugrundeliegenden Interaktionsgedankens sind vielschichtig. Dies ist zum einen auf die unterschiedlichen Anwendungsgebiete in den Bereichen der Wirtschaftswissenschaften, der Soziologie und der Psychologie zurückzuführen, zum anderen stehen - je nach Sichtweise - Problemlösungs-, Konfliktbewältigungs-, Lern-, Verteilungs- bzw. Aushandlungsprozesse im Vordergrund.[54] Trotz der Vielschichtigkeit der Ansätze können folgende Kriterien, die in der einschlägigen Literatur Übereinstimmung gefunden haben, isoliert werden, um den Interaktionsbegriff zu charakterisieren:[55]

- Es treten mindestens zwei Individuen miteinander in Kontakt.
- Eine Abfolge verbaler und/oder nicht-verbaler Aktionen und Reaktionen liegt vor.
- Die Handlungen der Interaktionsparteien sind interdependent und sinngemäß aufeinander ausgerichtet.

Eine Systematisierung der vielfältigen Interaktionsmodelle bezüglich der Art der beteiligten Parteien (Personen und Organisationen), der Anzahl der Beteiligten (zwei oder mehr)[56] und der zeitlichen Extension führt zu der in der Literatur vorherrschenden Unterscheidung in

---

[54] Arbeiten mit unterschiedlichen interaktionstheoretischen Schwerpunkten sind beispielsweise Cannon/Perreault (1999); Dwyer/Schurr/Oh (1987); Gatignon/Robertson (1986); Gemünden (1980); Jap (2001); Kern (1990); Müllers (1988); Schoch (1969); Schrader (1990); Sheth (1975); Sobrero/Schrader (1998); Wahren (1987); Wikström (1996).
[55] Vgl. Backhaus (1990) S. 81; Kern (1990), S. 9.
[56] Man spricht von Multi-Aktoren-Gruppen bzw. dyadischen Beziehungen, wenn nur zwei Parteien (Personen) an der Interaktion beteiligt sind. Vgl. Strohtmann/Kliche (1989), S. 44.

Strukur-, Prozess- und Netzwerkansätze.[57] Strukturansätze sind als „Momentaufnahmen" zu interpretieren. Sie erfassen und analysieren Beziehungsmerkmale der Interaktionspartner zu einem bestimmten Zeitpunkt.[58] Erfolgt eine Betrachtung der Veränderungen der untersuchten Variablen im Zeitablauf, so liegt ein Prozessmodell vor. Netzwerkansätze analysieren die Transaktion innerhalb eines zwischen den direkt oder indirekt beteiligten Parteien bestehenden Beziehungsgeflechtes. Sie gehen zeitlich über die Erfassung einzelner Transaktionen hinaus und berücksichtigen neben umwelt- vor allem beziehungsspezifische Faktoren. Den Bezugsrahmen der einzelnen Interaktion bildet somit ein System langfristig bestehender oder neuer Geschäftsbeziehungen.[59]

Die zugrunde liegende Basistheorie der Interaktion ist auf *Homans* zurückzuführen.[60] Dieser frühe Ansatz ist der Theorie des „sozialen Austausches" zuzuordnen.[61] Austauschtheoretiker betrachten jede Interaktion zwischen Personen als einen Austausch von materiellen und immateriellen Ressourcen. Der Austausch kommt nur dann zustande, wenn die Beteiligten erwarten davon zu profitieren.[62] Nutzen stiften nicht nur Geld oder Gegenstände, sondern auch soziale Anerkennung, Freundschaft oder Wissen.[63] Das Prinzip der „Ausgleichenden Gerechtigkeit" führt zur Fortsetzung und Stabilisierung der Interaktion.[64] *Bagozzi* und *Anderson et al.* übertragen die soziologisch geprägten Erkenntnisse der Austauschtheorie auf den Bereich des Marketings und betonen die Abhängigkeit der „optimalen" Interaktion von den jeweiligen Teilnehmern mit ihren unterschiedlichen Erwartungen und Eigenschaften, dem Inhalt, der ausgetauscht wird, sowie dem internen und externen Umfeld.[65] Die Nützlichkeit der hier aufgezeigten interaktions- und austauschtheoretischen Grundlagen für den Forschungsbereich der VKI besteht darin, dass sie als „globaler" Ordnungsrahmen dienen, um zentrale Analyseaspekte gedanklich zu sortieren. Den theoretischen Ausführungen zufolge muss die Gestaltung der virtuellen Interaktion sowohl den Zielen und Erwartungen der Kunden als auch der innovierenden Unternehmen entsprechen. Beide Perspektiven sind aufgrund ihrer Interdependenz für die vorliegende Untersuchung zu berücksichtigen.[66] Die Interaktionsinhalte in Form der

---

[57] Vgl. hierzu ausführlich Kern (1990), S. 17ff.
[58] Vgl. Backhaus (1999), S. 135.
[59] Vgl. Kern (1990), S. 45f.
[60] Vgl. Homans (1958).
[61] Vgl. hierzu insbesondere die Arbeiten von Emerson Emerson (1972); Emerson (1972); Emerson (1987).
[62] Vgl. hierzu die grundlegenden Ansätze von Blau (1964); Homans (1958); Thibaut/Kelley (1967).
[63] Vgl. Lambe/Wittman/Spekman (2001).
[64] Vgl. Bagozzi (1975), S. 33; Homans (1986),S. 62ff.
[65] Vgl. hierzu die grundlegenden konzeptionellen Arbeiten Bagozzi (1975); Bagozzi (1978); Anderson/Challagalla/McFarland (1999).
[66] Der Untersuchungsanspruch einer dyadischen Betrachtungsweise wurde in der Einführung in Kapitel 1 formuliert.

Innovationsaufgabe beeinflusst die Wahl und die geforderten Merkmale der geeigneten Interaktionspartner sowie die Ausgestaltung des Interaktionsprozesses. Jüngere Untersuchungen deuten auf die Eignung der Interaktions- und Austauschtheorie zur Erklärung des Verhaltens und der Innovationstätigkeiten in virtuellen Communities hin.[67] Die Entwicklung eines differenzierten interaktionstheoretischen Bezugrahmens für die vorliegende Arbeit erfolgt in Kapitel 4 unter Berücksichtigung des hier aufgezeigten interaktionstheoretischen Fundaments und der sich in diesem Kapitel anschließenden Ausführungen zum Stand der Forschung zur VKI.

Weitere bedeutende Erkenntnisse für die vorliegende Arbeit liefern die unterschiedlichen Modelle der Hersteller-Kunden-Interaktion im Innovationsprozess. Die Bandbreite einer Zusammenarbeit zwischen innovierendem Unternehmen und Kunde kann als ein Kontinuum aufgefasst werden, dessen Pole der gänzlich herstellerdominierte und der gänzlich anwenderdominierte Innovationsprozess sind. Dazwischen liegen zahlreiche Varianten einer Zusammenarbeit zwischen Hersteller und Kunde in den unterschiedlichen Phasen des Innovationsprozesses.[68] Für die Interaktionsformen in diesem Kontinuum vertritt *von Hippel* die Ansicht einer streng arbeitsteiligen Zusammenarbeit zwischen Unternehmen und Kunde, die in dem von ihm propagierten „Manufacturer-Active-Paradigm" (MAP) und „Customer-Active-Paradigm" (CAP) zum Ausdruck gebracht wird.[69] Die Ausübung der Innovationsaktivitäten von der Ideengenerierung bis hin zur Realisierung ist durch die Dominanz einer Partei gekennzeichnet, die jeweils andere Partei spielt keine oder nur eine geringfügige Rolle. Das MAP ist dadurch gekennzeichnet, dass die Initiative zur Neuproduktentwicklung von den Herstellern ausgeht. Der Hersteller übernimmt die:

- Auswahl einer Kundengruppe, um Informationen zu Produktproblemen und Bedürfnissen für neue Produkte zu erhalten.
- Analyse der gewonnen Kundendaten.
- Entwicklung einer auf Kunden ausgerichteten Produktidee.
- Überprüfung und Test der Produktidee hinsichtlich der Kundenakzeptanz.[70]

---

[67] Vgl. Bagozzi/Dholakia (2002); Hemetsberger (2001); Kollock/Smith (1998); Kuwabara (2000).
[68] Vgl. Herstatt (1991), S. 46.
[69] Vgl. von Hippel (1978); von Hippel (1978).
[70] Vgl. von Hippel (1978), S. 243.

Im Rahmen des CAP ist es der Kunde, der:

- Eine Produktidee, ein Konzept oder möglicherweise einen Prototyp als Lösung für ein Bedürfnis/Problem entwickelt.
- Einen geeigneten Hersteller identifiziert sowie eine konkrete Anfrage zur Herstellung des Produktes an diesen richtet.[71]

Der Hersteller nimmt im Rahmen des CAP eine abwartende Haltung ein. Er nimmt Produktideen und Anfragen von Kunden entgegen und prüft diese auf deren Erfolgsaussicht.[72]

Für einen Großteil des industriellen Bereichs konnte ein grundlegender Paradigmenwechsel zugunsten des CAP Modells beobachtet werden.[73] Insbesondere belegen die Studien von *von Hippel* diese veränderte Sichtweise und damit die aktive Beteiligungsmöglichkeiten der Anwender im Innovationsprozess von Industriegütern.[74] Im Konsumgüterbereich, und speziell für sogenannte „packaged goods", ist hingegen der MAP Ansatz geradezu typisch.[75] Für die Rolle des Kunden gilt „speaking only when spoken to".[76] Zentraler Gedanke dieser Arbeit ist es, diese Grundhaltung im Lichte der Verwendung des Internets auf dessen Zweckmäßigkeit erneut zu überprüfen. Es gilt, die Innovationspotenziale, die durch die direkte Interaktion mit hunderten und sogar tausenden Endkunden entstehen können, systematisch zu analysieren. Bisherige empirische Studien, die die Hersteller-Endverbraucher-Interaktion zur gemeinsamen Entwicklung von Konsumgütern genauer untersuchen, sind selten.[77] Studien, die zudem das Internet im Rahmen einer umfassenden Interaktionsanalyse in den Vordergrund rücken, gibt es nach bestem Wissen des Autors überhaupt nicht.

---

[71] Vgl. von Hippel (1978), S. 243.
[72] Eine Gegenüberstellung der beiden Paradigmen sowie zahlreiche Erweiterungen und Modifizierungen des dichotomen Ursprungsmodells sind beispielsweise bei Herstatt (1991), S. 23-43 und Karle-Komes (1997), S. 73-85 ausführlich dargestellt.
73 Vgl. hierzu den Literaturüberlick in Herstatt (1991), S. 24 f. Ausnahmen sind beispielsweise die kunststoffverarbeitende oder chemische Industrie in denen das MAP Paradigma vorherrscht. Vgl. von Hippel (1988), S. 30 ff.
[74] Vgl. beispielsweise von Hippel (1976); von Hippel (1977), von Hippel (1978), von Hippel (1978), von Hippel (1979). Für eine Übersicht weiterer Studien vgl. von Hippel (1982), S. 96 und von Hippel (1988), S. 401.
[75] Vgl. von Hippel (1978), S. 243.
[76] von Hippel (1978), S. 40.
[77] Vgl. hierzu die Studien von Jost/Wiedmann (1993) zu Elektro-Haushaltsgeräten; von Lüthje (2000) im Outdoor Bereich (Kleidung, Ausrüstung, Sportgeräte) und von Raabe (1993) in den Bereichen Fotografie-Bedarf, Sportausrüstung, Spielwaren und Musikartikel, Verlagsprodukte.

Eine wertvolle Vorarbeit hinsichtlich eines Interaktionsmodells in Konsumgütermärkten leistet *Lüthje* mit seinem Ansatz der „herstellermoderierten Interaktion".[78] Er weist darauf hin, dass private Haushalte wohl nur selten über die finanziellen und materiellen Ressourcen verfügen, um einen komplexen und langwierigen Innovationsprozess ohne Unterstützung des Herstellers zu gestalten.[79] Zudem steht den Kunden meist lediglich ihre Freizeit für die Beteiligung am Innovationsprozess zur Verfügung. Die Schlussfolgerung *Lüthjes* ist, dass der Hersteller die federführenden Aktivitäten, insbesondere im organisatorischen Bereich der Kunden-Hersteller-Interaktion, übernimmt. Er bestimmt die Art, den Zeitpunkt und den Ort der Interaktion und behält somit die Prozesskompetenz.[80] Dieses Modell der herstellermoderierten Interaktion liegt den vorliegenden Ausführungen zur VKI zugrunde.

2.2 Kundenintegration als Interessengebiet der Erfolgsfaktorenforschung

Der Erfolgsfaktor *Kundenintegration* kann dem übergeordneten Bereich der Markt- und Kundenorientierung zugeordnet werden, der selbst wiederum nur ein Teilbereich einer Vielzahl von Erfolgsfaktoren im Unternehmen darstellt. In dem folgenden Abschnitt sollen diejenigen Befunde der Erfolgsfaktorenforschung dargestellt werden, die sich explizit auf den Zusammenhang zwischen Kundeneinbindung und NPE-Erfolg fokussieren.[81]

Der Faktor Kundeneinbindung wird erstmals von *Gruner/Homburg* explizit und ausführlich in ein Forschungsdesign zur Erklärung des Innovationserfolgs aufgenommen.[82] Der wesentliche Befund der in der deutschen Maschinenbauindustrie durchgeführten empirischen Erhebung zeigt, dass die intensive Einbindung von Kunden in den frühen und letzteren Phasen der NPE erfolgsversprechend ist. Die Erfolgswirkung ist dabei auf die marktbezogene Absicherung von Produktkonzepten, den Test von Prototypen und die Unterstützung bei der Markteinführung zurückzuführen. Zudem wirken sich die wirtschaftliche Attraktivität, eine enge Geschäftsbeziehung und die Lead-User-Eigenschaften der Kunden positiv auf den Erfolg aus.[83]

---

[78] Theoretische Grundlagen des Modells von *Lüthje* sind das Arbeitsteilige MAP-CAP Modell von von Hippel (von Hippel (1978)) und das Zusammenarbeitsmodell von *Gemünden*, das einen ausgewogenen Problemlösungsprozess der beteiligten Parteien fordert. Vgl. Gemünden (1980), S. 28.
[79] Vgl. Lüthje (2000), S. 85.
[80] Vgl. Lüthje (2000), S. 86.
[81] Einen ausführlichen Überblick der Befunde bisheriger empirischer NPE-Forschung gibt Ernst (2001), S. 15 ff. und Ernst (2002). Für eine kompakte Darstellung der Erfolgsfaktorenstudien, die insbesondere enge Berührungspunkte zur Markt- und Kundenorientierung aufweisen vgl. Homburg (2000), S. 25 ff., Karle-Komes (1997), S. 94 ff. und Lüthje (2000), S. 11 ff.
[82] Vgl. Gruner/Homburg (1999).
[83] Vgl. Gruner/Homburg (1999), S. 133. Die Erfolgswirkung wird mit Hilfe einer Diskriminanzanalyse unter Berücksichtigung der Cluster „Volltreffer" und „Flop" gemessen.

Kirchmann führte eine empirische Studie zu den Informationsbeziehungen zwischen Hersteller und Anwender in der Maschinenbaubranche durch. Die Untersuchung befasst sich unter anderem mit der Erfolgswirkung der Vorteilsdimensionen einer Informationsgewinnung vom Anwender und den erfolgsversprechensten Beziehungstypen für den Informationstransfer.[84] Es zeigt sich, dass das Streben nach Risikominderung, die Zunahme des Marktverständnisses und die Verbesserung der Wettbewerbsposition den wirtschaftlichen Erfolg positiv beeinflussen während eine Verstärkung der Partnerbindung maßgeblich den technischen Erfolg beeinflusst.[85] Erfolgreiche NPE-Projekte zeichnen sich zudem dadurch aus, dass die Zusammenarbeit mit dem späteren Einsatzbereich der Innovation auf der Anwenderseite gesucht wird.[86] Man spricht in diesem Zusammenhang von der sogenannten „Area of Usage". Ein besonders effizienter Informationstransfer konnte ebenfalls in den frühen und späten Phasen des Innovationsprozesses beobachtet werden.[87]

Die ersten Aktivitäten für eine ausführliche Konzeptualisierung und Konstruktbildung der Kundeneinbindung in die Produktentwicklung unternimmt *Ernst*. Vor den theoretischen Hintergründen der Informationsökonomie, Transaktionskostentheorie und der Ressourcenabhängigkeitsperspektive sind insbesondere dann große Erfolgswirkungen der Kundeneinbindung zu erwarten, wenn durch die Zusammenarbeit mit Kunden einer hohen Marktunsicherheit, Spezifität und Abhängigkeit bei der Produktentwicklung entgegengewirkt werden kann.[88] Aus dieser theoriegeleiteten Konzeptionalisierung folgt eine Operationalisierung des Konstrukts mit Hilfe von sieben Indikatoren.[89] Nach Durchführung einer konfirmatorischen Analyse verbleiben in der Untersuchung von *Ernst* drei Indikatoren, die den geforderten Gütekriterien zur Reliabilität und Validität standhalten.[90] Der Beitrag der von *Ernst* durchgeführten Konstruktbildung ist darin zu sehen, dass nun erstmals die Kundeneinbindung als ein differenzierter Faktor und nicht lediglich als direkte Frage in die Forschung zum Innovationserfolg aufgenommen werden kann. Darüberhinaus zeigt die Studie, dass der Zusammenhang zwischen der Profitabilität neuer Produkte und der Einbindung von Kunden in den Neuproduktentwicklungsprozess in signifikanter Weise nichtlinear ist.[91] Wie in Abbildung 2 ersichtlich, existiert

---

[84] Die informationsgeleitete Integration des Faktors Kunde ist wesentlicher Bestandteil der in Kapitel 1.3 dargelegten Begriffsdefinition der Kundenintegration.
[85] Vgl. Kirchmann (1994), S. 162 ff.
[86] Vgl. Kirchmann (1994), S. 203.
[87] Vgl. Kirchmann (1994), S. 217.
[88] Vgl. Ernst (2001), S. 174 ff.
[89] Vgl. Ernst (2001), S. 178.
[90] Vgl. Ernst (2001) S. 254.
[91] Vgl. Ernst (2001), S. 306.

ein optimaler Grad der Kundeneinbindung. Wird das Optimum überschritten, nimmt die Profitabilität ab.

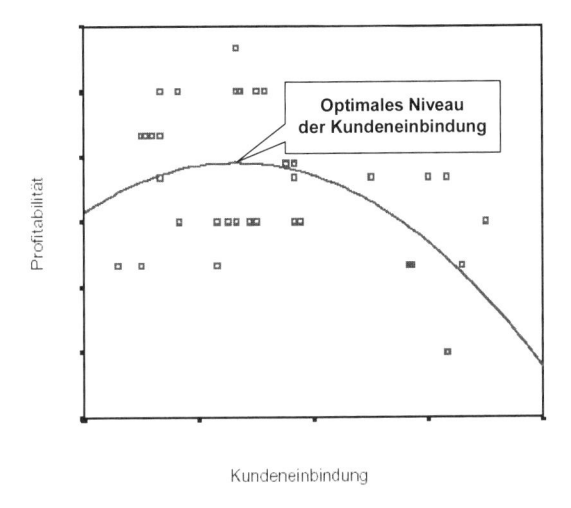

Abbildung 2: Nichtlinearer Zusammenhang der Kundeneinbindung und NPE-Profitabilität[92]

Hält man sich verschiedene Hinweise in der Literatur vor Augen, die nicht nur positive Auswirkungen, sondern auch mögliche Störungen durch die Einbindung von Kunden beschreiben, ist der in Abbildung 2 aufgezeigte Effekt gut nachzuvollziehen. Negative Auswirkungen, die durch zu starke Einbindung von Kunden entstehen können, sind beispielsweise eine Nischenorientierung, inkrementale Innovationsschritte, Verfehlung des freezing points in der Designphase oder innerbetriebliche Ablehnung im Sinne des *not-invented-here Syndroms*.[93]

Als Zwischenfazit der Erkenntnisse zur Kundeneinbindung als Erfolgsfaktor sind die besondere Bedeutung von Lead Usern und die Notwendigkeit der Einbindung der „Area of Usage" hervorzuheben. Zudem wird deutlich, dass für eine differenzierte Untersuchung der Erfolgswirkung zum einen ein phasenspezifischer Ansatz angebracht erscheint und zum anderen die Erfordernis einer nicht pauschal positiven Betrachtungsweise der Kundeneinbindung besteht.

---

[92] Vgl. Ernst (2001), S. 306.
[93] Vgl. z.B. Brockhoff (1998), S. 19 ff., Brockhoff (1997), S. 361 ff. oder Ulwick (2002), S. 92 ff.

2.3 Arbeiten zum Rollenverständnis des Kunden in der Neuproduktentwicklung

Die interaktionstheoretischen Überlegungen haben gezeigt, dass die Innovationsbeiträge seitens der Anwender hinsichtlich Ausmaß und Inhalt stark variieren können. Einige Autoren bedienen sich daher sogenannter Rollenkonzepte, um die Kundenaktivitäten möglichst übersichtlich und dennoch differenzierend darzustellen.[94]

Brockhoff identifiziert fünf Arten von Kundenbeiträgen für die Produktentwicklung.[95] Kunden lassen bewusst oder unbewusst Bedürfnisse für neue Produkte erkennen. Sie sind somit Nachfrager, die insbesondere bei klassischen Marktforschungsaktivitäten befragt oder beobachtet werden. Im Falle einer aktiven Mitgestaltung im Produktentwicklungsprozess des Herstellers bringen sich Kunden als Ideengeber, Anreger, Gestalter und z. T. auch als Problemlöser ein. Beiträge zur Neuproduktentwicklung, die über eine Mitgestaltung hinausgehen, erfolgen durch so genannte Lead User, die eigene Problemlösungen, beispielsweise in Form von Prototypen, für die Vermarktung anbieten können. Werden Kunden zur Ersterprobung neuer Produkte unter realistischen Bedingungen eingesetzt, geschieht dies, um aus den gewonnenen Verwendungserfahrungen Anhaltspunkte zur technischen und wirtschaftlichen Leistungsfähigkeit der Neuprodukte zu gewinnen. Einen weiteren, weniger offensichtlichen Kundenbeitrag liefern Erstnutzer, die durch ihre Absicht, das Produkt zu erwerben, Marktunsicherheiten reduzieren können und damit oft erst den Weg eines Neuprodukts ebenen, damit es in größerem Rahmen produziert und am Markt eingeführt werde kann.

Basierend auf den vorgestellten spezifischen Leistungen der Kunden prägt *Brockhoff* den Überbegriff des „Pilotkunden". Abgesehen von dem grundlegenden Beitrag, dass Kunden Bedürfnisse erkennen lassen, ordnet er dem Begriff des Pilotkunden vier Kundentypen bzw. Kundenrollen unter. In Abhängigkeit von der Einflussnahme auf Produktinnovationen sind dies *Kunden als Mitgestalter der Produktentwicklung (launching customer), Kunden als Hersteller von Quasi-Prototypen (lead user), Kunden als Lieferanten von Anwendungserfahrungen (Referenzkunden, Erprober, Vorbilder)* und *Kunden als Helfer bei der Überwindung innerbetrieblicher Innovationswiderstände (Erstinteressenten, Erstbesteller).* Zudem weist

---

[94] Zur Entwicklung des aus der Soziologie stammenden Rollenkonzepts vgl. insbesondere Linton (1936), S. 113ff., Scheuch/Kutsch (1975), S. 93ff. *Hauschildt* gibt einen Überblick der Verwendung des Rollenbegriffs als hilfreichen Analyseansatz im Innovationsmanagement und damit im betriebswirtschaftlichen Kontext. Vgl. Hauschildt (1997), S. 158. *Wittes* 1973 eingeführte Promotoren-Modell stellt hierbei das wohl prominenteste deutschsprachige Beispiel der Unterscheidung von Leistungsbeiträgen im Innovationsprozess mit Hilfe von Rollen dar (Witte 1973). Im Gegensatz zu diesen Rollenmodellen, deren Beschreibung sich ausschließlich auf Subjekte innerhalb von begrenzten Institutionen bezieht, sind im Rahmen der vorliegenden Arbeit Rollenbeschreibungen externer Subjekte, also der Kunden, herauszugreifen.

[95] Die folgenden Ausführungen erfolgen in Anlehnung an Brockhoff (1997), S. 357 ff. sowie Brockhoff (1998), S. 8 ff.

Brockhoff in seinen Arbeiten auf die Vorteilhaftigkeit einer Differenzierung der Kundeneinbeziehung in Abhängigkeit von der Produktentwicklungsphase und des Kundeninvolvements hin, die wiederum die Wirksamkeit der Kundenintegration beeinflussen können. Diese Aspekte werden insbesondere im empirischen Teil dieser Arbeit berücksichtigt.[96]

Nach *Herstatt* können Anwender die Rollen eines *Produktentwicklungsinitiators*, *Produktentwicklungberaters*, *Produktentwicklungspartners* oder *Produktentwicklungs-vermarkters* im Innovationsprozess übernehmen.[97] Als Initiatoren gelten Kunden, die sich mit ihren Bedürfnissen und Problemen oder aber mit eigenen Erfindungen an Unternehmen wenden. Die Rolle des Beraters beinhaltet die Formulierung konkreter Ansprüche an die Produktgestaltung, den Test und die Bewertung von Produktkonzepten sowie unter Umständen die Lösung von Problemen, die sich im Entwicklungsprozess ergeben. Von einer Entwicklungspartnerschaft ist dann die Rede, wenn Anwender Aufgaben im Bereich der Entwicklung, Konstruktion oder des Prototypenbaus bzw. -tests eigenständig oder in Zusammenarbeit mit dem innovierenden Unternehmen übernehmen. Zur Rolle des Produktentwicklungsvermarkters lassen sich Erstanwender oder Pilotkunden, Referenzkunden und Meinungsführer zuordnen.

Jost und *Wiedmann* führen in Anlehnung an Raffee/Wiedmann drei Rollen des Konsumenten als Austauschpartner der Unternehmen ein. Die Rollenaufteilung entstammt einem gesellschaftsorientiertem Marketingkonzept, in dem Konsumenten als *Käufer*, als *Bürger und Mitglieder der Gesellschaft* oder als *Informationslieferanten bzw. potentielle Mitarbeiter* auftreten. Der Dialog als interaktiver Informationsaustausch und Form der Kooperation stellt das Bindeglied zwischen dem Konsument als Träger einzelner oder mehrerer Rollen und dem innovierenden Unternehmen dar.[98]

In der Disziplin des Total Quality Managements (TQM) umreißt *Kaulio* sein Rollensverständnis des Kunden in der NPE mit drei Aktivitätsniveaus, dem *Design for*, *Design by* und *Design with*.[99] Diese drei Ebenen kombiniert er mit fünf NPE-Prozessphasen zu einer Matrix als Ordnungsrahmen für angewandte Methoden der Kundenintegration.

---

[96] Vgl. Kapitel 9.3.
[97] Vgl. Herstatt (1991), S. 46 ff.
[98] Vgl. Jost/Wiedmann (1993), S. 10f. sowie Raffée/Wiedmann (1987), S. 226.
[99] Vgl. Kaulio (1998), S. 141 ff.

- *Design for:* Unternehmensvertreter der F&E sind federführend im NPE-Prozess. Der Kunde dient als Informationsressource, durch die Anforderungen für die Produktentwicklung abgeleitet werden. Eine charakteristische Methode dieser Ebene ist das Quality Function Deployment (QFD) zur Einbindung der „Stimme des Kunden" in die Entwicklungsaktivitäten.[100]

- *Design with:* Es handelt sich um einen iterativen Prozess des Produktdesigns, bei dem den Kunden in verschiedenen Phasen der Entwicklung alternative Konzepte und Prototypenmodelle vorgelegt werden und diese ihre Beurteilungen direkt an die Entwickler zurückspielen können. Als Vertreter dieser Art der Kundeneinbindung zählt Kaulio das Beta Testing[101] oder aber das User-oriented Product Development.[102]

- *Design by:* Eine scharfe Trennung zwischen Designer und Kunde verschwindet. Kunden tragen aktiv zu den Aufgaben der Konzept- und Realisierungsphase neuer Produkte bei. Forum der Zusammenarbeit sind Gruppenübungen. Somit wird die Rolle des Entwicklers zu der eines Moderators erweitert, dessen Aufgabe es ist, den Kunden bei der Findung neuer Lösungen anzuleiten. Der Lead-User-Ansatz[103] sowie das "Consumer idealized design" sind Beispiele einer methodischen Anwendung.

Basierend auf einer ausführlichen Literaturrecherche identifiziert *Lengnick-Hall* fünf Kundenrollen. Betrachtet man ein innovierendes Unternehmen als ein System zur Transformation eines bestimmten Inputs in einen bestimmten Output, so lassen sich Kunden nicht nur als Leistungsempfänger auf der Outputseite, sondern auch als Leistungsträger oder Ressource auf der Inputseite des Systems einordnen. Dementsprechend wird vertiefend auf die Rollen des Kunden als *buyer, user* und *product* auf der Outputseite sowie als *resource* und *co-producer* auf der Inputseite eingegangen.[104] Getreu dem Leitsatz „Toward a Theory" übernimmt *Nambisan* die inhaltlichen Rollen des Kunden als *resource, co-creator* und *user* und unternimmt erstmals den Versuch, die Erkenntnisse zur Bedeutung des Kunden im NPE-Prozess in einem ganzheitlichen „Model of Customer Value Co-creation Behavior in virtual customer environments" zu vereinen.[105] Es handelt sich hierbei um ein sehr detailliertes Forschungsmodell, das den Betrachter die Vielschichtigkeit und Unberührtheit des Forschungsthemas der virtuellen

---

[100] Zum Ansatz des QFD vgl. Sulivan (1986) sowie Cristiano/Liker/White (2000).
[101] Vgl. beispielsweise die Entwicklung des Netscape Navigator 3.0, beschrieben in Iansiti/MacCormack (2000), S. 111f.
[102] Vgl. hierzu Buurman (1997) oder Rosenbald-Wallin (1985).
[103] Vgl. Urban/von Hippel (1988), von Hippel (1986).
[104] Vgl. Lengnick-Hall (1996) und Lengnick-Hall/Claycomb/Inks (2000).
[105] Vgl. Nambisan (2002).

Kundenintegration in die NPE vor Augen führt. Empirische Erkenntnisse werden jedoch nicht kommuniziert.

Die in diesem Kapitel beschriebenen Konzepte weisen keineswegs auf einheitliche Rollenbilder des Kunden im Innovationsprozess hin. Eine auffällige Gemeinsamkeit besteht allerdings in der durchwegs funktionalistischen Sichtweise, in der die Rollen als vordefinierte Verhaltensschemata gegeben sind und von den Individuen nur noch ausgeübt werden müssen.[106] Die vorgenommenen Beschreibungen und Abgrenzungen der Kundenbeiträge eignen sich somit sehr gut zur Veranschaulichung der Ausprägungen der Kundenintegration auf einer Ebene, die für den Leser leicht zu erfassen ist. Demgegenüber steht das interaktionistische Rollenverständnis, demzufolge Rollen unterschiedlich stark formalisiert werden können, mehr oder weniger klar abgegrenzte Konturen besitzen und in einem dynamischen sowie wechselseitigen Prozess aushandelbar und gestaltbar sind.[107] Schon aufgrund der begrifflichen und inhaltlichen Verwandtschaft zum interaktionstheoretischen Fundament der VKI[108] scheint dieses Rollenverständnis erheblichen Mehrwert für Analyse der VKI zu bieten. Sowohl persönliche Motive der Kunden als auch situative Einflussfaktoren der Entwicklungspartnerschaft werden, im Gegensatz zum funktionalistischen Rollenbild, explizit berücksichtigt, um Anhaltspunkte für eine effektive Gestaltung der Interaktion zu gewinnen. Zudem handelt es sich bei den meist zeitlich begrenzten Kundenintegrationsprojekten nicht um Routineabläufe, sondern um Prozesse, in deren Verlauf sich Rollenstrukturen durchaus verändern können. Folglich wird in der vorliegenden Arbeit, im Gegensatz zu dem bisher in der Literatur vorherrschenden funktionalistischen Rollenbild, eine interaktionistische Perspektive für die Entwicklung des Bezugsrahmens aufgegriffen.[109]

---

[106] Vgl. Wiswede (1992), S. 2003.
[107] Zum interaktionistischen Rollenbegriff vgl. Wiswede (1992), S. 2004, Fischer (1992), S. 2227ff., Krappmann (1971), S. 97 ff. und Turner (1962), S. 20ff.
[108] Vgl. Kapitel 2.1.
[109] Vgl. Kapitel 4.

3 Stand der Forschung zur virtuellen Kundenintegration

Nachdem die allgemeinen Erkenntnisse zur Kundenintegration in den obigen Ausführungen aufgezeigt wurden, ist es Ziel dieses Kapitels, den Stand der Forschung zur virtuellen Kundenintegration wiederzugeben. Berücksichtigt werden konzeptionelle und methodenorientierte Arbeiten und, soweit vorhanden, erste empirische Befunde. Aufgrund des hohen Neuigkeitscharakters der Thematik ist naturgemäß mit einem eher spärlichen Fundus an Forschungsarbeiten zu rechnen, die gleichsam sämtliche konstitutive Merkmale der VKI im Sinne der in Kapitel 1.3 vorgestellten Begriffswelt vereinen.

3.1 Virtual Customer Integration nach Ernst

3.1.1 Phasenspezifische Einsatzpotenziale der virtuellen Kundenintegration im Neuproduktentwicklungsprozess

Ein zentraler Beitrag, der die bisherigen konzeptionellen Gedanken zur VKI zusammenträgt, stammt von *Ernst*.[110] Um die Ansatzpunkte der Interaktion zwischen innovierenden Unternehmen und Kunden entlang des NPE-Prozesses zu verdeutlichen, verwendet der Autor ein fünfstufiges Phasenmodell. Grundsätzlich existieren in der Literatur zahlreiche Ansätze und Modelle, die von einer sequentiellen Abfolge unterschiedlicher Prozessphasen ausgehen. Über deren Zahl und Abgrenzung bestehen allerdings unterschiedliche Auffassungen.[111] Dies liegt z.T. darin begründet, dass die Gliederung in Phasen in einer mehr oder weniger detaillierten Form erfolgt. Oft sind daher auch die Phasenmodelle ineinander überführbar. Zudem führen die Vielfalt an Produkten einerseits und der entsprechende Kontext andererseits zu weiteren Abweichungen in der Phaseneinteilung. Zu unterscheiden sind hier beispielsweise Produktinnovationen von Sozialinnovationen, der Industriegüterbereich vom Konsumgüterbereich oder die Anwendung branchenspezifischer Phasenkonzepte.[112] Unabhängig von der letztendlich gewählten Phaseneinteilung ist insbesondere der Strukturierungsgedanke und der damit verbundene konzeptionelle Nutzen eines

---
[110] Vgl. Ernst (2004)
[111] Für einen Überblick der unterschiedlichen Phasenmodelle in der Literatur vgl. z.B. Billing (2003), S. 36ff. oder Thom (1980), S. 45ff.
[112] Beispielsweise führt *Cooper* ein spezifisches Schema für die pharmazeutische Industrie an. Vgl. Cooper (1983), S. 2.

Phasenmodells hervorzuheben, auch wenn die Annahme stringent aufeinanderfolgender Prozessschritte häufig zugunsten überlappender, paralleler und iterativer Prozessschritte erweitert werden muss.[113]

Tabelle 1 fasst die grundlegenden Aspekte eines phasenspezifischen Einsatztes der VKI nach *Ernst* zusammen. Die angeführten konzeptionellen Überlegungen werden in diesem Kapitel mit fallstudienartig gewonnen Erkenntnisse zur VKI ergänzt und angereichert.

Phasenspezifische Einsatzpotenziale der virtuellen Kundenintegration					
	Ideengenerierung & -bewertung	Konzeption & Projektauswahl	Entwicklung	Test	Markteinführung
Rolle der Kunden	Kunden als „Ideengeber" und „Berater" für die Ideenbewertung und -selektion	Kunden als „Berater" für die Konzeptbewertung und -auswahl und „Co-Creator" für die Konzeptverfeinerung	Kunden als „Entwicklungspartner" und „Berater" für die Bewertung und Auswahl von Designvarianten	Kunden als „potenzielle Abnehmer" zur Beurteilung des Marktpotenzials	Kunden als „Erstabnehmer" zur Beschleunigung der Marktdiffusion des Neuprodukts
Kundenbeitrag	- Ideen für neue Produkte - Bewertung von Ideen - Verbesserungsvorschläge für existierende Produkte - Beschwerden über bestehende Produkte	- Bewertung von Produktkonzepten - Verfeinerung und Verdichtung von Produktkonzepten	- Ideen und Vorschläge für die Entwicklung - Bewertung von Designvarianten während des Entwicklungsprozesses	- Beurteilung der Produktakzeptanz - Einschätzung des Marktpotenzials	- Produktkauf und Übermittlung der Anwendungserfahrungen
Zentrale Vorteile	- Größere Ideenvielfalt - Nutzung der Kreativität der Kunden - Frühes Kundenfeedback - Identifikationsmöglichkeiten fortschrittlicher Kunden (z.B. Lead User)	- Identifikation relativer Produktvorteile (value proposition) - Mass Customization - Mehr Testoptionen - Reduziertes Marktrisiko - Kundenfeedback in der kritischsten Phase der NPE - Marktinformationen für die rechtzeitige Abbruchentscheidung von NPE-projekten	- Nutzung der Kreativität und Erfahrung der Kunden - Kontiniuierliches Kundenfeedback - Vielzahl von Testmöglichkeiten unterschiedlicher Designvarianten - Reduzierung des Entwicklungsrisikos - Verbesserte Entscheidungsgrundlage (Projektabbruch ja/nein)	- Effiziente Anwendungsmöglichkeiten von Marktforschungsinstrumenten - Realistische Präsentation neuartiger Produktfunktionalitäten	- Effiziente Identifikationsmöglichkeit von „opinion leaders" und „Innovatoren" - Reduktion von Markteintrittsbarrieren insbesondere für sehr innovative Produkte - Beschleunigung des Diffusionsprozesses - Erhöhte Kundenbindung - Möglichkeit der Produktvorankündigungen zur Beeinflussung des Kaufverhaltens

Tabelle 1: Phasenspezifische Einsatzpotenziale der virtuellen Kundenintegration nach Ernst[114]

---

[113] Vgl. Ernst (2002), S. 8.
[114] In Anlehnung an Ernst (2004), S. 196. Eigene Übersetzung.

Phase 1 und 2: Fuzzy Front End

Das sogenannte *fuzzy front end* umfasst die von *Ernst* angeführten Phasen der *Ideengenerierung & -bewertung* sowie *Konzeption & Projektauswahl*.[115] In diesen frühen Phasen der Produktentwicklung kann die VKI als Instrument der Generierung, Bewertung, Verfeinerung und Selektion von Ideen und Konzepten eingesetzt werden. Die Kundenintegration leistet demnach zwei wichtige Beiträge, die die Grundlage für den Erfolg im NPE-Prozess betreffen. Zum einen wird die Vielfalt an Produktideen vergrößert, aus denen zu Beginn eines NPE-Prozesses ausgewählt werden kann. Die gezielte Einbindung von fortschrittlichen Kunden, sogenannten Lead Usern, erhöht hierbei die Wahrscheinlichkeit, dass es sich um Ideen handelt, die die zukünftige Entwicklung des Marktes vorzeichnen.[116] Zum anderen kann eine angemessene Informationsgrundlage für die Evaluierung von Ideen und Konzepten aus kommerzieller, marktbezogener und technischer Sicht geschaffen werden, die die interne Einschätzung der Machbarkeit mit der externen Einschätzung des Kundennutzens zusammenführt. Auf diese Weise kann Unsicherheit reduziert und die Planungsqualität vor Eintritt in die Entwicklungsphase als ein wesentlicher Erfolgsfaktor von NPE-Projekten erhöht werden.[117] Führt man sich vor Augen, dass der Großteil der Kosten eines Neuproduktentwicklungsprojekts in den frühen Phasen festgelegt wird[118] und die Auswahl eines „falschen" Entwicklungsprojekts somit erhebliche Kosten in Form von Entwicklungsinvestitionen, Opportunitätskosten und Nacharbeiten nach sich zieht, ist es kaum verwunderlich, dass die Einbindung von Kunden in die frühen Phasen der NPE als ein wesentlicher Erfolgsfaktor identifiziert wurde.[119] Die Frage, ob letztendlich das Internet geeignet ist, innovative Kunden zu identifizieren, komplexe Produktkonzepte beurteilen zu lassen und die häufig nur latent vorhandenen Kundenbedürfnisse abzufragen, ist unter anderem Gegenstand der vorliegenden Arbeit.

Ein Beispiel für die virtuelle Einbindung von Kunden in den Phasen der *Ideengenerierung & -bewertung* sowie der *Konzeption & Projektauswahl* ist das *Windowlab*.[120] Es handelt sich hierbei um eine internetbasierte Ideen- und Konzeptbewertungsplattform rund um das Thema Fenster. Betreiber der Plattform ist die profine GmbH, ein Spezialist für Fensterkonstruktionen auf Basis von Kunststoffprofilen. Das *Windowlab* bietet kreativen Kunden (z.B. Fensterhersteller, Architekten, Bauherren, Bauunternehmer, Wohnungsbesitzern

---
[115] Vgl. Kim/Wilemon (2002), S. 269 f.
[116] Vgl. Lilien/Morrison/Searls et al. (2002), S. 1055; von Hippel (1986), S. 796.
[117] Vgl. Ernst (2001), S. 35.
[118] Vgl. Gebhardt (2000), S. 9.
[119] Vgl. Gruner/Homburg (1999), S. 135.

oder Privatpersonen) eine Anlaufstelle im Internet, die es ihnen erlaubt, ihre Bedürfnisse, neue Ideen oder bereits ausgearbeitete Konzepte zu übermitteln. Auch Verbesserungsvorschläge oder Beschwerdeinformationen zu gegenwärtigen Fensterangeboten können im *Windowlab* abgegeben werden.[121]

Ein erstes Teilziel der Innovationsabteilung der profine GmbH besteht darin, die Ideenvielfalt zu Beginn des Produktentwicklungsprozesses durch die Berücksichtigung externer Kundenideen zu erhöhen. Das Internet bot sich hierzu als eine effiziente Möglichkeit (insbesondere Kosten und Zeitvorteile im Vergleich zu herkömmlichen Methoden) an, um Bedürfnisse und Produktwünsche von einer sehr großen Zahl von Kunden zu erfassen. Als ein zweites Teilziel des *Windowlab* sollen visionäre Ideen, die durch die eigenen Ingenieure bereits zu Konzepten verdichtet wurden, durch die zukünftigen Anwendergruppen bereits vor einer möglichen Projektrealisierung getestet und evaluiert werden.

Aufgrund der Heterogenität individueller Kundenbeiträge wurde für die Ideeneingabe im *Windowlab* eine Strukturierungshilfe vorgegeben, die es der Innovationsabteilung erlaubt, die eingegangenen Ideen zu kategorisieren, zu bewerten und untereinander zu vergleichen. Auf diese Weise soll sichergestellt werden, dass die Ideen zunächst ohne weitere Bearbeitungsschritte in den Beurteilungsprozess einfließen können und nicht als „Ideenfriedhof" verkümmern. Abbildung 3 zeigt einen Ausschnitt der strukturierten Ideeneingabe im *Windowlab*:

Eine Bewertung der eingegangenen Ideen erfolgt durch den Ideengeber selbst, durch eine Expertengruppe der profine GmbH sowie durch Besucher des *Windowlab*, die sämtliche abgegebenen Ideen einsehen können. Typische Bewertungskriterien der Ideen, die durch diese drei Bewertungsgruppen im Sinne einer Spiegelbilderhebung beurteilt werden können, sind z.B. der Gesamteindruck, der empfundene technische Neuigkeitsgrad, der funktionale Nutzen oder die Marktakzeptanz der eingegebenen Idee. Unternehmensinterne Experten können zusätzlich Kriterien, wie z.B. den Beherrschungsgrad der zur Realisierung benötigten Technologie, den Beherrschungsgrad der Vermarktungs- und Vertriebskanäle, die Realisierungsgeschwindigkeit oder den Entwicklungsaufwand zur Bewertung heranziehen.

---

[120] Das *Windowlab* ist unter der Webadresse http://www.windowlab.com zugänglich.
[121] Beschwerdeinformationen liefern als eine Form der Unzufriedenheitsäußerung häufig wichtige Ansatzpunkte zur Produktentwicklung. Vgl. Hansen (1982), S. 31 f.

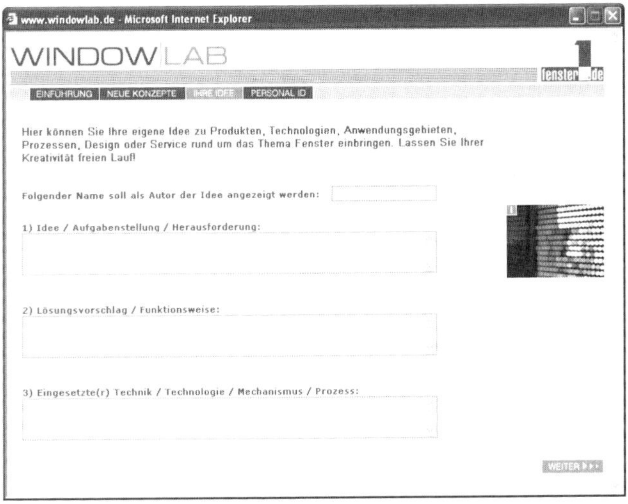

Stand der Forschung zur virtuellen Kundenintegration 31

Abbildung 3: Ideeneingabe im Windowlab

Neben der Sammlung und Beurteilung von Ideen erfolgt im *Windowlab* auch eine kundenseitige Beurteilung von Ideen, die bereits zu einem Konzept verdichtet wurden. Damit Kunden allerdings eine valide Einschätzung der Anwendungsmöglichkeiten und Einsatzpotenziale, insbesondere von Produktkonzepten mit hohem Innovationsgrad, treffen können, müssen diese möglichst realitätsgetreu dargestellt werden. Das Internet bietet hierzu die Möglichkeit des Einsatzes visuell anspruchsvoller Darstellungen von Produkten und deren Funktionsweisen, lange bevor diese überhaupt physisch existieren. Abbildung 4 zeigt die im *Windowlab* eingesetzte visuelle Präsentationsform für das Konzept des Media Windows, eines Fensters, das als Leinwand für Fernseh- und Videobilder genutzt werden kann. Weitere angebotene innovative Fensterkonzepte sind beispielsweise „selbstreinigende Fenster", „intelligente Fenster" oder „Fenster als Raumheizung".

Abbildung 4:   Konzeptpräsentation und Bewertung im Windowlab

Phase 3: Entwicklung

Ein inzwischen klassischer Fall der Einbindung von Anwendern in die Entwicklungsphase ist in der Softwareentwicklung zu beobachten. Hierbei werden ausgewählten User-Gruppen Software-Prototypen zur Fehlersuche und zur iterativen Weiterentwicklung zur Verfügung gestellt. Im weiteren Verlauf entstehen Beta-Versionen verschiedener Reifegrade.[122] Diese Interaktionsform mit Kunden bei der Entwicklung von digitalen Produkten wie Software lässt sich prinzipiell auch auf physische Produkttypen im Konsumgüterbereich übertragen.[123] Auch wenn nicht alle Produkteigenschaften, wie beispielsweise Geruchs- und Tastsinn, in ihrer Grundform digital übertragbar sind, so bieten virtuelle Illustrationsformen doch ein großes Repertoire zur Vermittlung von Produkteigenschaften, Funktionszusammenhängen, Anwendungswelten und Emotionen, um eine sinnvolle Kundenbeteiligung an der Produktentwicklung zu ermöglichen.

Ein weiteres Beispiel für die virtuelle Einbindung von Kunden in die Phase der *Entwicklung* ist ein von dem Kristallschmuckhersteller Swarovski & Co durchgeführter internetbasierter Designwettbewerb.[124] Für die Produktreihe der „Crystal Tattoos", Schmucksteinmotive die auf die Haut appliziert werden können, wurde eine Java-basierte Internetapplikation

---

[122] Vgl. Hanson (2000), S. 233 ff.
[123] Vgl. Dahan (2002), Dahan/Srinivasan (2000).
[124] Das Praxisbeispiel Swarovski ist unter der Webadresse http://www.hyve-special.de/crystaltattoo zugänglich.

entwickelt, die es erlaubt, unterschiedliche Schmucksteine mit Hilfe einer „drag and drop"-Funktion auf einer Gestaltungsoberfläche beliebig anzuordnen. Mit dem in Abbildung 5 gezeigten Designtool wurden Kunden somit in die Lage versetzt, ihre eigenen Kreationen an „Crystal Tattoos" am Computer zu entwickeln.

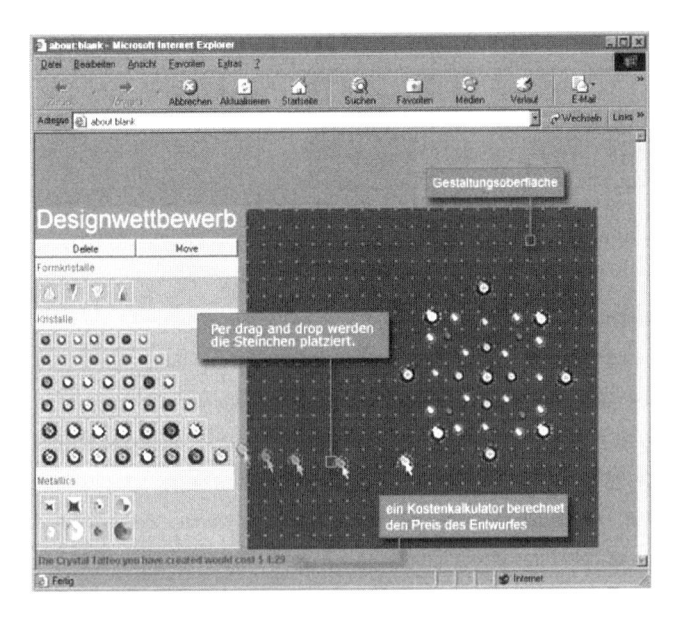

Abbildung 5: Swarovski Toolkit für Schmuckdesign im Internet

Insgesamt wurden in nur vier Wochen insgesamt 263 Motive in Form von abstrakten Mustern, Ornamenten, Symbolen und Tiermotiven von Kunden entwickelt, die Swarovski verhalfen, kreative Designanregungen als auch Informationen zu Präferenzen und zum Bedarf individueller Tattoos beim Endverbraucher zu sammeln.[125] Zudem konnten durch einen in der Applikation integrierten Kostenkalkulator, der die Preise der unterschiedlichen Steine berücksichtigt, Informationen über die Zahlungsbereitschaft gewonnen werden. Ein Ausschnitt der vielfältigen, von Kunden gestalteten Motive sind in Abbildung 6 zu sehen ist.

---

[125] Vgl. Füller/Mühlbacher/Rieder (2003), S. 40.

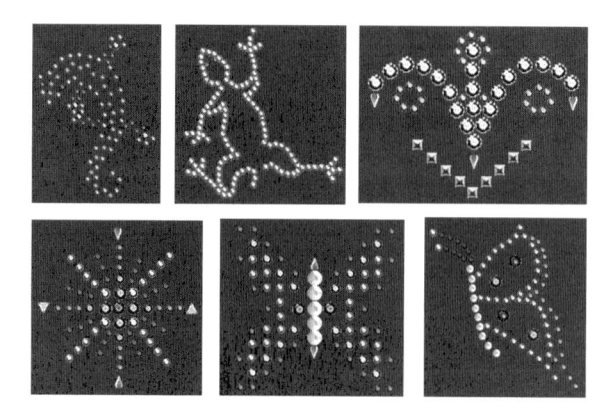

Abbildung 6: Von Kunden entwickelte Crystal Tattoo Motive

Um die Zielgruppe, junge Frauen von 14-29 Jahren, für den Designwettbewerb zu begeistern, wurden neben der Swarovski Homepage auch andere Webseiten und Commuities genutzt, um Werbebanner zu platzieren. Beispiele sind fashion.net, beautynet.de, bravo.de und playboy.de. Auf diese Weise wurden 91 % weibliche Teilnehmer gewonnen, die im Durchschnitt 18,47 Minuten für das Motivdesign investierten. Diese in Einzelfällen weit über den Durchschnitt hinausgehende Zeit für das Design lässt die enorme Bereitschaft von Kunden erahnen, aktiv an der Produktentwicklung im Internet teilzunehmen. Darüberhinaus haben 69 % der Teilnehmer/innen ihr Interesse geäußert, einem Swarovski Kundenpanel beizutreten, um auch in Zukunft kontinuierlich an der Entwicklung neuer Produkte mitwirken zu können.

Phase 4: Test

Im Rahmen von Produkttests sollen Kunden als potenzielle Abnehmer Aufschluss über das Marktpotenzial und die Akzeptanz von neuen Produkten vor der eigentlichen Markteinführung geben. Computergestützte Darstellungsmöglichkeiten und Analyseverfahren im Internet erweitern durch die Möglichkeit der virtuellen Präsentation der zu testenden Produkte und deren Einsatzfelder das Testspektrum.[126] Beim „Virtual Shopping" beispielsweise wird der Produktkauf simuliert, indem der Käufer virtuelle Produkte aus virtuellen Regalen entnimmt oder sich sogar im Sinne einer „Virtual Reality" frei in virtuellen

---

[126] Vgl. Brockhoff (1999), S. 212 ff.

Kaufhäusern bewegen kann.[127] Eine weitere Form der virtuellen Einbindung von Kunden in die Testphase, ist die Übertragung der Conjoint-Analyse als klassische Methode des Konzepttests, auf die elektronische Ebene des Internets.[128] Ein Anwendungsbeispiel der internetbasierte Conjoint-Analyse betrifft den Test eines innovativen Weinkorkenkonzepts durch eine Vielzahl von Weinkonsumenten und Weinexperten im Web.[129] Abbildung 7 zeigt die visuelle Konzepterläuterung des Weinkorkens mit Aromasiegel. Es handelt sich hierbei um eine hauchdünne, transparente Folie, die am unteren Korkenende im innenliegenden Flaschenbereich angebracht ist. Das Aromasiegel schützt den Wein vor Korkgeruch und Mikroorganismen und unterbindet zudem Korkabsonderungen, das sogenannte „Korken" des Weines. Die Folie selbst ist geruch- und geschmacklos.

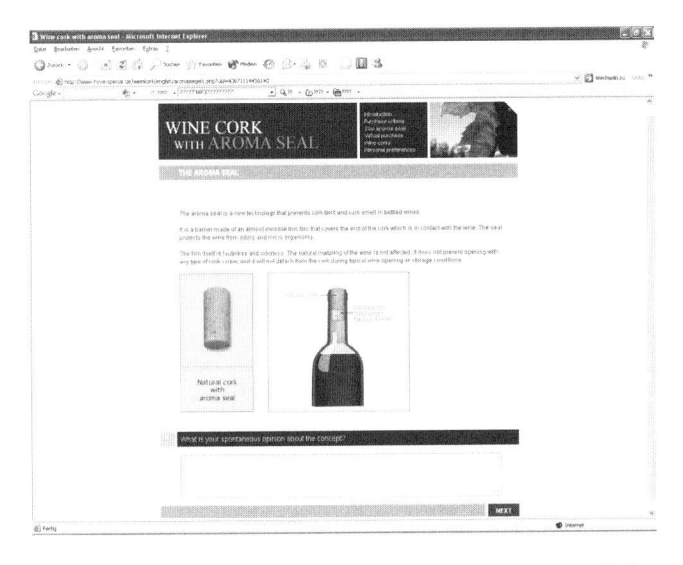

Abbildung 7:   Visuelle und textliche Präsentation des innovativen Weinkorkenkonzepts

Die grundsätzliche Zielsetzung bestand darin herauszufinden, welche Einschätzungen und Assoziationen Konsumenten mit dem visuell dargestellten Konzept verbinden und wie deren

---

[127] Vgl. Burke (1996). Zur Virtual Reality und deren Einsatzmöglichkeiten im Marketing vgl. z.B. Palupski (1995).
[128] Zum Einsatz der Conjoint-Analyse im Zusammenhang mit Produktinnovation im Allgemeinen vgl. Schubert (1991). Zu den Einsatzmöglichkeiten des Internets bei der Durchführung multimedialer Conjoint-Analysen vgl. insbesondere Dahan/Srinivasan (2000), S. 338 ff. und Ernst/Sattler (2000) S. 72 ff.
[129] Das Praxisbeispiel „Weinkorken" ist unter der Webadressehttp://www.hyve-special.de/weinkork/english zugänglich.

Nutzeneinschätzung gegenüber am Markt erhältlichen Korkarten wie Natur-, Press- oder Plastikkorken aussieht. Als zentrales Testverfahren des Weinkorkens mit Aromasiegel wurde die internetbasierte Conjoint-Analyse, dargestellt in Abbildung 8, gewählt. Den Testpersonen wurden jeweils neun unterschiedliche Kombinationen aus Preis, Weinsorte und Korkenbeschaffenheit gezeigt, die zufällig angeordnet wurden. Die einzelnen Konzeptvariationen konnten mit einem Auswahlmenü durch die Zuweisung von Rängen in Reihenfolge gebracht werden. Auf Basis der geäußerten Kundenpräferenzen konnten Teilnutzenwerte errechnet werden, die wiederum wichtige Informationen für die bevorstehende Markteinführung lieferten.

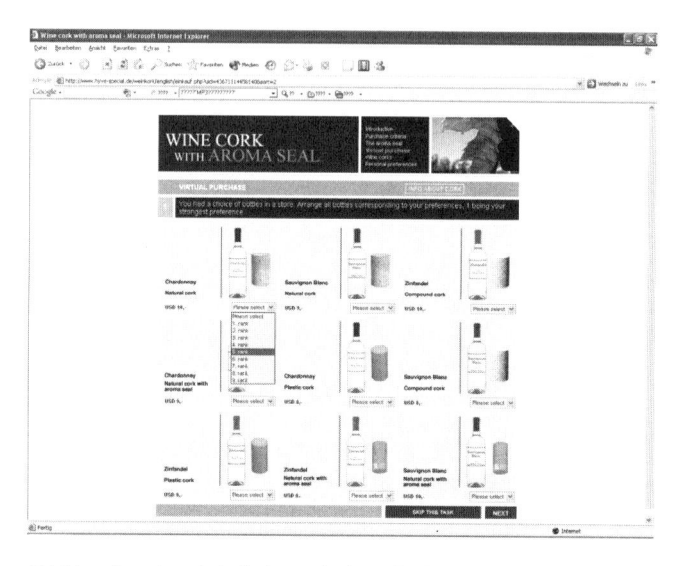

Abbildung 8:   Ausschnitt der internetbasierten Conjoint-Analyse

Insgesamt konnten in nur 3 Wochen 1354 Teilnehmer gezählt werden. Zudem handelte es sich um einen international angelegten Konzepttest in den Ländern USA, UK, Deutschland, Österreich und Schweiz. Ein Auszug einschlägiger Webpages und Communities zum Thema Wein, die zur Rekrutierung mit Bannerwerbungen verwendet wurden, sind www.winespectator.com, www.wineanorak.com, www.finewinediary.com, www.winetelevision.com, www.winedine.co.uk, www.weinclub.ch, www.derwein.ch, www.wein-zentrale.de, www.weinclub.wein.cc. Die hohe Teilnehmerzahl, die kurze Zeitperiode zur Durchführung sowie die internationale Umsetzung auf Basis der webbasierten

Rekrutierungsmaßnahmen sprechen für die hohe Effizienz der Testmöglichkeiten im Internet, die im Vergleich zu klassischen Methoden der Marktforschung erhebliche Kosten- und Zeitvorteile aufweisen können.[130]

Phase 5: Markteinführung

Im Rahmen der *Markteinführung* kann durch die Ankündigung neuer Produkte im Internet ein frühzeitiger Marktsog durch elektronische Mund-zu-Mund-Propaganda entstehen. Ein Beispiel hierfür ist die Vorstellung des innovativen Rucksackkonzeptes „DiGGiT" mit integrierter Lawinenschaufel, Ski- und Snowboardtragesystem und Protektorfunktion der Firma Backtools. Das erstmals im Rahmen eines internetbasierten Konzepttests präsentierte und zu dieser Zeit nur virtuell existierende Produkt wurde Gegenstand einer intensiven Diskussion in einschlägigen Online-Communities und Foren der Ski- und Snowboardszene. Insgesamt erreichten den Hersteller 74 Bestellungen des Rucksacks, der physisch noch nicht existierte.[131] Das bedeutet, allein die frühzeitige Kenntnis über neue Produkte, beispielsweise im Rahmen von Produktvorankündigungen,[132] kann als Entscheidungsgrundlage für die Planung der Kaufentscheidung der Konsumenten dienen. Zudem senkt die realistische Produktpräsentation das von potenziellen Abnehmern empfundene Kaufrisiko. Dies gilt insbesondere für sehr innovative Produkte, bei denen auf keine Erfahrungswerte zurückgegriffen werden kann.[133]

Eine weitere Einsatzmöglichkeit der VKI in der Phase der Markteinführung ist die gezielte Identifikation besonders innovativer Kunden und Opinion Leader. Die Beiträge von *Spann et al.* sowie *Bartl/Füller/Ernst* haben gezeigt, dass insbesondere mit Hilfe virtueller Börsenspiele und Online Communities ein besonders hoher Prozentsatz an innovativen Kunden im Internet identifiziert werden kann.[134] Große finanzielle Aufwendungen für die teilnehmenden Kunden, beispielsweise in Form von monetären Belohnungen und Anreizen, sind meist nicht erforderlich.[135] Diese Benutzergruppen weisen wiederum ein hohes Referenzpotenzial für die verbleibenden Kunden auf und erhöhen die Diffusionsgeschwindigkeit neuer Produkte am Markt.[136]

---

[130] Vgl. Dahan/Hauser (2002), S. 333.
[131] Vgl. Füller/Schmidt-Gabriel (2003).
[132] Vgl. zur signaltheoretischen Wirkung von Produktvorankündigungen Ernst/Schnoor (2000).
[133] Vgl. Ernst (2004), S. 202.
[134] Vgl. Spann et al. (2004) und Bartl/Ernst/Füller (2004).
[135] Vgl. Bartl/Ernst/Füller (2004), S. 160.
[136] Vgl. Rogers (1995).

Schließlich eröffnet die internetbasierte Kundeninteraktion im Rahmen der Markteinführung die Möglichkeit, die große Distanz von Hersteller und Endverbraucher in Konsumgütermärkten zu verringern. Der starke Einfluss des Handels kann durch Maßnahmen des Direktvertriebs und des direkten Kundenkontakts im Internet, beispielsweise im Rahmen von Maßnahmen des Kundenbeziehungsmanagements, teilweise umgangen werden.[137]

Die übergeordnete Erkenntnis der von *Ernst* vorgenommenen konzeptionellen Überlegungen deutet darauf hin, dass die VKI große Potenziale für die Erschließung des Kunden als externe Innovationsquelle sowie für die klare und kontinuierliche Ausrichtung aller Prozessphasen an den Markterfordernissen mit sich bringt. Die angeführten Fallbeispiele unterstreichen dies sehr anschaulich. Weitere Unternehmen, die die VKI bereits zur Produktentwicklung eingesetzt haben, sind u.a. Adidas, Audi, BMW, Bosch & Siemens Hausgeräte, Grohe, Henkel, Peugeot, Roco, Gore, Siemens und Volvo.[138]

3.1.2 Zentrale Vorteilsdimensionen der virtuellen Kundenintegration

In den folgenden Ausführungen erfolgen kurze Zusammenfassungen der in dem Beitrag von *Ernst* dargelegten Vorteilsdimensionen der VKI.

1. Das Internet bietet vielfältigere Einsatzmöglichkeiten als bisher, um Kunden in sämtlichen Phasen des Innovationsprozesses einzubinden. Phasenspezifisch und damit punktuell können beispielsweise Ideenwettbewerbe, Konzeptbewertungen oder Tests virtueller Prototypen durchgeführt werden. Phasenübergreifend können Online-Communities aufgebaut werden, die eine stetige Abfrage und damit Aktualisierung der Kundenpräferenzen ermöglichen. Der Kunde wird zum kontinuierlichen und aktiven Entwicklungspartner im NPE-Prozess.

2. Das Internet erlaubt die individuelle Ansprache von Kunden und Kundensegmenten. Die Integration einzelner Abnehmer besteht in der Weitergabe von Individualisierungsinformationen, Definition ihrer Wünsche und in der Mitwirkung bei der Realisierung von Problemlösungen bezüglich neuer Produkte und Dienstleistungen. Hierzu können beispielsweise Produktkonfiguratoren als intelligente

---

[137] Vgl. Ernst (2004), S. 203.
[138] Nähere Informationen zu einer Vielzahl von VKI Praxisprojekten sind unter der Internetadresse http://www.hyve.de zugänglich.

und für die Kunden leicht bedienbare Designwerkzeuge herangezogen werden. Diese Vorteilsdimension der VKI deckt sich mit der grundlegenden Zielsetzung der *Mass Customization* soviel Varietät zu produzieren, dass jeder Kunde exakt das findet, was er wünscht und wofür er zu zahlen bereit ist.[139]

3. Das Internet bietet Identifikationsmöglichkeiten für spezifische Kundengruppen wie *Lead User* oder *Opinion Leader*, die als besonders wertvolle Quelle für die NPE gelten.[140] Diese Gruppen tragen insbesondere in dynamischen und trendgesteuerten Märkten dazu bei, marktkonforme Produkte zu entwickeln. Anknüpfend an den Gedanken der Mass Customization kann beispielsweise die Häufigkeit bestimmter Konfigurationskombinationen durch diese Gruppen als Anhaltspunkt zur Modifikation eines Produktprogramms im Massengeschäft herangezogen werden.[141] Auch besteht teilweise die Möglichkeit für innovierende Unternehmen, auf detailliert ausgearbeitete Produktkonzepte und existierende Prototypen dieser Gruppen zurückzugreifen und auf diesen aufzubauen.[142]

4. Die Verwendung von Bild-, Ton- und Videomaterial sowie die Darstellung von Funktionsabläufen mit Hilfe virtueller Prototypen ermöglicht die verständliche und realistische Präsentation komplexer und noch unbekannter Produkte. Der Proband taucht in eine virtuelle Welt ein und muss sich nicht mit der abstrakten Unterbreitung von Ideen und Konzepten begnügen. Eine multimediale und interaktive Aufbereitung ist insbesondere für die Kommunikation von Produkten und Dienstleistungen mit hohem Innovationsgrad von großem Nutzen. Sie ermöglicht den Kunden eine bessere Beurteilung und Einschätzung des Nutzens von Produkten bereits in frühen Entwicklungsphasen.

5. Die Multimedialität und Interaktivität ermöglicht die Unterstützung unterschiedlichster Testverfahren durch das Internet, z.B. Produkttests, Konzepttests, Testmarktsimulationen oder Storetests in einem neuen flexibleren Modell der NPE.[143] Dabei ist eine Präsentation virtueller Produkte in einem realen Umfeld, realer Produkte in einem virtuellen Umfeld sowie virtueller Produkte in einem virtuellen

---

[139] Zum Ansatz der Mass Customization vgl. Gilmore/Pine (2000) und Piller (2000).
[140] Insbesondere zählen Ideenwettbewerbe, virtuelle Börsen, Online-Communities oder einfache Screening-Fragebögen zu den internetbasierten Identifikationsinstrumenten für die Gruppe der „Lead User". Vgl. Ernst/Soll/Spann (2004); Spann et al. (2004).
[141] Vgl. Piller/Schoder (1999). S. 1118f.
[142] Lead User zeichnen sich dadurch aus, dass sie häufig selber innovativ tätig werden, in Erwartung, ihre neuen Bedürfnisse, die durch keine entsprechenden Herstellerangebote abgedeckt werden, zu befriedigen. Für einen Überblick derartiger Nutzerinnovationen vgl. z.B. von Hippel (1988), S. 32 ff.

Umfeld denkbar.[144] Dies führt zu einer enormen Vielfalt an internetbasierten Testoptionen für unterschiedliche Konzept- und Produktstadien sowie Konzept- und Produktalternativen in sämtlichen Phasen der NPE. In Abhängigkeit des erwünschten „Trade Offs" zwischen Lerneffekten und Zeitvorteilen können die Testoptionen sequentiell oder parallel im NPE-Prozess durchgeführt werden.[145] Die Möglichkeit, frühzeitig auf Kundenreaktionen eingehen zu können, erlaubt es, Marktunsicherheiten und damit die Wahrscheinlichkeit potenzieller Flops zu reduzieren. Zudem können kostenintensive Anfertigungen physischer Prototypen teilweise ersetzt werden.

6. Gegenüber herkömmlichen Informations- und Kommunikationswegen können bei der VKI erhebliche Effizienzvorteile durch die Nutzbarmachung der Vorteile des Internets generiert werden. Insbesondere werden Zeit- und Kostenvorteile bei der Gewinnung und Verwertung entwicklungsrelevanter Kundeninformationen erzielt.[146]

7. In Märkten mit starken Intermediären können durch den direkten Kontakt mit Endkunden verstärkt Pull-Effekte entwickelt werden. Insbesondere im Konsumgütermarkt, der durch die bedeutende Position des Handels gekennzeichnet ist, kann die große Distanz zwischen Hersteller und Konsument überbrückt werden.

Die von *Ernst* konzeptionell dargelegten positiven Wirkungen der VKI werden in Abbildung 9 graphisch aufbereitet. Abbildung 9a zeigt die Kundeneinbindung als Optimierungsproblem. Die Erfolgswirksamkeit einer effizienteren und effektiveren Auswahl, Identifizierung und Interaktion mit Kunden äußern sich in einer Verschiebung der Zusammenhangskurve nach oben. Zudem können Störungen, insbesondere bei der kontinuierlichen Interaktion mit einer großen Zahl von Kunden, durch den Einsatz des Internets abgeschwächt werden. Dies bewirkt eine Abflachung der Kurve.

---

[143] Vgl. MacCormack/Verganti/Iansiti (2001), S. 134 ff.
[144] Vgl. Brockhoff (1999), S. 212f. Ausgewählte Beispiele sind der virtuelle Laden (Burke 1996) oder die Methode der „Information Acceleration" (Urban/Hauser/Qualls et al. 1997) bei der der Kunde mit computergestützten Simulationen und dreidimensionalen Modellen in Interaktion treten kann.
[145] Vgl. hierzu Loch/Terwiesch/Thomke (2001).
[146] Vgl. Ernst/Gulati (2003). Die Effizienzvorteile sollen exemplarisch am Beispiel FIAT aufgezeigt werden. Über einen Link des Automobilherstellers wurden Kunden auf eine Webseite geführt, die es erlaubte, ihre individuellen Design-Präferenzen zum Modell „Punto" zum Ausdruck zu bringen. Eine interaktive Software ermöglichte den Besuchern, ihr eigenes Auto hinsichtlich Karosserie, Räder, Licht und anderen Features zu entwerfen. In nur drei Monaten konnte ein Rücklauf von 3000 Teilnehmern verzeichnet werden. Die Kosten betrugen 35.000 Dollar und lassen sich somit mit den Kosten zur Einbindung einiger weniger Kunden, beispielsweise im Rahmen kleiner Focus Gruppen, vergleichen. Vgl. Iansiti/MacCormack (2000), S. 114.

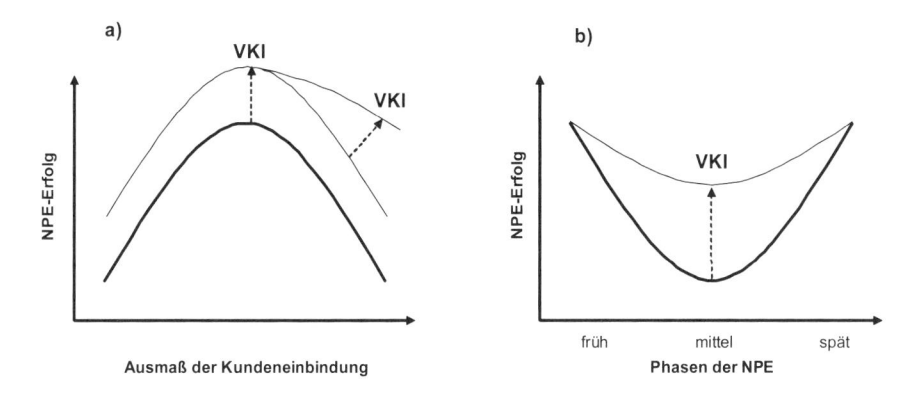

Abbildung 9: Einfluss der VKI auf den NPE-Erfolg[147]

Abbildung 9b zeigt, dass in der eigentlichen Entwicklungsphase, die den mittleren Phasen der NPE zugeordnet wird, bisher noch kein eindeutiger empirischer positiver Zusammenhang zwischen der Kundeneinbindung und dem NPE-Erfolg festgestellt wurde.[148] Die VKI erlaubt durch neuartige methodische Ansätze im Internet nun auch in diesen Phasen den Kunden verstärkt zu beteiligen. Mit sogenannten *Toolkits* oder beispielsweise mit der Methode des *User Designs* können Produkte im Sinne eines Rapid Prototyping gemeinsam mit den Kunden virtuell entworfen, modelliert und simuliert werden. Dies bewirkt eine Verschiebung der U-förmigen Kurve nach oben. Die methodischen Ansätze zur VKI werden in Kapitel 3.3 im Detail beschrieben.

3.2 Weitere konzeptionelle Ansätze zur virtuellen Kundenintegration

3.2.1 Virtuelle Kundenintegration nach Meyer/Pfeiffer

Meyer und *Pfeiffer* greifen den Gedanken der konstitutiven Integration des Kunden bei der Dienstleistungserstellung auf.[149] Sie sprechen von einer neuen Generation von market-pull Innovationen, bei der die relevanten Informationen des Nachfragers durch direkte Online-Verbindung schneller, häufiger, dauerhaft und damit stets aktuell bei der Entwicklung neuer

---
[147] In Anlehnung an Ernst (2004), S. 205.
[148] Vgl. Gruner/Homburg (2000), S. 10.
[149] Zur Rolle des Kunden bei der Dienstleistungserstellung vgl. Meyer/Blümelhuber/Pfeifer (2000), S. 52ff.; Zeithaml/Bitner (1996), S. 369 ff.

Produkte einbezogen werden.[150] Bisher herangezogene Marktforschungsinstrumente sind dazu nicht in der Lage, da sie zumeist im Rahmen von Kundenanfragen und Beschwerdeanalysen erst am Beginn des Kaufprozesses bzw. nach dem Ende des Verbrauchs- bzw. Gebrauchsprozesses ansetzen.[151]

Ein entscheidender Mehrwert des Beitrages von *Meyer* zum Konzept der Kundenintegration ist der Anstoß, nicht nur einzelne ausgewählte Kundenbeziehungen für Innovationen zu nutzen, sondern Communities zum einen als Zielgruppe der innovativen Leistung und insbesondere bei der Leistungserstellung selbst einzubeziehen. Als Communities sind nach *Meyer/Pfeiffer* „...Gemeinschaften von Nachfragern zu bezeichnen, die in sozialem Kontakt zueinander stehen und ähnliche Interessen verfolgen." Das Internet ermöglicht mittels medialer Kommunikation die Entstehung von räumlich unabhängigen Communities, so genannten *Virtual Communities*. Communities stellen eine Konzentration von Kunden dar, die sich durch ihr hohes Interesse und Anwendungswissen auszeichnen. Sie besitzen oft eine konkrete Vorstellung darüber, was sie von einem optimalen Produkt oder Service erwarten. *Frankes und Shahs* Analyse von vier Sportcommunities zeigt, dass durchschnittlich ein Drittel der Community-Mitglieder sowohl Produkte verbessert als auch völlig neue Produkte selbst entwirft. Diese zentralen Mitglieder sind darüber hinaus sehr gut über die Innovationstätigkeiten anderer Community-Mitglieder informiert.[152]

Zur Differenzierung des Einflusses neuer Medien entwickeln Meyer/Pfeiffer eine Integrations-Innovations-Typologie. Es handelt sich hierbei um eine Vierfelder-Matrix mit den beiden Dimensionen *Leistungsniveau* und *Integrationsniveau*. Unterschieden wird jeweils zwischen den Ebenen Individuum und Community. Dabei kann die Integration grundsätzlich vom Anbieter als auch vom Nachfrager initiiert werden.[153]

Die *klassische Leistungs-Innovation* basiert auf ausgewählten Kundenmeinungen und -bedürfnissen, die beispielsweise mit standardisierten Befragungsmethoden online oder offline erhoben werden. Das daraufhin entworfene Leistungsangebot wird allen Nachfragern des Zielsegments bzw. einer festgelegten *Community of Users* angeboten. Bei der *Leistungs-Individualisierung* geht der Hersteller eine individuelle Beziehung mit jedem einzelnen Kunden ein. Es handelt sich hierbei im Wesentlichen um das Prinzip der kundenindividuellen

---

[150] Meyer/Pfeiffer (1998), S. 302.
[151] Vgl. Meyer/Pfeiffer (1998), S. 301 f.
[152] Vgl. Franke/Shah (2003). Die Eignung von Online-Communities und deren Mitgliedern zur Unterstützung der Neuproduktentwicklung wird ausführlich in Kapitel 3.3.3 dargelegt.
[153] Meyer/Pfeiffer (1998), S. 303f.

Massenfertigung mit dem Ziel, ein vielfältigeres Angebot präsentieren zu können.[154] Moderne Web-Technologien erlauben es, den direkten und intensiveren Kontakt, wie er beispielsweise bei der Auftragsfertigung im Investitionsgüterbereich bereits vorherrscht, auch für Massenmärkte des Konsumgütergeschäfts zu nutzen, um letztendlich die Wünsche der Abnehmer bei der Leistungsgestaltung zu berücksichtigen. Die Community als Ausprägungsform der Dimension *Integrationsniveau* führt in Kombination mit der Ausprägung *Community* des *Leistungsniveaus* zu einer *Community-gestützten Leistungsinnovation*. In Verbindung mit der Ausprägungsform Individuum des Leistungsniveaus sprechen Meyer/Pfeiffer von einer *Community-gestützten Leistungsindividualisierung*. Diese beiden Formen der Anwenderintegration haben in der Produktentwicklung meist nur wenig Beachtung gefunden. Durch den Einsatz neuartiger Internet-Anwendungen ergeben sich aber gerade hier enorme Innovationspotenziale. So finden sich beispielsweise in dem virtuellen Café "alt.coffee" verschiedene "caffeine junkies" zusammen, um sich über Ideen, Bedürfnisse und Verbesserungsvorschläge bezüglich verschiedenster Kaffee- und Röstmaschinen sowie einen optimalen Kaffeegenuss auszutauschen.[155] Die *Community-gestützte Leistungsinnovation* greift diese Beiträge auf und macht Gemeinsamkeiten, Muster, Trends sowie einzigartige Vorschläge sichtbar. Auf diese Weise wird es dem Anbieter möglich, ein neuartiges Angebot zu schaffen, das mit zunehmender Diffusion und Datenbasis immer weniger imitierbar wird und an das spezifische Marktsegment zurückgeführt werden kann.[156] Die *Community-gestützte Leistungsindividualisierung* zielt darauf ab, aus der Community gewonne Erkenntnisse zu nutzen, um darauf aufbauend den einzelnen Kunden individuelle Leistungen anbieten zu können. Ein Beispiel, wie die Bedürfnisse einzelner Kunden bereits frühzeitig erkannt und zum Teil auch befriedigt werden können, zeigt der Internet-Buchhändler amazon.com.[157] Durch Berücksichtigung der Kaufhistorie, Aggregation von Interessenprofilen und einem Vergleich der Kundenpräferenzen auf Community-Ebene erhält jeder Kunde bei einem Kauf eine individuelle Angebotsempfehlung unter dem Schlagwort „Kunden, die dieses Buch gekauft haben, haben auch diese Bücher gekauft". Zudem stehen den Interessenten Kundenbewertungen und Online-Rezensionen zur Verfügung.

---

[154] Vgl. hierzu die Arbeiten von Piller (2000) und Pine (1993).
[155] Vgl. Fischer-Buttinger (2002).
[156] Vgl. Meyer/Pfeiffer (1998), S. 309.
[157] Vgl. Meyer/Pfeiffer (1998), S. 310.

Nachdem in diesem Kapitel auf eine mögliche Typologie der virtuellen Kundenintegration eingegangen wurde, wird in der Vorstellung der konzeptionellen Arbeit von *Rüdiger* verstärkt auf konkrete Gestaltungsaspekte der internetbasierten Kundeneinbindung eingegangen.

3.2.2 E-Customer-Innogration nach Rüdiger

Rüdiger stellt in seinem konzeptionellen Beitrag ein vierstufiges Konzept zur Implementierung der internetbasierten Kundeneinbindung in die Unternehmenspraxis vor.[158] Kernstück seines Umsetzungskonzeptes ist die Entwicklung eines dreidimensionalen „E-Customer-Innogration"-Raumes zur Ermittlung potenzieller Handlungsfelder und Einsatzgebiete der virtuellen Kundenintegration. Die Abszisse stellt die zeitliche Dimension mit den idealtypischen Prozessphasen Ideenfindung, Ideenbewertung und -auswahl, Entwicklung, Produkttest und Markteinführung dar. Auf der Ordinate sind verschiedene Einbindungsformen der Kundeneinbindung abgetragen. Die Tiefenachse erlaubt es nach Kundentypen zu differenzieren. Die Diskussion der einzelnen Merkmale und Merkmalsausprägungen der drei Dimensionen des „E-Customer-Innogration"-Raumes erfolgt systematisch im Rahmen einer morphologischen Analyse, die in Abbildung 10 zusammengefasst ist.

Durch Kombination der einzelnen Merkmalsausprägungen der unterschiedlichen Parameter ergeben sich nach *Rüdiger* 18 unterschiedliche Kundentypen sowie 1728 theoretisch denkbare Einbindungsformen im Rahmen einer virtuellen Kundenintegration in den Neuproduktentwicklungsprozess.

Trotz des angestrebten Einsatzes des Konzeptes zur Realisierung der „E-Customer-Innogration" in der Unternehmenspraxis fehlt in dem Beitrag von *Rüdiger* gänzlich der Bezug zu dieser, beispielsweise in Form einer Fallstudie. Der Erkenntnisbeitrag ist vielmehr in dem Prozess der morphologischen Analyse selbst zu sehen. „Sie ordnet das Gespräch der Fachleute und richtet es systematisch aus."[159] und regt darüber hinaus zu weiteren Versuchen der Einengung oder Erweiterung des Systematisierungsansatzes der virtuellen Kundenintegration an. *Rüdiger* zeigt die enorme Vielfalt an Kombinationsmöglichkeiten wesensbestimmender Parameter auf, deren Notwendigkeit, Relevanz und Messung allerdings zukünftigen empirischen Arbeiten vorbehalten bleibt.

---

[158] Die folgenden Ausführungen erfolgen in Anlehnung an Rüdiger (2001).
[159] Hauschildt (1997), S. 329.

Zeitpunkt der Kundeneinbindung – Wann wird eingebunden?

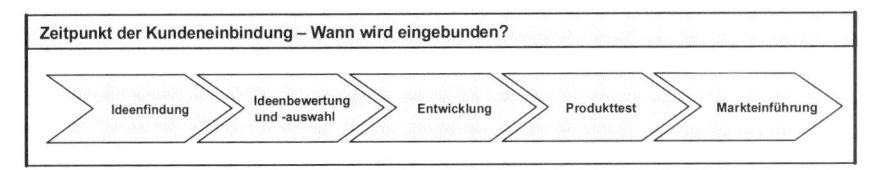

| Ideenfindung | Ideenbewertung und -auswahl | Entwicklung | Produkttest | Markteinführung |

Kundentypen – Wer wird eingebunden?

Merkmal (Ki)	Merkmalsausprägungen (Ki_j)			
K1 Absatzstufe	K1_1 Intermediäre	K1_2 Endkunden		
K2 Dauer/Stabilität der Kundenbeziehung	K2_1 potenzieller Kunde	K2_2 Neukunde	K2_3 Stammkunde	
K3 Aktivitätsniveau hinsichtlich Produktverbesserungen	K3_1 passiver Produktnutzer	K3_2 reflektierender Produktnutzer	K3_3 inventiver Produktnutzer („lead user")	

Einbindundungsmodalitäten – Wie wird eingebunden?

Merkmal (Ek)	Merkmalsausprägungen (Ek_j)			
E1 Regelmäßigkeit	E1_1 einmalig	E1_2 wiederholt	E1_3 regelmäßig	
E2 Institutionalisierung	E2_1 nicht institutionalisiert	E2_2 institutionalisiert		
E3 Kontinuität entlang des Neuproduktentwicklungsprozesses	E3_1 in einer einzelnen Phasen	E3_2 in mehreren Phasen	E3_3 kontinuierlich den Gesamtprozess begleitend	
E4 Zugangsmöglichkeit	E4_1 offen für jeden	E4_2 geschlossen (für ausgewählte Kunden)		
E5 Anonymität der Kunden	E5_1 anonym	E5_2 nicht anonym		
E6 Intensität der Interaktion	E6_1 einseitige Informationsmitteilung	E6_2 Informationsaustausch	E6_3 Intensive Interaktion	
E7 Einbindungstechnik	E7_1 E-Mail	E7_2 Internet-Befragung	E7_3 „online-chat"	E7_4 sonst.
E8 Interaktion der Kunden untereinander	E8_1 mit Interaktion	E8_2 ohne Interaktion		

Abbildung 10: Dimensionen der virtuellen Kundenintegration nach Rüdiger[160]

---

[160] In Anlehnung an Rüdiger (2001), S. 9 f.

Beispielhaft soll an dieser Stelle die Konstellation eines von Peugeot im Jahr 2002 veranstalteten Designwettbewerbs anhand des von *Rüdiger* vorgeschlagenen Schemas skizziert werden. Der im Internet ausgeschriebene Wettbewerb hatte das Ziel, im Rahmen der Ideenfindungsphase innovative Designvorschläge und deren Konzeptbeschreibung zum Thema Retrofuturismus, d.h. Vorschläge und Visionen zum Auto der Zukunft, angelehnt an die Peugeot Tradition, zu sammeln.[161] Anvisierte Teilnehmergruppe waren Designenthusiasten, die weder in einem bestehenden Vertragsverhältnis mit Peugeot standen, noch zu einem bestehenden Kundenkreis zählen mussten. Der Kundentyp lässt sich somit anhand der in Abbildung 10 dargestellten Nomenklatur als Typ $K1_2$, $K2_1$, $K3_3$ erfassen. Die Einbindungsform der Teilnehmer ist als einmalig, nicht institutionalisert und beschränkt auf die Ideenfindung hinsichtlich neuer retrofuturistischer Designs einzustufen. Die Teilnahme am Wettbewerb unterlag keinen Einschränkungen. Als Preise wurde die Verwirklichung des Gewinnerdesigns als Tonmodell in Echtgröße sowie dessen Ausstellung auf der Internationalen Auto Ausstellung (IAA) in Frankfurt ausgelobt. Um die mit diesem Preis verbunden Anerkennung zu erlangen, wurden sämtliche Entwürfe in Verbindung mit den persönlichen Daten der Teilnehmer eingesendet. Feedback hinsichtlich der eingereichten individuellen Designs mit fantasievollen Namen, wie „The Lion", „Tricycle" oder „Egochine", erhielten die Teilnehmer durch die Bewertung einer Expertenjury sowie anschließender Einschätzungen durch mehr als 10.000 Besucher im Internet mit so genannten „public votes". Die Einbindungsform lässt sich somit zusammenfassend als Typ $E1_1$, $E2_1$, $E3_1$, $E4_1$, $E5_2$, $E6_2$, $E7_4$, $E8_1$ beschreiben.

Die Analyse des hier beschriebenen Peugeot Desingwettbewerbes, bei dem nahezu 2800 Designenthusiasten aus 90 Ländern teilnahmen, verdeutlicht exemplarisch die Tauglichkeit des „E-Customer-Innogration"-Ansatzes als gelungenes Ordnungsschema von internetbasierten Kundeneinbindungsprojekten.

3.2.3 Internetbasierte Anwenderkooperation nach Wobser

Wobser fokussiert sich in seiner Arbeit auf die Produktentwicklung im Industriegüterbereich und hier insbesondere auf die Kooperation mit Anwendern während der Konzeptionsphase. Er versteht Anwender nicht als Konsumenten sondern als Beschäftigte eines Unternehmens, die

---

[161] Nähere Informationen zu dem inzwischen zum dritten Mal stattfindenden Peugeot Designwettbewerb sind unter den Webadressen http://www.peugeot-concours-design.com und http://www.autosieger.de/article3500.html zugänglich.

mit einem Gebrauchsgut einen signifikanten Teil ihrer Arbeitszeit verbringen. Sein Konzept der internetbasierten Anwenderkooperation stellt er graphisch als Regelkreis dar. Abbildung 11 zeigt das Modell in schematisierter Form:[162]

Eine Schilderung möglicher Vor- und Nachteile sowohl aus Hersteller- als auch aus Anwendersicht ist Ausgangspunkt des Konzepts. Anschließend folgt eine problemorientierte Analyse mit dem Ziel, den Kooperationsnutzen zu maximieren. Dies geschieht entweder durch eine isolierte oder durch eine interaktive Abwägung der Vor- und Nachteile durch die Parteien. In Abhängigkeit von dieser Beurteilung erfolgen die inhaltliche Konzeption des Dialogs und die Auswahl entsprechender Kooperationsformen auf den eingeführten Ebenen der Information, Interaktion und Integration.[163]

Bei der Erläuterung der Vor- und Nachteile aus Herstellersicht nutzt *Wobser* die Möglichkeit auf bestehende Untersuchungen zur Anwenderkooperation im Produktentwicklungsprozess zurückgreifen zu können. Insbesondere die Arbeiten von *Gruner* und *Kirchmann* und die dort genannte Literatur dienen als Strukturierungsgrundlage.[164] Angereichert werden die Erkenntnisbeiträge der beiden Autoren durch die Diskussion der positiven sowie negativen Einflüsse der Online-Medien auf die Effizienz, Effektivität sowie Umsetzbarkeit der Anwenderintegration im Unternehmen. Hierzu wird auf Erscheinungsformen, Nutzenpotenziale und Schwierigkeiten des inhaltlich verwandten Bereichs der Online-Marktforschung zurückgegriffen.[165] Auf Seiten der Anwender unterscheidet *Wobser* ökonomisch begründete Vorteile z.B. in Form einer in Geldeinheiten bewertbaren Kompensation der erbrachten Leistung von den nicht ökonomischen Vorteilen, die überwiegend aus psychologischen und soziologischen Motiven der einzelnen Person und deren sozialen Umfeld entstammen. Als Nachteile werden die Beanspruchung persönlicher Ressourcen und die Überwindung innerbetrieblicher Restriktionen genannt.

---

[162] Vgl. die graphische Darstellung bei Wobser (2003), S. 91.
[163] Vgl. Wobser (2003), S. 92ff.
[164] Für die umfangreiche Auflistung der Kundeneinbindungsziele bzw. der Kooperationsvorteile und -nachteile ziehen beide Autoren eine Vielzahl von Studien heran. Vgl. Gruner (1997), S. 68 ff. und Kirchmann (1994), S. 18 ff. Die anschließend durchgeführte explorative Faktorenanalyse führt bei *Gruner* zu der Unterteilung von aquisitorischen, effektivitätssteigernden und effizienzsteigernden Kundeneinbindungs-zielen Gruner (1997), S. 137ff. Kirchmann identifiziert als Ergebnis seiner Faktoranalyse die Risikominderung, Zeiteinsparung, Wettbewerbsunterstützung, Partnerbindung und ein verbessertes Marktverständnis als zentrale Vorteile. Als Nachteile führt er Zielunklarheit, Inkrementalismus, unerwünschten Wissensabfluss, Interessenkonflikte, Rechtsproblematiken sowie die Vernachlässigung des eigenen Wissensaufbaus an Kirchmann (1994), S. 14ff. und 168ff.
[165] Vgl. hierzu beispielsweise Batinic/Werner/Gräf et al. (1999), Grossnickle/Raskin (2001), Mönchhalfen (2000), Pirovsky/Komarek (2001), Theobald/Dreyer/Starsetzki (2001), Zerr (2001).

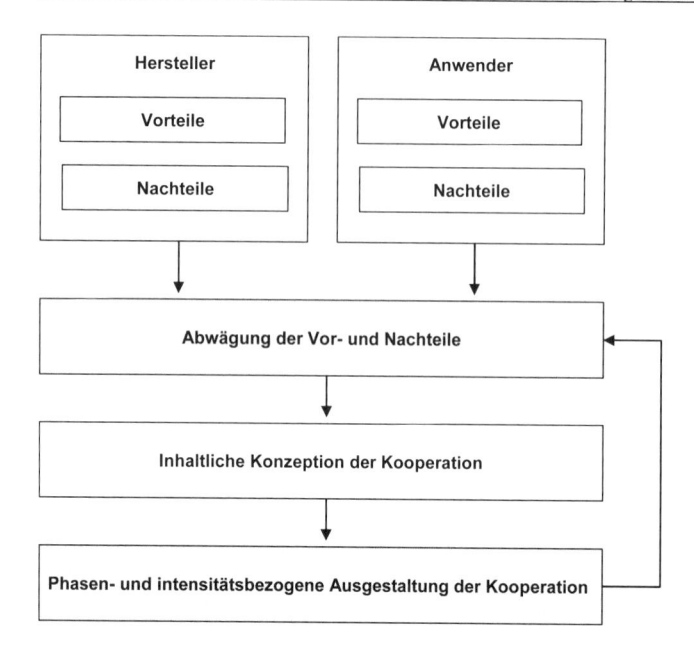

```
┌─────────────────────┐        ┌─────────────────────┐
│    Hersteller       │        │     Anwender        │
│  ┌───────────┐      │        │   ┌───────────┐     │
│  │ Vorteile  │      │        │   │ Vorteile  │     │
│  └───────────┘      │        │   └───────────┘     │
│  ┌───────────┐      │        │   ┌───────────┐     │
│  │ Nachteile │      │        │   │ Nachteile │     │
│  └───────────┘      │        │   └───────────┘     │
└──────────┬──────────┘        └──────────┬──────────┘
           │                              │
           ▼                              ▼
┌──────────────────────────────────────────────────────┐◄──┐
│          Abwägung der Vor- und Nachteile             │   │
└──────────────────────┬───────────────────────────────┘   │
                       ▼                                    │
┌──────────────────────────────────────────────────────┐   │
│       Inhaltliche Konzeption der Kooperation         │   │
└──────────────────────┬───────────────────────────────┘   │
                       ▼                                    │
┌──────────────────────────────────────────────────────┐   │
│ Phasen- und intensitätsbezogene Ausgestaltung der    ├───┘
│                    Kooperation                       │
└──────────────────────────────────────────────────────┘
```

Abbildung 11: Regelkreis der Anwenderkooperation nach Wobser

Die sich anschließende inhaltliche Konzeption ist als gedankliches Ordungsschema zur Vorbereitung einer gezielten Auswahl konkreter Kooperationsinstrumente zu verstehen. Aufgeführte Kriterien sind beispielsweise die aktive bzw. passive Beteiligung der Anwender am Dialog, die Asynchronität bzw. Synchronität des Dialogs, die Strukturiertheit bzw. Unstrukturiertheit des Dialogs, der ex-ante bzw. ex-post Einbezug der Anwender in das Entwicklungsprojekt, implizite oder explizite vertragliche Regelungen hinsichtlich Geheimhaltung und Nutzungsrechten sowie eine passive bzw. aktive Form der Anwenderidentifikation.[166]

Die erste Schleife des Regelkreises endet mit der Ausgestaltung und Wahl der geeigneten Einbindungsinstrumente. Diese werden der Informations-, Interaktions- und Integrationsebene zugeordnet, die sich durch zunehmende Einbeziehung der Anwender sowie zunehmenden technologischen Aufwand auszeichnen. Beispiele für Kooperationsformen auf der Informationsebene sind die internetbasierte Recherche und Auswertung von Literatur, Patentanmeldungen oder Verbraucherforen. Auch das Angebot von Feedback-Funktionen zur

---

[166] Vgl. Wobser (2003), S. 73 ff. Für weitere Strukturierungskriterien der Kooperation mit Anwendern vgl. insbesondere Hansen (1982), S. 28 ff. und Hansen/Raabe (1991), S. 178 f.

Übermittlung der Anwenderwünsche und Verbesserungsvorschläge ist dieser Ebene zuzuordnen. Auf der Interaktionsebene werden zunehmend interaktive Elemente genutzt. So können beispielsweise Produktkonfiguratoren, Ideenwettbewerbe als auch virtuelle Gruppendiskussionen und Testmärkte dieser Ebene zugeordnet werden. In der Integrationsphase werden zunehmend interne Prozesse des Unternehmens durch das Internet abgebildet. Zu dieser Ebene zählt *Wobser* die Mitarbeit beim Pflichtenheft, die Mitbeurteilung des Erreichens von Meilensteinen, die gemeinsame Erstellung der technischen Dokumentation etc.. Diese Kooperationsformen können insbesondere durch die E-Mail-Funktionalität und Intranetlösungen zwischen den Anwendern und dem innovierenden Unternehmen beschleunigt und organisiert werden. Die gesammelten Erfahrungen mit den Kooperationsformen der einzelnen Ebenen beeinflussen wiederum den Abwägungsprozess der Vor- und Nachteile und vervollständigen den Regelkreis.

Die Arbeit von *Wobser* ist ein logisch aufgebauter Überblick der wichtigen Bestandteile und Systematisierungsansätze der internetbasierten Zusammenarbeit mit Anwendern im Industriegüterbereich. Profitieren können insbesondere Manager, zum einen von der Aufbereitung der Vor- und Nachteile für eine Nutzenabwägung im eigenen Unternehmen, zum anderen von der mit Beispielen angereicherten Aufzählung derzeit eingesetzter internetbasierter Kooperationsformen. Wissenschaftler können auf eine umfangreiche Literaturrecherche als Ausgangspunkt eigener Forschung zurückgreifen. Darüberhinaus ist der wissenschaftliche Beitrag allerdings begrenzt. So werden beispielsweise zentrale erfolgskritische Herausforderungen der Kundeneinbindung nicht näher behandelt. Hierzu zählen die gezielte Kundenauswahl für den Dialog anhand geeigneter Persönlichkeitskriterien sowie die Untersuchung möglicher Willens- und Fähigkeitsbarrieren bei der Zusammenarbeit mit Anwendern.[167] *Wobser* bietet eine Bestandsaufnahme zum Thema, bei der die Formulierung und Überprüfung von Zusammenhangshypothesen als elementarer Teil der betriebswirtschaftlichen Forschung fehlt. Das bedeutet, der Bedingungszusammenhang zwischen Umfeldbedingungen und der Realisierung einer internetbasierten NPE-Kooperation als auch der Wirkungszusammenhang zwischen der internetbasierten NPE-Kooperation und möglichem Innovationserfolg werden nicht behandelt. Dies äußert sich beispielsweise dahingehend, dass weder branchen-, markt- oder technologiebezogene Umfeldfaktoren noch andere unternehmens- oder projektbezogene Kontextfaktoren bei der Auswahl der

---

[167] Die Untersuchung der Problembereiche der Kundenauswahl sowie der Kunden-Hersteller-Interaktion entspricht der inhaltlichen Fokussierung der Arbeit von *Lüthje*. Vgl. Lüthje (2000) S. 13 ff. *Ernst/Soll/Spann* (2004) geben erste Hinweise zur Verwendung von Online Medien zur Identifikation von Lead Usern als geeignete Anwender zur Einbindung bei innovativen Entwicklungsvorhaben.

vorgestellten Einbindungsinstrumente berücksichtigt werden. Ausschlaggebend für den Einsatz vorgestellter Einbindungsinstrumente ist nach *Wobser* ausschließlich die Dominanz der beschriebenen Vor- bzw. Nachteile, die nur auf subjektive Eindrücke befragter Personen zurückzuführen sein kann. Hinsichtlich der internetbasierten Kooperationsformen mit Anwendern erfolgt eine in die Ebenen Information, Interaktion und Integration gegliederte Übersicht derzeit im Internet vorzufindender Formen des Kundendialogs. Eine eigenständige Methodenforschung und Analyse neuartiger Ansätze wie beispielsweise die Verwendung von *Toolkits* oder den gezielten Einsatz von Online-Communities findet bei *Wobser* nicht statt. Aufschluss über den aktuellen Stand methodenorientierter Forschung gibt das folgende Kapitel.

3.3 Methodenorientierte Forschungsarbeiten zur virtuellen Kundenintegration

In der Theorie und Praxis werden verschiedene Maßnahmen, Vorgehensweisen und methodische Konzepte zur Gewinnung und Nutzbarmachung innovationsrelevanter Anwenderinformationen propagiert. Diese sind dem breit ausgerichteten Instrumentarium des *Need-Assessment* zuzuordnen, das neben der Erfassung der Kundenbedürfnisse auch die Konkurrenzbeobachtung sowie die Erfassung von Informationen aus dem politischen, gesellschaftlichen sowie gesetzgebenden Umfeld umfasst.[168] Ein zentrales Problem liegt allerdings meist nicht in der Beschaffung innovationsrelevanter Informationen, „...the problem lies in the processing, converting, and evaluating of the available information into useful knowledge about designing, developing, manufacturing, and selling new products."[169] Die Entwicklungen im Bereich der Kommunikations- und Informationstechnologien ermöglichen verbesserte Voraussetzungen für die Einbeziehung von Kunden in die NPE und können zu effizienteren Lösungen der genannten Problemstellung beitragen. Tabelle 2 gibt einen Überblick der neuen Entwicklungen in der Marktforschung, die sich durch den Einsatz des Internets oder anderer elektronischer Medien auszeichnen.

---

[168] Zur ausführlichen inhaltlichen Behandlung des Need Assessment und Klassifizierungsversuchen vgl. insbesondere Holt/Geschka/Peterlongo (1984); Herstatt (1991), S. 55 ff und Karle-Komes (1997), S. 148 ff.
[169] Freeman (1991), S. 501.

Stand der Forschung zur virtuellen Kundenintegration 51

Entwicklungen in der Marktforschung	Kurzbeschreibung	Autoren
Online Marktforschung	Einsatz der Internettechnologie zur Gewinnung von Markt- und Kundendaten. In Abhängigkeit von dem Untersuchungsziel ist das Internet als Methode zur Forschung, als Gegenstand der Forschung oder als Mittel der Forschung zu interpretieren.	z.B. Batinic et al. (1999), Grossnickle/Raskin (2001), Theobald (2001), Zerr (2001)
Empathic Design	Ermittlung latenter Kundenbedürfnisse und impliziten Kundenwissens durch Kundenbeobachtung. Unter anderem sind virtuelle Umgebungen ein Anwendungsbereich des Empathic Designs.	Leonard/Rayport (1997)
Information Acceleration	Schaffung einer realistischen Kaufsituation durch den Einsatz elektronischer Medien und virtueller Produktmodelle.	Urban et al (1996), Urban/Weinberg/Hauser (1997)
Listening In & Virtual Advisors	Virtuelle Berater helfen Kunden bei der Suche nach Produktinformationen und der individuellen Produktwahl. Die Analyse des auf einem Vertrauensverhältnis basierenden Dialogs hilft Kundenbedürfnisse aufzudecken.	Urban/Hauser (2004), Urban/Fareena/Qualls (1999)
Multimediale Conjoint Analyse	Verwendung virtueller Produkte und multimedialer Produktpräsentationen zur Präferenzmessung im Rahmen der Conjoint Analyse.	z.B. Ernst/Sattler (2000), Ernst (2001)
Virtual Shopping	Markttests mit virtuellen Produkten in einem virtuellen Umfeld, dem sogenannten virtuellen Laden.	z.B. Burke (1996)
Virtuelle Börsen und Märkte	Vorhersage zukünftiger Markt- und Wertentwicklungen durch die virtuelle Simulation börsianischer Prinzipien mit standardisiertem Biet- und Vertragsabschlussprozedere allerdings ohne den Einsatz signifikanter Finanzbeträge.	z.B. Chan et al. (2001), Dahan/Hauser (2000), Spann (2002)

Tabelle 2: Entwicklungen in der Marktforschung

Zentrale Fragestellungen der Online-Marktforschung beschäftigt sich mit der Nutzung des Internets als qualitative oder quantitative Erhebungsmethode von Kundendaten, mit den Persönlichkeitsmerkmalen der Online Nutzerschaft als auch mit Methodentests hinsichtlich Sampling-, Medien-, Layout/Design-, Kontext-, Panel- und Themeneffekten.[170] Beispiele zur internetbasierten Gewinnung innovationsrelevanter Kundeninformationen im Rahmen der Online Marktforschung sind Ideenwettbewerbe, strukturierte Ideenanlaufstellen, Online-Fokusgruppen[171], Online-Fragebögen, Feedbackformulare zu neuen Produktkonzepten, Diskussionsforen, Bulletin Boards, Open Stories, Konfiguratoren/Choiceboards[172] oder

---

[170] Vgl. Zerr (2001). Nachdem die erste Phase der Einführung von Online-Erhebungen vielfach von einer unkritischen Euphorie über die Möglichkeiten und Nutzenpotenziale dieses neuen Erhebungsmediums geprägt war, ist gegenwärtig eine Versachlichung der Diskussion eingetreten und eine Zunahme der methodischen Analysen zu beobachten. Für einen Überblick des derzeitigen Stands der Forschung, der theoretischen Grundlagen und praktischen Erfahrungen vergleiche insbesondere Theobald/Dreyer/Starsetzki (2001).
[171] Vgl. z.B. Epple/Hahn (2001), Görts (2001).
[172] Hierzu zählen optionsbasierte Konfiguratoren, die dem Anwender verschiedene Auswahlmöglichkeiten vorgeben (z.B. der Konfigurator von Dell, http://www.euro.dell.com/countries/de) als auch regelbasierte Systeme, die die Auswahlmöglichkeiten in Abhängigkeit bereits gewählter Optionen einschränken. (Ein Beispiel im Bereich der Kosmetikprodukte ist unter http://www.reflect.com zugänglich).

internetbasierte Groupwarelösungen[173]. Die in Tabelle 2 dargestellten Entwicklungen zeigen allerdings, dass neben einer Übertragung klassischer Methoden der Marktforschung auf das Umfeld neuer Medien auch völlig neue Anwendungsmöglichkeiten entstehen, die im Gegensatz zu den klassischen, testenden Marktforschungsaktivitäten durch einen zunehmend entdeckenden Marktforschungscharakter geprägt sind und somit auch in früheren Phasen des Innovationsprozesses eingesetzt werden können.[174] Vertreter hierfür sind beispielsweise Information Acceleration, Listening In oder virtuelle Börsen. Verengt man den Fokus der jüngsten Entwicklungen der Marktforschung auf die Entwicklung von Neuprodukten mit Hilfe einer internetbasierten Einbindung von Endkunden, so stößt man auf drei methodenorientierte Forschungsrichtungen zur VKI. Es handelt sich hierbei um die Forschungsinitiative *The Virtual Customer* der Forschergruppe um *Hauser*, den *Toolkit-Ansatz* von *von Hippel* und um Beiträge zur Nutzung von Online-Communities als Quelle von Innovationen, die in der vorliegenden Arbeit unter dem Überbegriff *Community Based Innovation* zusammengefasst werden.

3.3.1 Methoden der Initiative "Virtual Customer"

Die Forschungsinititative *Virtual Customer* an der MIT Sloan School of Management beschäftigt sich mit der Entwicklung konkreter Metthoden zur Kundeneinbindung in die Produktentwicklung via Internet.[175] Die Überlegenheit internetgestützter gegenüber herkömmlichen Methoden wird von *Dahan* und *Hauser* anhand der drei grundlegenden Dimensionen *Communication, Conceptualization* und *Computation* expliziert.[176]

Die Beschränkung klassischer Marktforschung auf langsame und sequentiell ablaufende Kommunikation kann durch den Einsatz webbasierter Methoden zugunsten schneller und simultaner Kommunikation aufgegeben werden. Daraus ergeben sich folgende Vorteile der Dimension *Communication:*

- Beschleunigte Interaktion zwischen Entwicklern und Verbrauchern
- Unterstützung und Beschleunigung der Interaktion von Verbrauchern untereinander
- Großzahlige Erhebungen

---

[173] Vgl. Ozer (1999).
[174] Vgl. Lüthje (2000), S. 24.
[175] Weitere Informationen zu der Forschungsinitiative sind unter der Webadresse http://mitsloan.mit.edu/vc zugänglich.
[176] Die folgenden Ausführungen erfolgen in Anlehnung an Dahan/Hauser (2000), S. 333 ff.

- Erhebliche Reduzierung des zeitlichen Aufwands für Studien und damit zeitnahe Erhebungen von Marktinformationen
- Simultane Erfassung von Verbraucherinput unabhängig von regionalen und nationalen Grenzen
- Echtzeit-Kommunikation mit und zwischen Verbrauchern

Während die Konzepterstellung und -umsetzung im Rahmen der klassischen Marktforschung meist auf den Einsatz rein verbaler Beschreibungen beschränkt war, erlaubt die Dimension der webbasierten *Conzeptualization* eine interessante und ansprechende multimediale Gestaltung der Forschungsumgebung. Die Verwendung zwei- und drei-dimensionaler Darstellungen sowie interaktiver Produktpräsentationen stellt kein technisches Problem mehr dar, und die ganzheitliche Ansprache menschlicher Sinne durch Peripheriegeräte befindet sich bereits in Entwicklung. Diese Fortschritte der Internettechnologie ermöglichen, im Sinne eines webbasierten Rapid-Prototypings, die Reduzierung des zeitlichen und finanziellen Entwicklungsaufwands durch den Einsatz realistischer virtueller Prototypen und damit eine vorgezogene Überprüfung von Ideen, Produktkonzepten und Designs durch eine Vielzahl zukünftiger Anwender.

Der umfassende Einsatz von Computertechnologie und die stetig wachsende Rechenleistung als charakteristisches Merkmal für die Dimension *Computation* ermöglichen die Aufhebung fixierter Befragungsfolgen und a priori festgelegter Studiendesigns. Komplexe Algorithmen erlauben die dynamische Adaption der Kommunikation in Abhängigkeit von dem Kommunikationsverhalten des Befragten. Nicht nur die Anpassung selbst, sondern auch die Ergebnisauswertung erfolgt hierbei automatisch und in Echtzeit.

Auf der Basis dieser drei kurz skizzierten Dimensionen entwickelten die Autoren sechs webbasierte Methoden, die eine bestmögliche Ausnutzung der jeweiligen oben angeführten Potenziale ermöglichen sollen. Tabelle 3 liefert einen Überblick der Methoden und ordnet diese der jeweiligen Anwendungsphase im Innovationsprozess zu.

Methode	Kurzbeschreibung	Anwendungsphase
Information Pump	*Information Pump* ist ein computergestütztes und interaktives Frage-und-Antwort Spiel, um die tatsächlichen Einstellungen und Wahrnehmungen der Teilnehmer gegenüber neuen Produktkonzepten und -prototypen aufzudecken. Belohnt und beurteilt werden zum einen die Konzeptbeschreibungen, zum anderen die richtige Einschätzung des Antwortverhaltens der anderen Teilnehmer.	Ideengenerierung und Konzeption
Web-Based Conjoint Analysis	Die *webbasierte Conjoint Analyse* ermöglicht die Anwendung dieser weit verbreiteten Methode zur Analyse und Messung von Kundenpräferenzen bezüglich alternativen Produktfeatures im Internet.	Ideengenerierung und Konzeption
Fast Polyhedral-Adaptive-Conjoint-Estimation (FastPACE)	*FastPACE* ist eine Methode, die neue Algorithmen zur Gewinnung von Informationen zu Kundenpräferenzen einsetzt, wodurch weitaus weniger Fragen als bei existierenden Methoden an die Teilnehmer gerichtet werden müssen.	Ideengenerierung und Konzeption
User Design	Mit Hilfe des *User Designs* haben Kunden die Möglichkeit, ihre eigenen Produkte gemäß ihren Vorstellungen und Bedürfnissen zu entwerfen. Mögliche Design- und Featureoptionen, technische Zwänge und Verbote, sowie Preisänderungen werden zeitgleich mit dem durch einer „drag and drop"-Funktion gestalteten Produktentwurf am Bildschirm angezeigt. Durch das somit ermöglichte „trial-and-error" Prinzip kann der Anwender Schritt für Schritt ein für ihn ideales Produkt selbst entwickeln.	Design und Entwicklung
Securities Trading of Concepts (STOC)	Die Funktionsweise der *STOC* Methode ähnelt der eines Aktienmarktes. Produktkonzepte können als "securities" gehandelt werden, um so Anhaltspunkte für die zukünftige Marktakzeptanz und Absatzpotenziale ableiten zu können. Genau wie *Information Pump* macht sich auch dieser Ansatz die Interaktion zwischen den Teilnehmern zu nutze, um die vielversprechendsten Produktkonzepte zu identifizieren.	Test und Markteinführung
Virtual Concept Testing	Das *Virtual Concept Testing* erlaubt die ganzheitliche Bewertung von Produktkonzepten. Im Rahmen des Bewertungsverfahrens werden unfangreiche Prototypen verwendet, deren Funktionsweise und Anwendungssituation mit Hilfe multimedialer Darstellung verdeutlicht werden. So können Kosten für die Erstellung teurer physischer Prototypen durch vorangehende virtuelle Konzeptbewertungen eingespart bzw. reduziert werden.	Test und Markteinführung

Tabelle 3: „Virtual Customer" Methoden entlang des Innovationsprozesses[177]

Sind bei bisher angewandten Marktforschungsmethoden die Produktspezifikationen weitgehend festgelegt und somit die verbleibende Aufgabe der eingebundenen Anwender auf das Verifizieren, Ablehnen und die Zufriedenheitsbeurteilung von Produkten und deren Features beschränkt, so erlauben die neu eingeführten Methoden die frühzeitige und aktive Einbindung der Anwender in den Produktentwicklungsprozess mit Hilfe des Internets. Die von *Dahan/Hauser* entwickelten Methoden basieren auf den oben beschriebenen Vorteilen der Dimensionen *Communication*, *Conzeptualization* und *Computation*. Methodische

---

[177] In Anlehnung an Dahan/Hauser (2000), S. 335.

Weiterentwicklung der webbasierten Marktforschung werden zukünftig sowohl ergänzend und auch substituierend zu klassischen Methoden eingesetzt werden.[178] Erste Experimente und Studien deuten auf die Praktikabilität der Methoden hin.[179] Allerdings bleibt kritisch zu bemerken, dass der Einsatz der oben beschriebenen Methoden lediglich sporadisch erfolgte und eine umfassende statistische Überprüfung der Methoden noch nicht stattgefunden hat. „Initial tests suggest high face validity and good internal validity, but only WCA and FP have been subjected to tests of external validity."[180] Eine Weiterentwicklung der Verfahren scheint ebenso ausgeblieben wie ein umfassender Einsatz in der Praxis. Literatur neueren Datums greift lediglich die Verfahren in der von *Dahan/Hauser* vorgestellten Form auf.[181]

3.3.2 Der Toolkit-Ansatz

Mit *Toolkits* wird Verbrauchern ein Instrument zur Verfügung gestellt, in eigenem Interesse innovativ tätig zu werden und Unternehmen gleichzeitig einen großen Anteil an Innovationsaufwand abzunehmen. Von *Hippel* und *Katz* beschreiben *Toolkits* folgendermaßen: "In this emerging new approach, manufacturers actually *abandon* their increasingly frustrating efforts to understand users' needs accurately and in detail. Instead, they outsource key *need-related* innovation tasks to the users themselves after equipping them with appropriate 'toolkits for user innovation'."[182] Der Kerngedanke besteht darin, den Innovationsprozess zunächst in Einzelaufgaben zu unterteilen, um anschließend die nutzerrelevanten Innovationsaufgaben an die späteren Produktanwender zu übertragen.[183] Die anfängliche Beschränkung des Einsatzbereichs auf Industriegüter, z.B. im Rahmen des Computer Chip Designs, der Zusammensetzung von Lebensmittelaromen oder des Designs von Kunststoffprodukten, konnte mittlerweile aufgegeben werden.[184] Im Konsumgüterbereich sind *Toolkits* u.a. bereits bei Swarovski Schmuckdesign[185] oder der Individualisierung von Armbanduhren[186] zum Einsatz gekommen.[187] Um mit vielen Kunden im Konsumgüterbereich

---

[178] Vgl Dahan/Hauser (2002), S. 349 ff.
[179] Vgl. Dahan/Hauser (2000), S. 351.
[180] Dahan/Hauser (2000), S. 351.
[181] Vgl. beispielsweise Herstatt/Sander (2004), S. 107 ff.
[182] von Hippel/Katz (2002), S. 821 (Hervorhebung im Original).
[183] Vgl. von Hippel (2001) S.250; von Hippel/Katz (2002), S. 823.
[184] Für eine Beschreibung der Beispiele vgl. von Hippel (2001), S. 253f. sowie Thomke/von Hippel (2002), S. 52 ff.
[185] Vgl. die Beschreibung in Kapitel 3.1.1.
[186] Vgl. Franke/Piller (2004).

in Kontakt zu treten, hat sich bei den angesprochenen Beispielen das Internet als geeignetes Medium herausgestellt. *Toolkits* sind grundsätzlich universell einsetzbar, unterliegen aber einer Reihe von Anforderungen, die einen effektiven und effizienten Einsatz möglich machen.

Von Hippel und *Katz* stellen fünf entscheidende Erfolgskriterien heraus, die nachfolgend zunächst abstrakt beschrieben und anschließend anhand eines Praxisbeispiels verdeutlicht werden:[188]

(1) Learning by doing via trial and error

Toolkits ermöglichen iterative Designzyklen, die eine wiederholte Anpassung sowie den anschließenden Funktionstest des zu entwickelnden Produkts ermöglichen, bis letztendlich ein zufriedenstellendes Ergebnis durch und für den Anwender erreicht wird. Voraussetzung hierfür ist ein vollständiges, realistisches und prozessbegleitendes Feedback der auf diese Weise gestalteten Designvarianten und Produktanpassungen.

(2) Angemessener „Solution Space"

Als „Solution Space" wird der Gestaltungsraum bezeichnet, in dem der Anwender agieren kann. Naturgemäß variiert dieser Gestaltungsraum zwischen eng begrenzt und hoch variabel. Das tatsächliche Ausmaß wird durch die im *Toolkit* vorgesehenen Freiheitsgrade bestimmt.[189] Idealerweise sollten die Freiheitsgrade des *Toolkits* in Abhängigkeit steigender Gestaltungsanforderungen, z.B. durch Lead User, variabel erweitert werden können.[190] Man spricht in diesem Zusammenhang von *High-End Toolkits* die im Gegensatz zu der Individualisierung von Standardprodukten explizit auf große Innovationsschritte bei der Entwicklung neuer Produkte abzielen.

(3) Benutzerfreundliche Gestaltung

Die benutzerfreundliche Gestaltung soll den Anwender in die Lage versetzen, das *Toolkit* ohne großen Trainings- und Lernaufwand und damit verbundenen Kosten zu bedienen. *Von Hippel* äußert sich hierzu folgendermaßen: "User toolkits for innovation are most effective

---

[187] Für weitere Beispiele vgl. Schreier (2004), S. 211.
[188] Ausführungen in Anlehnung an von Hippel (2001), S. 250 ff. und von Hippel/Katz (2002), S. 825 ff.
[189] Vgl. von Hippel (2001), S. 251.
[190] Vgl. von Hippel (2001), S. 255.

and successful when they are made „user friendly" by enabling users to use the skills they already have and work in their own customary and well-practiced design language."[191]

(4) Bibliotheken und modulare Designvorlagen

Wertvolle Bestandteile von *Toolkits* stellen standardisierte und häufig verwendete Module dar, die wiederholt eingesetzt werden können, ohne erneut einem Designprozess unterworfen werden zu müssen.

(5) Übertragbarkeit des User Designs in das Produktionssystem des Herstellers

Eine fehlerlose Übersetzung der von Anwendern kreierten Produktdesigns in unternehmensspezifische Produktionssysteme muss gewährleistet sein. Ist dies nicht gegeben, müssen die von den Kunden erbrachten Designs erneut durch den Hersteller produktionstauglich überarbeitet werden. Die ursprüngliche Intention, Teilaufgaben der Produktentwicklung an den Kunden auszulagern, wird dadurch beeinträchtigt.[192]

Zur Verdeutlichung der methodischen Erkenntnisse zum Einsatz von *Toolkits* soll ein Beispiel aus dem Handyspiele-Bereich beschrieben werden. Es handelt sich hierbei um ein *Toolkit*, das spielbegeisterten Handyusern ermöglicht, eigene Spiele zu kreieren, zu testen und natürlich zu spielen. Abbildung 12 zeigt den Startbildschirm des Game Creators:

---

[191] Vgl. von Hippel (2001), S. 252.
[192] Vgl. von Hippel (2001), S. 253.

Abbildung 12: Startbildschirm[193]

In Abhängigkeit von den Programmierfähigkeiten des Besuchers kann dieser zwischen verschiedenen Modi, die sich durch unterschiedliche Freiheitsgrade bei der Programmierung der Spielart (z.B. Sport, Jump 'n Run, Geschicklichkeit etc.), Levelgrößen, Leveldesign, Spielumfang, Charakteristika des Spielhelden usw. auszeichnen, wählen. Im „Easy" Modus steht dem Spieldesigner ein einfach zu handhabender „Farbmalkasten" zur Erstellung der Spielehelden und Gegner zur Verfügung. Im „Master" Modus werden jegliche Beschränkung und Fixierung auf Voreinstellungen aufgegeben. Versierte Programmierexperten können ihre individuellen Spiele in Eigenregie mit Hilfe eines zur Verfügung stehenden Editors programmieren. Der Quellcode wird vom Benutzer selbst erzeugt. Die beiden Modi sind in Abbildung 13 dargestellt. In allen Modi hat der Benutzer die Möglichkeit, auf vorgefertigte oder von anderen Anwendern zusammengestellte Module in Form von Bildern oder Programmiercode-Modulen zurückzugreifen. Diese sind in Bibliotheken abgelegt. Dem Nutzer ist es als zusätzliches Feature jederzeit möglich, seine Eingaben unmittelbar zu testen und zu begutachten und anschließend gegebenenfalls zu ändern und erneut zu testen. Dies entspricht dem *von Hippel* und *Katz* geforderten iterativen Prozess des „Learning by doing via

---

[193] Informationen zum GameCreator sind unter der Webadresse http://www.gamecreator.cc zugänglich.

trial and error". Hierzu dient eine in Handyform dargestellte Simulationsfläche. Die Benutzerführung und das Layout des Game Creators ist auf die vorwiegende Nutzergruppe, meist Spielefans im Alter zwischen 15 und 25 Jahren, abgestimmt. Die geforderte Übertragbarkeit auf das Produktionssystem des Herstellers ist im Falle des elektronisch übertragbaren Programmiercodes der entwickelten Handyspiele zu jeder Zeit gegeben. Die Spiele stehen den Nutzern dann als downloadbare Software auf dem Herstellerserver zur Verfügung und erlauben damit eine dynamische Erweiterung der Inhalte. Im Sinne von Open-Source-Communities kann der Source Code übernommen und weiterentwickelt werden.

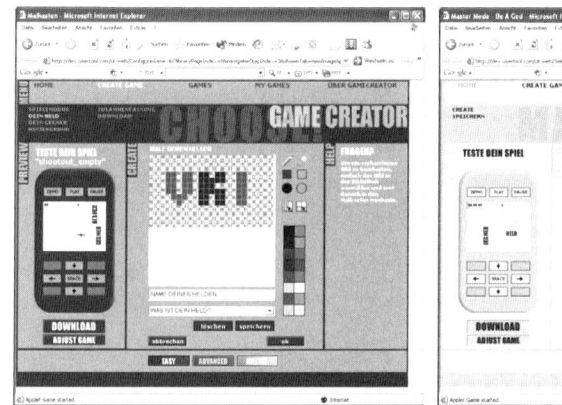

Abbildung 13: Anwendermodi zur Spielentwicklung

3.3.3 Community Based Innovation

Der Begriff „Online Community" umfasst in der populärwissenschaftlichen Literatur sowie im alltäglichen Sprachgebrauch virtuelle Gruppierungen und Zusammenkünfte unterschiedlichster Art. Dies spiegelt sich in der Vielfalt synonym verwendeter Begriffe wie z.B. Communities of Interest, Communities of Consumption, Communities of Creation, Virtual Settlements, Business Communities oder Brand Communities wider.[194] Die wohl am häufigsten verwendete Definition für Online Communities stammt von *Rheingold*. Er beschreibt sie als: „....the social aggregations that emerge from the Net when enough people carry on public discussions long enough, with sufficient human feeling, to form webs of

---

[194] Vgl. z.B. Armstrong/Hagel (1996); Bullinger/Fröschle/Mack (2003); McAlexander/Schouten/Koenig (2002); Muniz/O'Guinn (2001); Rheingold (1993).

personal relationships in cyberspace." Und er fügt hinzu: „...whenever computer mediated communications technology becomes available to people anywhere, they inevitably build communities with it."[195]

Forscher wie Berater sehen Online Communities als eine besonders vielversprechende Quelle für Innovationen.[196] Ihre Mitglieder verfügen über ein hohes Verwendungswissen und sind besonders an neuen Entwicklungen interessiert.[197] Ein anschauliches Beispiel ist die Online Community *www.niketalk.com*.[198] Dort treffen sich Basketball-Begeisterte und diskutieren, beurteilen und entwickeln neue Basketballschuhe. Niketalk ist eine von insgesamt fünf Basketball Communities, die in einer empirischen Studie von *Jawecki/Füller/Mühlbacher* zu innovativen Aktivitäten von Online Community Mitgliedern untersucht wurde.[199] Insgesamt wurden 240.000 posts in mehr als 18.000 Diskussionen analysiert. 11.000 posts in 460 Diskussionen waren Bestandteil einer weitergehenden qualitativen Untersuchung mit Hilfe der Software NVivo. Innerhalb der Community Niketalk konnten 20 Mitglieder identifiziert werden, die sich als besonders innovativ und als talentierte Schuhdesigner den anderen Mitgliedern präsentierten. Ihre Designs und visuell dargestellten Produktinnovationen weisen eine beachtliche Innovationshöhe und Qualität auf. Ein Auszug der von Basketballenthusiasten entworfenen und den Community Mitgliedern zugänglich gemachten Schuhkonzepte ist in Abbildung 14 dargestellt:

Die hochwertig ausgearbeiteten Beiträge der Community Mitglieder spiegeln unterschiedlichste Trends wider, die wichtige Impulse für die Neuproduktentwicklung liefern können. Auch wenn die unmittelbare Anhängerschaft derart spezialisierter Online Communities im Vergleich zu der tatsächlichen Käuferschicht häufig sehr begrenzt erscheint und eher den Charakter von Subkulturen oder Alternativbewegungen trägt, hat diese unter Umständen erhebliche Ausstrahlungseffekte auf die breite Masse der Konsumenten.[200]

---

[195] Rheingold (1993), S. 5.
[196] Für einen Überblick unterschiedlicher Ansätze zur Beteiligung von Online Communities in der Produktentwicklung vgl. insbesondere Chan/Lee (2004). Weitere Beiträge zur Nutzung von Online Communities für Innovation werden in den Beiträgen von Franke/Shah (2003), McAlexander/Schouten/Koenig (2002), McWilliam (2000), Sawhney/Prandelli (2000), Schouten/McAlexander (1995), Verona/Prandelli (2002) und Hagel III/Armstrong (1997) aufgezeigt.
[197] Vgl. Bagozzi/Dholakia (2002), S. 6 f.; Kozinets (1999), S. 254.
[198] Die Basketballcommunity „Niketalk" unterliegt nicht wie man vermuten könnte der Kontrolle der Firma Nike, sondern wird ganzheitlich von markenaffinen Basketballenthusiasten selbst organisiert und betreut.
[199] Vgl. Jawecki/Füller/Mühlbacher (2005).
[200] Ein anschauliches Beispiel für die Abstrahlwirkung von Subkulturen ist der Einfluss des Hip Hop und der Skateboarding Szene auf die Jugendmode der 90er Jahre.

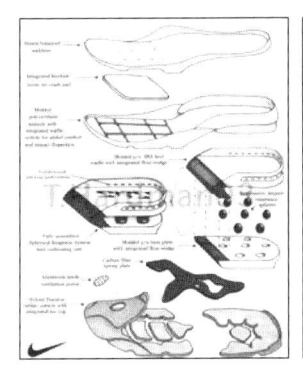

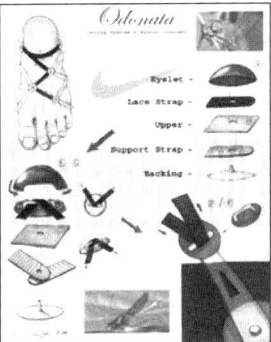

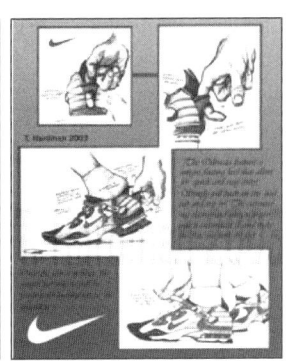

Abbildung 14: Schuhkonzept des Air Odonata

Anmerkung: Das innovative Dämpfungs- und Schnürkonzept des Air Odonata wurde von dem Mitglied *Vocaldigital23* entworfen (Quelle: Niketalk, Februar 2004)

Nachdem ein kurzer Überblick der Innovationspotenziale von Online Communities aufgezeigt werden konnte, stellt sich die Frage, wie man diese Potenziale bestmöglich für Innovationsprojekte aus Sicht der Unternehmen nutzen kann. Diesbezüglich werden im Folgenden vier konkrete methodische Schritte zur systematischen Einbindung von Online Communities in den Innovationsprozess beschrieben. Der vorgestellte Ansatz wird von *Bartl/Füller/Ernst* als *Community Based Innovation* bezeichnet.[201]

Schritt 1: Bestimmung des erforderlichen Teilnehmerprofils

Entschließt sich ein Unternehmen, Kunden virtuell in den Innovationsprozess zu integrieren, stellt sich die Frage, welche Eigenschaften, Merkmale und Fähigkeiten diese Kunden idealerweise aufweisen sollten. So wird beispielsweise festgelegt, ob Kunden mit Lead-User-Eigenschaften, zielgruppenkonforme Kunden oder aber Kunden mit anderen Persönlichkeitsattributen wie z.B. Kreativität oder Meinungsführerschaft besser den Ansprüchen der Innovationsaufgabe gerecht werden. Diese Merkmale spiegeln sich in dem in Kapitel 2.3 vorgestellten Rollenverständnis des Kunden wider. Erst nach Bestimmung des geeigneten Teilnehmerprofils kann gezielt auf diejenigen Online Communities zugegangen werden, die mit hoher Wahrscheinlichkeit Teilnehmer mit dem geforderten Eigenschaftsprofil versammeln.

---

[201] Die folgenden Ausführungen erfolgen in Anlehnung an Bartl/Ernst/Füller (2004), S. 149 ff.

Schritt 2: Identifikation geeigneter Online Communities

Nachdem die Merkmale der zu integrierenden Kunden bestimmt wurden, beinhaltet dieser Schritt zwei wesentliche Ziele. Erstens die Identifikation geeigneter Online Communities, in der Mitglieder mit dem festgelegten Teilnehmerprofil vorzufinden sind und zweitens das nähere Kennenlernen dieser Communities. Es gilt herauszufinden, ob und wo sich die gewünschten Kunden im Internet treffen, wie sie untereinander in Kontakt stehen, welche Inhalte sie austauschen und was sie zur Teilnahme am Innovationsprozess motivieren könnte.

Schritt 3: Design der virtuellen Interaktion

Beim Design der virtuellen Interaktion geht es darum, eine Interaktionsplattform zu gestalten, die zum einen den Anforderungen der Innovationsaufgabe gerecht wird und zum anderen die aus der Beobachtung der Online Communities gewonnenen Erkenntnisse hinsichtlich des Verhaltens der Mitglieder berücksichtigt. Ein Patentrezept für die Gestaltung einer erfolgreichen Einbindung gibt es nicht, da diese vom spezifischen Kontext abhängt.[202] Werden allerdings grundsätzliche Gestaltungsprinzipien, die sich aus einer Reihe von existierenden theoretischen Ansätzen wie z.B. dem Flow-Ansatz[203] oder dem Toolkit-Ansatz[204] ergeben, berücksichtigt, setzen sich Kunden mit hoher Wahrscheinlichkeit intensiv mit Entwicklungsaufgaben auseinander.

Schritt 4: Kontaktaufnahme und Durchführung der Integration

Nach Erstellung und Test der Interaktionsplattform, bieten sich zur Kontaktaufnahme mit den Mitgliedern der identifizierten Online Communities internetübliche Instrumente wie E-Mail, Postings, Banner, „pop up"-Fenster oder redaktionelle Texte an, um auf die virtuelle Entwicklung aufmerksam zu machen. Nach Beendigung des VKI-Projekts erfolgt die Auswertung und Überführung der geleisteten Innovationsbeiträge in den NPE-Prozess des innovierenden Unternehmens.

Der wesentliche Beitrag des *Community Based Innovation* Ansatzes liegt in der systematischen Nutzung der im Internet bestehenden, aber bisher nur unzureichend genutzten Innovationspotenziale von Online Communities. Der Erfolg der VKI hängt dabei

---

[202] Die Kontextabhängigkeit der Gestaltung der VKI wird in Kapitel 6.2.2 ausführlich erläutert.
[203] Vgl. Csikszentmihalyi (1987); Csikszentmihalyi (2002).

entscheidend von der Identifikation und Motivation der „richtigen" Teilnehmer ab. Neben der gezielten, punktuellen Einbindung von Kunden für bestimmte Entwicklungsaufgaben, zielt Community Based Innovation darauf ab, Kunden dauerhaft und phasenübergreifend je nach Fragestellung der Neuproduktentwicklung zu integrieren. Die bei dem Praxiseinsatz der *Community Based Innovation-Methode* beobachtete Teilnahmebereitschaft der eingebundenen Community-Mitglieder, die Qualität der geleisteten Beiträge und die überwiegend positive Einstellung der innovierenden Unternehmen zur Kundeneinbindung generell, weisen auf die Möglichkeit hin, die Einbindung von Online Communities in den Innovationsprozess zu institutionalisieren.[205]

Neben der aktiven und vom Unternehmen moderierten Interaktion mit Community-Mitgliedern im Rahmen der Community-Based-Innovation, bietet der *Netnography*-Ansatz die Möglichkeit einer passiven Einbindung von Community-Mitgliedern, d.h. den Mitgliedern wird nicht unmittelbar bewusst, dass Ihre Beiträge im Rahmen der VKI analysiert und verwertet werden. Die Konversation und soziale Interaktion der Mitglieder wird unaufdringlich und unbeeinflussend von dem innovierenden Unternehmen beobachtet, ohne der Gemeinschaft selbst aktiv beizutreten. Auf diese Weise kann herausgefunden werden, was Online Communities von bestimmten Marken oder Dienstleistungen halten oder mit welchen Themen und Problemstellungen sie sich gerade auseinandersetzen. Aus den gewonnenen Informationen lassen sich Trends ableiten und konkrete Problemlösungsvorschläge entwickeln. Auch das in Abbildung 14 dargestellte innovative Schuhkonzept konnte durch den *Netnography*-Ansatz identifiziert werden.[206] Die Literatur zur *Netnography* zeigt, wie sich Communities identifizieren lassen, was bei der Kontaktaufnahme mit Online Communities zu beachten ist, wie die Beobachtung und Informationsgewinnung erfolgen kann, wie man die Vertrauenswürdigkeit der gewonnenen Ergebnisse überprüft und welche ethischen Richtlinien bei dieser Forschung berücksichtigt werden müssen.[207] Da es sich meist um mehrere tausend Community Beiträge handelt, die auf innovationsrelevante Informationen untersucht werden können, ist der Einsatz von Softwarepaketen zur Textanalyse ein wertvolles Hilfsmittel zur Datensammlung, Datenstrukturierung und Datenauswertung.

---

[204] Vgl. Kapitel 3.3.2.
[205] Vgl. Bartl/Ernst/Füller (2004), S. 155 ff.
[206] Zum methodischen Vorgehen vgl. Jawecki/Füller/Mühlbacher (2005).
[207] Vgl. Kozinets (1997); Kozinets (1998); Kozinets/Handelman (1998); Kozinets (2001); Kozinets (2002).

3.4 Forschungsdefizit und Einordnung der vorliegenden Arbeit

Führt man sich den in diesem Kapitel zusammengetragenen Stand der Forschung vor Augen, ist zunächst festzuhalten, dass es sich bei den bisherigen Beiträgen zur VKI, im Sinne der in Kapitel 1.3 geprägten Begriffswelt, nahezu ausschließlich um konzeptionelle Beiträge handelt. Diese Arbeiten liefern insofern einen wertvollen Beitrag, dass sie überhaupt die ersten Anhaltspunkte für eine tiefergehende Aufbereitung des Themas der VKI darstellen. Insbesondere die morphologische Analyse von *Rüdiger* und die dort genannten Gestaltungsdimensionen der VKI, sowie die Identifikation und Herausarbeitung der zentralen Vorteile der VKI durch *Ernst* sind wichtige Orientierungshilfen für die vorliegende Arbeit. Ein empirischer Hypothesentest bleibt jedoch aus. Der grundsätzliche Mangel an empirischen Befunden ist das derzeitig schwerwiegendste Forschungsdefizit zum Thema der VKI und ist der zentrale Anspruch dieser Arbeit. Diese Forschungslücke ist sicherlich nicht auf eine mögliche Theorielosigkeit des Themas zurückzuführen. Das Gegenteil ist der Fall. Es existieren, im Sinne eines Theoriepluralismus, unterschiedliche und gleichermaßen bewährte theoretische Fundamente, in deren Perspektiven die unterschiedlichen Facetten der VKI näher beleuchtet werden können. Die Interaktionsforschung, die Rollentheorie oder die Informationstheorie als Teilbereich der umfassenden Neuen Institutionenökonomik können als Ausgangspunkt einer stringenten und theoriegeleiteten Entwicklung von Untersuchungskonzepten zur VKI dienen. Für die Zwecke dieser Arbeit wird in Kapitel 4 die Interaktionstheorie für die Entwicklung des Untersuchungsmodells herangezogen. Der Interaktionsansatz erlaubt es mehr als andere Erklärungsbeiträge, ein Gesamtbild der VKI wiederzugeben, das die Umfeldbedingungen, die Interaktionsgestaltung und die Beweggründe der innovierenden Unternehmen als auch der eingebundenen Kunden zur Teilnahme an der VKI berücksichtigt. Diese dyadische Betrachtungsweise erfordert zwei getrennte empirische Erhebungen.

Methodenorientierte Arbeiten betreffen die Instrumentaldimension der VKI und konzentrieren sich auf die Frage nach dem „Wie wird der Kunde eingebunden?". Es zeigt sich, dass eine zunehmende Zahl an Publikationen zu dem Einsatz von *Toolkits* veröffentlicht wird. Diese beschränken sich allerdings meist darauf, die ursprünglich von *von Hippel* vorgestellten Elemente der Methode zu rezipieren. Einzige empirische Anhaltspunkte zu dem Einsatz von *Toolkits* geben die Arbeiten von *Franke/Piller* und *Jeppesen*. *Franke/Piller* stellen in ihrer empirischen Untersuchung in Form eines Experiments fest, dass Armbanduhren, die mit Hilfe eines Design *Toolkits* von Kunden selbst entworfen wurden, eine Erhöhung der

Zahlungsbereitschaft um bis zu 100 % im Vergleich zu marktüblichen Standardmodellen zur Folge haben.[208] *Jeppesen* untersucht auf Basis von 78 Beobachtungen im Bereich der Computerspiele den Zusammenhang zwischen der Verwendung von *Toolkits* und den daraus resultierenden Kundendienstleistungen. Es wird deutlich, dass den Vorteilen des Einsatzes von *Toolkits* in Form einer Auslagerung von Entwicklungsaktivitäten zum Kunden auch Kosten in Form steigender Betreuungskosten gegenübergestellt werden müssen. Diese können allerdings wiederum durch einen sogenannten Consumer-to-Consumer Support minimiert werden.[209]

Bei den im Rahmen der Forschungsinititative *Virtual Customer* vorgestellten Methoden, wie beispielsweise User Design, Information Pump oder Securities Trading of Concepts, handelt es sich um eine punktuelle Methodenforschung, die bisher noch nicht in weiteren Beiträgen vertieft wurde. Insgesamt betrachtet handelt es sich bei den methodenorientierten Forschungsbeiträgen derzeit noch vorwiegend um Erhebungen mit Experiment- oder Fallstudiencharakter. Eine Generalisierbarkeit ist durch die kleinen Fallzahlen sehr eingeschränkt gegeben. Hieraus abzuleiten ist die Herausforderung der vorliegenden Arbeit, die großzahlige Anwendung einer VKI Methode durchzuführen, um erste Anhaltspunkte hinsichtlich einer Generalisierbarkeit und grundsätzlichen Anwendbarkeit derartiger Methoden in der Unternehmenspraxis treffen zu können. Hierzu wird der Kerngedanke des *User Designs* aufgegriffen und im Bereich der Multimedia-Systeme in der Automobilbranche als reales Praxisprojekt durchgeführt.[210] Das Ziel besteht darin, erste Aussagen zur Validität des *User Designs* in der Praxis ableiten zu können. Darüberhinaus sollen Weiterentwicklungsmöglichkeiten und konkrete Gestaltungsempfehlungen des *User Designs* auf Basis der gewonnen Anwendungserfahrungen abgeleitet werden.

Das Ziel des folgenden Kapitels setzt an dem identifizierten Forschungsdefizit und der Positionierung der eigenen Arbeit an. Zunächst soll ein umfassender und theoretisch fundierter Bezugsrahmen abgeleitet werden, der es vermag, die VKI als allgemeingültiges Gesamtkonzept abzubilden. Im weiteren Verlauf des Kapitels 4 der Arbeit erfolgt die Konzeptualisierung und Operationalisierung der zu untersuchenden Teilbereiche.

---

[208] Vgl. Franke/Piller (2004), S. 410.
[209] Vgl. Jeppesen (2005), S. 395.
[210] Vgl. hierzu Kapitel 8.1.1.

4 Bezugsrahmen der Untersuchung zur virtuellen Kundenintegration

Nachdem die Grundlagen der vorliegenden Arbeit sowie der Stand der Forschung dargestellt worden sind, folgt in diesem Kapitel die interaktionstheoretische Ableitung eines für die Analyse der VKI geeigneten Bezugsrahmens. Als Ausgangspunkt der Überlegungen dient der grundlegende Interaktionsansatz der International Marketing and Purchasing-Group (IMP-Group).[211] Das Ziel dieser internationalen Forschergruppe unter Leitung von *Hakan Hakansson* bestand in der Erfassung und Erklärung von Kommunikationsbeziehungen und Güter-Transaktionen auf Industriegütermärkten in einem System sozialer Beziehungen. Es handelt sich hierbei um ein multi-organisationales Interaktionsmodell, das sich für die Untersuchung einzelner Episoden als auch langfristiger Beziehungen, sogenannter „ongoing processes", zwischen den Aktoren bewährt hat.[212] Hauptelemente sind die beteiligten *Interaktionsparteien*, der *Interaktionsprozess*, die *Atmosphäre* als Beziehungsgeflecht in der die Interaktion stattfindet und Einflussgrößen der *Makro-Umwelt*, die als Rahmenbedingungen bzw. situative Faktoren der Interaktion zu verstehen sind.[213] Die Überführung des allgemein gehaltenen Interaktionsmodells der IMP-Group in ein für die vorliegende Arbeit zugeschnittenen Bezugsrahmen, erfordert die Interpretation der Modellkomponenten vor dem Hintergrund wesentlicher Erkennungsmerkmale der VKI. Abbildung 15 fasst den interaktionstheoretischen Bezugsrahmen der Gesamtuntersuchung zur VKI zusammen.

Die *Interaktionsparteien* der VKI sind, im Gegensatz zum Forschungsmodell der IMP-Group, den Konsumgütermärkten und nicht den Industriegütermärkten zuzuordnen. Im Fokus der Betrachtung steht somit die Entwicklungspartnerschaft zwischen einem innovierenden Unternehmen als Organisation und den „Letztverbrauchern" von Konsumgütern und konsumtiven Dienstleistungen.[214] Der *Interaktionsprozess* steht im Zentrum des Bezugsrahmens. Diesbezüglich unterscheidet der Ansatz der IMP-Group zwischen einzelnen

---
[211] Für einen ausführlichen Überblick der existierenden Interaktionsmodelle und -ansätze vgl. beispielsweise Kern (1990), S. 16ff. oder Backhaus (1999), S. 132 ff. Das Modell der IMP-Group ist dabei zur Gruppe der neueren Netzwerkansätze zu zählen, das die Erkenntnisse zeitlich vorangehender Ansätze, beispielsweise des Ansatzes von Kirsch/Kutscher/Lutschewitz (1980) integriert.
[212] Interaktionstheoretische Vorarbeiten zur Entwicklung des Bezugsrahmens der vorliegenden Untersuchung wurden bereits in Kapitel 2.1 geleistet. Für vertiefende Beiträge, insbesondere zu dem hier herangezogenen IMP-Ansatz, vgl. Ford (1990); Hakansson (1982); Turnball/Valla (1982) und Bstieler (1997), S. 27 ff.
[213] Vgl. Hakansson (1982), S. 10 ff.
[214] Wie im Rahmen der Begriffsabgrenzung in Kapitel 1.3 erwähnt, sind Firmenkunden, Vertriebs- und Handelspartner oder staatliche Einrichtungen als Kundengruppen von der Betrachtung ausgeschlossen.

Episoden und langfristigen Beziehungen der beteiligten Parteien.[215] Im Hinblick auf die VKI ist diese Unterscheidung ebenfalls zweckmäßig. Einerseits kann die internetbasierte Interaktion mit Kunden punktuell für problemspezifische Aufgaben in einzelnen Phasen des NPE-Prozesses stattfinden. Andererseits besteht die Möglichkeit Kunden phasenübergreifend, beispielsweise mit Hilfe von Online-Communities, entlang des gesamten NPE-Prozesses oder für unterschiedliche NPE-Projekte mehrmals als Kooperationspartner einzubinden. Dem Bezugsrahmen liegt somit eine prozessuale Betrachtungsweise der Interaktion zugrunde, die bereits bei der phasenspezifischen Schilderung der Einsatzpotenziale der VKI in Kapitel 3.1.1 berücksichtigt wurde.

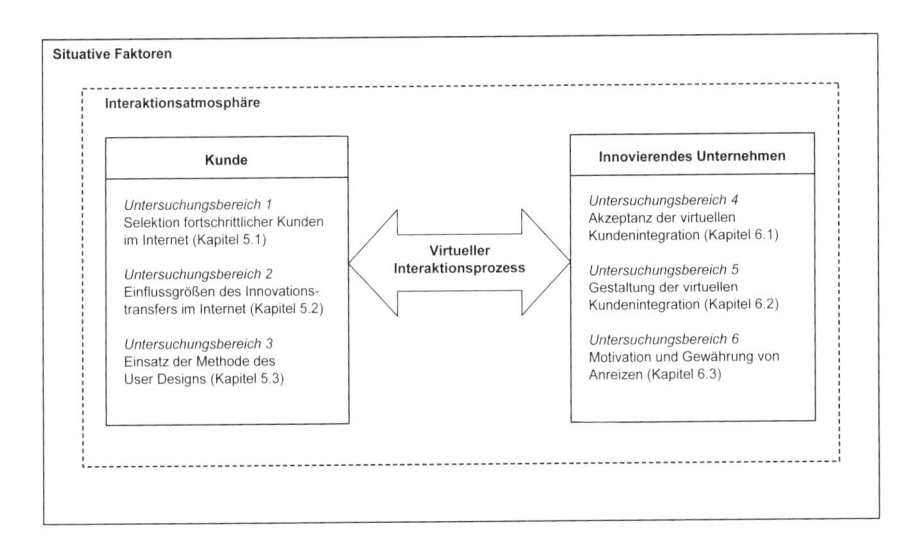

Abbildung 15: Bezugsrahmen der Untersuchung zur virtuellen Kundenintegration

Die Rahmenbedingungen zur VKI werden durch die *Interaktionsatmosphäre* und durch Situationsmerkmale bzw. *Umfeldbedingungen* bestimmt. Unter dem neu von der IMP-Group in die Diskussion eingeführten Begriff der Atmosphäre werden alle Stimmungen, die den Interaktionsprozess umgeben und beeinflussen, subsumiert. Es handelt sich um eine intervenierende Variable, die den Zusammenhang zwischen den einzelnen Elementen des Interaktionsmodells herstellt und nicht direkt gemessen werden kann.[216] Im Industriegüterbereich ist die Atmosphäre, beispielsweise eine Geschäftsbeziehung zwischen

---

[215] Vgl. Backhaus (1999), S. 148.

Hersteller und Zulieferer, durch ein Geflecht kooperativer oder konfliktärer Abhängigkeitsverhältnisse gekennzeichnet. Hingegen haben sich bei dem noch jungen Phänomen der VKI noch keine typischen Machtkonstellationen herauskristallisiert. Dies liegt sicherlich zum einen an der verhältnismäßigen Zwang- und Formlosigkeit, mit der sich die Parteien im Internet austauschen. Zum anderen existieren noch keine indirekten Einflüsse durch bestehende Erfahrungswerte oder Vertrauensverhältnisse, die durch frühere Zusammenarbeit aufgebaut wurden.[217] Langfristig werden sich hier jedoch bestimmte Anforderungs- und Anreizschemata zur VKI herausbilden. Demzufolge werden sich die Formen einer möglichen Entwicklungspartnerschaft zwischen innovierenden Unternehmen im Konsumgüterbereich und Endkunden im Internet zunehmend konkretisieren. Dies betrifft insbesondere mögliche Alternativen der Vergütung von Kundenbeiträgen, der Verwertungsrechte, der Geheimhaltungsvereinbarungen, der Kundenbindungsmaßnahmen und der Sanktionen bei Verstoß gegen die kooperativen Absichten. Weitere Rahmenbedingungen werden durch den Kontext der Interaktion bestimmt. Die Kunden-Hersteller-Beziehung kann demnach nicht isoliert von der *Umwelt* betrachtet werden. Sie muss im jeweiligen situativen Kontext analysiert werden.[218]

In das vorliegende interaktionstheoretische Basismodell werden sechs zentrale Untersuchungsbereiche zur VKI eingebettet. In den Untersuchungsbereichen eins bis drei stehen die Teilnahme der Kunden an einem VKI-Projekt sowie deren Merkmale und Wahrnehmungen bei der VKI im Analysemittelpunkt. Bei den Untersuchungsbereichen vier bis sechs wird der Analyseblickwinkel der innovierenden Unternehmen bei der Realisierung der VKI eingenommen.

Der *Untersuchungsbereich 1* betrifft die Selektion fortschrittlicher Kunden im Internet. Hierzu werden in Kapitel 5.1 zunächst die Merkmale besonders fortschrittlicher Kunden diskutiert. Es folgt die Schilderung von Identifikationsmöglichkeiten dieser Kundengruppe im Internet und insbesondere die Erläuterung des Selbstseletionseffektes. Schließlich werden

---

[216] Vgl. Kern (1990), S. 52.
[217] Ein Sonderfall wäre die Nutzung bereits bestehender Kundenbeziehungen für eine internetbasierte Einbindung in die NPE.
[218] Das Hauptanliegen des aus der Organisationsforschung bekannten situativen Ansatzes ist es, den kritisch zu beurteilenden Allgemeingültigkeitsanspruch zahlreicher betriebswirtschaftlicher Aussagen zugunsten situationsadäquater Bezüge aufzugeben. Kieser/Kubicek (1978), S. 105 ff. *Staehle* formuliert diese These wie folgt: "Es gibt nicht eine generell gültige, optimale Handlungsalternative, sondern mehrere, situationsbezogen angemessene." Staehle (1987), S. 79. Demgemäß wird auch in dieser Arbeit davon ausgegangen, dass der Einsatz der VKI möglicherweise nicht von allen Unternehmen gleichermaßen unterstützt und umgesetzt wird.

mögliche Zusammenhänge der Fähigkeitsmerkmale der Kunden mit der Qualität der eingebrachten Innovationsbeiträge dargestellt.

Im *Untersuchungsbereich 2* werden die Einflussfaktoren des Innovationstransfers im Internet näher betrachtet. Hier wird der Frage nachgegangen, inwiefern internetspezifischer Faktoren, die auf die multimediale Produktpräsentation und Interaktivität des Mediums zurückzuführen sind, den Transfer entwicklungsrelevanter Informationen vom Kunden zum Unternehmen fördern können.

Der *Untersuchungsbereich 3*, dargestellt in Kapitel 5.3, hat den Methodentest des *User Designs* zum Ziel. Das *User Design* ist eine vielversprechende VKI Methode, die abgesehen von vereinzelten Experimenten bis dato noch nie für ein reales Innovationsvorhaben unter Einbindung einer großen Zahl von Kunden umgesetzt wurde. Ziel dieses Untersuchungsbereichs ist somit die Überprüfung der Anwendungsplausibilität des *User Designs* in der Managementpraxis. Die empirische Überprüfung der in den Untersuchungsbereichen eins bis drei abgeleiteten Aussagen und Hypothesen erfolgt auf Datenbasis eines bei der Audi AG durchgeführten VKI-Projekts in Kapitel 8.

Die Akzeptanz der VKI aus dem Blickwinkel innovierender Unternehmen ist Bestandteil des *vierten Untersuchungsbereichs* in Kapitel 6.1. Auf Grundlage der Einstellungs-Verhaltenstheorie sollen die maßgeblichen Indikatoren isoliert werden, die die zukünftige Anwendung der VKI durch Unternehmen der Konsumgüterbranche vorhersagen lassen.

Die Diskussion konkreter Gestaltungsmaßnahmen der VKI erfolgt in Kapitel 6.2 im Rahmen des *Untersuchungsbereichs 5*.

Der abschließende *Untersuchungsbereich 6* beschäftigt sich, basierend auf einer Diskussion der Motivationsgrundlage zur Teilnahme an der VKI, mit der Gestaltung eines Anreizsystems für die Kunden. Die empirische Überprüfung der in den Untersuchungsbereichen vier bis sechs abgeleiteten Hypothesen erfolgt auf Basis einer Unternehmenumfrage im Konsumgüter- und Dienstleistungsbereich. Die entsprechenden Befunde aus dem Untersuchungsblickwinkel der innovierenden Unternehmen werden in Kapitel 9 vorgestellt.

5 Untersuchungsblickwinkel Kunde

5.1 Selektion und Beiträge fortschrittlicher Kunden

5.1.1 Merkmale fortschrittlicher Kunden

Traditionelle Methoden der Marktforschung sind in der Regel weniger geeignet, radikale, gänzlich neue Produktideen hervorzubringen und zukünftige Bedürfnisse und Anforderungen zu erkennen. Sie orientieren sich meist an „gewöhnlichen" Kunden und zielen auf großzahlige repräsentative Stichproben ab. In der Literatur werden daher verschiedene Merkmale diskutiert, die auf besonders geeignete Kunden als Quelle von Produktideen für die Neuproduktentwicklung hinweisen. Insbesondere die Arbeiten zum Lead-User-Konzept leisten einen wesentlichen Beitrag zur Isolierung der Eigenschaften fortschrittlicher Kunden.[219] Der Grundgedanke des Ansatzes besteht darin, diejenigen Kunden zu identifizieren und in die Produktentwicklung einzubinden, deren derzeitige Bedürfnisse zukunftsweisend für die Bedürfnisse der übrigen Kunden am Markt sind. *Von Hippel* konzipiert eine mehrstufige Methode zur Integration von Lead Usern in die NPE, die grundsätzlich folgende inhaltliche Schritte umfasst:[220]

- Definition von Zielmärkten, Suchfeldern für Innovationen und Projektzielen.

- Identifikation maßgeblicher Trends und neuer Bedürfnisse in den relevanten Suchfeldern.

- Auswahl von besonders motivierten und qualitfizierten Kunden - Lead Usern - durch den Einsatz gezielter Suchprozesse.

- Einbindung der Lead User in konkrete Innovationsprojekte eines Unternehmens zur Entwicklung neuer Ideen und Lösungskonzepte.

- Test der Lead User Produktkonzepte durch Projektion auf einen allgemeinen zukünftigen Markt.

---

[219] Für eine ausführliche Darstellung des Lead User-Ansatzes vgl. von Hippel (1986) und von Hippel (1988). Für jüngere empirische Arbeiten vgl. Lilien/Morrison/Searls et al. (2002); Morrison/Roberts/von Hippel (2000); Morrison/Roberts/Midgley (2004); Olson/Bakke (2001). Für Fallbeispiele zur Anwendung der Lead User-Methode vgl. z.B. von Hippel/Thomke/Sonnack (1999) oder Herstatt/von Hippel (1992).

[220] Vgl. von Hippel (1986); Urban/von Hippel (1988); Herstatt (1991), S. 135 ff.

Zum Einsatz kam die Lead-User-Methode bereits in vielen Praxisprojekten beispielsweise der Unternehmen 3M, HILTI, Johnson & Johnson, Kellog's und Nortel Networks.[221] Die positive Wirkung der Einbindung von Lead Usern auf den Innovationserfolg und insbesondere auf die Generierung neuer Ideen wurde empirisch durch *Gruner/Homburg* sowie *Lilien et. al* nachgewiesen.[222]

Insbesondere die Identifikation von Lead Usern stellt eine große Herausforderung dar. Hierbei gibt es im Wesentlichen zwei Suchstrategien. Ein erster Ansatz wird als *Pyramiding* oder *Networking-Ansatz* bezeichnet und kennzeichnet die Vorgehensweise sich durch Kunden- und Expertenempfehlungen den Lead Usern schrittweise zu nähern. Zweitens kann der *Screening-Ansatz* verfolgt werden, um aus einer großen Zahl von Anwendern die Lead User anhand festgelegter Kriterien herauszufiltern. Dies erfordert allerdings eine genaue sowie messbare Spezifizierung der für Lead User charakteristischen Merkmale. Für den Industriegüterbereich verwenden *Urban/Hippel* einen Screening-Fragebogen, der die Investitionen in benötigte innovative Produkte, den Grad der Unzufriedenheit mit bestehenden Produktlösungen sowie die Geschwindigkeit der Adaption von anderen Innovationen berücksichtigt.[223] Für den Konsumgüterbereich, der sich durch eine größere Kundenzahl und den Mangel an Informationen über einzelne Kunden auszeichnet, liegen allerdings kaum Anhaltspunkte über Lead-User-Indikatoren vor.[224] Die geänderten Rahmenbedingungen erfordern den definitorischen Rahmen des Lead Users im Industriegüterbereich zugunsten eines etwas breiter gefassten Begriffsverständnisses zu verlassen. *Lüthje* führt für Konsumgütermärkte den Begriff des *fortschrittlichen Kunden* ein.[225] Die Ausführungen im weiteren Verlauf der Arbeit schließen sich seiner Interpretation an, überprüfen aber dennoch kritisch die Generalisierbarkeit der von *Lüthje* geforderten Kriterien zur Generierung hochwertiger Innovationsbeiträge durch die Kunden. Die in die Analyse eingehenden Merkmale *fortschrittlicher Kunden* werden im folgenden skizziert.[226]

---

[221] Für einen kurzen Überblick der einzelnen Projekte vgl. Herstatt/Lüthje/Lettl (2004), S. 64 ff.
[222] Vgl. Gruner/Homburg (2000); Lilien et al. (2002).
[223] Vgl. Urban/von Hippel (1988), S. 572 ff.
[224] Vgl. Ernst/Soll/Spann (2004), S. 124.
[225] Vgl. Lüthje (2000), S. 32.
[226] Vgl. Lüthje (2000), S. 151.

(1) Produktwissen

Produktbezogenes Wissen sind gespeicherte Informationen, die den mit der Wahrnehmung verbundenen kognitiven Informationsverarbeitungsprozess des Kunden beeinflussen.[227] Das Lernen von neuem Produktwissen, beispielsweise bei der Bearbeitung von Innovationsaufgaben im Rahmen der VKI, wird dadurch gefördert, dass die aufgenommenen Informationen zu dem bereits gespeicherten Wissen in Beziehung gebracht werden können.[228] Das bedeutet, dass Produktinformationen, die einem Schema entsprechen, besser in das vorliegende Wissen eingeordnet, gespeichert und auch erinnert werden können. Dies führt zu einer besseren Produktbeurteilung und erleichtert den Lernvorgang im Umgang mit Innovationen. Die Konfrontation mit neuartigen Produkten und Anwendungen aktiviert den Betrachter und stimuliert seine kognitiven Fähigkeiten. Die Verarbeitungstiefe als Ausmaß dieser kognitiven Fähigkeiten des Kunden nimmt mit Entschlüsselung des Reizes in Form der gestellten Innovationsaufgabe zu.[229] Das Internet stellt eine Umgebung zur Verfügung, die es dem Kunden erlaubt, sein Wissen anzuwenden und seine Innovationsbeiträge zu transferieren.[230] Eng verwandt mit dem Produktwissen sind die Konstrukte der Produkterfahrung und des Konsum-Expertentums.[231]

Lüthje führt das Produktwissen als Voraussetzung für die Innovationsfähigkeit von Kunden an. Er unterscheidet zwei Dimensionen des Produktwissens, das Verwendungswissen und das Objektwissen.[232] Das Verwendungswissen entsteht durch den wiederholten Umgang mit Gütern und verhilft dem Kunden zu einem vertieften Produktverständnis. Dies erlaubt es dem Kunden, das Produkt und seine Attribute besser zu erfassen, die Funktionsweise zu erkennen und sein Bewusstsein für neue Zusammenhänge zu schärfen. Ein ausgeprägtes Objektwissen erlaubt die technische Spezifizierung der Produktkenntnisse und beinhaltet Wissen über die Funktions- und Wirkstruktur sowie über benötigte Verfahren, Materialien und Technologien zu Realisierung der Produkte. Zusammenfassend kann festgehalten werden, dass für einen wirkungsvollen Innovationsdialog Kunden mit einem besonders profunden technischen Wissen geeigneter erscheinen als gewöhnliche Kunden, die sich häufig einer gewissen Hilflosigkeit gegenüber der Fachsprache der Entwicklungsabteilungen ausgesetzt sehen.

---

[227] Vgl. Kroeber-Riel/Weinberg (1999), S. 289 f.
[228] Vgl. Kroeber-Riel/Weinberg (1999), S. 335 f.
[229] Vgl. Kroeber-Riel/Weinberg (1999), S. 337 f.
[230] Eine ausführliche Darstellung der Möglichkeiten des Innovationstransfers im Internet wird in Kapitel 5.2 diskutiert.
[231] Vgl. Raju/Lonial/Mangold (1995); Alba/Hutchinson (1987); Jacoby/Troutman/Kuss et al. (1986).

(2) Unzufriedenheit

Den wohl bedeutendsten Erklärungsansatz in der Zufriedenheitsforschung leistet das Confirmation/Disconfirmation-Paradigm (C/D-Paradigma).[233] Die Kundenzufriedenheit wird beim C/D-Paradigma aufgrund eines Vergleichs zwischen konkret wahrgenommener Leistung (Ist-Leistung) und erwarteter Leistung (Soll-Leistung) erfasst. Stimmt die erbrachte Leistung mit dem Vergleichsstandard überein, so wird dies als Konfirmation bewertet. Weicht die wahrgenommene Leistung von den Erwartungen der Kunden negativ ab, so handelt es sich um Diskonfirmation, die zu Unzufriedenheit führt. Die Unzufriedenheit mit bestehenden Marktangeboten ist demnach darauf zurückzuführen, dass bestehende Kundenerwartungen nicht gedeckt werden. Es besteht somit ein Bedarf an verbesserten oder neuen Produkten, die die Kundenbedürfnisse befriedigen. Diesen Bedarf verbindet *Lüthje* mit einem zunächst unbestimmten Spannungszustand, der den Kunden dazu motiviert, die Gründe seiner Unzufriedenheit zu reflektieren und sich Klarheit über die eigenen Leistungserwartungen zu machen.[234] Das Ausmaß der Unzufriedenheit spiegelt somit die Dringlichkeit innovativer Lösungsansätze zur Befriedigung neuer Bedürfnisse wider.

(3) Neue Bedürfnisse

Neue Bedürfnisse sind Bedürfnisse, die durch das bestehende Markangebot nicht gedeckt werden. Sie werden als eine Art „Mangelgefühl" wahrgenommen, dass zur Auslösung des oben angesprochenen Spannungszustandes führt, der wiederum Ursprung der Unzufriedenheit ist.[235]

Die Existenz neuer Bedürfnisse ist Kernelement des Lead-User-Ansatzes nach *von Hippel*[236] und ist folglich auch zwingend bei der Identifikation fortschrittlicher Kunden als Kriterium heranzuziehen. Lead User verspüren neue Bedürfnisse, die generelle Bedeutung erlangen, Monate oder Jahre bevor diese von gewöhnlichen Kunden wahrgenommen werden und sie profitieren in hohem Maße von Innovationen, die Ihre Probleme lösen. Aufgrund dieser Trendführerschaft in der Wahrnehmung neuer Produktanforderungen können Lead User zur Bedürfnisvorhersage für zukünftige Märkte herangezogen werden. *Lüthje* beobachtet im

---

[232] Vgl. Lüthje (2000), S. 34 ff.
[233] Eine umfassende Darlegung der theoretischen Überlegungen zur Kunden(un)zufriedenheit kann im Rahmen dieser Arbeit nicht erfolgen. Für einen Überblick vgl. z.B. Homburg/Stock (2001) und Giering (2000), S. 7 ff.
[234] Vgl. Lüthje (2000), S. 33 f.
[235] Vgl. Lüthje (2000), S. 27.
[236] Vgl. von Hippel (1986), S. 796.

Bereich des Outdoor-Equipment, dass 37,3 % der befragten Personen eine Idee für eine Innovation oder einen Verbesserungsvorschlag hatten. In dieser Gruppe der „Innovierer" hatten 26,2 % eine Idee, um ein Produkt zu verbessern und 11,1 % hatten eine Idee für ein völlig neues Produkt.[237] Neben einer bloßen Idee veranlassen neue Bedürfnisse die Kunden bisweilen dazu, neue Produkte und Produktvarianten selbst zu entwickeln. *Franke/Shah* zeigen in ihrer Untersuchung unterschiedlicher Sportbereiche, dass innovative Anwender in Eigeninitiative neue Ausrüstungsgegenstände entwickeln und Prototypen realisieren.[238]

Zusammenfassend ist davon auszugehen, dass Kunden, deren neuartige Bedürfnisse nicht durch existierende Marktangebote befriedigt werden, einen aktiven Beitrag im Bereich der virtuellen Entwicklungspartnerschaft leisten werden.

(4) Produktinvolvement

Das Involvementkonstrukt wurde bereits ausgiebig in der Konsumentenforschung erforscht.[239] Aufgrund der vielen Facetten des Konstrukts hat sich allerdings kein einheitlicher Messansatz durchgesetzt. In einigen Studien wird zwischen High- und Low-Involvement Produkten unterschieden.[240] Hierbei geht man davon aus, dass bestimmte Produkteigenschaften zu einem hohen bzw. niedrigen Involvement beim Kunden führen. Eine weitere Dimension des Involvements wird als Situationsinvolvement bezeichnet. Es ist vorübergehender Natur und wird maßgeblich von der Motivation und den kognitiven Konflikten in Entscheidungssituationen beeinflusst. Ein Beispiel für das situative Involvement ist das wahrgenommene Kaufrisiko.[241] Für die vorliegende Arbeit sind die beiden vorgestellten Formen des Involvements von untergeordneter Bedeutung. Zum einen wird im ersten Erklärungsansatz das Involvement nicht als Kundenmerkmal interpretiert, sondern ist direkt an die Eigenschaften eines Produktes gekoppelt. Zum anderen soll ausdrücklich von den situativen Einflussfaktoren des zweiten Ansatzes abstrahiert werden. In der vorliegenden Untersuchung wird stattdessen eine verhaltenswissenschaftliche Perspektive eingenommen, die das Involvement als generelles und stabiles Interesse am Produkt interpretiert. Diese Form des Involvements wird als andauerndes Produktinvolvement bezeichnet und ist ein Maß für die Wichtigkeit und persönliche Relevanz eines Produkts, ausgehend von stabilen kognitiven

---

[237] Vgl. Lüthje (2000), S. 58.
[238] Vgl. Franke/Shah (2003).
[239] Vgl. Laurent/Kapferer (1985); Mittal/Lee (1988); Zaichkowsky (1985); Zaichkowsky (1986). Für Meta-Analysen unterschiedlicher Messansätze vgl. Costley (1988); Mittal (1995).
[240] Vgl. u.a. Churchill/Surprenant (1982).
[241] Vgl. Kroeber-Riel/Weinberg (1999), S. 502.

Assoziationen gegenüber diesem Produkt. Es handelt sich somit um stabile Einstellungsmuster eines Kunden gegenüber einem Produkt oder einer Produktgruppe, die häufig mit dem Begriff *Produktinteresse* zusammengefasst werden.[242] Mit der Bereitschaft und Fähigkeit Innovationsbeiträge einzureichen, steht das Produktinvolvement insofern in Zusammenhang, dass dieser Zustand zur produktbezogenen Informationssuche und zu Kommunikationsaktivitäten anregt. Kunden mit hohem Produktinvolvement sind demnach informationsbewußter. Das bedeutet, sie haben eine größere Kenntnis vorhandener Informationsquellen und benutzten auch eine größere Zahl an Informationsquellen.[243] Die breite Masse an Kunden hingegen ist eher passiv als aktiv. Sie wird von ihren Meinungsführern mit Informationen versorgt, ohne selbst aktiv nach Informationen zu suchen. Hierbei wiederum zeichnen sich Lead User häufig durch ihr Referenzpotenzial in Bezug auf weitere Nachfrager und Kunden aus.[244] Ein Bindeglied des Produktinvolvements zu dem oben beschriebenen Merkmal des Produktwissens stellen die kognitiven Fähigkeiten der Kunden dar, die mit dem Begriff der Verarbeitungstiefe bezeichnet wurden.

Zusammenfassend lässt sich festhalten, dass das Produktinvolvement (Produktinteresse) mit einem erhöhten gedanklichen Engagement, mit dem man sich einem Sachverhalt oder einer Aktivität zuwendet, verbunden ist.[245] Diese erhöhte Aktivierung dürfte sich positiv auf die Abgabe von Innovationsbeiträgen auswirken. Aufgrund dieses vermuteten Zusammenhangs wird das Produktinvolvement als zusätzliches zu den von *Lüthje* angeführten Merkmalen fortschrittlicher Kunden in die Untersuchung aufgenommen.

5.1.2 Identifikation fortschrittlicher Kunden im Internet

In diesem Kapitel soll der Frage nachgegangen werden, ob und weshalb gerade das Internet geeignet erscheint, fortschrittliche Kunden zu identifizieren. Erste Anhaltspunkte zur Existenz innovativer Kunden im Internet geben die Untersuchungen von Online-Communities, beispielsweise im Bereich Basketball.[246] Der Beitrag von *Henkel/Sander* widmet sich ebenfalls der Identifikation innovativer Nutzer in Online-Communities am Beispiel des Kleinwagens Smart. Von über 43000 Beiträgen im Archiv der Community „Smart-Club.de" wurde eine Zufallsauswahl von 6640 Beiträgen für eine vertiefende Analyse ausgewählt.

---

[242] Vgl. Kroeber-Riel/Weinberg (1999), S. 248.
[243] Vgl. Kroeber-Riel/Weinberg (1999), S. 248 und 502.
[244] Vgl. Kleinaltenkamp/Staudt (1991), S. 67 f.
[245] Vgl. Kroeber-Riel/Weinberg (1999), S. 338.
[246] Vgl. Kapitel 3.3.3.

Letztendlich erwiesen sich 75 Beiträge (1,13 %) als innovativ im Sinne eines erkannten Problems, eines Lösungsvorschlags oder eines bereits realisierten Prototyps.[247] Dieses Beispiel verdeutlicht, dass verborgen unter einer Unmenge für die Produktentwicklung irrelevanter Community-Beiträge mit einem nur sehr geringen Anteil an innovativen Beiträgen zu rechnen ist.[248] Dementsprechend ist die Identifikation dieser Beiträge und der dazugehörigen Autoren mit enormem Aufwand verbunden und manuell, d.h. ohne automatisierte Auswertungsverfahren, kaum zu bewältigen.

Weitere Formen der Identifikation fortschrittlicher Kunden werden von *Ernst/Soll/Spann* beschrieben.[249] Die Autoren führen Online Communities, Chats, Screening-Fragebögen, Feedbackformulare, Ideenwettbewerbe und virtuelle Börsen als Methoden der Identifikation von Lead Usern an. Die Textanalyse von Chats bedürfen, ähnlich den Beiträge in Online-Communities, eines großen Aufwands zur Textanalyse. Screening-Fragebögen und Feedbackformulare sind auf der einen Seite zwar einfach und kostengünstig zu implementieren, auf der anderen Seite sind sie durch eine geringe Motivationswirkung gekennzeichnet. Ideenwettbewerbe bieten aufgrund ihres meist eng gefassten thematischen Fokus eine zielgerichtete Ideeneinsendung durch interessierte Teilnehmer. Die Identifikation der fortschrittlichen Kunden beruht beim Ideenwettbewerb auf der Auswahl der besten Ideen anhand festgelegter Beurteilungskriterien. Virtuelle Börsen führen die Identifikationsmöglichkeit fortschrittlicher Kunden auf den besseren Informationsstand erfolgreicher Händler zurück. Dieser Kerngedanke wird als Informationseffizienzhypothese bezeichnet.[250] In einer empirischen Studie von *Spann et. al* wurde die Identifikation von Lead Usern mit Hilfe einer Virtuellen Börse im Movie-Bereich untersucht.[251] Die Ergebnisse zeigen, dass bei den Top-Performern des Börsenspiels grundsätzlich höhere Ausprägungen der Lead-User-Eigenschaften beobachtet werden konnten als bei weniger erfolgreichen Teilnehmern.[252] Auch der Anteil an Lead Usern in der Gruppe der Top-Performer ist größer als der Anteil der Lead User im verbleibenden Sample. Die absolute Anzahl von acht identifizierten Lead Usern ist allerdings in der erstgenannten Gruppe geringer, als die 13 identifizierten Lead User im übrigen Sample. Es ist daher wahrscheinlicher die Lead User in der Gruppe der Top-Performer zu identifizieren. Gleichzeitig wird nicht ausgeschlossen, dass sich Lead User auch unter den übrigen Teilnehmern befinden.

---

[247] Vgl. Henkel/Sander (2003), S. 85.
[248] Vgl. Henkel/Sander (2003), S. 75.
[249] Für einen tabellarischen Überblick vgl. Ernst/Soll/Spann (2004), S. 132.
[250] Vgl. Fama (1970) S. 388.
[251] Vgl. Spann et al. (2004).

Als Zwischenfazit ist festzuhalten, dass unterschiedliche internetbasierte Instrumente für die Identifikation von fortschrittlichen Kunden herangezogen werden können. Ein geeignetes Kriterium zur Ordnung dieser Instrumente ist die Interaktivität.[253] Die Interaktivität nach *Ernst/Soll/Spann* ist dadurch gekennzeichnet, dass sich die Kommunikationsbeziehungen nicht bilateral auf Hersteller und Kunde beschränken. Betrachtet man beispielsweise Virtuelle Börsen oder Online-Communities, findet eine Interaktion zwischen einer Vielzahl von Kunden untereinander statt. Die Fortschrittlichkeit der Kunden wird aus deren Aktivitäten und Beiträgen im Rahmen dieser Interaktion abgeleitet. Eine direkte Identifikation der Kundenmerkmale ohne Interaktivität (d.h. Interaktion der Kunden untereinander) erfolgt beispielsweise durch Screening-Fragebögen oder durch die Abgabe von Ideen im Rahmen eines Wettbewerbs.

Nachdem durch die obigen Ausführungen die Tauglichkeit des Internets zur Identifikation von fortschrittlichen Kunden aufgezeigt werden konnte, soll im Folgenden näher beleuchtet werden, weshalb gerade das Internet den traditionellen Methoden zur Identifikation von fortschrittlichen Kunden überlegen zu sein scheint. Grund für diese Vermutung ist der im Internet vorzufindende Selbstselektionseffekt.

5.1.3 Der Selbstselektionseffekt

Als Selbstselektion wird die absichtlich getroffene Entscheidung zur (Nicht-)Teilnahme an einer Befragung verstanden.[254] Für die Datenerhebung im Internet ist somit kennzeichnend, dass nicht der Untersuchungsleiter die Stichprobe bestimmt, sondern der Internetnutzer selbst festlegt, welches Webangebot er wahrnimmt. Der Selbstselektionseffekt stellt die Online-Marktforschung vor ein viel zitiertes und ernst zu nehmendes Problem der Stichprobenverzerrung, das in wesentlich gravierenderer Form als bei traditionellen Umfragen auftritt.[255] Bei klassischen Umfragen entwickelt der Befragende ein Stichprobendesign. Daraufhin werden Personen über einen Zufallsmechanismus oder anhand von Quotenvorgaben gezielt angesprochen. Die Befragten können dann einwilligen oder

---

[252] Vgl. Spann et al. (2004), S. 18.
[253] Vgl. Ernst/Soll/Spann (2004), S. 126.
[254] Neben der aktiven (Nicht-)Teilnahmeentscheidung, die auch als „echte Selbstselektion" bezeichnet wird, führt *Bosnjak* die Nicht-Erreichbarkeit von Zielpersonen, technische Einschränkungen, mangelnde Online-Kompetenz und das Befragungsdesign als weitere Erklärungsansätze für fehlende Angaben bei Web-Befragungen an. Vgl. Bosnjak (2001), S. 84.
[255] Vgl. Theobald (2000), S. 89. *Zerr* empfiehlt daher die Kombination von Internetbefragungen mit Offline-Rekrutierungsformen. Vgl. Zerr (2001), S. 19.

verweigern. Bei der Selbstselektion im Internet kommt dem Befragenden lediglich eine passive Rolle zu. Die Teilnahmeentscheidung wird von den Internetbesuchern selbst, unter Umständen im Rahmen eines mehrstufigen Entscheidungsprozesses, getroffen. Das Problem selbstselektierter Stichproben besteht darin, dass sie weder einer Grundgesamtheit der Internet-Nutzerschaft (soweit diese überhaupt bestimmbar ist) noch der allgemeinen Bevölkerung entsprechen. Dies führt zu der bekannten Repräsentativitätsproblematik von Online-Umfragen.[256]

Diese wesentlichen Kritikpunkte der Online-Marktforschung können allerdings auch als Chance begriffen werden, um bestimmte Personengruppen im Internet zu identifizieren. Zur Veranschaulichung dient folgendes Beispiel: Das Institut für Informatik der LMU München bietet einen internetbasierten Eignungstest für den Studiengang der Informatik an.[257] Die abgefragten Themenbereiche sind unter anderem Logik, algorithmisches Denken, Abstraktionsvermögen, analytisches Denken und Mathematik. Der Test erlaubt den Studienbewerbern, selbst herauszufinden, ob Sie für den Studiengang prinzipiell geeignet sind oder nicht. Der Selbstselektionseffekt wird nur diejenigen Teilnehmer für den drei Stunden und 20 Minuten dauernden Test motivieren, die tatsächliches Interesse an dem Studium der Informatik haben und über ausreichend Wissen verfügen, um die im Test gestellten Aufgaben zu bewältigen. Andere Besucher werden den Test erst gar nicht starten oder frühzeitig abbrechen.

Die Open Source-Entwicklung als ein weiteres Beispiel zeigt die Effektivität der Selbstselektion. Die offen zugängliche Entwicklungsplattform ist gekennzeichnet durch einen parallelen, interaktiven und transparenten Softwareentwicklungsprozess. Im Vergleich zu Produkten mit geschlossenem Code, bei dem die Programmierer von der verantwortlichen Softwarefirma selektiert wurden, beruht die Open Source-Entwicklung auf der freien Entscheidung von Entwicklern, Testern und späteren Nutzern, an der Entwicklung teilzunehmen und somit auf dem Prinzip der Selbstselektion. Die entstehenden Softwareprodukte zeichnen sich durch die frühzeitige Berücksichtigung der Bedürfnisse spezifischer Anwenderkreise und einen sehr fehlerarmen Programmiercode aus.

---

[256] Zur Problematik von Internet-Stichproben vgl. z.B. Hauptmanns/Lander (2001).
[257] Der Test ist zugänglich unter der Webadresse: http://www.pms.informatik.uni-muenchen.de/eignungstest/

Vergleichbar mit den kurz skizzierten Beispielen ist es auch im Rahmen der VKI nicht das vorrangige Ziel, eine repräsentative Stichprobe für vorab ausgewählte Grundgesamtheiten auszuwählen.[258] Ziel ist es vielmehr, möglichst viele innovative Kunden, unabhängig von demografischen Strukturen, zu identifizieren. Der Selbstselektionseffekt bewirkt, dass Kunden, die an der Entwicklung neuer Produkte mitwirken wollen, die Einladung zur VKI wahrnehmen werden; weniger motivierte Teilnehmer werden von vornherein keine Bereitschaft zeigen, an der Produktentwicklung zu partizipieren. Durch diese „natürliche" Auslese können der spätere Selektionsaufwand und die damit verbundenen Kosten reduziert werden.

Die zur Verfügung gestellten Informationen zum Innovationsthema und die Kommunikation der erforderlichen Anforderungen zur Lösung der Innovationsaufgabe sind zwei zentrale Steuergrößen der Selbstselektion. In Kapitel 3.1.1 wurden einige VKI-Beispiele vorgestellt, in denen gezielt Informationen zu Neuentwicklungen im Themenbereich Fenster, Schmuck und Wein aufbereitet wurden. Es ist naheliegend, dass nur diejenigen Kunden zur Teilnahme an den einzelnen Innovationsstudien bewegt werden können, die Interesse, eine bestimmte Meinung oder besonderes Wissen in dem jeweiligen Themenbereich haben.[259] Zur aktiven Beteiligung am NPE-Prozess müssen die Kunden darüberhinaus in der Lage sein, den Anforderungen einer gestellten Innovationsaufgabe gerecht zu werden. Im Beispiel der Swarovski & Co erforderte die Innovationsaufgabe zum einen die Bedienung eines virtuellen Konfigurators und zum anderen ausreichend Kreativität, um individuelle Schmuckmotive und –ornamente zusammenzustellen.

Auf der Basis der obigen Ausführungen zur Selbstselektion lässt sich folgende Hypothese ableiten:

Hypothese 1:   *Die Merkmale fortschrittlicher Kunden sind bei Kunden, die Online zur Teilnahme an einer Innovationsstudie bewegt werden, höher ausgeprägt als bei Kunden, die Offline an derselben Studie teilnehmen.*

---

[258] Eine Ausnahme stellt die Einbindung von Kunden unmittelbar vor der Markteinführung dar. Hier sollte explizit auf die Repräsentativitätsproblematik eingegangen werden.
[259] *Theobald* spricht in diesem Zusammenhang von Motivation durch die Themenstellung.Vgl. Theobald (2000), S. 52. Detaillierte Ausführungen zu den Teilnahmemotiven der Kunden an der VKI sind Gegenstand des Kapitels 6.3.1.

5.1.4 Qualität der Kundenbeiträge

Die obigen Ausführungen lassen vermuten, dass der Selbstselektionseffekt im Internet eine Identifikation von fortschrittlichen Kunden im Rahmen der VKI ermöglicht. Voraussetzung für die weitergehende Qualitätsbeurteilung von Kundenbeiträgen ist, dass die Teilnehmer an der VKI innovativ tätig werden und ihre Beiträge auch tatsächlich an das innovierende Unternehmen weiterleiten. Wie in Kapitel 5.1.1 konzeptionell dargelegt, ist Innovationsaktivität von den Merkmalen *Produktwissen, Unzufriedenheit, Neue Bedürfnisse* und *Produktinvolvement* abhängig. Folgende Basishypothese wird formuliert:

Hypothese 2:   *Die Merkmale fortschrittlicher Kunden sind bei Kunden, die Innovationsbeiträge leisten, höher ausgepräg, als bei Kunden, die keine Innovationsbeträge leisten.*

Die Innovationsaktivität eingebundener Kunden ist per se allerdings nicht ausreichend, um positiv zur Innovationsentwicklung beizutragen. Entscheidend ist die Qualität der geleisteten Kundenbeiträge. Als zentrale Fragestellung gilt es somit zu untersuchen, ob diejenigen Kunden, die hohe Ausprägungen hinsichtlich der Merkmale fortschrittlicher Kunden aufweisen, auch tatsächlich die qualitativ hochwertigsten Beiträge liefern. Ansatzpunkte zur Untersuchung der Qualität von Kundenbeiträgen liefert wiederum die Lead-User-Forschung. Der hier übliche und bisher ausschließlich verwendete Ansatz zur Qualitätsbetrachtung besteht zunächst darin, zwischen Kundengruppen zu unterscheiden. Beispiele für derartige Gruppenunterteilungen sind die Unterscheidungen in Lead User/Non Lead User,[260] Innovierer/Nicht-Innovierer,[261] Kunden mit hohem und niedrigem „leading edge status"[262] oder die Unterscheidung „ordinary users/advanced users/professional developers".[263] Daraufhin werden Qualitätsunterschiede zwischen den gebildeten Gruppen gemessen. Die diesen Arbeiten zugrundeliegende Basishypothese kommt auch in der vorliegenden Untersuchung zur Anwendung und wird wie folgt formuliert:

---

[260] Vgl. Urban/von Hippel (1988); Lilien/Morrison/Searls et al. (2002).
[261] Vgl. Franke/Shah (2003); Lüthje (2000).
[262] Vgl. Morrison/Roberts/Midgley (2004).
[263] Vgl. Kristensson/Gustafsson/Archer (2004).

Hypothese 3: *Die Gruppe besonders fortschrittlicher Kunden leistet qualitativ hochwertigere Innovationsbeiträge als die Gruppe weniger fortschrittlicher Kunden.*

Die auf Grundlage der Kundenmerkmale abgeleitete Gruppenzuordnung gibt eindeutig vor, welche Kunden als fortschrittlich bzw. weniger fortschrittlich eingeordnet werden. Ein bisher noch nicht durchgeführter Untersuchungsansatz ist die separate Analyse der unterschiedlichen Kundenmerkmale als unabhängige Variable auf die Qualität der Innovationsbeiträge als abhängige Variable. Diese Analyse gibt insofern neue Einblicke, dass auf eine definitorische Vorselektion fortschrittlicher Kunden verzichtet wird und der spezifische Einfluss jedes einzelnen Merkmals berücksichtigt werden kann. Die entsprechende Hypothese lautet:

Hypothese 4: *Je höher die Merkmalsausprägungen fortschrittlicher Kunden, desto eher handelt es sich um qualitativ hochwertige Innovationsbeiträge.*

5.2 Einflussfaktoren des Innovationstransfers im Internet

In den folgenden Ausführungen zum Innovationstransfer wird vorrangig der Frage nachgegangen, inwieweit eine virtuelle Form der Einbindung den Kunden dazu befähigen kann, seine eigenen Vorstellungen und Bedürfnisse an das innovierende Unternehmen zu transferieren. Die motivationale Grundlage hierfür ist nicht Gegenstand des folgenden Kapitels, sondern Bestandteil der Ausführungen in Kapitel 6.3.1.

Es hat sich gezeigt, dass Ideen, die durch klassische Marktforschungsmethoden generiert werden, selten „breakthroughs", sondern eher marginale Beiträge zum Produktportfolio darstellen.[264] Dieser Umstand kann darauf zurückgeführt werden, dass Kunden aufgrund ihrer derzeitigen Erfahrungen und Verwendungsbedingungen kein sehr ausgeprägtes Problembewusstsein für Neu- oder Weiterentwicklungen besitzen.[265] Diese Erscheinung wird als *functional fixedness* bezeichnet und beschreibt die Problematik, dass Kunden nicht in der Lage sind, sich von aktuellen Marktangeboten zu lösen, um ihre Bedürfnisse für zukünftige

---

[264] Vgl. Eliashberg/Lilien/Rao (1997).
[265] Vgl. von Hippel (1988), S. 102.

Produkte frei zu formulieren.[266] *Functional fixedness* ist somit als eine Art „...Fessel für die Konzeption neuer Produkte und Dienstleistungen" zu verstehen.[267] Das Internet ermöglicht durch die Verwendung multimedialer Produktpräsentationen und Darstellung von zukünftigen Anwendungsszenarien der mangelnden Vorstellungskraft der Kunden entgegenzuwirken. Weiterhin können dem Kunden Instrumentarien, z.B. *Toolkits*, zur Verfügung gestellt werden, die eine Übertragung sogenannter *sticky information*, d.h. schwer transferierbarer und häufig nur als tazites Wissen vorliegender Informationen, ermöglichen.[268] Ziel des vorliegenden Kapitels ist es, internetspezifische Einflussfaktoren des Innovationstransfers zwischen Kunde und innovierendem Unternehmen zu beschreiben und Wirkungszusammenhänge abzuleiten. Berücksichtigt werden die Faktoren *Informationsgehalt, realitätsgetreue Produktpräsentation, Benutzerfreundlichkeit, wahrgenommener Einbindungsgrad in die NPE* und der *Spaßfaktor* bei der Teilnahme an der VKI. Eine detaillierte Beschreibung der einzelnen Variablen erfolgt in den folgenden Abschnitten.

5.2.1 Informationsgehalt

Die Art und Weise, wie Innovationen im Rahmen der VKI präsentiert werden, hat einen Einfluss auf den Informationsverarbeitungsprozess des Kunden. Die Informationsübermittlung ist dabei ein stimulusspezifischer Faktor, der das grundlegende Involvement des Kunden beeinflusst und zugleich der Aktivierung des Prozesses der Informationsaufnahme, -verarbeitung und -speicherung dient.[269] Ziel der VKI muss es somit sein, die multimedialen Darstellungsmöglichkeiten im Internet gezielt zu nutzen, um das Stimulusinvolvement und damit die kognitiven Aktivitäten der Teilnehmer für die Bearbeitung von Innovationsaufgaben zu erhöhen. Hierzu stehen unterschiedliche Varianten von Produktpräsentationsformen zur Verfügung, die sich in einem Kontinuum der abstrakten, visuellen, multimedialen bis hin zu einer realen Darstellung bewegen.[270] Der Realitäts- und Reizgehalt nimmt in der genannten Reihenfolge zu. Man geht grundsätzlich davon aus, dass

---

[266] Dar Begriff der *functional fixedness* geht maßgeblich auf die Arbeiten von Adamson und Taylor zurück, die in verschiedenen Experimenten die Funktionsgebundenheit von Objekten bei Problemlösungsprozessen untersuchten. Vgl. Adamson (1952); Adamson/Taylor (1954).
[267] Lüthje (2000), S. 27.
[268] Zu grundlegenden Aspekten des Konzepts der *sticky information* im Zusammenhang mit der Innovationstätigkeit durch Anwender vgl. z.B. von Hippel (1994); von Hippel (1998); Ogawa (1998). Die Möglichkeit des „unsticking" innovationsrelevanter Informationen wird in der Toolkit-Literatur näher beschrieben. Vgl. beispielsweise von Hippel/Katz (2002), S. 822 ff.
[269] Vgl. hierzu Mitchell (1981), S. 25 und die Ausführungen bei Ernst/Sattler (2000), S. 110 ff.
[270] Vgl. die Übersicht bei Ernst/Sattler (2000), S. 62.

durch visuell-bildbetonte Darstellungen detailliertere Informationen, im Vergleich zu abstrakt-textbetonten Beschreibungen, vermittelbar sind.[271] Erklärungsansätze zur Begründung dieser Annahme sind der Verarbeitungseffekt,[272] der Aufmerksamkeitseffekt und der Informationseffekt.[273] Im Zusammenhang mit dem Faktor *Informationsgehalt* der VKI ist insbesondere der Informationseffekt von Interesse. Aufgrund der multimedialen Produktpräsentation im Internet können dem Kunden grundsätzlich mehr und auch facettenreichere Informationen als Basis und Anregung für den Innovationstransfer zur Verfügung gestellt werden.[274] Die verbesserte Informationsgrundlage dürfte sich unmittelbar auf das Verständnis von Innovationen auswirken, insbesondere in Form von technisch komplexen Produkteigenschaften und Verwendungssituationen.

Hypothese 5: *Der vermittelte Informationsgehalt zum Innovationsthema hat einen positiven Einfluss auf den Innovationstransfer.*

Als ein Beispiel für eine stark visuell geprägte Konzeptbeschreibung zur Maximierung des Informationsgehalts soll das bereits bekannte *Windowlab* herangezogen werden.[275] Abbildung 4 in Kapitel 3.1.1. zeigt das Konzept des Media Windows, das ein Fenster mit der zusätzlichen Einsatzmöglichkeit als Leinwand für Fernseh- und Videobilder darstellt. Zur Erläuterung des Konzepts wird eine Kombination aus einer abstrakten Kurzbeschreibungen und einer bildhaften Darstellungen gewählt. Der auf diese Weise beim Kunden erzeugte Informationsstand stellt die Grundvoraussetzung dar, um eine detaillierte Konzeptbewertung vorzunehmen und eigene Ideen und Vorschläge zur Erweiterung des Konzepts einbringen zu können.

---

[271] Vgl. de Bondt (1992), S. 18 f.
[272] Die Verarbeitung bildlich und multimedialer Stimuli erfolgt ganzheitlich-simultan maßgeblich in der rechten Gehirnhälfte, während die Verarbeitung verbal-textlicher Stimuli sequentiell-analytisch in der linken Gehirnhälfte erfolgt. Vgl. Holbrook/Moore (1981), S. 105.
[273] Zu einer ausführlichen Beschreibung der drei Erklärungsansätze vgl. Ernst/Sattler (2000), S. 95 ff.
[274] Zur Existenz des Informationseffektes von Bildern insbesondere im Vergleich mit verbal-textlichen Stimuli vgl. die Metastudie Bauer/Fischer/McInturff (1999), S. 822 ff. Bilder sind insbesondere bei der Vermittlung von Emotionen textlichen Beschreibungen überlegen. Vgl Kroeber-Riel (1996), S. 73 ff.
[275] Vgl. die Ausführungen in Kapitel 3.1.1.

5.2.2 Realitätsgetreue Produktpräsentation

Multimedial dargestellte virtuelle Prototypen ermöglichen den derzeit größten im Internet vermittelbaren Realitätsgehalt. Durch den Einsatz derartiger virtueller Prototypen im Rahmen der VKI kann ein über den oben beschriebenen Informationseffekt hinausgehender Effekt erzielt werden. Dieser Effekt wird im weiteren Verlauf als *Erlebniseffekt* bezeichnet. Der Kunde erhält die Möglichkeit, mit einem virtuell präsentierten Produkt zu interagieren und die Nutzung des Produktes nachzuvollziehen. Nicht nur die Ästhetik und das Design, sondern auch die Funktionsweise des Produktes können simuliert werden. Produktdetails lassen sich aus der Nähe und aus verschiedenen Blickwinkeln betrachten. Der Erlebniseffekt ist eng mit dem in der Literatur zu *Toolkits* geforderten „learning by doing via trial and error"-Prinzip gekoppelt.[276] Die virtuelle Verwendung ermöglicht einen effektiveren, produktbezogenen Lernprozess auch ohne die bisher notwendige physische Existenz eines Prototyps. Bedürfnisse und Anwendungsprobleme können somit bereits in frühen Phasen der Produktentwicklung an das innovierende Unternehmen übermittelt werden.[277] Folgende Hypothese wird aufgestellt:

Hypothese 6: *Eine realitätsgetreue Präsentation der Produktinnovation hat einen positiven Einfluss auf den Innovationstransfer.*

Ein Beispiel einer realitätsgetreuen Produktpräsentation mit Hilfe eines virtuellen Prototyps ist in Abbildung 16 dargestellt. Es handelt sich hierbei um den in Kapitel 3.1.1 angesprochenen Snowboardrucksack „DIGGIT" mit integrierter Lawinenschaufel, Ski- und Snowboardtragesystem sowie Protektorfunktion.

---

[276] Vgl. hierzu Kapitel 3.3.2.
[277] Die Verwendung von Computer-Simulationen in der Produktentwicklung ist in der Automobilindustrie bereits weit verbreitet und ermöglicht durch sogenanntes „frontloading" von Problemlösungszyklen kostengünstigere und überlegene Design- und Konstruktionslösungen. Vgl. Thomke (1998), S. 60.

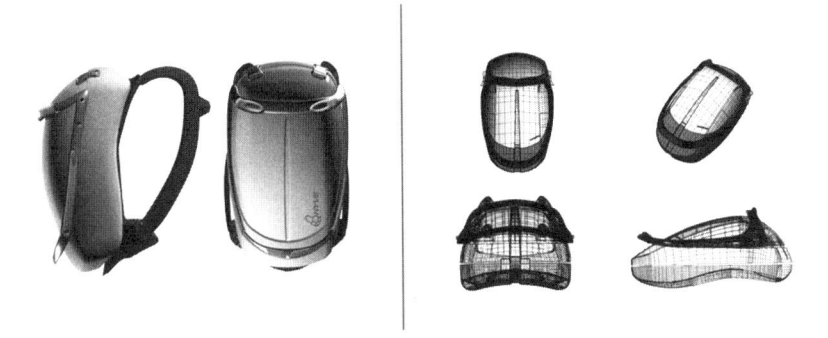

Abbildung 16: Virtueller Prototyp eines neuartigen Snowboardrucksacks[278]

Der virtuelle Prototyp wurde in einer internetbasierten Innovationsstudie eingesetzt. Die digitale Aufbereitung ermöglichte es, den Rucksack in den unterschiedlichsten Perspektiven und Designvarianten zu präsentieren. Zudem konnten die einzelnen Rucksackkomponenten mit Hilfe von Explosionsgrafiken visualisiert werden. Der Kunde hatte somit die Gelegenheit, sich nicht nur ein Bild von dem zukünftigen Produkt zu machen, sondern auch dessen Funktionsweise zu erkunden.

5.2.3 Benutzerfreundlichkeit

Die benutzerfreundliche Gestaltung der VKI soll es dem Anwender ermöglichen, sich intuitiv zurechtzufinden, ohne zusätzliche Fähigkeiten zur Nutzung des internetbasierten Instrumentariums erwerben zu müssen. Die Benutzerfreundlichkeit wurde ebenfalls bereits als ein wesentliches Element von *Toolkits* identifiziert.[279] Unmissverständliche und fehlerfreie Formulierungen, die Anmutungsqualität der sichtbaren Oberfläche (z.B. Layout und ansprechende Farbauswahl), kurze Ladezeiten, übersichtliche Navigation und eine überlegte Kombination von Texten, Bildern und Animationen begünstigen den Gestaltungserfolg der VKI, mit dem Ziel der Reduzierung von Abbruchquoten und der effektiven Kommunikation zwischen den Interaktionsparteien.

---

[278] Informationen zur Rucksackstudie des „DIGGIT" sind unter der Webadresse http://www.hyve.de zugänglich.
[279] Vgl. von Hippel (2001), S. 252 f.

Hypothese 7: *Die Benutzerfreundlichkeit hat einen positiven Einfluss auf den Innovationstransfer.*

Zur Sicherstellung der Benutzerfreundlichkeit im Rahmen eines VKI Projekts der BMW AG wurden, neben der ansprechenden visuellen Gestaltung, die in Abbildung 17 aufgezeigten Bearbeitungshinweise den Teilnehmern präsentiert. Sie geben Aufschluss über die Positionierung der inhaltlichen Bereiche sowie über angebotetene Funktionalitäten im Rahmen der Innovationsstudie. Zusätzlich werden ein Hilfefunktion und ein Fortschrittsbalken als Orientierungshilfe angeboten. Diese vorgestellte Struktur wurde im weiteren Verlauf der Studie konsequent fortgeführt und erleichtert damit erheblich die Bearbeitung durch die Benutzer.

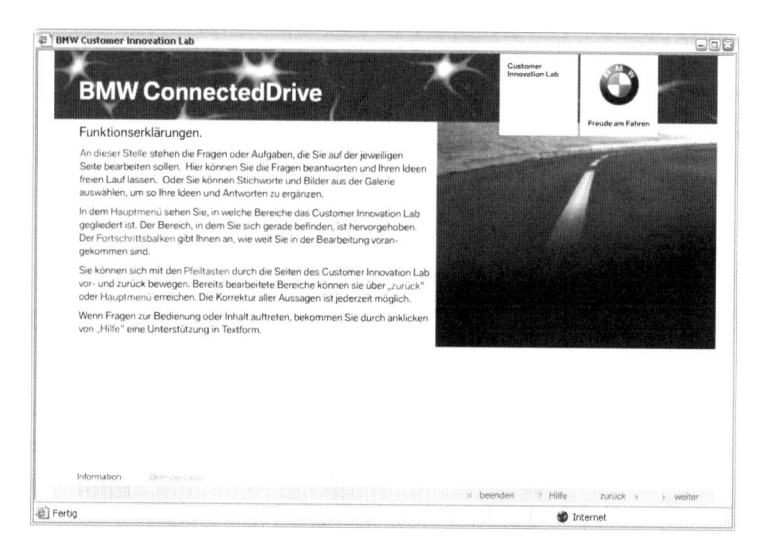

Abbildung 17: Bearbeitungshinweise zur Benutzerführung[280]

5.2.4 Einbindungsgrad

Grundsätzlich wird ein Kunde eher dazu bereit sein, seine Bedürfnisse, Ideen und Wünsche zu transferieren, wenn er davon ausgehen kann, dass seine Beiträge von dem innovierenden

Unternehmen gehört werden und in den NPE-Prozess einfließen. Der Einbindungsgrad spiegelt diesen subjektiv wahrgenommen Einfluss der Kunden auf die Produktentwicklung wider. Aufgabe des innovierenden Unternehmens muss es somit sein, dem Kunden zu signalisieren, dass seine Beiträge wichtig sind, Anerkennung verdienen, ernst genommen werden und in den unternehmerischen Entscheidungsprozess sowie in die konkrete Gestaltung der Innovation mit einfließen. Das Internet dient hierzu als Integrationsmittel, mit dem die Kunden die Entwicklung virtuell erfahren können und in die Lage versetzt werden, Vorschläge und Veränderungen aktiv einzubringen. Die klare Kommunikation der Aufgabenstellung und deren Aufhängung im Innovationsprozess, z.B. in der Phase der Ideengenerierung oder Konzeptbewertung, führen zu einer erhöhten Prozessevidenz der Kundenintegration.[281] Am Beispiel des virtuellen Konfigurators des *Virtual Labs* lässt sich die Prozessevidenz als die sofortige Anpassung des Geräts auf vom Kunden vorgenommene Änderung verdeutlichen. Genau wie die unternehmensinternen Entwickler auch muss der Kunde bei der virtuellen Systemspezifikation auf existierende Zwänge und Verbote unterschiedlicher Featurekombinationen reagieren und vertieft somit sein Prozessbewusstsein. Dies führt zu einem Zustand des „Empowerments"[282] des Kunden und damit zu einem Gefühl, aktiv und eigenständig in die Produktentwicklung eingreifen zu können.

Hypothese 8:   *Der vom Kunden wahrgenommene Einbindungsgrad in die Neuproduktentwicklung des Unternehmens hat einen positiven Einfluss auf den Innovationstransfer.*

5.2.5 Spaßfaktor

Das Bedürfnis nach Spaß und Unterhaltung, Zerstreuung und Entspannung ist nach *Kroeber-Riel* und *Weinberg* ein entscheidendes Motiv für den Mediengebrauch im Allgemeinen.[283] Dem Spaß sehr ähnliche Emotionen und Erlebnisse sind die Sinneslust, die Unterhaltung oder

---

[280] Informationen zu dem VKI-Projekt bei der BMW AG sind unter der Webadresse http://www.hyve.de zugänglich.
[281] Vgl. Kleinaltenkamp (1996), S. 92.
[282] Der Begriff „Empowerment" ist aus der Organisationsforschung bekannt und wird im Zusammenhang mit der Entscheidungsdelegation und Verantwortungsübertragung an Mitarbeiter verwendet. Vgl. Boyett/Conn (1992), S. 109 ff.; Pinchot/Pinchot (1993), S. 220 ff.
[283] Vgl. Kroeber-Riel (1996), S. 578.

Freude und Vergnügen.[284] Sie dienen als Antriebskräfte für kognitive Prozesse wie die Wahrnehmung, Informationsverarbeitung und Erinnerung und liefern demnach einen Erklärungsbeitrag für das „information processing" im Rahmen der in dieser Arbeit betrachteten Innovationstätigkeiten der Kunden.[285] Zur kognitiven Anregung dienen vor allem solche Informationen, die unterhaltsam verpackt sind. Dieser Effekt spiegelt sich in dem in den Medien zu beobachten Trend des *Infotainment* wieder.[286] Infotainment „...refers to a part of the wider news trade that provides information in a way that is considered entertaining to its viewers, as evident by attraction of a higher market demographic."[287] Das bedeutet, der Spaß zur Bearbeitung kann bereits durch die Präsentationsform der Produkte und das Layout der VKI-Plattform signalisiert werden.[288] Hierzu können neue multimediale Techniken wie VRML, Java oder Flash genutzt werden. Aus motivationstheoretischer Perspektive wird der wahrgenommene Spaß als ein aktiviertes intrinsisches Motiv interpretiert. Das heißt, von der im Internet ermöglichten Innovationstätigkeit selbst geht eine belohnende Wirkung für den Kunden aus, die eine intensive Auseinandersetzung mit den kognitiven und kreativen Aufgabenstellungen der VKI begünstigt.[289] Zusammenfassend wird folgende Hypothese formuliert:

Hypothese 9:   *Der vom Kunden empfundene Spaßfaktor bei der VKI hat einen positiven Einfluss auf den Innovationstransfer.*

5.3 Einsatz des User Designs zur Unterstützung des Innovationstransfers

Das *User Design* ist eine erstmals im Rahmen der *Virtual Customer* Initiative vorgestellte Methode zur webbasierten Einbindung von Kunden in die Entwicklungsphase des Innovationsprozesses.[290] Die Kunden haben die Gelegenheit, ihr individuell präferiertes Produkt durch die Auswahl unterschiedlicher Designvarianten und Featureoptionen virtuell

---

[284] Nach *Izard* gehören Freude und Vergnügen zu den zehn primären, d.h. in den Erbanlagen verankerten Emotionen des Menschen. Vgl. Izard (1994), S. 64.
[285] Vgl. Kroeber-Riel (1996), S. 100 f.
[286] *Infotainment* ist ein Kunstwort aus dem Englischen bestehend aus den Begriffen Information und Entertainment.
[287] Aus der freien Enzyklopädie Wikipedia. Zugänglich im Internet unter der Adresse http://de.wikipedia.org/wiki/Infotainment
[288] Vgl. Gräf (1999), S. 170.
[289] Zur Bedeutung intrinsischer Motive für die Teilnahme an der VKI vgl. Kapitel 6.3.1.

am Computer zusammenzustellen. Diese Möglichkeit besteht auch bei dem verwandten Phänomen der Mass Customization. Wesentlicher Unterschied ist allerdings, dass im Rahmen des *User Designs* dem Kunden nicht nur bereits umgesetzte und produzierbare Features vorgestellt werden, sondern auch virtuelle Produktfeatures, die Aufschluss über zukünftige Produktpräferenzen geben sollen.[291] Die vom Kunden vollzogene Auswahl der Produktfunktionalitäten werden mit Hilfe eines virtuellen Prototyps abgebildet. Änderungen der Featureausprägungen werden sofort auf dem Bildschirm durch Anpassung des digitalen Produktprototyps kenntlich gemacht. Die Methode des *User Designs* ermöglicht, die ideale Kombination von Produktattributen mit existierenden „Feature Trade Offs" ausfindig zu machen. Auf Grundlage der gesammelten Informationen kann das Produktentwicklungsteam ableiten, welche Attribute standardmäßig bzw. optional abgeboten werden sollten.

Als ein wesentlicher Beitrag der vorliegenden Untersuchung soll das *User Design* erstmals in einem realen Praxisprojekt umgesetzt werden. Erste Experimente zum Einsatz des User Designs wurden von *Dahan/Hauser* für Einwegkameras, Kopiergeräte und Laptoptaschen durchgeführt. Die Studien deuten auf die Praktikabilität und Augenscheinvalidität (*face validity*) der Methoden hin.[292] Der Einsatz in einem umfangreichen Praxisprojekt unter realen Projektbedingungen ist allerdings bis zu diesem Zeitpunkt noch nicht erfolgt. Die in dieser Untersuchung erfolgte Anwendung des User Designs im Bereich der Automobilindustrie soll Aufschluss über die Anwendungsplausibilität der Methode in der Managementpraxis geben. Hieraus sollen Aussagen zur *face validity* sowie Möglichkeiten eines Einsatzes für weitere Produktbereiche (*externe Validität*) abgeleitet werden.

Randall/Terwiesch/Ulrich haben fünf grundlegende Prinzipien des User Designs aufgestellt, die es den Kunden erleichtern sollen, die Produktspezifikationen optimal an den eigenen Bedürfnissen auszurichten, um in der Folge die Kundenzufriedenheit zu maximieren.[293] Das im Rahmen der vorliegenden Untersuchung durchgeführte *User Design* wird vor dem Hintergrund dieser Prinzipien in Kapitel 8.4.1 näher analysiert und beschrieben.

---

[290] Vgl. hierzu Kapitel 3.3.1.
[291] Vgl. Dahan/Hauser (2002), S. 342.
[292] Vgl. Dahan/Hauser (2000), S. 351.
[293] Die Ausführungen zu den Prinzipien des User Designs erfolgen in Anlehnung an Randall/Terwiesch/Ulrich (2003).

Prinzip 1: Customize the Customization Process

Grundsätzlich existieren sehr unterschiedliche Kundentypen. Auf der einen Seite gibt es Kunden die bei der Auswahl von Produkten viel Zeit aufwenden und sämtliche Produktattribute detailliert und ausführlich begutachten. Auf der anderen Seite gibt es Kunden, die sehr schnell eine Entscheidung für oder gegen ein Produkt treffen. Gemäß diesen zwei grundlegenden Kundeneinstellungen unterscheiden *Randall/Terwiesch/Ulrich* auch zwei grundlegende Formen des User Designs. Das *parameter-based User Design* ermöglicht den Kunden, die Spezifikationen der einzelnen Designparameter des Produkts selbst vorzunehmen. Ein Beispiel hierfür ist der bekannte Produktkonfigurator des Computerherstellers Dell. Prozessorleistung, RAM, ROM, Bildschirmgröße und viele weitere Ausstattungsmerkmale können hier gemäß den Kundenpräferenzen ausgewählt werden. Eine andere Form des *User Designs* wird als *need-based* bezeichnet. Hier wird nach grundsätzlichen Produkteigenschaften gefragt, die der Kunde als wichtig erachtet. Die Spezifikationen sind abhängig von der Wahl der Eigenschaften und können auch nur über diese beeinflusst werden. Ein Beispiel hierfür liefert wiederum die Firma Dell. Durch Gewichtung von Eigenschaften wie z.B. Multimedia-Unterstützung, Multitasking-Leistung, Akku-Betriebsdauer oder Speicherkapazität, werden dem Kunden korrespondierende Produkte angeboten.[294]

Randall/Terwiesch/Ulrich empfehlen den Einsatz des *need-based User Design* insbesondere bei Novizen, die in der jeweiligen Produktkategorie den technischen Herausforderungen einer Spezifikation der einzelnen Produktparameter noch nicht gewachsen sind. Das *parameter-based User Design* wird für Experten und Lead User empfohlen, die die Kontrolle über die Produktspezifikation selbst wahrnehmen wollen. Idealerweise werden beide Formen des *User Designs* parallel angeboten.

Prinzip 2: Provide Starting Points

Hinsichtlich des Produktdesigns können dem Kunden verschiedene Ausgangspunkte angeboten werden. Das *User Design* mit den größten Freiheitsgraden ist das *free-form design*. Hier kann der Kunde nahezu beliebige Eigenkreationen in das Produktdesign einfließen lassen. Ein anderer Ausgangspunkt des *User Designs* ist die *combinatoric configuration*. Der

---

[294] Ein *need-based User Design* ist unter der Webseite www.dell.de unter der Rubrik „Welches ist das richtige Notebook für Sie?" zugänglich.

Kunde trifft eine Auswahl von vordefinierten Ausprägungen der veränderbaren Produktattribute. Schließlich besteht die Möglichkeiten, ganze und ebenfalls vordefinierte Produktpakete auszuwählen, die nur noch hinsichtlich Details angepasst werden können. Idealerweise werden dem Kunden auch hier verschiedene Ausgangspunkte des *User Designs* parallel angeboten.

Prinzip 3: Support Incremental Refinement

Eine stetige Verfeinerung der vom Kunden zunächst gewählten Ausgangskonfiguration ermöglicht die Erkundung von „Trade Offs" einzelner Produktattribute. Dieses Prinzip ist dem Erfolgskriterium des „*learning by doing via trial and error*" bei dem Einsatz von *Toolkits* sehr ähnlich.[295] Durch iterative Designzyklen und wiederholte Anpassung der Konfiguration kann das ideale Produktdesign erarbeitet werden. Unterschiedliche Ausprägungen sollen hierbei schnell ausprobiert werden können, ohne den gesamten Konfigurationsprozess erneut durchlaufen zu müssen.

Prinzip 4: Exploit Prototypes to Avoid Surprises

Dieses Prinzip betont die Bedeutsamkeit der *realitätsgetreuen Produktpräsentation*, die in Kapitel 5.2.2 als wesentlicher Einflussfaktor des Innovationstransfers vorgestellt wurde. Der Umgang mit virtuellen Prototypen und Funktionssimulationen ermöglicht den Kunden, neue Produkte und deren Anwendungsfelder kennenzulernen und eine realitätsnahe Einschätzung des Nutzens vorzunehmen auch wenn das Produkt möglicherweise noch nicht physisch existiert.

Prinzip 5: Teach the Customer

Auch dieses Prinzip beruht auf einem bereits vorgestellten Einflussfaktor des Innovationstransfers. Der im Rahmen des *User Designs* vermittelte *Informationsgehalt* kann durch zur Verfügung gestellte Produktbeschreibungen und bildhafte Erläuterungen der Produktmerkmale optimiert werden. Letztendliches Ziel ist es, den Zusammenhang zwischen den Designparametern, den Ausprägungen der Parameter und den damit verbundenen

Produkteigenschaften dem Kunden möglichst verständlich zu vermitteln. Sind diese Zusammenhänge klar dargelegt, kann der Kunde gezielt den individuellen Produktnutzen maximieren.[296]

In den obigen Ausführungen ist deutlich geworden, dass die Einflussgrößen des Innovationstransfers in den Gestaltungsprinzipien des *User Designs* fest verankert sind. Die Realisierung des *User Designs* in einem Praxisprojekt soll zeigen, inwieweit sich Kunden mit diesem internetbasierten Instrument des Innovationstransfers zurecht finden und in welcher Form die vom Kunden gewonnen Informationen durch das Management verwertet werden können. Ziel dieses Methodentests ist somit, erste Aussagen zu dem Gütekriterium der Validität - auch als Gültigkeit bezeichnet - zu treffen. Inbesondere der Validitätstyp der *face validity* (Augenscheinvalidität) ist geeignet um Aussagen zum Einsatz von Instrumenten zu treffen, die sich in einem frühen Enwicklungsstadium befinden.[297] Die *face validity* wird definiert als „...the extent to which an instrument 'looks like' it measures what it is intended to measure."[298] Dieses Kriterium wird verwendet, um die Plausibilität des *User Designs* in den Augen der Getesteten (Kunden) und der Testabnehmer (innovierende Unternehmen) zu prüfen. Diese Form der Validität ist ein wichtiger Bestandteil der Akzeptanz des *User Designs* und damit auch ein Indikator für dessen prädiktive Gültigkeit. Die Erkenntnisse des Methodentests werden in Kapitel 8.4 dargestellt.

---

[295] Vgl. die Ausführungen in Kapitel 3.3.2.
[296] Vgl. Randall/Terwiesch/Ulrich (2003).
[297] Weitere gängige Validitätsarten der Testtheorie sind die *content validity* (Inhaltsvalidität), die *construct validity* (Konstruktvalidität) sowie die *predictive validity* (Voraussagevalidität) und *concurrent validity* (Übereinstimmungsvalidität), die beide der kriterienbezogene Validität zugeordnet werden.
[298] Nunnally (1978), S. 111 (Hervorhebung im Orginal).

6 Untersuchungsblickwinkel Unternehmen

6.1 Akzeptanz der virtuellen Kundenintegration

In dem folgenden Kapitel erfolgt eine nähere Analyse der Akzeptanz der VKI aus dem Blickwinkel der innovierenden Unternehmen.[299] Hierzu ist anzumerken, dass es prinzipiell schwierig ist, ein allgemeingültiges Akzeptanzmodell zu entwickeln, das gleichermaßen in der pädagogisch-psychologischen und in der betriebswirtschaftlichen Forschung anerkannt wird. Dies liegt zum einen darin begründet, dass der Begriff der Akzeptanz mit unserem Alltagswissen verbunden ist und andererseits die verschiedenen wissenschaftlichen Disziplinen diesen Begriff äußerst heterogen verwenden. Einen aktuellen und umfassenden Überblick der in der Literatur vorherrschenden Akzeptanzmodelle unternehmen *Venkatesh et al.* in deren Untersuchung zur Akzeptanz von Informationstechnologien.[300] Eine wesentliche Gemeinsamkeit der verschiedenen Ansätze besteht darin, dass die Akzeptanz als eine Einstellung und/oder als ein bestimmtes Verhalten gesehen wird, wobei als Prädiktorvariable auch die Verhaltensabsicht bzw. Handlungsbereitschaft Berücksichtigung findet.

Die Einstellung, beispielsweise zu einem Objekt oder zu einer Marke, definiert man als eine gelernte, relativ stabile Bereitschaft einer Person, sich gegenüber dem Einstellungsobjekt konsistent zu verhalten, d.h. sich mehr oder weniger positiv bzw. negativ zu verhalten.[301] Als ein akzeptanzrelevantes Verhalten gelten beobachtbare Verhaltensreaktionen, die weiterhin an eine nachhaltige Nutzung des Akzeptanzobjekts geknüpft sind.[302] Ist eine direkte Messung und Erklärung des Verhaltens nicht möglich, liegt mit der Messung der Verhaltensabsicht und deren vorgelagerten Einflussfaktoren ein vergleichsweise stabiler Indikator zur Prognose zukünftigen Verhaltens vor. Eine Verhaltensreaktion ist beispielsweise dann nicht messbar, wenn das Akzeptanzobjekt aufgrund seines sehr hohen Neuigkeitscharakters in der Praxis noch nicht beobachtet werden konnte und sich damit einer empirischen Überprüfung entzieht. Gegen die Prüfung der Nachhaltigkeit der Akzeptanz sprechen wiederum häufig forschungsökonomische Gründe. Sollen Veränderungen von Merkmalen wie beispielsweise

---

[299] Zur Einordnung der einzelnen Untersuchungsbereiche in den umfassenden Bezugsrahmen vgl. Abbildung 15.
[300] Vgl. Venkatesh/Morris/Davis et al. (2003), S. 427 ff. Die Besonderheit des Beitrages besteht in der ausführlichen Darstellung von insgesamt acht Modellen unter Berücksichtigung der jeweils verwendeten Konstrukte und deren Definitionen. Anschließend findet ein empirischer Vergleich der acht Modelle statt. Für weitere Ausführungen zur Verwendung und Interpretation von Akzeptanz unter verschiedenen Kontextbedingungen vgl. Müller-Böling/Müller (1986) und die dort angegebene weiterführende Literatur.
[301] Vgl. etwa Bänsch (1998), S. 38; Kroeber-Riel/Weinberg (1999), S. 167; Meffert (1992), S. 55; Trommsdorff (1998), S. 142.
[302] Müller-Böling/Müller (1986), S. 26; Schönecker (1980), S. 88.

der Intensität im Zeitablauf analysiert werden, sind Längsschnittuntersuchungen notwendig, die mit einem sehr hohen Zeitaufwand und damit meist mit einer geringeren Kooperationsbereitschaft potentieller Teilnehmer verbunden sind.[303]

Das dieser Arbeit zugrunde liegende Begriffsverständnis zur Akzeptanz bedient sich der Erkenntnis über die Struktur des verwandten Einstellungskonstrukts, das insbesondere im Bereich des Konsumentenverhaltens eine zentrale Rolle einnimmt und ausgiebig erforscht wurde.[304] Gefolgt wird dem sogenannten Drei-Komponenten-Ansatz, der dem Einstellungskonstrukt ein affektives (gefühlsmäßiges), kognitives (verstandesmäßiges) und konatives (handlungsorientiertes) Element zuordnet.[305] Denken, Fühlen und Handeln beeinflussen sich nach diesem Einstellungsansatz untereinander und streben nach Konsistenz.[306] Diese Zusammensetzung des Einstellungskonstrukts kann im Prinzip auf das Akzeptanzphänomen übertragen werden und führt somit zu affektiven, kognitiven und konativen Teilakzeptanzen, die im Rahmen der vorliegenden Untersuchung zur VKI berücksichtigt werden. Im Hinblick auf die affektive Akzeptanzkomponente wird eine positive Grundeinstellung gegenüber der VKI als Voraussetzung für eine mögliche Verwendung untersucht. Die Kognition spiegelt die Denkvorgänge sowie Informations- und Evaluierungsprozesse zu den Einsatzpotenzialen der VKI wieder. Die konative und damit verhaltensorientierte Akzeptanz wird durch den derzeitigen und tatsächlichen Einsatz oder aber durch die zukünftige Verwendungsabsicht als deren Prädiktor erfasst.[307]

Für die Konkretisierung der Akzeptanzmessung zur VKI sowie als Ausgangspunkt für die Hypothesenformulierung werden in dem nun folgenden Abschnitt verschiedene Einstellungs-Verhaltens-Theorien aufgegriffen und angewendet.

6.1.1 Konkretisierung des Messmodells

Aus dem Analyseblickwinkel der Unternehmen stellt sich die Frage, wie die verantwortlichen Manager gegenüber der VKI eingestellt sind und welche Überzeugungen sie mit dieser neuen

---

[303] Zur methodischen Diskussion von Längs- und Querschnittuntersuchungen vgl. Daumenlang (1987).
[304] Vgl. z.B. Kroeber-Riel/Weinberg (1999), S. 167 ff.; Meffert (1992), S. 55; Trommsdorff (1998), S. 142.
[305] Zur Drei-Komponenten-Theorie vgl. insbesondere Kroeber-Riel/Weinberg (1999), S. 168 f. sowie Triandis (1975) S. 2 ff. Im Gegensatz zu den Mehrkomponentenansätzen ordnen die Einkomponentenansätze der Einstellung ausschließlich eine affektive Komponente zu.
[306] Vgl. Triandis (1975), S. 11.
[307] Einen ähnlichen, auf der Einstellungsforschung basierenden Analyseansatz, verfolgt *Betz* bei der Untersuchung der Akzeptanz des E-Commerce in der Automobilwirtschaft. Im Gegensatz zu der Arbeit von *Betz* findet allerdings die kognitive Akzeptanzdimension im Rahmen dieser Arbeit explizit

Möglichkeit der internetgestützten Kundeneinbindung assoziieren. Überdies ist von Interesse, ob die Unternehmensvertreter auch tatsächlich beabsichtigen Kunden zukünftig in den Innovationsprozess virtuell einzubinden und welche Faktoren für dieses Verhalten ausschlaggebend sind. Um diese zwei grundlegenden Fragestellungen zu untersuchen, werden die theoretischen Erkenntnisse der bewährten Einstellungs-Verhaltens-Theorien des *überlegten/durchdachten Handelns (theory of reasoned action)* von Fishbein und Ajzen[308] und das erweiterte Modell des *geplanten Verhaltens (theory of planned behavior)* von Ajzen[309] und Ajzen/Madden[310] als Ausgangspunkte der Hypothesenformulierung herangezogen. Diese wohl bedeutendsten Theorien der Einstellungsforschung haben sich als gute Werkzeuge erwiesen, um komplexe soziale Verhaltensweisen vorherzusagen und finden rege Anwendung in der wissenschaftlichen Forschung.[311]

Im Mittelpunkt der *theory of reasoned action*[312] steht die Vorhersage von Handlungen, deren Ausführung bzw. Unterlassung eine Person erwägt. Ein Hauptmerkmal ist der Zusammenhang von Verhalten und Intention, wonach das Verhalten unmittelbar von der Intention einer Person, das betreffende Verhalten auszuführen bzw. zu unterlassen, bestimmt wird.[313] Die Verhaltensintention wiederum wird von zwei Faktoren determiniert, der Einstellungskomponente als persönlicher Faktor und der subjektiven Normkomponente als sozialer Faktor. Die Gewichtung dieser Basisdeterminanten variiert mit den betreffenden Verhaltensweisen und den betreffenden Personen. Grenzen der Anwendung des Modells des überlegten Handelns bestehen dahingehend, das die Verhaltensvorhersage nur für willentlich kontrollierte Handlungen und Verhalten Anwendung findet. Vor diesem Hintergrund stellt die *Theorie des geplanten Verhaltens* eine Erweiterung dar.[314] Sie lässt auch die Untersuchung von Verhalten zu, die nur unter teilweise willentlicher Kontrolle steht. Unabhängig von der

---

Berücksichtigung. Vgl. Betz (2003), S. 103 ff.
[308] Vgl. Fishbein/Ajzen (1975).
[309] Vgl. Ajzen (1985); Ajzen (1991).
[310] Vgl. Ajzen/Madden (1986).
[311] Vgl. hierzu Frey/Stahlberg/Gollwitzer (1993) S.360f. Die gezielte Untersuchung des Zusammenhanges zwischen Einstellung und Verhalten ist bereits in früheren Forschungen der Sozialpsychologie zu beobachten. Vgl. Piere (1934). Die Theorieanwendungen erstrecken sich heute von der Verkehrsmittelwahl (vgl. Bamberg/Schmidt 1993) über die Verwendung der Pille als Verhütungsmittel (vgl. Ajzen/Fishbein 1980) bis hin zum Fast-Food Konsum (vgl. Bagozzi/Wong/Abe et al. 2000). In einem unternehmerischen Kontext wurde die Theorie beispielsweise bei der Untersuchung der Einführungsentscheidung von Systemsoftware (Vgl. z.B. Lim 2003; Venkatesh/Morris/Davis et al. 2003), der Absicht zur Verwendung der Benchmarkmethode (Hill/Mann/Wearing 1996), der Absicht zur Reduzierung von Umweltverschmutzung (Cordano/Frieze 2000), der Absicht des Wechsels von Serviceanbietern bei Finanzdienstleistungen (vgl. Bansal/Taylor 2002), bis hin zum Akzeptanz von Breitband-Internet (vgl. Oh/Ahn/Kim 2003) und bei der Untersuchung des Verhaltens in und von Organisationen angewendet (vgl. Maurer/Palmer 1999). Für weitere Anwendungen vgl. Ajzen (2001), S. 44.
[312] Vgl. Fishbein (1967); Fishbein/Ajzen (1972); Fishbein/Ajzen (1974).
[313] Vgl. Ajzen/Fishbein (1980); Fishbein/Ajzen (1975).

Einstellungs- und sozialen Normkomponente beeinflusst die neu in das Modell aufgenommene und nicht-willentlich kontrollierbare Komponente der wahrgenommenen Verhaltenskontrolle die Intention, Verhalten auszuführen. Es ist einleuchtend, dass Personen, die sich aufgrund mangelnder Fähigkeiten oder Ressourcen nicht in der Lage sehen, ein bestimmtes Verhalten zu zeigen, in der Regel auch keine entsprechende Verhaltensintention zeigen werden. Dies gilt auch, wenn sie eine sehr positive Einstellung gegenüber dem Verhalten besitzen und überzeugt sind, dass die für sie wichtigen Bezugspersonen die Durchführung des Verhaltens begrüßen würden. Die zwei grundlegenden Einstellungs-Verhaltens-Theorien sind in Abbildung 18 dargestellt.[315]

a. Theorie des überlegten Handelns (Theory of Reasoned Action) – Fishbein / Ajzen 1975

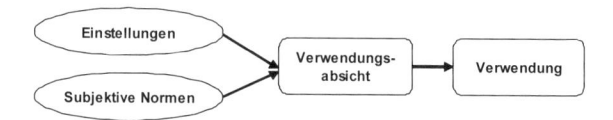

b. Theorie des geplanten Verhaltens (Theory of Planned Behavior) – Ajzen 1985

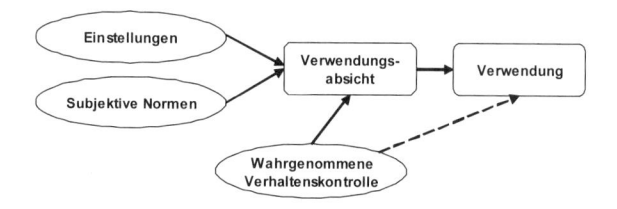

Abbildung 18:   Einstellungs-Verhaltens-Theorien

6.1.1.1 Verhaltensorientierte Akzeptanz

Die Verwendungsabsicht der VKI, auch Intention genannt, ist entscheidender Prädiktor der tatsächlichen Verwendung der VKI und ist die zentrale Akzeptanzvariable der empirischen

---

[314] Zur Theorie des geplanten Verhaltens vgl. z.B. Armitage/Christian (2004).
[315] Es existieren eine Reihe weiterer Abwandlungen und Erweiterungen dieser beiden Theorien oder derer Elemente, auf die bei Bedarf im Rahmen der Hypothesenformulierung zurückgegriffen werden kann. Ein Beispiel ist die von *Bagozzi/Warshaw* vorgestellte „*Theory of Trying*", die die Häufigkeit und den zeitlichen Abstand zu bereits durchgeführten Anwendungsversuchen berücksichtigt. Für weitere Anpassungsmöglichkeiten vgl. die Metaanalyse Sheppard/Hartwick/Warshaw (1988).

Untersuchung aus dem Blickwinkel der innovierenden Unternehmen. *Fishbein* und *Middlestadt* äußerten sich hierzu: "If one is attempting to predict behavior, the most appropriate predictor would be a measure of the person's intention to perform that behavior"[316]. Im Gegensatz zur tatsächlichen Verwendung der VKI erlaubt die Verwendungsabsicht, die empirische Untersuchung auf eine breitere Datengrundlage zu stellen, da dieser Akzeptanzwert für grundsätzlich alle Unternehmen vorliegt und keine Beschränkung auf die Unternehmen vorgenommen wird, die die VKI bereits angewendet haben.[317] Ferner kann aufgrund des vermuteten spärlichen Einsatzes der VKI davon ausgegangen werden, dass es sich nicht um Routineprozesse handelt. Wäre dies der Fall, müsste die Anwendbarkeit der Theorie des geplanten Verhaltens in Frage gestellt werden, da unter diesen Umständen die Verhaltensintentionen aufgrund von Automatismen, Gewohnheiten oder Zwängen als Einflussfaktor auf das tatsächliche Verhalten irrelevant werden können.[318]

In Einklang mit der Theorie des geplanten Verhaltens sind die *Einstellungen, subjektiven Normen* und die *wahrgenommene Verhaltenskontrolle* der Unternehmensvertreter als die wesentlichen Einflussgrößen der *Verwendungsabsicht* der VKI anzuführen. Die *Verwendungsabsicht* entspricht hierbei der konativen Akzeptanz und wird im weiteren Verlauf der Arbeit als *verhaltensorientierte Akzeptanz* bezeichnet. Der Überbegriff der Einstellung ist darüber hinaus in eine affektive und kognitive Komponente zu untergliedern, die als Teilakzeptanzen interpretiert werden können.

6.1.1.2 Akzeptanz als affektive Einstellungskomponente

Einstellung ist definiert als „....an individual's disposition to react with a certain degree of favorableness or unfavorableness to an object, behavior, person, institution or event – or to any other discriminable aspect of the individual's world."[319] Bei der Erfassung der Einstellung lassen sich zwei unterschiedliche Ansätze unterscheiden. Der erste und in dieser Arbeit verwendete Ansatz behandelt die Einstellung als mehrdimensionales Konstrukt bestehend aus drei wesentlichen Komponenten: der affektiven Komponente (Emotionen), der kognitiven

---

[316] Fishbein/Middlestadt (1995), S. 185.
[317] Aufgrund der Neuartigkeit des Ansatzes kann an dieser Stelle nicht davon ausgegangen werden, dass alle an der empirischen Untersuchung teilnehmenden Unternehmen die VKI bereits einsetzen. Ziel ist es vielmehr, eine aktuelle Bestandsaufnahme zur VKI zu erhalten und zudem auch die Akzeptanzwerte der Unternehmen zu erfassen, die den Einsatz der VKI zukünftig planen.
[318] Vgl. Aarts/Ando/Hinkle (1998).

Komponente (Meinungen) und der konativen Komponente (Handlungen und Verhaltensabsichten).[320] Der zweite Ansatz berücksichtigt ausschließlich die affektive Komponente als alleinige Messgröße für die Einstellung.[321] Häufig wird aus diesem Grund in der Literatur der Einstellungsforschung der Begriff „Einstellung" stellvertretend für die affektive Einstellungskomponente verwendet. Diese wird definiert als „... the person's judgement that performing the behavior is good or bad, that he is in favor of or against performing the behavior"[322]. Die Messung der affektiven Teilakzeptanz erfolgt mit Hilfe von semantischen Differentialen wie schlecht/gut, nutzlos/nützlich, wertlos/wertvoll etc.[323]

Folgende Hypothese wird formuliert:

Hypothese 10: *Je positiver die affektive Einstellungskomponente zur VKI, desto größer die verhaltensorientierte Akzeptanz.*

6.1.1.3 Akzeptanz als kognitive Einstellungskomponente

Im Rahmen des in dieser Untersuchung verwendeten Mehrkomponenten-Ansatzes zur Einstellung wird die kognitive Einstellungskomponente und deren Wirkung auf die Verwendungsabsicht der VKI explizit berücksichtigt. Sie wird durch aktuelle Überzeugungen (beliefs) und der Auftrittswahrscheinlichkeit potentieller Konsequenzen determiniert. Somit wird eine Person, die glaubt, dass ein bestimmtes Verhalten mit hoher Wahrscheinlichkeit zu positiven und/oder mit geringer Wahrscheinlichkeit zu negativen Handlungsfolgen führen wird, eine positive Einstellung zur Ausführung eines solchen Verhaltens besitzen und umgekehrt. Die einer Einstellung zugrunde liegende kognitive Struktur kann durch das *Erwartung-mal-Wert-Prinzip (Expectancy-Value-Theory)* erfasst werden.[324] Nach diesem Verfahren wird zunächst eine Einschätzung hinsichtlich der erwarteten positiven bzw. negativen Konsequenzen der VKI abgegeben, um diese anschließend mit der subjektiven Beurteilung der Relevanz zu multiplizieren. Gemäß dieser Vorgehensweise ergeben sich

---

[319] Ajzen (1993), S. 41.
[320] Vgl. z.B. Fishbein/Ajzen (1975); Bohner (2002).
[321] Vgl. Ajzen (2001), S. 33.
[322] Ajzen/Fishbein (1980), S. 6.
[323] Vgl. z.B. Bagozzi (1982), S. 576.
[324] Die Expectancy-Value Theorie geht auf *Fishbein* zurück. Vgl. Fishbein (1963). Für eine ausführliche Theoriediskussion vgl. insbesondere Ajzen (2001), S. 30 ff.; Bagozzi (1982), S. 562 ff. und Cohen/Fischbein/Ahtola (1972), S. 456 ff.

einzelne *Erwartungswerte (Expectancy-Values)*, die wiederum ausschlaggebend für eine übergeordnete kognitive Gesamteinstellung, beispielsweise in Form einer Einschätzung des Gesamtpotenzials der VKI, sind. Zusammenfassend lässt sich festhalten, dass die Verwendungsabsicht der VKI eine Funktion dessen ist, welche Konsequenzen sich die Vertreter des innovierenden Unternehmens von dem Einsatz der VKI erwarten und wie sie diese Konsequenzen bewerten. Folgende Hypothesen werden aufgestellt:

Hypothese 11: *Je positiver die kognitive Einstellungskomponente zur VKI, desto größer die verhaltensorientierte Akzeptanz.*

Das *Erwartung-mal-Wert-Prinzip* beruht auf kognitiven bzw. Informationsverarbeitungsprozessen.[325] Die Bildung einer Verhaltensabsicht beginnt somit bei der Verarbeitung von Informationen, deren Bewertung und der anschließenden affektiven Einstellungsbildung. Folglich besteht demnach ein Zusammenhang zwischen affektiver und kognitiver Einstellungskomponente, der in der Literatur allerdings nicht immer identisch interpretiert und nachgewiesen wurde.[326] Vor diesem Hintergrund rät *Bagozzi* grundsätzlich dazu, die kognitive und affektive Komponente nicht als alternative, sondern als sich ergänzende einstellungsbildende Faktoren zu erfassen.[327] Diesem Rat folgend wird die kognitive Einstellungskomponente sowohl als Einflussfaktor zur Vorhersage der Verwendungsabsicht (verhaltensorientierte Akzeptanz) als auch zur Vorhersage der affektiven Einstellung herangezogen. Der Zusammenhang zwischen kognitiver und affektiver Einstellungskomponente wird hier im Einklang mit der Forschung zum Konsumentenverhalten als kausal angenommen.[328] Daraus lässt sich folgende Hypothese ableiten.

---

[325] Vgl. Bagozzi (1982), S. 562 f.
[326] Vgl. Ajzen (2001), S. 33 ff; Bagozzi (1982), S. 570; Lutz (1977).
[327] Vgl. Bagozzi (1982), S. 570. Hinsichtlich der Beziehung zwischen kognitiver und affektiver Komponente der Einstellung geht *Lavine* et al. (1998) davon aus, dass die affektive Komponente die vorwiegend determinierende Variable der Einstellung ist, auch wenn sich Personen grundsätzlich unterschiedlich stark auf ihre Gedanken und Gefühle verlassen. Vgl. Haddock/Zanna (1998). Auch *Ajzen* spricht von einer vorrangigen Rolle der affektiven Komponente bei der Einstellungsbildung und der Verhaltensvorhersage. Vgl. Ajzen (2001), S. 33.
[328] Vgl. hierzu Bagozzi (1982), S. 570.

Hypothese 12: *Je positiver die kognitive Einstellungskomponente zur VKI, desto positiver auch die affektive Einstellungskomponente.*

6.1.1.4 Subjektive Normen

Die subjektive Normkomponente bezieht sich auf die individuelle Wahrnehmung des sozialen Umgebungsdrucks in Bezug auf die Ausführung bzw. Unterlassen eines Verhaltens.[329] Subjektiven Normen liegen normative Überzeugungen und die Motivation, sich den Normen entsprechend konform zu verhalten, zugrunde.[330] Sie werden als allgemein verbreitete Richtlinien für angemessenes Verhalten in sozialen Kontexten verstanden.[331] Besteht die Neigung, dem wahrgenommenen sozialen Druck wichtiger dritter Personen oder Gruppen zu widerstehen, kommt der subjektiven Norm eine geringere Bedeutung für die Verhaltenstendenz zu. Ein Verhalten wird demnach ausgeführt, wenn es von der handelnden Person als positiv bewertet wird und sie glaubt, dass die für sie bedeutsamen Personen/Gruppen es ebenfalls als positiv bewerten werden. Die Gewichtung der subjektiven Normkomponente kann als Einflussfaktor auf die Verhaltensintention je nach spezifischer Situation variieren. Bei geringer Bindung an relevante Personen/Gruppen oder hoher Motivation, sich dem wahrgenommenen Druck zu widersetzen, wird die subjektive Norm nur eine geringfügige Bedeutung für eine Verhaltenstendenz spielen und die Einstellungskomponente wird an Gewicht gewinnen.[332] Andererseits mag eine starke Verankerung an Bezugspersonen die individuelle Einstellung in den Hintergrund treten lassen. Demnach kann folgende Hypothese aufgestellt werden:

Hypothese 13: *Je positiver die subjektiven Normen hinsichtlich des Einsatzes der VKI, desto größer die verhaltensorientierte Akzeptanz.*

---

[329] Vgl. Ajzen (1980), S. 57.
[330] Vgl. Bagozzi/Schnedlitz (1985), S. 366.
[331] Vgl. Stroebe/Jonas/Hewstone (2002), S. 675.
[332] *Bagozzi* und *Schnedlitz* sprechen in diesem Zusammenhang von „mild social contexts". Vgl. Bagozzi/Schnedlitz (1985), S. 367.

6.1.1.5 Wahrgenommene Verhaltenskontrolle

Neben der Einstellung und den subjektiven Normen als zentrale Einflussfaktoren gilt festzustellen, inwieweit das intendierte Verhalten von der betroffenen Person kontrolliert werden kann. *Ajzen* bringt diese Überlegungen in die *Theorie des überlegten Handelns* ein und nennt sein erweitertes Modell die Theorie des geplanten Verhaltens.[333] Diesbezüglich führt er die Variable der *wahrgenommenen Verhaltenskontrolle* ein, die zum Ausdruck bringen soll, wie leicht oder schwierig die Ausübung eines bestimmten Verhaltens eingeschätzt wird. *Sheppard/Hartwick/Warshaw* beschreiben ein geringes Maß an Verhaltenskontrolle treffend mit folgendem Statement: „People do not do such things, because success is unlikely and failure is costly in terms of self-esteem and wasted time and resources." [334] Die wahrgenommen Verhaltenskontrolle als wahrgenommene Leichtigkeit oder Schwierigkeit eine Aufgabe auszuführen, steht *Banduras Selbstwirksamkeitserwartung (self-efficacy)* sehr nahe.[335] Unter Selbstwirksamkeitserwartung wird im Kern ein realistisches Abbild der aktuellen Verhaltenskontrolle verstanden.

Zur *wahrgenommenen Verhaltenskontrolle* können Faktoren internen als auch externen Ursprungs beitragen. So spielt zum einen die eigene Erwartung eine Rolle, dass man selbst Ereignisse und Situationen kontrollieren kann, um ein Verhalten erfolgreich auszuführen. Diese Erwartung wird maßgeblich von den Fertigkeiten und Fähigkeiten sowie der Selbstdisziplin und Willensstärke einer Person bestimmt.[336] Zum anderen können externe Abhängigkeiten wie unerwartete Ereignisse (z.B. Unfälle oder Krankheit), Ressourcenmangel (z.B. Geld oder Informationsversorgung), oder die starke Abhängigkeit von anderen Personen die Realisierung der Verhaltensintention behindern. Demnach gilt, je mehr Fähigkeiten, Ressourcen und Verhaltensmöglichkeiten jemand zu besitzen glaubt, desto größer seine wahrgenommene Verhaltenskontrolle. Diese wiederum kann sowohl die Verhaltensabsicht als auch das Verhalten selbst beeinflussen und beruht auf eigenen Erfahrungen oder auf Beobachtungen und Erfahrungen anderer Personen.[337]

---

[333] Vgl. Ajzen (1988); Ajzen/Madden (1986).
[334] Sheppard/Hartwick/Warshaw (1988), S. 326. *Bandura* verwendet diesem Zusammenhang den Begriff "self-efficacy". Vgl. Bandura (1997).
[335] Vgl. Bandura (1977); Bandura (1997).
[336] Ein typisches Beispiel für einen Mangel an interner Verhaltenskontrolle sind die Versuche übergewichtiger Menschen abzunehmen. Obwohl das Ziel schlanker zu werden sehr erstrebenswert scheint sowie auch positive Reaktionen der Umwelt hervorrufen würde, sind viele Menschen einfach nicht in der Lage dem Konsum von Fast Food, Chips und Schokolade zu widerstehen. Sie haben sich im wahrsten Sinne des Wortes nicht unter Kontrolle.
[337] Vgl. Ajzen/Madden (1986); Armitage et al. (1999).

Hypothese 14: *Je größer die wahrgenommene Verhaltenskontrolle zur Durchführung eines VKI-Projekts im Unternehmen, desto größer die verhaltensorientierte Akzeptanz.*

6.1.2 Determinanten der kognitiven Einstellungskomponente

Mit den Hypothesen sieben bis dreizehn konnte auf Basis der theoretischen Erkenntnisse zur *Theory of Planed Behavior* ein Hypothesengerüst zur verhaltensorientierten Akzeptanz der VKI abgeleitet werden. In den folgenden zwei Kapiteln sollen die spezifischen Vorteile und Nachteile der VKI aus dem Blickwinkel innovierender Unternehmen näher beschrieben werden. Die Einschätzungen der positiven bzw. negativen Konsequenzen des VKI-Einsatzes werden mit einzelnen *Expectancy-Values* erfasst. Errechnet werden diese Erwartungswerte durch die Multiplikation der Erwartungen bezüglich möglicher positiver bzw. negativer Konsequenzen aus der Verwendung der VKI und der Relevanz dieser Folgen. Das resultierende Gesamturteil entspricht der in Kapitel 6.1.1.3. beschriebenen kognitiven Einstellungskomponente zur VKI und wird mit einem zusammenfassenden Urteil zum Innovationspotenzial der VKI erfasst.[338]

6.1.2.1 Vorteilsdimensionen

In den folgenden Ausführungen werden sieben Vorteilsdimensionen der VKI vorgestellt, die in der Literatur zur Kooperation mit Kunden angeführt werden.[339] Die zentrale Bedeutung dieser Vorteile der VKI konnte in qualitativen Interviews, die u.a. im Zusammenhang mit den in Kapitel 3.1.1 vorgestellten Beispielen mit Vertretern aus der Praxis durchgeführt wurden, bestätigt werden.

Insbesondere die Studien von *Gruner* und *Kirchmann* zur Identifizierung der Vorteile der Kundeneinbindung in Innovationsprozesse basieren auf einer umfassenden Bestandsaufnahme aus einer Vielzahl von Quellen der Innovations- und Marketingforschung.[340] Angereichert werden diese Erkenntnisse in den folgenden Ausführungen mit Überlegungen jüngerer

---

[338] Lutz spricht von einem sogenannten „index of the cognitive structure". Vgl. Lutz (1977).
[339] Vgl. Biemans (1991); Bruce/Leverick/Littler et al. (1995); Campbell/Cooper (1999); Dahan/Hauser (2002); Ernst (2004); Gales/Monsour-Cole (1995); Gruner (1997); Gruner/Homburg (2000); Ives/Olson (1984); Kirchmann (1994); Leonard-Barton (1996); Littler/Leverick/Bruce (1995); Prahalad/Ramaswamy (2004); Shaw (1985); Urban/Hauser (2004); von Hippel (2005); Wobser (2003).

Arbeiten, die das Internet explizit als Medium zur Kundenintegration berücksichtigen.[341] Besondere Beachtung erhalten diejenigen Vorteile, die wiederholt und spontan von den Praxispartnern genannt wurden. *Ajzen* äußert sich hierzu im Zusammenhang mit der *Theory of planned behavior* folgendermaßen: "Any reaction, - whether verbal or nonverbal, whether cognitive, affective, or conative – that reflects a positive or negative disposition toward an object can be used to infer the latent attitude, but only cognitions that come to mind spontaneously (i.e., salient beliefs) provide a picture of an attitude's informational foundation."[342] Zusammenfassend können folgende Vorteilsdimensionen der VKI angeführt werden:

(1) Reduzierung des Marktrisikos

Durch die multimedialen Darstellungsmöglichkeiten im Internet können Innovationsvorhaben bereits in frühen Produktentwicklungsstadien sehr realistisch dargestellt werden. Dies führt zu aussagekräftigen Kundeneinschätzungen der vorgestellten Produktideen und -konzepte.[343] Gleichzeitig wird durch eine gemeinsame Informationsbasis das Risiko einer falschen Interpretation des Kundenfeedbacks und daraus resultierender Fehlentscheidungen gemindert. Die frühzeitig gewonnen Kundenreaktionen, -bedenken und -vorschläge dienen als Indikator für Produktverbesserungen als auch für die Produktakzeptanz und können durch stetige Aktualisierung im weiteren Verlauf des NPE-Prozesses, beispielsweise in Form von großzahligen Kundenbefragungen, für zukünftige Absatzprognosen verwendet werden. Zusammenfassend kann somit festgehalten werden, dass die Einbindung der Stimme des Kunden Marktunsicherheiten vermindert und damit einen großen Beitrag zum Innovationserfolg leistet.[344] Floprisiko und kostenintensive Nachentwicklungen können folglich reduziert werden. Hieraus ergibt sich folgende Hypothese:

Hypothese 15: *Je höher der Expectancy-Value des Vorteils einer Reduzierung von Marktrisiken eingeschätzt wird, desto positiver die kognitive Einstellung zur VKI.*

---

[340] Vgl. Gruner (1997), S. 68 ff. und Kirchmann (1994), S. 18 ff.
[341] Vgl. Ernst (2004) und die entsprechenden Ausführungen zum Stand der Forschung in Kapitel 3 sowie Dahan/Hauser (2002), S. 333 f.
[342] Ajzen (1993), S. 44.
[343] Vgl. Dahan/Srinivasan (2000).
[344] Vgl. Balachandra/Friar (1997); de Brentani (2001); Griffin/Hauser (1993).

(2) Identifikation zukünftiger Bedürfnisse und Produktanforderungen

Wie in Kapitel 5.1.2 gezeigt kann das Internet genutzt werden, um spezifische und für die Beteiligung an der NPE besonders vielversprechende Kundengruppen wie Lead User oder Opinion Leader zu identifizieren. Diese Gruppen tragen insbesondere in dynamischen und trendgesteuerten Märkten dazu bei, marktkonforme Produkte zu entwickeln, da ihre Bedürfnisse zukunftsweisend für die Bedürfnisse der übrigen Kunden am Markt sind. Ferner bietet sich im Internet die Möglichkeit, Produkte auf einzelne Personen oder Personengruppen abzustimmen. Dem Kunden werden hierzu bestimmte Werkzeuge wie z.B. Produktkonfiguratoren zur Verfügung gestellt. Auf diese Weise können individuelle Bedürfnisse im Gegensatz zu vollständig standardisierten Produkten besser befriedigt werden. Ferner spielt bei der Erkennung neuer Bedürfnisse die multimediale Präsentationsweise von innovativen Produkten eine große Rolle. Der in Kapitel 5.2 beschriebene *Informations- und Erlebniseffekt* im Internet erlaubt den Kunden auch komplexere Sachverhalte aufzunehmen und zu verstehen. Das bessere Verständnis wiederum führt zu einer Reduzierung des ebenfalls in Kapitel 5.2 beschriebenen Phänomens der *functional fixedness* und damit zu einer klareren Artikulation der Kundenbedürfnisse. Folgende Hypothese wird aufgestellt:

Hypothese 16: *Je höher der Expectancy-Value des Vorteils einer Identifikation zukünftiger Bedürfnisse und Produktanforderungen eingeschätzt wird, desto positiver die kognitive Einstellung zur VKI.*

(3) Ideenvielfalt

In Kapitel 3.1.1 wurde das *Windowlab* als Anwendungsbeispiel der VKI in den frühen Phasen der NPE. Es handelt sich hierbei um eine internetbasierte Plattform, die Kunden eine Anlaufstelle für ihre Ideen und Produktvorschläge bietet. Unternehmen können sich von derartigen Ideenplattformen den Zugang auf wertvolles Konsumentenwissen und Kreativitätspotenzial erhoffen, das auch außerhalb der eigenen Unternehmensgrenzen anzufinden ist.[345] Zum einen ist es die Gruppe der Lead User, die fähig und bereit ist Ideen zu

---

[345] Vgl. Cooper/Edgett/Kleinschmidt (2002).

generieren und weiterzugeben.[346] Zum anderen hat sich herausgestellt, dass insbesondere die Beiträge in Online Communities als Quelle von Ideen geeignet sind.[347] Dies führt zu der nachfolgenden Hypothese:

Hypothese 17: *Je höher der Expectancy-Value des Vorteils einer größeren Ideenvielfalt eingeschätzt wird, desto positiver die kognitive Einstellung zur VKI.*

(4) Gewinnung von Neukunden

Durch eine ausführliche und intensive Auseinandersetzung mit einem Produkt sowie durch die aktive Einbindung in eine Innovationsaufgabe im Rahmen der VKI, erfolgt eine Einstellungsbildung basierend auf Lerneffekten, die sich positiv auf die Produkteinschätzung und Kaufabsicht auswirken können.[348] Darüber hinaus ist im Bereich der akquisitorischen Vorteile das emotionale Zusatzerlebnis der Kundennähe als Differenzierungsmerkmal bei substituierbaren Produkten anzuführen.[349] Eine weitere Strategie zur Gewinnung neuer Abnehmer durch die enge Kooperation mit Kunden ist die Nutzung von Individualisierungskonzepten im Sinne der Mass Customization. Diesbezüglich stellen *Piller/Schoder* in einer empirischen Studie einen signifikant positiven Zusammenhang zwischen der Variable „Kunden nehmen Einfluss auf Entwicklung" als Teilaspekt der *Mass Customization*, und den Erfolgsgrößen „Gesamtumsatz erhöht" und „Marktanteil vergrößert" fest. Ausgehend von diesen Erkenntnissen zu den akquisitorischen Potenzialen der VKI, wird folgende Hypothese aufgestellt:

Hypothese 18: *Je höher der Expectancy-Value des Vorteils einer Gewinnung von Neukunden eingeschätzt wird, desto positiver die kognitive Einstellung zur VKI.*

---

[346] Vgl. Franke/Shah (2003); Lüthje (2004).
[347] Vgl. Kozinets (2002) sowie die Ausführungen in Kapitel 3.3.3.
[348] Vgl. Dholakia/Morwitz (2002); Franke/Piller (2004); Leonard-Barton/Sinha (1993).
[349] Vgl. Jost/Wiedmann (1993), S. 19.

(5) Erhöhte Kundenbindung

Das Produktangebot ist in Märkten mit häufig nur geringem Differenzierungspotenzial nicht mehr allein entscheidend für die Kaufentscheidung der Kunden. Die Art und Weise der Interaktion mit den Kunden generiert zusätzlichen Wert, der oft ausschlaggebend dafür ist, von welchem Hersteller ein Produkt bezogen wird.[350] Vor diesem Hintergrund ist es nicht verwunderlich, dass die Kundenintegration als fester Bestandteil des *Relationship Marketings* bzw. des *Kundenbeziehungsmanagements* angesehen wird.[351] Eine erste empirische Untersuchung von *Füller/Mühlbacher/Bartl* lässt eine positive Wirkung der VKI auf eine kundenorientierte Unternehmensidentität und die Kundenbindung erwarten. Im Rahmen der Kundenbindung wurden hierzu die Dimensionen *Vertrauensentwicklung durch die aktive Einflussnahme der Kunden im Innovationsprozess, Word of Mouth Effekte, Markenidentiät/Image, frühzeitig gewecktes Produktinteresse vor der Markteinführung* berücksichtigt. Für die Einschätzung der Auswirkungen der VKI auf die genannten Variablen wurden Teilnehmer von bereits durchgeführten VKI Studien unterschiedlichster Firmen herangezogen. Ergebnis der Studie ist, dass die VKI eine durchwegs positive Wirkung auf den Auf- und Ausbau von Kundenbeziehungen hat und damit enorme Potenziale zur Nutzung des intensiven Kundendialogs für das Relationship Marketing mit sich bringt.[352]

Hypothese 19:   *Je höher der Expectancy-Value des Vorteils einer erhöhten Kundenbindung eingeschätzt wird, desto positiver die kognitive Einstellung zur VKI.*

(6) Erweiterte Test- und Entscheidungsgrundlage

Das Internet erlaubt eine große Vielfalt an interaktiven sowie multimedial unterstützten Methoden zur Durchführung von Konzept- und Produkttests in sämtlichen Phasen des Innovationsprozesses.[353] Dieses erweiterte Repertoire an Testoptionen erlaubt mehr Produktalternativen als bisher gleichzeitig zu berücksichtigen, und vor dem eigentlichen „design-freeze" parallel zu testen.[354] Insbesondere durch die Verwendung von virtuellen Prototypen, können Probleme bereits frühzeitig identifiziert werden und in die

---

[350] Vgl. Prahalad/Ramaswamy (2004); Vandenbosch/Dawar (2002).
[351] Vgl. Gruner/Homburg (2000), S. 2 f.
[352] Für weitere Ausführungen zur Studie vgl. Füller/Mühlbacher/Bartl (2004).
[353] Vgl. hierzu die aufgezeigten Methoden in Kapitel 3.3.

Entscheidungsprozesse der NPE einfließen.[355] Neben der Auswahl der „richtigen" Innovationsprojekte besteht zudem die Möglichkeit, durch iterative Tests unterschiedlicher Entwicklungsstufen eines Produkts die Kundeneinschätzungen stetig zu aktualisieren. Folgende Hypothese wird aufgestellt:

Hypothese 20: *Je höher der Expectancy-Value des Vorteils einer erweiterten Test- und Entscheidungsgrundlage im NPE-Prozess eingeschätzt wird, desto positiver die kognitive Einstellung zur VKI.*

(7) Effizienzvorteile

Das Internet ermöglicht einen neuen und vereinfachten Modus zur Interaktion, um die - insbesondere in Konsumgütermärkten existierende - Distanz zwischen Herstellern und möglicherweise Millionen (anonymer) Kunden zu verringern. Die gesteigerte Effizienz ist auf die enormen Zeit- und Kostenvorteile bei der Gewinnung, Verwertung und Umsetzung entwicklungsrelevanter Kundeninformationen zurückzuführen.[356] Die Studie von *Dahan/Srinivasan* zum Einsatz von internetbasierten Konzepttests zeigt, dass die Verwendung virtueller Prototypen im Internet nahezu zu den identischen Testergebnissen wie die Verwendung von physischen Prototypen führt, allerdings zu einem Bruchteil der Kosten und des aufzuwendenden Zeitaufwandes.[357] *Urban/Hauser* vergleichen in einer Übersicht die Kosten verschiedener *Offline* und *Online* Methoden zur Identifikation der Kundenbedürfnisse und weisen ebenfalls auf die enormen Kostenvorteile der internetbasierten Methoden im Vergleich zu ergänzenden bzw. alternativen klassischen Verfahren zur Bedürfnisidentifikation hin.[358] Folgende Hypothese zur Effizienz wird aufgestellt:

Hypothese 21: *Je höher der Expectancy-Value der Effizienzvorteile der VKI eingeschätzt wird, desto positiver die kognitive Einstellung zur VKI.*

---

[354] Vgl. Dahan/Hauser (2002), S. 351.
[355] Entscheidungsprozesse in der NPE können als Kette von Ja-/Nein-Entscheidungen zur Fortführung oder zum Abbruch von (alternativen) Innovationsprojekten aufgefasst werden. Vgl. Hauschildt (1997), S. 414 f.
[356] Vgl. Dahan/Hauser (2002) und MacCormack/Verganti/Iansiti (2001).
[357] Vgl. Dahan/Srinivasan (2000).
[358] Vgl. Urban/Hauser (2004), S. 74.

6.1.2.2 Nachteilsdimensionen

Neben den Vorteilsdimensionen wird in der Literatur auch explizit auf mögliche Störungen im NPE-Prozess hingewiesen, die durch den Einsatz der VKI auftreten können.[359] Analog der Vorgehensweise im vorangehenden Kapitel werden neben den in der Literatur identifizierten Störungsursachen insbesondere die von den Praxisvertretern spontan angeführten (salient) Nachteile berücksichtigt.

(1) Artikulationsprobleme der Kunden

Auch wenn Kunden genaue Vorstellungen über ihre eigenen Wünsche und Bedürfnisse haben, bleibt das Problem bestehen, diese in einer verwertbaren Form den innovierenden Unternehmen zu übermitteln.[360] Zudem kommt erschwerend hinzu, dass die Bedürfnisse oft nur latent im Kundenbewusstsein verankert sind.[361] Dieses Problem von schwer artikulierbaren und transferierbaren Bedürfnissen ist auf implizites Kundenwissen zurückzuführen, dem die Phänomene des *tacit knowledge*[362] und der *sticky information*[363] zugeordnet werden können. Ferner werden häufig die technischen Fähigkeiten von Kunden zur angemessenen Teilnahme an der Produktentwicklung angezweifelt. *Ulwick* hierzu: "Customers should not be trusted to come up with solutions; they aren't expert or informed enough for that part of the innovation process. That's what your R&D is for."[364] Neben den auf den Kunden selbst zurückführenden Artikulationsproblemen stellt die informationstechnische Umsetzung der Kundeninformationen eine weitere Herausforderung dar. Hierbei geht es darum, die beim Kunden real vorliegenden Informationen in digitale Informationen mit Hilfe der Internettechnologie umzuwandeln. Im Vergleich zum klassischen face-to-face Kontakt wird durch die Virtualität des Internets die Möglichkeit zur Übermittlung von Gestik, Mimik und Emotion naturgemäß eingeschränkt. Zudem können Eindrücke zu Haptik, Geruch oder Geschmack nur indirekt, z.B. mit Hilfe von Beschreibungen oder farblichen Darstellungen, erlebt und transferiert werden.[365] An diese Herausforderungen anknüpfend wurden in Kapitel 5.2 die Potenziale des Internets zur Optimierung des

---

[359] Vgl. Brockhoff (1998); Brockhoff (1997); Kirchmann (1994); Tollin (2002); Ulwick (2002); Wobser (2003).
[360] Vgl. von Hippel/Katz (2002); von Hippel (2001).
[361] Vgl. Lojacono/Zaccai (2004).
[362] Zu dem Phänomen des *tacit knowledge* und seinen Auswirkungen auf das Innovationsmanagement vgl. Rüdiger/Vanini (1998).
[363] Vgl. von Hippel (1998).
[364] Ulwick (2002), S. 92. Einen ausführlichen Exkurs zu der mangelnden Artikulationsfähigkeit stellt Ulwick auf S. 93 vor.
[365] Vgl. Epple/Hahn (2001).

Innovationstransfers diskutiert. Zusammenfassend lässt sich folgende Hypothese zur Artikulationsfähigkeit formulieren.

Hypothese 22: *Je höher der Expectancy-Value des Nachteils von Artikulationsproblemen eingeschätzt wird, desto negativer die kognitive Einstellung zur VKI.*

(2) Nischenorientierung

Eine zu starke Nischenorientierung ist dann gegeben, wenn die Berücksichtigung einzelner Kundenbeiträge zu einer Vernachlässigung einer ausgewogenen Zielgruppenorientierung führt. Diese Gefahr besteht insbesondere dann, wenn die eingebundene und aufgrund ihrer spezifischen Merkmale eingegrenzte Gruppe der Pilotkunden nicht für den gesamten Markt, sondern nur für ein bestimmtes Marktsegment eine Prognose erlaubt.[366] Ein Beispiel zur Verdeutlichung der Nischenorientierung wird von *Ulwick* angeführt: „Consider what happened to U.S. Surgical, a medical instrument manufacturer now owned by Tyco. Acting on recommendation from lead-user surgeons, U.S. Surgical introduced a set of instruments that could rotate and move in many directions. The instruments were unveiled with great fanfare at a national medical show in 1991. Although the initial excitement led to some orders at the show, reorders accounted less than 5 %. The reasons: The lead users were simply too sophisticated. While most surgeons applauded the improvements, they found the new instruments too difficult to use."[367] Dieses kurze Beispiel verdeutlicht, dass die Übertragung der Bedürfnisse spezifischer Kundengruppen auf eine erweiterte Zielgruppe nicht ohne weiteres möglich ist und unprofitabel sein kann.[368] Die Problematik der Nischenorientierung wird durch die Aussage von Skeptikern der Online-Marktforschung, dass die im Internet erreichbaren Kunden nicht den von Unternehmen bedienten Kundensegmenten entsprechen und damit auch nicht repräsentativ für die gesamte Kundenschaft seien, verstärkt.[369] Auch wenn diese Aussage als Pauschalkritik einzuordnen ist und eine differenzierte Sichtweise der

---

[366] Vgl. Brockhoff (1998), S. 21; Brockhoff (1997), S. 364.
[367] Ulwick (2002), S. 93 f.
[368] Vgl. Urban/von Hippel (1988), S. 580.
[369] Vgl. Hauptmanns/Lander (2001).

Repräsentativitätsproblematik entlang der unterschiedlichen Phasen des NPE-Prozesses vernachlässigt,[370] wird folgende Hypothese formuliert:

Hypothese 23: *Je höher der Expectancy-Value einer Nischenorientierung, desto negativer die kognitive Einstellung zur VKI.*

(3) Mangelnde Verwertungsrechte der Kundenbeiträge

Im Zusammenhang mit der VKI wurde das Thema der *intellectual property rights* in den Beiträgen von *Nambisan* und *Sawhney/Prandelli* als ein wesentliches Forschungsfeld thematisiert.[371] Im Kern ist die Problematik darin zu sehen, dass Unternehmen Bedenken hinsichtlich der Rechtsansprüche zur Verwertung der Kundenbeiträge äußern. Diese beruhen letztendlich auf der fallweise zu klärenden Urherberrecht-, Nutzungsrecht- und Eigentumsfragen bezüglich der von Kunden eingebrachten Ideen und Konzepte. Je nach Ausgestaltung der Kooperation besteht hierbei die Möglichkeit auf anonyme, allgemeine Regelungen oder aber auf individuelle, personenbezogene Verträge zurückzugreifen.[372] Die Hypothese zu der Problematik der Verwertungsrechte von Kundenbeiträgen lautet:

Hypothese 24: *Je höher der Expectancy-Value des Nachteils mangelnder Verwertungsrechte eingeschätzt wird, desto negativer die kognitive Einstellung zur VKI.*

(4) Störungen im NPE-Prozessablauf

Negative Effekte einer kooperativen Produktentwicklung in Form eines Anstiegs der Kosten, einer höheren Komplexität, einer geringeren Effizienz, eines erhöhten Zeitaufwandes und einer geringeren Kontrollierbarkeit der NPE-Aktivitäten wurden von 40 % der Befragten in einer Studie von *Littler/Leverick/Bruce* im Bereich der Informations- und Kommunikationstechnologie angegeben.[373] Auch wenn diese Ergebnisse keiner Verallgemeinerung und uneingeschränkten Übertragung auf den Konsumgüterbereich

---
[370] Vgl. hierzu die Ausführungen zur Selbstselektion und Repräsentativität im Internet in Kapitel 5.1.3.
[371] Vgl. Nambisan (2002), S. 410 und Sawhney/Prandelli (2000), S. 33 ff.
[372] Vgl. Wobser (2003), S. 65.

standhalten, so wird doch deutlich, dass die Kundenintegration durchaus negative Effekte auf den internen NPE-Prozessverlauf haben kann. Im Sinne von *Ernst*, der die VKI als Optimierungsproblem konzeptualisiert,[374] erfordert die Maximierung des NPE-Erfolgs eine optimale Balance des Integrationslevels und der dazu notwendigen Koordinationsmechanismen.[375] Neben dem Auftreten von Opportunitäts- und Transaktionskosten bei der Einbeziehung von Kunden in Innovationsprozesse können zudem auch Innovationswiderstände in Form des *not-invented-here Syndroms* im Unternehmen auftreten.[376] Das *not-invented-here* Phänomen ist ein Symptom des sogenannten Gruppendenkens. Es bedeutet die Ablehnung von Innovationen, die von außen in das Unternehmen hereingetragen werden. Bei einer Make-Or-Buy-Entscheidung bewirkt das *not-invented-here* Phänomen eine hohe Präferenz für die Eigenentwicklung und damit zumeist eine Kostenerhöhung und Zeitverzögerung. Anderseits ist es ein wichtiger Schutzmechanismus für die Entwicklung der eigenen Leistungsfähigkeit und zur Aufrechterhaltung der eingespielten internen Prozesse.[377] Die VKI bietet dem *not-invented-here Syndrom* einen ausgeprägten Nährboden, der zu internen Störungen führen kann. Zum einen sehen sich die Mitarbeiter mit einem neuen Ansatz konfrontiert, der stark auf den Einsatz neuer Medien setzt und möglicherweise einen substituierenden Effekt zu traditionellen Methoden einer kundenorientierten Produktentwicklung nach sich zieht. Zum anderen verändern sich in Abhängigkeit des Umfangs der Kundeneinbindung die Aufgabenspektren der Marketing- und Entwicklungsabteilungen und gleichzeitig die damit verbundenen Widerstände. Zusammenfassend lässt sich folgende Hypothese formulieren:

Hypothese 25: *Je höher der Expectancy-Value des Nachteils von Störungen im NPE-Prozessverlauf eingeschätzt wird, desto negativer die kognitive Einstellung zur VKI.*

---

[373] Vgl. Littler/Leverick/Bruce (1995), S. 30.
[374] Vgl. Ernst (2004) und die entsprechenden Ausführungen in Kapitel 3.1.
[375] Vgl. Parthasarthy/Hammond (2002); Tushman/Anderson/Reilly (1997).
[376] Vgl. Brockhoff (1997), S. 366 f.
[377] Zu einer ausführlichen Untersuchung des *not-invented-here* Syndroms vgl. Katz/Allen (1982).

(5) Geheimhaltungsproblematik

Die Geheimhaltungsproblematik ist eng mit dem potenziellen und unfreiwilligen Abfluss von Know How verbunden.[378] Es besteht die Gefahr, dass Konkurrenten durch die aufwendig gestaltete Präsentation von Produktideen, -konzepten und anderen Innovationsaufgaben in den Besitz von schützenswerten Informationen gelangen und Einblicke in die Produkteinführungsstrategie erlangen, die eigentlich den Wettbewerbern vorenthalten werden sollten. Gegenmaßnahmen zur Minimierung der Geheimhaltungsproblematik sind die sorgfältige und restriktive Auswahl von Teilnehmern der internetbasierten Innovationsstudien, der Abschluss von Vereinbarungen, die zur Geheimhaltung verpflichten, sowie ein anonymer Auftritt von Unternehmen bei der Präsentation von Innovationen.[379] Es bleibt allerdings zu betonen, dass die Geheimhaltungsproblematik gleichermaßen bei der VKI als auch, in unveränderter Weise, bei traditionellen Methoden der Marktforschung bestehen. Darüberhinaus bringt *von Hippel* seine ergänzende Ansichtsweise zur Geheimhaltung folgendermaßen zum Ausdruck: "Hiding an innovation as a trade secret is unlikely to be successful for long: too many generally know similar things, and some holders of the "secret" information stand to lose little or nothing by freely revealing what they know. Studies of patenting have shown this form of intellectual property protection to be costly, cumbersome to enforce and of little value to most innovators in most fields".[380] Die Hypothese zur Geheimhaltungsproblematik lautet:

Hypothese 26: *Je höher der Expectancy-Value des Nachteils einer mangelnden Geheimhaltung eingeschätzt wird, desto negativer die kognitive Einstellung zur VKI.*

(6) Inkrementale Innovationsschritte

Eine ausschließliche Orientierung an den Bedürfnissen der Kunden birgt die Gefahr einer Tendenz zu inkrementalen Innovationsschritten und zur Realisierung von „me-too" Produkten.[381] Die eigenen Fähigkeiten zur Entwicklung neuer Produkte werden vernachlässigt

---

[378] Vgl. Brown/Duguid (2001); Liebeskind (1996).
[379] Die Anonymität der Unternehmen wird als Gestaltungsmerkmal der VKI ausführlich in Kapitel 6.2.1.3 behandelt.
[380] von Hippel (2005), S. 11.
[381] Vgl. Christensen (1997); Ulwick (2002), S. 92.

und die Realisierung von *Technology-Push* Innovationen wird in den Hintergrund gedrängt.[382] Die Ideen und Vorschläge der Kunden orientieren sich häufig an vorhandenen technischen Lösungen und führen daher insbesondere bei diskontinuierlichen Innovationen zu einer Einschätzung, die die Potenziale einer revolutionären Innovation nicht umfassend berücksichtigen. *Veryzer* untersucht die kundenseitige Evaluation diskontinuierlicher Innovationen und stellt fest, dass diese „... usually involve revolutionary new ways of thinking about how something can be done. The dramatic shifts in thinking and the new application for emerging, frequently proprietary new technologies (with which customers are often unaware) that are such part of discontinious innovation are not apt to come from customers."[383] Folgende Hypothese wird formuliert:

Hypothese 27:   *Je höher der Expectancy-Value des Nachteils inkrementaler Innovationsschritte eingeschätzt wird, desto negativer die kognitive Einstellung zur VKI.*

6.1.3 Der Einfluss situativer Faktoren

6.1.3.1 Untersuchung direkter Einflüsse

Gegenstand einer teilweise kontroversen Diskussion ist die Kontextabhängigkeit der Verhaltensabsicht und des tatsächlichen Verhaltens. Die sogenannte *sufficiency assumption* besagt, dass die in den obigen Ausführungen zur Theorie des geplanten Verhaltens dargestellten Einflussvariablen *Einstellung, Subjektive Normen* und *wahrgenommene Verhalteskontrolle* für die Vorhersage des eigentlichen Verhaltens bzw. der Verhaltensabsicht ausreichend sind.[384] Zusätzlichen bzw. modellexternen Variablen wird nach dieser Auffassung nur eine sehr begrenzte direkte Vorhersagekraft zugesprochen.[385] Skeptiker dieser Annahme betonen allerdings die Notwendigkeit zur expliziten Berücksichtigung situativer Variablen

---

[382] Vgl. Kirchmann (1994), S. 26 ff.
[383] Veryzer (1998), S. 147.
[384] Vgl. Kantola/Syme/Campbell (1982); Loken (1983).
[385] Vgl. Ajzen (2001), S. 45; Loken (1983), S. 103.

und führen Persönlichkeitseigenschaften und demographische Faktoren als moderierende Variablen zur Erklärung der Verhaltensabsicht ein.[386]

Zur Überprüfung der Gültigkeit der *sufficiency assumption* wird im Rahmen dieser Untersuchung der direkte Einfluss unterschiedlicher situativer Variablen auf die verhaltensorientierte Akzeptanz der VKI analysiert. Um die Unabhängigkeit des gewählten Akzeptanzmodells von externen Faktoren möglichst umfassend zu überprüfen, wurden Situationsmerkmale unterschiedlicher Kontextebenen herangezogen, die insbesondere in der Marketingliteratur und in zahlreichen Arbeiten zum Kooperationsverhalten sowie zur Unternehmenskultur ausgiebig diskutiert wurden.

Auf der *Umfeldebene* wird der Einfluss der Umweltdynamik untersucht, die grundsätzlich auf häufige und unvorhersehbare marktbezogene und/oder technologiebezogene Änderungen zurückzuführen ist.[387] Diesem Begriffsverständnis folgend werden in der vorliegenden Arbeit die *Technologiedynamik (technological turbulence)* und die *Marktdynamik (market turbulence)* als eigenständige Faktoren auf der Umfeldebene berücksichtigt. Die Technologiedynamik spiegelt die Rate des technologischen Fortschritts eines Marktes wider.[388] Die Dynamik resultiert hierbei aus der Häufigkeit, der Stärke und der Irregularität der technologischen Veränderungen, die vorwiegend auf neue Erkenntnisse und Durchbrüche im Bereich der Forschung und Entwicklung zurückzuführen sind.[389] Die Marktdynamik ist kennzeichnend für den steten, zum Teil rapiden Veränderungsprozess auf Absatzmärkten. Die Hauptmerkmale dynamischer Märkte sind die Veränderung von Nachfragerpräferenzen sowie die Volatilität der Kunden.[390] Für Unternehmen, die auf dynamischen Märkten bestehen wollen, bedarf es daher einer kontinuierlichen Modifizierung und Anpassung ihrer Produkte und Leistungen, um weiterhin die sich ändernden Präferenzen ihrer Kunden befriedigen zu können.[391]

Auf *Unternehmensebene* werden die Einflüsse der Faktoren *Marktorientierung* und *Unternehmensgröße* untersucht. Nach Durchsicht der zahlreichen Beiträge zur Marktorientierung wird deutlich, dass es sich um ein sehr facettenreiches Phänomen handelt. Zusammenfassend umfasst die Marktorientierung die Aspekte der Kundenorientierung, des

---
[386] Vgl. Ajzen (2001), S. 45; Hill (1981), S. 374.
[387] Vgl. Kohli/Jaworski (1990), S. 14; Jaworski/Kohli (1993); S. 57 f.
[388] Vgl. Jaworski/Kohli (1993), S. 57.
[389] Vgl. Pflesser (1999), S. 78. Für weitere Arbeiten in denen die Technologiedynamik als Kontingenzfaktor zur Anwendung kommt, vgl. u.a. Bayus (1998); Ernst (2001); Ernst (2003); Giering (2000); Homburg (2000); Jaworski/Kohli (1993); Kohli/Jaworski (1990); Singh (1997).
[390] Vgl. Kohli/Jaworski (1990), S. 14; Jaworski/Kohli (1993); S. 57.
[391] Vgl. Kohli/Jaworski (1990), S. 14.

Konkurrenzfokus und der funktionsübergreifenden Koordinationsmechanismen. Dies bedeutet, dass alle marktrelevanten Unternehmensmaßnahmen unter Berücksichtigung der Wirtschaftlichkeit an den Kundenbedürfnissen ausgerichtet sein müssen, um den Kunden einen im Vergleich zum Wettbewerb höheren Nutzen anzubieten.[392] Die Unternehmensgröße ist ein weiterer situativer Faktor auf Unternehmensebene. Grundsätzlich wird davon ausgegangen, dass mit zunehmender Größe die prinzipiellen Möglichkeiten zur organisatorischen Gestaltung steigen.[393] Die Erfassung der Unternehmensgröße erfolgt beispielsweise durch die Anzahl der Mitarbeiter oder den erzielten Umsatz des Unternehmens.[394]

Abschließend erfolgt die Überprüfung der *sufficiency assumption* anhand von situativen Faktoren auf der *Personenebene*. Es handelt sich hierbei um die *Innovativität*, die *Managementposition* und das *Geschlecht* der Unternehmensvertreter. Nach *Hirschmann* liegen dem Merkmal der Innovativität zwei grundlegende Konzeptualisierungen zugrunde.[395] Die erste Konstruktbeschreibung erfasst die Zeitspanne bis zur Adoption einer Innovation. Grundsätzlich gilt: Je früher eine Person ein neues Produkt im Vergleich zu seinem sozialen System annimmt, desto innovativer ist sie.[396] Die zweite zugrunde liegende Definition stammt von *Midgley/Dowling* und lautet: „innovativeness is the degree to which an individual is receptive to new ideas and maked innovation decisions independently of the communicated experience of others."[397] *Hirschmann* führt einen weiteren Aspekt im Zusammenhang mit der Innovativität ein, das sogenannte *novelty seeking*. Hierbei handelt es sich um den inneren Antrieb eines Innovators, sich aktiv nach neuen Informationen zu bemühen.[398] Bisher wurde das Konstrukt der Innovativität überwiegend im Bereich des Konsumentenverhaltens hinsichtlich der Verwendung oder des Kaufs neuer Produkte eingesetzt.[399] In der vorliegenden Arbeit bezieht sich die Innovativität, auf das in einer Person verankerte Streben, die VKI als ein neuartiges internetbasiertes Verfahren zur Kundeneinbindung in die NPE anzuwenden.

Gemäß der *sufficiency assumption* wird folgende Basishypothese zum direkten Einfluss der situativen Faktoren der Umfeld-, Unternehmens- und Personenebene auf die Verwendungsabsicht der VKI aufgestellt:

---

[392] Vgl. Backhaus (1999), S. 31.
[393] Vgl. Kieser/Kubicek (1992), S. 293; Frese (1988), S 318 ff.
[394] Vgl. Kieser/Kubicek (1992), S. 292.
[395] Vgl. Hirschmann (1980), S. 283 f.
[396] Vgl. Rogers/Shoemaker (1971), S. 27.
[397] Midgley/Dowling (1978), S. 236.
[398] Vgl. Hirschmann (1980), S. 284.
[399] Vgl. u.a. Craig/Ginter (1975); Goldsmith/Hofacker (1991); Manning/Bearden/Madden (1995); Pallister/Foxall (1998); Price (1983).

Hypothese 28: *Die situativen Faktoren der VKI haben keinen direkten Einfluss auf die verhaltensorientierte Akzeptanz.*

6.1.3.2 Untersuchung moderierender Einflüsse

Unabhängig davon, ob die *sufficiency assumption* in der vorliegenden Arbeit Unterstützung findet, besteht die Möglichkeit moderierender Effekte der situativen Faktoren.[400] Diesbezüglich mehren sich in jüngster Zeit die Arbeiten zur Theorie des geplanten Verhaltens, die explizit moderierende Effekte in die Untersuchungsmodelle aufnehmen.[401] Auch im Themenbereich des E-Marketing wird die Untersuchung moderierender Effekte von Kontextfaktoren in zunehmenden Maß eingesetzt.[402] Vor diesem Hintergrund werden in der vorliegenden Arbeit mögliche moderierende Einflüsse der oben angeführten situativen Merkmale auf Umfeld-, Unternehmens- und Personenebene überprüft. Als adäquate Methodik zur Untersuchung der Effekte dient die moderierte Regressionsanalyse.[403]

In Anlehnung an die Vorgehensweise bei *Ranaweera/McDougall/Bansal* werden a priori keine spezifischen Hypothesen für sämtliche Faktoren der unterschiedlichen Kontextebenen abgeleitet.[404] Der moderierende Einfluss der situativen Faktoren bleibt somit zunächst unbestimmt. Die Berücksichtigung moderierender Effekte dient ferner dazu, einen Vergleich direkter und moderierender Effekte zu ermöglichen, um damit die oben skizzierte *sufficiency assumption* einer erweiterten Prüfung hinsichtlich moderierender Effekte zu unterziehen.

6.1.4 Das Messmodell im Überblick

Abbildung 19 gibt einen Überblick über das Messmodell zur Analyse des Akzeptanzverhaltens der VKI bei innovierenden Unternehmen. Die aufgestellten Hypothesen zur verhaltensorientierte Akzeptanz der VKI - auch Verwendungsabsicht genannt - werden mit

---

[400] Vgl. Ajzen (1991); Baron (1986).
[401] Vgl. beispielsweise Bansal/Taylor (2002), Kidwell/Jewell (2003), Morris/Venkatesh (2000), Notani (1998); Venkatesh/Morris/Davis et al. (2003).
[402] Vgl. Wu/Lee (2005) und Karavdic/Gregory (2005).
[403] Zu methodischen Aspekten der moderierenden Regressionsanalyse vgl. Kapitel 7.2.2.2.
[404] Vgl. Ranaweera/McDougall/Bansal (2005), S. 64 und die dort angegebene Literatur.

Hilfe des abgebildeten kausalanalytischen Modells geprüft.[405] Es handelt sich hierbei um eine von *Bagozzi* auf Basis der Theorie des geplanten Verhaltens entwickelte und inzwischen „klassische" Modellstruktur.[406] Ergänzend ist die Aufnahme situativer Faktoren in das Modell. Die Analyse direkter Effekte der Kontextvariablen dient der gezielten Prüfung der *sufficiency assumption*. Mögliche moderierende Einflüsse sind in Abbildung 19 aufgrund ihres zunächst unbestimmten Charakters als gestrichelte Linien dargestellt. Die Einflüsse der in Kapitel 6.1.2 vorgestellten Vorteils- und Nachteilsdimensionen auf die kognitive Einstellungskomponente wird mit Hilfe eines Regressionsverfahrens gesondert untersucht.

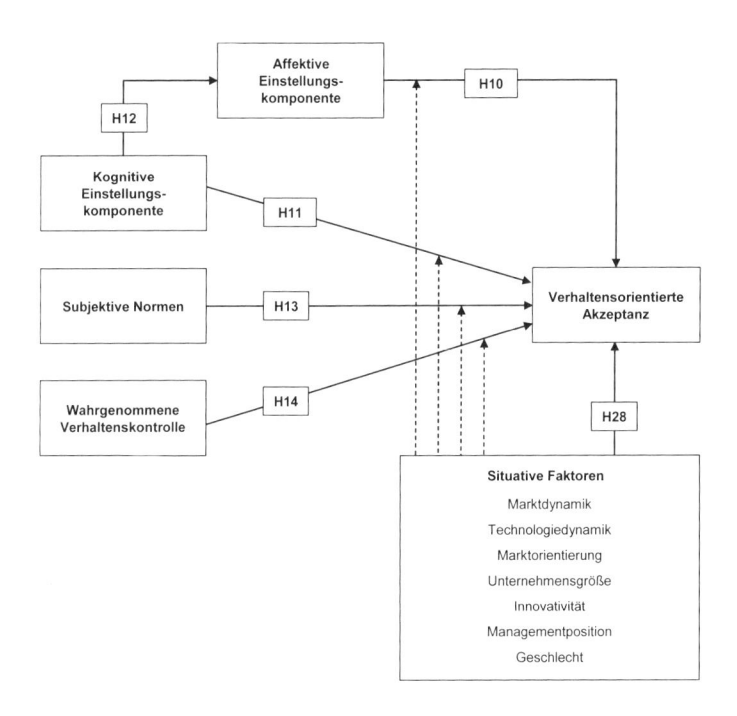

Abbildung 19: Akzeptanzmodell der virtuellen Kundenintegration

6.2 Gestaltung der virtuellen Kundenintegration

Aus dem Analyseblickwinkel der innovierenden Unternehmen ist die Gestaltung des virtuellen Interaktionsprozesses der zweite wesentliche Untersuchungsbereich des in

---
[405] Zur Kausalanalyse vgl. Homburg/Hildebrandt (1998) sowie die Ausführungen in Kapitel 7.2.2.3.
[406] Vgl. Bagozzi (1982) sowie Kroeber-Riel/Weinberg (1999), S. 178 ff.

Kapitel 4 dargestellten Bezugsrahmens. Abbildung 20 zeigt das diesem Untersuchungsabschnitt zugrundeliegende Modell. Es handelt sich um eine kontingenztheoretische Analyse zur Gestaltung der VKI, die sich an dem methodologischen Grundprinzip des situativen Ansatzes orientiert. Die zentrale These dieses Ansatzes kann nach *Staehle* wie folgt zusammengefasst werden: „Es gibt nicht eine gültige, optimale Handlungsalternative, sondern mehrere situationsbezogen angemessene."[407] In diesem Sinne wird zunächst der Zusammenhang zwischen der Innovationsaufgabe als situativer Faktor und der Gestaltung der VKI untersucht. Die Merkmale der Innovationsaufgabe fungieren als bewirkende Variablen (Wenn-Komponente) und die Gestaltungsvariablen als bewirkte Variablen (Dann-Komponente). Die kontingenztheoretische Analyse wird in Kapitel 6.3 für den dritten Untersuchungsbereich aus Unternehmenssicht fortgesetzt. In Abhängigkeit von der Gestaltung wird überprüft, welche Anreize die Unternehmen bereit sind, den Kunden für die Teilnahme an der VKI zu gewähren. Hier stellen die Gestaltungsmerkmale die bewirkenden Variablen (Wenn-Komponente) und die Anreize die bewirkten Variablen (Dann-Komponente) dar.[408]

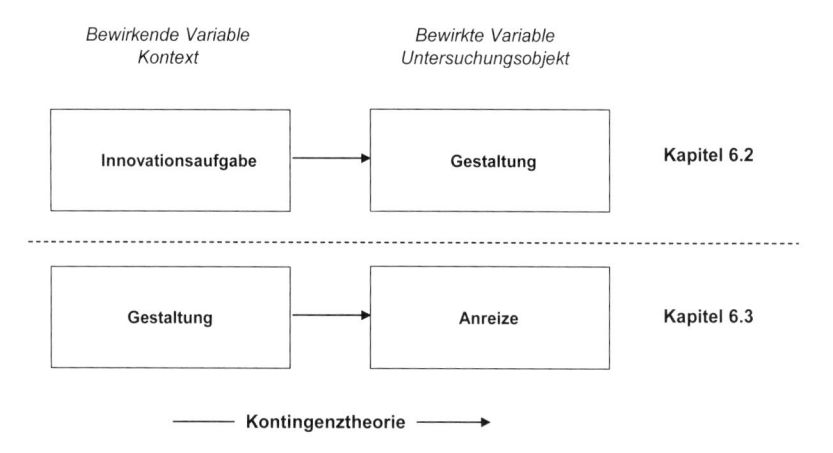

Abbildung 20: Kontingenzanalyse der Bedingungszusammenhänge zwischen Innovationsaufgabe, Gestaltung und Anreizen

---

[407] Staehle (1981), S. 215. Der situative Ansatz stammt ursprünglich aus der Organisationsforschung und stellt die Frage in den Vordergrund, unter welchen Bedingungen welche organisatorischen Regelungen, beispielsweise zur Aufgabenteilung und -koordination, geeignet sind, um eine möglichst effiziente Erfüllung der Gesamtaufgabe zu erreichen. Eine universell effiziente Organisationsstruktur ist im situativen Ansatz nicht vorgesehen, sondern immer an die jeweilige Situation anzupassen. Synonym werden die Bezeichnungen „Kontingenztheorie", „Kontingenzansatz" oder die englische Bezeichnung „Contingency Approach" verwendet. Für weitere Ausführungen und Kritikpunkte des situativen Ansatzes vgl. Kieser (1993); Kieser/Kubicek (1978), S.132 ff.; Zeithaml/Varadarajan/Zeithaml (1988) und die dort angegebene Literatur.

[408] Für eine ähnliche Darstellung von Bedingungszusammenhängen vgl. Witte (1997), S. 422 f.

Eine erste Diskussion unterschiedlicher Gestaltungsmerkmale der VKI und deren Merkmalsausprägungen unternimmt *Rüdiger* im Rahmen seiner morphologischen Analyse des „E-Customer-Innogration"-Raumes.[409] Neben diesem konzeptionellen Systematisierungsansatz liegen allerdings keinerlei Hypothesengerüste oder andere empirische Erkenntnisse zur Ausgestaltung der VKI vor. Dieses Neuland soll mit der vorliegenden Untersuchung beschritten werden. Es handelt sich daher um eine stark *explorative Vorgehensweise*, die zwei Hauptziele verfolgt. Zum einen soll eine Deskription der Gestaltungsebene der VKI anhand möglichst vieler Merkmale erfolgen. Zum anderen sollen mögliche Bedingungszusammenhänge zwischen den situativen Faktoren, den Gestaltungsmerkmalen und den gewährten Kundenanreizen aufgedeckt werden. Das in der vorliegenden Kontingenzanalyse zu erwartende Ergebnis ist somit nicht die Überprüfung von Hypothesen im Sinne eines deduktiv-logischen Modells. Die empirischen Aussagen dienen daher nicht dazu, theoretische Basisaussagen getreu dem Leitsatz tertium non datur (wahr oder falsch, kein drittes) zu bestätigen (verifizieren) oder zu widerlegen (falsifizieren). Vielmehr handelt es sich um eine explorative Form der Hypothesengenerierung und Ableitung von *Tendenzaussagen* zur Gestaltung der VKI, die in weiteren empirischen Tests aufgegriffen werden sollen. Einem Vorwurf der Theorielosigkeit kann entgegengehalten werden, dass die situative Orientierung als methodologisches Prinzip interpretiert wird, das nur solche Situations-, Gestaltungs-, und Anreizfaktoren untersucht, die aufgrund theoretischer Vorüberlegungen als relevant erachtet werden wurden.[410]

6.2.1 Gestaltungsmerkmale der virtuellen Kundenintegration

Intensität, Kontinuität, Anonymität, Interaktions- und Kommunikationsmuster, Zugang zur Interaktion sowie *organisatorische Aufhängung* werden in den folgenden Unterkapiteln als formale, d.h. von der eigentlichen Einbindungstechnik abstrahierende Gestaltungsmerkmale der VKI näher erläutert. Diese Betrachtungsweise ermöglicht grundsätzliche Aussagen zur Gestaltung zu treffen, die unabhängig von der verwendeten Einbindungsmethode Gültigkeit besitzen.[411]

---

[409] Vgl. hierzu Kapitel 3.2.2.
[410] Vgl. Homburg (2000), S. 70.

6.2.1.1 Intensität

Ein wesentliches Gestaltungsmerkmal der virtuellen Kundeneinbindung ist die Intensität. Diese Variable soll in der vorliegenden Arbeit für die unterschiedlichen Phasen des NPE-Prozesses gleichermaßen gemessen werden. Im Hinblick auf die empirische Einsetzbarkeit sowie den branchenübergreifenden Bezug dieser Arbeit, wird auf ein Dreiphasenmodell als Basiskonzept zurückgegriffen, das die Besonderheiten einzelner Branchen und Untersuchungsblickwinkel zu abstrahieren vermag.[412] Die drei idealtypischen Phasen werden als *Ideengenerierung und Konzeption*, *Design und Entwicklung* sowie *Test und Markteinführung* bezeichnet.

Neben Intensitätsmessungen der Kundeneinbindung durch dichotome Variablen oder einzelne Items wurden bisher im Innovationsbereich noch keine differenzierteren Ansätze zur Operationalisierung verwendet.[413] Erste Anstrengungen zur Messung der Intensität der Kundeneinbindung durch ein mehrdimensionales Konstrukt unternimmt *Gruner*. Durch Bezugnahme auf verwandte Studien der Innovations- und Marketingforschung greift er Hinweise für eine mögliche Operationalisierung auf, deren weiterführende theoretische Aufarbeitung zu einer Skala bestehend aus sechs Indikatoren führt.[414] Hinsichtlich der Messung konnten zufriedenstellende Ausprägungen der Gütekriterien der Konstruktreliabilität und -validität festgestellt werden.[415] Aufgrund inhaltlicher Überlegungen sollen allerdings nur drei der sechs Indikatoren stellvertretend für verschiedene Dimensionen der Intensität übernommen werden. Diese Reduzierung ist darauf zurückzuführen, dass es sich bei der Arbeit von *Gruner* um eine Untersuchung der Zusammenarbeit zwischen Herstellern und Kunden im Bereich der deutschen Maschinenbaubranche handelt. Im Gegensatz hierzu steht bei der VKI die Interaktion mit Endkunden als Individuen im Vordergrund. Somit ist beispielsweise die Unterscheidung zwischen den Messindikatoren „Personenanzahl auf Kundenseite bei Treffen" und der „Anzahl der eingebundenen Unternehmen" nicht notwendig. Auch die Erfassung der Dauer langfristiger Verhandlungen zwischen Hersteller- und Abnehmerunternehmen ist nur schwer auf die VKI zu übertragen. Basierend auf dieser inhaltlichen Prüfung der Operationalisierung stellen sich folgende Intensitätsindikatoren als geeignet für die VKI heraus:

---

[411] Zu aktuellen Methoden und konkreten Techniken der VKI vgl Kapitel 3.3.
[412] Die hier vorgenommene Dreiteilung erfolgt in Anlehnung an Brockhoff (2003), S. 474 ff. und Ernst (2004), S. 196.
[413] Vgl. Gruner (1997), S. 71 und die dort angegebene Literatur.
[414] Vgl. Gruner (1997), S. 71ff.

- Häufigkeit der Interaktion mit den Kunden
- Anzahl der eingebundenen Kunden
- Ausmaß der Einbindung im Vergleich zur Marktforschung

Die Erfassung der *Häufigkeit* stellt die Einmaligkeit einer Interaktion (beispielsweise in Form eines Online-Fragebogens) einer sehr häufig auftretenden Interaktion (beispielsweise in Form themenbezogener Innovations- oder Entwicklerforen) gegenüber. Die *Anzahl der eingebundenen Kunden* ist ein weiterer zentraler Anhaltspunkt für die Intensität und unterliegt mitunter extremen Schwankungen von einigen wenigen Kunden, bis hin zu mehreren tausend und mehr Kunden. Das *Ausmaß des VKI-Einsatzes im Vergleich zu anderen Marktforschungsaktivitäten* erlaubt es, die relative Dimension der Intensität als weiteren Baustein der Gesamtbetrachtung der Intensität zu berücksichtigen. So scheint es durchaus möglich, dass für ein technologiegetriebenes Unternehmen die Kundeneinbindung hinsichtlich Anzahl und Häufigkeit objektiv als mittelgroß einzuschätzen ist, aus Sicht des Unternehmens allerdings derzeitige Aktivitäten zur Gewinnung von Marktinformationen bei weitem übersteigt und somit als sehr intensiv wahrgenommen wird. Die Einbindung von Kunden im Zeitverlauf als weiteres und der Intensität verwandtes Gestaltungsmerkmal wird im folgenden Unterkapitel gesondert behandelt.

6.2.1.2 Kontinuität

Das Gestaltungsmerkmal der Kontinuität lässt sich nach Zeit- und Problembezug in eine projektbezogene und universelle Einbindung des Kunden unterscheiden.[416] Zum einen besteht die Möglichkeit, den Kunden punktuell für die Lösung einer ganz bestimmten Aufgabe oder eines Problems heranzuziehen. Zum anderen kann die punktuelle Einbindung auf den gesamten Phasenverlauf des Innovationsprojektes zu einer phasenübergreifenden Einbindung ausgedehnt werden. Ein Beispiel für die punktuelle Einbindung in der Phase der *Ideengenerierung und Konzeption* ist der Einsatz von Online Focus-Gruppen oder eines webbasierten Ideenwettbewerbs, als ein einmalig durchgeführtes Instrument zur Sammlung

---

[415] Vgl. Gruner (1997), S. 142 ff. Zur Beschreibung und Interpretation der Gütekriterien von Konstrukten vgl. die Ausführungen in Kapitel 7.2.1 der vorliegenden Arbeit.
[416] Vgl. Raabe (1993), S. 149.

von Kundenideen. Nutzt man die gesammelten Ideen und Beiträge für die Identifizierung besonders fortschrittlicher Kunden und bindet man diese im weiteren Verlauf des Innovationsprojektes wiederholt in Entwicklungs- und Testaktivitäten ein, so handelt es sich um eine phasenübergreifende Form der VKI. Die Kontinuität nimmt somit zu.

Im Gegensatz zu der projektbezogenen und fallweisen Einbindung ist die universelle Einbindung dadurch gekennzeichnet, dass sie sich potenziell auf alle Bereiche der Produktentwicklung des innovierenden Unternehmens beziehen kann und nahezu zu jedem beliebigen Zeitpunkt vom Kunden wahrgenommen werden kann.[417] Procter & Gamble ist ein Unternehmen, das diese Form der universellen VKI praktiziert. Auf der Homepage haben Besucher die Möglichkeit, unter der Rubrik „Share Your Thoughts" ihre eigenen Gedanken und Produktideen zu kommunizieren oder bereits patentierte Ideen und Technologien einzureichen. Besonders aktive Nutzer dieser Internetplattform erhalten den Status eines "R&D advisor" und können bei Design-, Test-, und Launchaktivitäten verstärkt beteiligt werden. Hierdurch entsteht ein Kooperationsverhältnis zwischen innovierendem Unternehmen und Kunden, das einer längerfristigen Entwicklungspartnerschaft gleicht und hinsichtlich des Gestaltungsmerkmals der Kontinuität als Gegenpol einer einmaligen und punktuellen Einbindung interpretiert werden kann. Abbildung 21 zeigt Auszüge des Procter & Gamble Internetauftritts.[418]

---

[417] Vgl. Raabe (1993), S. 152.
[418] Zugänglich unter http://www.shareyourthoughts.pg.com.

Abbildung 21: Kontinuierliche Einbindungsplattform bei Procter&Gamble

6.2.1.3 Anonymität

Aus Sicht der Unternehmen besteht hinsichtlich des Gestaltungsmerkmals der Anonymität die Möglichkeit, unter eigenem Firmennamen aufzutreten oder aber die eigene Identität während der Interaktion mit den Kunden nicht Preis zu geben. Die Entscheidung, anonym aufzutreten, ist meist mit einer akuten Geheimhaltungsproblematik und Bedenken eines Abflusses von Know-how an Dritte verbunden. Dabei ist häufig nicht das Produkt selbst Gegenstand der Geheimhaltung, sondern die Tatsache, dass sich ein Unternehmen ernsthaft mit einer neuen Idee auseinandersetzt. Durch eine anonyme Kommunikation nach außen soll das innovierende Unternehmen noch nicht direkt mit dem geplanten Innovationsprojekt in Verbindung gebracht werden. Es gilt sich zunächst anonym an eine mögliche Entwicklungsentscheidung unter Einbezug der Stimme des Kunden heranzutasten, ohne Erwartungen an eine konkrete Produktumsetzung zu wecken oder die Konkurrenz auf eigene Entwicklungsvorhaben aufmerksam zu machen. Ein Beispiel für eine anonyme Vorgehensweise der VKI bezieht sich auf einen großen Sportartikelhersteller, der beabsichtigte, die Idee eines modular anpassbaren Laufschuhs im Rahmen einer Online-Studie zu evaluieren und weiterzuentwickeln. Vertreter dieser Sportart wurden in einschlägigen Lauf-Communities im Internet rekrutiert, um ihre Erfahrungen, Wünsche und Bedenken zu dem virtuell aufbereiteten modularen Konzept zu ergründen. Abbildung 22 zeigt einen Auszug der anonymisierten Online-Studie, in der auf das Logo und entsprechende Layoutanforderungen der Corporate Identity des Sportherstellers verzichtet wurde.

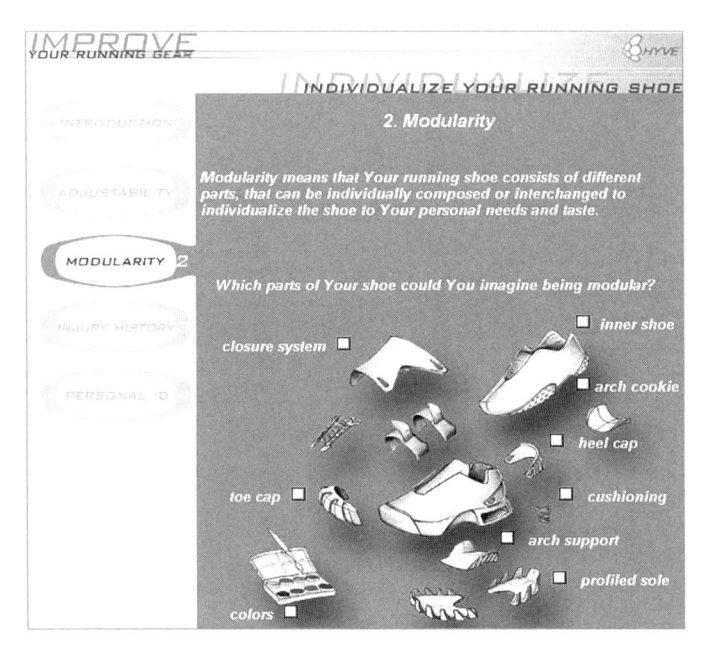

Abbildung 22: Auszug einer Online-Studie zur Evaluierung eines modularen Laufschuhkonzepts[419]

Im Gegensatz zu einem anonymen Auftreten kann die Kommunikation des Firmennamens bzw. der Marke auch große Vorteile mit sich bringen. Beispielsweise kann die virtuelle Beteiligung am Entwicklungsprozess für den Aufbau einer Kundenbeziehung eingesetzt werden, die nicht erst mit dem Kauf bzw. der geäußerten Kaufabsicht des Kunden einsetzt, sondern bereits mit der Produktidee, lange bevor das Produkt tatsächlich auf den Markt eingeführt wird.[420] Nehmen die Kunden die Interaktion mit dem Unternehmen als lohnend wahr und ergibt sich für sie ein materieller oder immaterieller Nutzen, entsteht kundenseitiges

---

[419] Nähere Informationen zu dem VKI Praxisprojekt sind unter der Internetadresse http://www.hyve.de zugänglich.
[420] Vgl. Kleinaltenkamp (1999); Friedrich von den Eichen et al. (2002).

Vertrauen und Commitment als ein Gefühl der Verpflichtung und emotionalen Bindung.[421] In der Studie von *Füller/Mühlbacher/Bartl* konnten positive Effekte des VKI-Einsatzes auf die Kundenbindung und das Kundenbeziehungsmanagement empirisch bestätigt werden.[422] Darüber hinaus hat eine gebrandete Innovationsstudie den naheliegenden Vorteil einer erleichterten Teilnehmerrekrutierung. Beispielsweise kann ein Link oder Banner direkt auf der Firmenwebsite plaziert werden. Eine starke Markenidentität von Herstellern innovativer Produkte wie beispielsweise Adidas, Audi, BMW u.v.a., wirken auf die treuen Anhängerschaften als Teilnahmemagnet für die VKI.

6.2.1.4 Interaktions- und Kommunikationsmuster

Etablierte Internetwerkzeuge wie E-mail, Newsgroups, Web Sites oder Online-Communities erlauben es nach dem Leitsatz "Anytime/Anyplace" schnell, unmittelbar und auf kostengünstige Weise mit nahezu beliebig vielen Kunden auf der ganzen Welt in Dialog zu treten.[423] Die VKI bedient sich dieser stetig fortschreitenden Entwicklung der neuen Medien für die Durchführung von Experimenten und Innovationsvorhaben. Ein Beispiel hierfür ist der Automobilhersteller FIAT, der für die Weiterentwicklung seines meistproduzierten Modells „Punto" innerhalb von nur drei Monaten auf das Feedback von 3.000 Teilnehmern einer Online-Umfrage zurückgreifen konnte. Die Kosten betrugen lediglich $35.000.[424] Ein anderes Phänomen ist in der Software Industrie zu beobachten. Hier existieren unzählige Open-Source Software-Projekte, mit Apache und Linux als wohl prominenteste Vertreter, im Rahmen derer Anwender selbst als Entwickler und Innovatoren agieren.[425] Bei näherer Betrachtung der beiden Beispiele wird augenfällig, dass sich die Interaktions- und Kommunikationsmuster der beteiligten Parteien wesentlich unterscheiden. Im erst genannten Beispiel wird ein Online-Fragebogen eingesetzt, der eine Zwei-Wege-Kommunikation zwischen dem innovierenden Unternehmen und den einzelnen Teilnehmern ermöglicht. Das heißt, das innovierende Unternehmen äußert implizit oder explizit einen Informationsbedarf hinsichtlich eines neu zu entwickelnden Produktes. Der Kunde als Träger der gewünschten Information, beispielsweise in Form von Anwendungserfahrungen oder Produktwünschen, erhält die Möglichkeit, diese im Rahmen eines vorstrukturierten Fragebogens via Internet zu übermitteln. Die Interaktion

---

[421] Vgl. Morgan/Crutchfield/Lacey (2000); Morgan/Hunt (1994); Sirdeshmukh/Singh/Sabol (2002).
[422] Vgl. Füller/Mühlbacher/Bartl (2004), S. 228 ff.
[423] Vgl. O'Hara-Devereaux/Johansen (1994).
[424] Vgl. Iansiti/MacCormack (2000), S. 114.
[425] Mehrere tausend Open Software-Projekte sind bei der Anlaufstelle http://sourceforge.net registriert.

läuft letztendlich immer zwischen dem innovierenden Unternehmen auf der einen Seite und einem Kunden als Individuum auf der anderen Seite ab. Nach Abschluss der Befragung werden die gesammelten Daten üblicherweise auf Basis ausgewählter Segmentierungskriterien aggregiert.[426] Eine Interaktion der Kunden untereinander ist nicht vorgesehen. Die in Abbildung 23 dargestellte Kommunikationstriade zur VKI bildet dieses Interaktionsmuster als Fall 1 ab. Andere Instrumente, die für diese Art des Dialoges zum Einsatz kommen können, sind beispielsweise Feedbackformulare zu virtuellen Produktkonzepten, Choiceboards/Konfiguratoren sowie Online Conjoint Verfahren.[427]

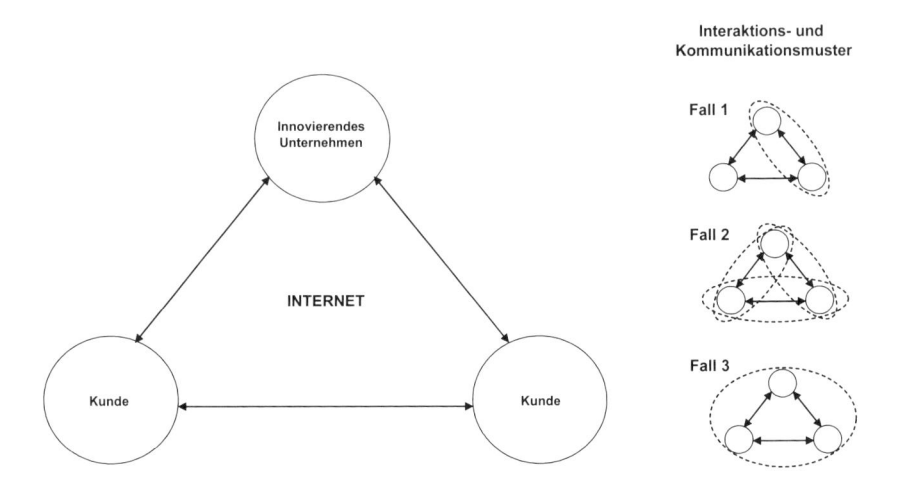

Abbildung 23: Kommunikationstriade der virtuellen Kundenintegration

Fall 3 ist stellvertretend für das zweitgenannte Beispiel der Open-Source Software-Entwicklung und die Nutzung von Online Communities für die Produktentwicklung im Allgemeinen.[428] Wie in Kapitel 3.3.3 bereits erläutert, handelt es sich hierbei um Gemeinschaften von Nachfragern mit gleichgelagerten Interessen, die das Internet als virtuellen Treffpunkt zum Austausch von Informationen und zum Aufbau von Beziehungen nutzen. Die Initiative kann von jedem beliebigen Mitglied der virtuellen Gemeinschaft ausgehen und im Sinne einer Mehr-Wege-Kommunikation auch an beliebig viele Mitglieder gerichtet sein. Die Kommunikationswege werden von einer One-to-One oder One-to-Many zu

---

[426] Für einen Überblick der gängigen Kriterien zur Segmentierung vgl. Homburg/Krohmer (2003), S. 315 f.
[427] Vgl. die in Kapitel 3.1.1 aufgezeigten Beispiele.
[428] Zur Open Source Entwicklung vgl. z.B. von Hippel (2001); Lakhani/von Hippel (2003).

einer Many-to-Many Konstellation erweitert. Nach der von *Stauss* entwickelten Systematik zu Kundenartikulationen im Internet handelt es sich im Fall 3 um eine kundenseitig kontrollierte Kunden-zu-Kunden-Kommunikation.[429] Diese Form der Internet-Kommunikation beinhaltet beispielsweise Fan-Sites oder Boycott-Sites zu bestimmten Unternehmen und Produkten als auch virtuelle Meinungsplattformen, die von einer dritten Partei ins Leben gerufen wurden (z.B. vocatus.de oder dooyoo).[430] Eine Nutzung der Innovationspotenziale einer kundenseitig kontrollierten Kunden-zu-Kunden-Kommunikation kann beispielsweise durch den Kauf von Auswertungsberichten der Meinungsplattformbetreiber oder durch die intensive Beobachtung der Vorgänge und Beiträge in einer Community erfolgen.[431] Im Bereich der Open Source-Bewegung, die grundsätzlich eine kommerzielle Nutzung bzw. Weiterveräußerung der Programmcodes ausschließt, profitieren Unternehmen wie SUSE Linux oder Red Hat Linux von den Leistungen der Entwicklergemeinschaften insofern, dass sie verschiedene Zusatzdienste in Form von Value Added Services für eine professionellen Nutzergemeinde der frei zugänglichen Software anbieten.

Im Gegensatz zu der kundenseitig-kontrollierten Kundenkommunikation handelt es sich im Fall 2 um eine herstellerseitig kontrollierte Kundenkommunikation. In diesem Fall stellt das Unternehmen als Initiator ausgesuchte Innovationsthemen auf einer internetbasierten Plattform zur Verfügung. Der Kunde wird in Abhängigkeit von der Zielsetzung seiner Einbindung und der gewählten Einbindungsmethode angehalten, verschiedene Verrichtungen (z.B. informieren, kreieren, bewerten, ausführen, entscheiden etc.) durchzuführen. Im Unterschied zu Fall 1 besteht allerdings zusätzlich die Möglichkeit, die Beiträge anderer Kunden einzusehen, zu bewerten oder sogar weiterzuentwickeln.[432] Um derartige Kommunikationsmuster im Internet abbilden zu können, ist im Zusammenhang mit den stark variierenden Innovationsvorhaben der Unternehmen meist eine auf die individuellen Bedürfnisse angepasste Programmierung der Plattformlösung erforderlich. Standard-Softwarelösungen existieren allenfalls zu Groupware Systemen, Online Focus Gruppen, Chat-Systeme oder Marktsimulationen.[433]

---

[429] Vgl. Stauss (2000), S. 236 ff.
[430] Vgl. Henning-Thurau/Ursula (2001), S. 562f.
[431] Vgl. hierzu das in Kapitel 3.3.3 vorgestellte Beispiel der Basketballcommunity.
[432] Vgl. hierzu die in Kapitel 3.1.1 vorgestellte Ideenplattform *Windowlab*.
[433] Vgl. beispielsweise Ozer (1999), S. 425 ff.

6.2.1.5 Zugang zur Interaktion

Der Kundenzugang zur Interaktion kann von den innovierenden Unternehmen *offen* oder *geschlossen* gestaltet werden. Offener Zugang besteht, wenn grundsätzlich alle Internetnutzer die Möglichkeit haben, sich an der VKI zu beteiligen. Um potenzielle Teilnehmer auf die VKI-Plattform aufmerksam zu machen, stehen die im Internet üblichen eingesetzten Instrumente wie Banner, "pop up"-Fenster, Newsgroups, Maillisten, Newsletter, Community-Postings, oder redaktionelle Texte zur Auswahl.[434] Die Entscheidung eines anonymisierten oder unter Firmennamen stattfindenden Agierens ist hierbei zu berücksichtigen.[435] Hinweise für die Gestaltung der Banner oder „pop up"-Fenster findet man beispielsweise in der Involvement-Forschung für Werbemittel.[436] Abbildung 24 zeigt unterschiedliche Bannerwerbungen, die für Kundenintegrationsprojekte im Internet auf der firmeneigenen Homepage oder in produkt- und themenverwandten Online-Communities eingesetzt wurden. Per Mausklick gelangten die Besucher auf die VKI-Plattform des inserierenden Unternehmens.

Abbildung 24: Beispiele für Bannerwerbungen zur VKI

Neben der Ansprache der Kunden mit Hilfe neuer Medien kann die Einladung zur Teilnahme an der VKI zusätzlich mit Hilfe klassischer Kommunikationsinstrumente der „Offline-Welt" forciert werden.[437] So könnten beispielsweise am Produkt angebrachte Zusatzinformationen die Teilnahme an einem aktiven Dialog mit dem Produktentwicklungsteam bewerben. Hierdurch würde insbesondere die Zielgruppe der tatsächlichen Produktnutzer die Gelegenheit erlangen, sich durch Besuch der abgebildeten Internetadresse bei der Produktentwicklung und -verbesserung aktiv zu beteiligen. Abbildung 25 zeigt den Entwurf

---

[434] Zu den unterschiedlichen Rekrutierungsformen sowie deren Einsatzbereichen vgl. Starsetzki (2001), S. 42 ff. und Theobald (2000), S. 25 ff.
[435] Zum Gestaltungsmerkmal der Anonymität vgl. Kapitel 6.2.1.3.
[436] Vgl. beispielsweise Mühlbacher (1988). Weitere Hinweise zur Gestaltung von Bannerwerbung im Web vgl. Schweiger/Reisbeck (1999), S. 226 ff.
[437] *Homburg* und *Kromer* geben einen Überblick über die klassischen im Marketing verwendeten Kommunikationsinstrumente. Vgl. Homburg/Krohmer (2003), S. 649 ff.

einer Maßnahme mit Aktionscharakter zur Bewerbung der VKI. Das Prinzip eines offenen Zugangs zur Interaktion ist hierbei vorauszusetzen.

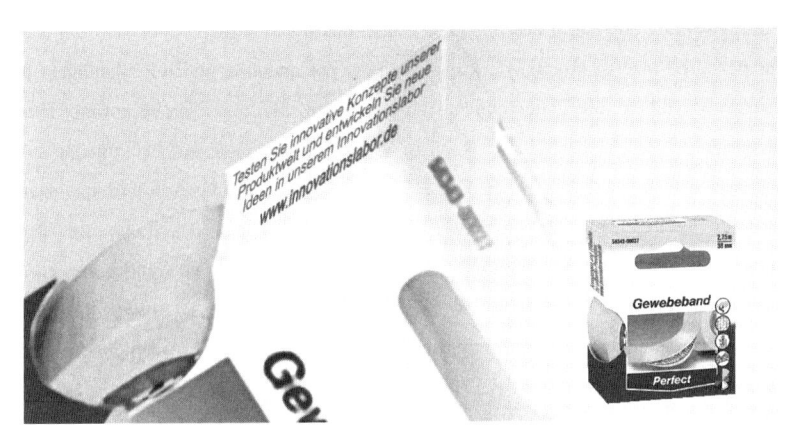

Abbildung 25: Bewerbung der VKI für ein Produkt aus der Konsumgüterwelt[438]

Der Auswahlmechanismus bei internetbasierten Plattformen mit offenem Kundenzugang ist die Selbstselektion.[439] Im Zusammenhang mit dem Teilnahmeverhalten bei Web-Befragungen spricht *Bosnjak* von Selbstselektion, als der absichtlich getroffenen Entscheidung zur Teilnahme- bzw. Antwortverweigerung.[440] Hierbei können das thematische Involvement und die Persönlichkeitseigenschaften der Befragten gezielt als Teilnahmemotive aktiviert werden, um die Wahrscheinlichkeit zu erhöhen, besonders innovative Kunden mit Hilfe des Selbstselektionseffektes einzubinden. Der Zusatz der „echten" Selbstselektion wird verliehen, um die Abgrenzung zu anderen Ursachen des sogenannten Nonresponse-Phänomens zu verdeutlichen.[441] Weitere Einflussfaktoren zur Erhöhung der Teilnahme- und

---

[438] Bei Abbildung 25 handelt es sich um eine Photomontage. Die tatsächliche Anwendung einer derartigen Aktion konnte in Praxisprojekten zur VKI noch nicht beobachtet werden, ist nach Ansicht des Autors allerdings eine vielversprechende Maßnahme, um auf VKI-Plattformen unterschiedlichster Produkte aus der Konsumgüterwelt aufmerksam zu machen. Die Kombination von Offline- und Online-Kommunikationsinstrumenten birgt Synergieeffekte, um eine möglichst große Zahl potenzieller Teilnehmer für die offene Form der VKI zu erreichen.
[439] Der gezielte Einsatz des Selbstselektionseffektes für die Identifizierung fortschrittlicher Kunden wurde ausführlich in Kapitel 5.1.3 behandelt.
[440] Vgl. Bosnjak (2001), S. 86.
[441] Vgl. Bosnjak (2001), S. 84.

Antwortbereitschaft sind u.a. Anmutung, Incentivierung, Neugier, altruistische Motive, Spaß und Seriosität der Befragung.[442]

Ein *geschlossener Zugang* liegt vor, wenn die Interaktion mit und zwischen den Kunden nur für einen ausgewählten und damit beschränkten Teilnehmerkreis möglich ist. In diesem Falle erfolgt eine gezielte Einzelansprache von Kunden mit der personenbezogenen Einladung, sich an Innovationsaktivitäten des Unternehmens zu beteiligen. Bei der Vorgehensweise der individualisierten Ansprache der Kunden kann in vielen Unternehmen auf Erfahrungen im Direktmarketing zurückgegriffen werden. Von entscheidender Bedeutung ist allerdings, dass im Sinne eines intelligenten Direktmarketings ein Kriterienkatalog entwickelt wird, der Kundenmerkmale beinhaltet, die das innovierende Unternehmen als notwendig für eine Beteiligung für die eigenen Produktentwicklungsvorhaben erachtet. Diese Auswahlkriterien können sich grundsätzlich aus demographischen (Alter, Geschlecht, Ausbildung etc.), psychographischen (Rationalität, Erfahrung, Risikobereitschaft etc.) und verhaltensorientierten Merkmalen (Kommunikationsfähigkeit, Qualitätsbewusstsein, Markenloylität etc.) zusammensetzen.[443] Kundenmerkmale, die insbesondere für Einbindung in Innovationsprozesse sprechen, sind die in Kapitel 5.1.1 skizzierten Merkmale *fortschrittlicher Kunden*. Für die gezielte Einladung dieser Kundengruppe ist es folglich unumgänglich, dass a priori Informationen vorliegen, die eine Zuordnung ausgewählter Personen zu dem Typus eines fortschrittlichen Kunden zulässt. Dies ist der Fall, wenn bei bereits durchgeführten VKI-Projekten personenbezogene Daten gespeichert wurden. Idealerweise werden diese mit der Qualität der einzelnen Kundenbeiträge in Zusammenhang gebracht, um die fortschrittlichen Kunden mit den besten Beiträgen erneut kontaktieren zu können. Liegen keine Erfahrungswerte hinsichtlich der VKI vor, besteht möglicherweise die Gelegenheit, auf bestehende Kundendatenbanken zurückzugreifen, die Anhaltspunkte für die Eignung bestehender Kunden zur Teilnahme an der VKI geben. Beispielsweise dienen Verbraucherabteilungen als zentrale Stelle zur Sammlung und Analyse verbaler und schriftlicher Konsumentenäußerungen wie Beschwerden, Anfragen, Vorschläge und Kritik, die Ausgangspunkt von Innovationen sein können.[444] Eine zusätzliche Möglichkeit der Kundenauswahl für eine geschlossene Interaktion ist die Empfehlung anderer Personen durch Kunden, die bereits Mitglied des geschlossenen Systems sind. Aus technischer Sicht kann der

---

[442] Vgl. Bosnjak (2001), S. 86 f. Für weitere Ausführungen zu den Teilnahmemotiven der VKI vgl. Kapitel 6.3.1.
[443] In der Literatur existiert keine einheitliche Systematik zur Segmentierung der Kundenmerkmale. Die verschiedenen Ansätze reichen von umfassenden Aufzählungen bis hin zu Einteilungen in zwei oder mehr Gruppen. Vgl. Becker (1990), S. 227 f.; Böcker (1990), S. 18; Homburg/Krohmer (2003), S. 314 ff.

geschlossene Kundenzugang durch geeignete Authentifizierungs- und Passwortverfahren realisiert werden. Insgesamt zeigt sich, dass der *offene Zugang* zur Interaktion die gezielte Nutzung von Selbstselektionsmechanismen erlaubt, um potenzielle fortschrittliche Kunden anzuziehen und zur Teilnahme zu bewegen. Bei dem Einsatz eines *geschlossenen Zugangs* erfolgt die direkte Ansprache von Kunden deren Eigenschaftsprofil bereits weitgehend bekannt ist. Diese Form der Ansprache erscheint besonders geeignet für die Vertiefung des Dialoges mit Kunden, die sich bereits positiv bei der Aufgabenbearbeitung zur NPE bewährt haben. Im Zeitverlauf können Mischformen der beiden Zugangsformen entstehen, die in einem ersten Schritt die Identifikation fortschrittlicher Kunden zum Ziel haben und in einem zweiten Schritt den ausgezeichneten Kunden unterschiedliche Rollen im Innovationsprozess zukommen lassen.[445] Der offene Zugang würde demnach als ein Instrument zur Identifikation geeigneter Kunden dienen, die dann am geschlossenen Teil der Entwicklercommunity partizipieren dürfen. Voraussetzung für die eindeutige Identifikation der Teilnehmer im offenen Teil ist beispielsweise eine im WWW übliche Anmeldung mit der Übermittlung von Personendaten.

6.2.1.6 Organisatorische Aufhängung

Zusätzlich zu den oben thematisierten Gestaltungsdimensionen besteht das organisatorische Gestaltungsproblem, die Interaktionsaktivitäten mit den Kunden zu koordinieren. Aus institutioneller Sicht stellt sich somit die Frage, welche Unternehmensbereiche sich dieser Aufgabe idealerweise annehmen sollten. Die betroffenen Funktionsbereiche sind insbesondere der marktorientierte Bereich und der technologieorientierte Bereich. In seiner empirischen Untersuchung zur Innovationskooperation zwischen Herstellern und Anwendern definiert *Kirchmann* den marktorientierten Bereich als „...die Summe aller strukturellen Subsysteme einer Institution, die sich hauptsächlich mit marktbezogenen Problemstellungen beschäftigt." und den technologierientierten Bereich analog als „...die Summe aller strukturellen Subsysteme einer Institution, die sich hauptsächlich mit technologiebezogenen Problemstellungen beschäftigt."[446] Dieser Definition folgend soll der Beitrag dieser organisatorischen Bereiche für die Umsetzung und Etablierung der VKI kurz charakterisiert werden.

---

[444] Vgl. Hansen (1982), S. 33.
[445] Zu einem differenzierten Rollenverständnis des Kunden im NPE-Prozess vgl. Kapitel 2.3.
[446] Kirchmann (1994), S. 43.

Kirchmann fasst die Arbeiten verschiedener Autoren zusammen, die übereinstimmend dem marktorientierten Bereich die Funktion der Gewinnung innovationsrelevanter Information zuordnen. Im Kern besteht die Aufgabe in der Erfassung bedürfnis- und problemorientierter Marktinformationen sowie in der Moderation erforderlicher Abstimmungsprozesse und des Wissenstransfers zwischen Unternehmen und Anwender.[447] Erst wenn die Innovation den Kundenwünschen entspricht, hat diese Aussicht auf absatzwirtschaftlichen Erfolg. Die Bedeutung des Marketings auf den Innovationserfolg ist dabei unbestritten und in zahlreichen empirischen Studien belegt.[448] Für die organisatorische Aufhängung der VKI im marktorientierten Bereich des innovierenden Unternehmens spricht, dass dessen Mitarbeiter, aufgrund der engen Beziehungen und Kontakte zu den Absatzmärkten und Vertriebspartnern, die Bedürfnisse und das Kaufverhalten der Kunden besser abschätzen können als Mitarbeiter der technologieorientierten Bereiche.[449] Zudem ist das Personal hinsichtlich des Umgangs mit Anwendern geschult und sieht es als seine originäre Aufgabe an, den Kontakt mit Anwendern zu führen und zu pflegen.[450] Durch die konsequent verfolgte Marktsicht wird die Gefahr einer „oversophistication" der Produkte und Leistungen des innovierenden Unternehmens reduziert. Das bedeutet, dass nicht die Entwicklung aufwendiger technischer Lösungsansätze im Vordergrund steht, sondern die Verwendung einer für ein Anwenderproblem angemessen einfachen und möglicherweise kostengünstigeren Lösung, die einen attraktiven Absatzmarkt bedient.[451] Zusammenfassend ist festzustellen, dass die Zuordnung der VKI zu marktorientierten Bereichen das bisher eingesetzte Repertoire an Marktforschungsinstrumenten mit eine Reihe neuer internetbasierter Instrumente des aktiven und innovationsbezogenen Dialogs mit Kunden sinnvoll ergänzen würde. Kritischer wird die Verantwortlichkeit des marktorientierten Bereichs besonders in frühen Phasen und bei radikalen Innovationen gesehen.[452] Eingesetzte Methoden und Verfahren der Informationsgewinnung orientieren sich meist an „Durchschnittskunden" und zielen auf großzahlige, repräsentative Stichproben ab. Neue Bedürfnisse und Anforderungen entstehen aber häufig nicht in der Gruppe der aktuellen Kunden, sondern in der „Zielgruppe der Zukunft".[453] Folglich führt eine überwiegende Ausrichtung an aktuellen Bedürfnissen der

---

[447] Vgl. Kirchmann (1994), S. 44f.
[448] Vgl. Sattler/Schrader (1995), S. 997.
[449] Vgl. Li/Atuahene-Gima (2001), S. 65.
[450] Vgl. Kirchmann (1994), S. 45f.
[451] Vgl. Herstatt (1991), S. 220.
[452] Die dichotome Unterscheidung der Innovation in „radikal" und „inkrementell" soll an dieser Stelle zumindest einer nominalen Unterscheidung in Innovationen mit einem eher hohen bzw. eher niedrigen Innovationsgrad dienen. Für Ansätze einer differenzierteren Skalierung und Erhebung des Innovationsgrades vgl. Hauschildt (1997), S. 11ff. sowie Hauschildt/Schlaak (2001) und die dort angegebene Literatur.
[453] Vgl. Lüthje (2000), S. 21.

Kunden eher zu kurzfristig orientierten und inkrementalen Innovationen (z.B. Verbesserungsinnovationen oder Produktvarianten) und nur selten zu Anregungen für sehr neuartige Produkte.[454] Li/Atuahene-Gima gehen sogar von einem störenden Effekt eines zu starken Einflusses des marktorientierten Bereichs auf den Innovationsprozess radikaler Innovationen aus.[455]

Die vordringliche Aufgabe des *technologieorientierten Bereichs* umfasst die unternehmerische Forschung und Entwicklung, alternative Formen der Technologiebeschaffung und die Technologieverwertung.[456] Ziel der Forschung und Entwicklung ist der Gewinn naturwissenschaftlich-technologischer Erkenntnisse sowie deren Umsetzung in Konstruktionen, Versuchsanlagen und Prototypen, mit dem Ziel der Nutzbarmachung für neue Produkte.[457] Neben dieser internen Form der Wissensgenerierung ist auch die externe Beschaffung technologischen Wissens Aufgabe des Technologie-Managements und damit der technologieorientierten Bereiche im Unternehmen.[458] Folglich scheint es auch durchaus plausibel zu sein, die Kooperation mit Kunden als eine wichtige Quelle zur externen Wissensbeschaffung, dem Verantwortungsbereich technologieorientierter Abteilungen wie F&E oder Konstruktion direkt zuzuordnen und nicht dem marktorientierten Bereich eines Unternehmens alleine vorzubehalten.[459] Hält man sich das wandelnde Rollenbild des Kunden vom passiven Leistungsempfänger hin zum Innovator und aktiven Mitgestalter der NPE vor Augen,[460] wird diese organisatorische Option einer Entwicklungspartnerschaft zwischen Kunde und technologieorientierten Bereichen zusätzlich gestützt. Zusammenfassend können folgende Gründe für den Einsatz der VKI als direkten Kommunikationskanal zwischen technologieorientiertem Bereich und innovativem Kunden sprechen:

---

[454] Vgl. von Hippel (1988), S. 102 ff.
[455] Vgl. Li/Atuahene-Gima (2001), S. 72.
[456] Vgl. Brockhoff (1999), S. 153.
[457] Vgl. Hauschildt (1997), S. 21.
[458] Vgl. Brockhoff (1999), S. 71.
[459] Andere Formen externer Wissensbeschaffung sind beispielsweise der Erwerb von Patenten, Lizenzen bis hin zum Erwerb ganzer Unternehmen. Vgl. Brockhoff (1999), S. 157 f. Weitere Quellen externen Wissens sind beispielsweise Universitäten, Technologiezentren, Konkurrenten oder Lieferanten. Vgl. hierzu Hauschildt (1997), S. 72 f.
[460] Vgl. Kapitel 2.3.

- Die Beschaffung technologischen Wissens von innovativen Anwendern kann mit Hilfe der VKI schneller und kostengünstiger sein als die interne Produktion desselben Wissens.[461]

- Die Kundeninteraktion relativiert eine rein interne Sichtweise der Dinge und wirkt damit dem Phänomen der Selbstzufriedenheit und Betriebsblindheit und der damit verbundenen Vernachlässigung alternativer technologischer Entwicklungen entgegen.[462]

- Der interaktiv gestaltete Informationsaustausch sowie die Anwendung multimedialer Präsentationsformen als Wesensmerkmale der VKI ermöglichen die verständliche Aufbereitung neuartiger Technologien für potenzielle Nutzer. Umgekehrt erhalten Entwickler Einblicke in die existierenden Bedürfnisse bei der Nutzung dieser Technologien. Die Nutzer bzw. die Entwickler erhalten somit die Gelegenheit, sich intensiv in die jeweilige Domäne der anderen Interaktionspartei einzuarbeiten. Dieser Domänenwechsel ist nach dem Zusammenarbeits-Modell von *Gemünden*, insbesondere bei hohen Innovationsschritten ausschlaggebend für eine Maximierung der Problemlösungseffizienz.[463] Instrumente wie *Toolkits* oder *User Design* unterstützen hierbei die Anforderung einer ausgewogenen Arbeitsteilung durch domänenspezifische Beiträge.[464]

Die Ausführungen zur organisatorischen Aufhängung deuten an, dass die Zuordnung der VKI zum marktorientierten bzw. technologieorientierten Bereich im Zusammenhang mit dem geforderten Anspruchsniveau der technologischen Lösung stehen könnte. Demnach würde bei technologieinduzierten Produktinnovationen der technologieorientierte Bereich als Schnittstelle der Zusammenarbeit mit besonders innovativen Kunden fungieren. Bei marktinduzierten und inkrementalen Produktinnovationen, die von neuen oder nicht optimal erfüllten Bedürfnissen „durchschnittlicher" Kunden ausgehen, würde der marktorientierte Bereich weiterhin federführend bei der Interaktion mit Kunden agieren.

---

[461] Beispiele für die externe Wissensbeschaffung sind Patentanlaufstellen im Internet, die es den Anwendern ermöglichen, ihre patentierten Ideen und Erfindungen großen Unternehmen entgeltlich anzubieten. BMW als auch Procter&Gamble nutzen diese Möglichkeit, Zugang zu technologischem Wissen der Anwender zu erlangen. Vgl. hierzu die virtuelle Innovationsagentur von BMW zugänglich unter http://www.bmwgroup.de und die Rubrik „Patents&Technolgies" der Procter und Gamble Internetsite http://www.shareyourthoughts.pg.com.
[462] Vgl. Brockhoff (1999), S. 154.
[463] Vgl. Gemünden (1980), S. 28 ff.
[464] Zu den Instrumenten der VKI vgl. Kapitel 3.3.1 und Kapitel 3.3.2.

Eine weitere organisatorische Alternative besteht darin, die Zuständigkeit zur VKI einem *Team*, bestehend aus Vertretern des marktorientierten und des technologieorientierten Bereichs, zuzuordnen. Die Bildung derartiger multifunktionaler Teams lässt sich auf den unternehmensinternen Bedarf an Koordination, Kommunikation und Integration bei Innovationsprozessen zurückführen.[465] Fest steht, dass mit steigendem Innovationsgrad die Entwicklung neuer Produkte immer komplexer, variabler und unstrukturierter wird, so dass vermehrt Schnittstellen entstehen, die ein intensives Management erfordern.[466] Als „...strukturierendes und persönliches Instrument des Management zur Überbrückung organisatorischer Schnittstellen"[467] sollen Projektteams überfunktional und insbesondere zwischen den Bereichen F&E, Marketing und Produktion Informations- und Motivationstransfer leisten.[468] In Anlehnung an die Befunde zu den organisatorischen Erfolgsfaktoren neuer Produkte besteht eine erfolgsversprechende organisatorische Gestaltung der VKI darin, die Aktivitäten einem überfunktionalen NPE-Team zuzuordnen, das weitgehend autonom tätig ist und die Verantwortung für den gesamten NPE-Prozess trägt.[469] Durch die Autonomie des Teams werden zeitintensive Entscheidungs- und Abstimmungsprozesse zwischen den Fachabteilungen, beispielsweise für eine mehrmalige Einbindung von Kunden in unterschiedlichen Phasen des NPE-Prozesses, minimiert. Es entsteht eine direkte und bedarfsgerechte Zusammenarbeit zwischen dem NPE-Team und den eingebundenen Kunden.

6.2.2 Die Innovationsaufgabe als situativer Faktor

Während bei der Untersuchung der Akzeptanz der VKI bereits situative Einflüsse unterschiedlicher Kontextebenen berücksichtigt wurden, sind für die Gestaltung der VKI die Merkmale der zu erfüllenden Aufgabe, d.h. des konkreten Innovationsprojekts von zentraler Bedeutung. Zur Abgrenzung unterschiedlicher Typen von Innovationsaufgaben kann auf vier

---

[465] Zum Einsatz von Teams als Integrationsmechanismus bei radikalen Innovationsvorhaben vgl. insbesondere Billing (2003), S. 121 ff.
[466] Vgl. z.B. Song/Montoya-Weiss (1998). Zum Begriff und zu Instrumenten des Schnittstellen-Managements vgl. Brockhoff/Hauschildt (1993).
[467] Ernst (2001), S. 37.
[468] Vgl. z.B. Griffin/Hauser (1996); Moenaert et al. (1994), S. 31ff.; Moenaert et al. (1995), S. 243 ff.
[469] Für einen Überblick zentraler Befunde zu den organisatorischen Erfolgsfaktoren der NPE vgl. Ernst (2001), S. 37 ff.

formale Aufgabenmerkmale zurückgegriffen werden. Diese sind die *Komplexität*, der *Neuigkeitsgrad*, die *Variabilität* und der *Strukturiertheitsgrad* der Aufgabe.[470]

(1) Komplexität

Die Komplexität resultiert aus der Anzahl, Verschiedenartigkeit und der Interdependenzen der zu verknüpfenden Teilaufgaben, Produktkomponenten, Prozessschritte und beteiligten Personen. Je höher diese Dimensionen ausgeprägt sind, desto eher ist mit Strukturierungs-, Koordinations- und Transparenzproblemen zu rechnen.

(2) Neuigkeitsgrad

Der Neuigkeitsgrad einer Innovationsaufgabe wird durch Anzahl, Ausmaß und Unvorhersehbarkeit von Abweichungen gegenüber vorliegenden Erfahrungen und Erkenntnissen bestimmt. Mit zunehmender Radikalität der Innovationsaufgabe und der damit verbundenen Erhöhung der Unbestimmtheit der notwendigen Teilaufgaben, steigt der Neuigkeitsgrad.[471]

(3) Variabilität

Die Variabilität - synonym verwendete Begriffe sind die Veränderlichkeit oder Dynamik - bezieht sich auf das Ausmaß, die Menge sowie die Vorhersehbarkeit von Aufgabenänderungen eines laufenden NPE-Prozesses.

(4) Strukturiertheitsgrad

Der Strukturiertheitsgrad bzw. die Determiniertheit einer Innovationsaufgabe beschreibt das Ausmaß, in dem eine Problemstellung in exakte, eindeutig zuzuordnende Lösungsschritte zerlegbar ist. Er hängt davon ab, inwieweit das angestrebte Entwicklungsergebnis (Produkt),

---

[470] Zu einer Beschreibung der einzelnen Merkmale im Innovationskontext vgl. z.B. Backhaus/de Zoeten (1992), Sp. 2028ff.; Billing (2003), S. 59ff.; Karle-Komes (1997), S. 284ff.; Picot/Reichwald/Nippa (1988); S. 119ff.; Schmelzer (1992), S. 14ff. Die folgenden Ausführungen erfolgen maßgeblich in Anlehnung an Picot/Reichwald/Nippa (1988).

[471] Der Neuigkeitsgrad der Innovationsaufgabe ist unmittelbar an den Neuigkeitsgrad des zu entwickelnden Produktes geknüpft. In der Literatur zum Innovationsmanagement wurde der Begriff des Neuigkeitsgrades von Innovationen bereits ausführlich diskutiert und konzeptionalisiert. Für eine Gegenüberstellung existierender Metaanalysen vgl. Billing (2003), S. 18 ff.

der hierzu erforderliche Input und die Transformationsprozesse (Problemlösungsweg) von vornherein bekannt sind.

Abbildung 26 veranschaulicht die idealtypischen Ausprägungen der Aufgabenmerkmale in Abhängigkeit des jeweiligen Typs der Innovationsaufgabe. Kennzeichnend für eine Entwicklungsaufgabe vom Typ A ist eine niedrige Komplexität, ein niedriger Neuigkeitsgrad und eine niedrige Variabilität bei hohem Strukturiertheitsgrad. Beispiel für diese Innovationsaufgabe sind Variantenentwicklungen, die auf spezifische Kundenbedürfnisse adaptiert werden, Nachentwicklungen, die auf gut definierte und strukturierte Entwicklungsabläufe aufsetzen oder Konkurrenzlösungen, die imitiert werden.[472] Der andere Extremtyp stellt Typ B dar, der durch eine hohe Komplexität, einen hohen Neuigkeitsgrad, eine hohe Variabilität und einen niedrigen Strukturiertheitsgrad gekennzeichnet ist. Beispiel sind hoch technologische Produkte oder produktspezifische Rahmenbedingungen, die ständigen Änderungen unterworfen sind und damit die Definitionsphase eines Produktes erschweren.[473]

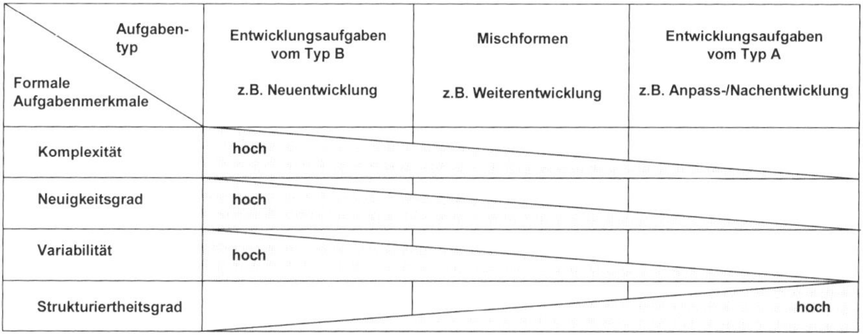

Aufgaben-typ / Formale Aufgabenmerkmale	Entwicklungsaufgaben vom Typ B z.B. Neuentwicklung	Mischformen z.B. Weiterentwicklung	Entwicklungsaufgaben vom Typ A z.B. Anpass-/Nachentwicklung
Komplexität	hoch		
Neuigkeitsgrad	hoch		
Variabilität	hoch		
Strukturiertheitsgrad			hoch

Abbildung 26: Abgrenzung des Typs der Innovationsaufgabe anhand der Aufgabenmerkmale[474]

Die eher radikalen Innovationen des Typ B sind mit größerer Unsicherheit als die eher inkrementellen Innovationen des Typ A behaftet.[475] Unsicherheit bedeutet grundsätzlich, dass relevante Informationen zur Bewältigung einer Innovationsaufgabe nicht vorhanden sind, es

---

[472] Vgl. Backhaus/de Zoeten (1992), Sp. 2029.
[473] Vgl. Picot/Reichwald/Nippa (1988), S. 120.
[474] In Anlehnung an Picot/Reichwald/Nippa (1988), S. 121.
[475] Zu der dichotomen Unterscheidung in radikal und inkrementell vgl. Fußnote 452.

besteht somit eine Lücke zwischen tatsächlich vorhandenen und benötigten Informationen.[476] Die vorherrschende Unsicherheit ist dabei zu einem großen Teil auf fehlende Anwenderinformationen zu neuen Bedürfnissen und zur Technologieverwendung zurückzuführen.[477] Es kann somit abschließend festgehalten werden: Je höher die Komplexität, Neuigkeit, Variabilität und je geringer die Strukturiertheit einer Innovationsaufgabe, desto größer sind die Informationsanforderungen und desto stärker werden externe Kommunikationskanäle und insbesondere Kundeninformationen von den Entwicklungsteams genutzt, um die vorherrschenden Unsicherheiten zu reduzieren und die Innovationsaufgabe zu beherrschen.[478] Im folgenden Kapitel wird auf Grundlage der vorgestellten Merkmalsausprägungen von Entwicklungsaufgaben die Möglichkeit eines effektiven Einsatzes der VKI diskutiert, um daraufhin Tendenzaussagen für die aufgabenorientierte Gestaltung der VKI zu treffen.

6.2.3 Bedingungszusammenhänge zwischen Innovationsaufgabe und Gestaltung

Entwicklungsaufgaben mit einem hohen Innovationsgrad erfordern den Zugang zu unstrukturierten und häufig noch latent verborgenen Informationen. Es bedarf der Generierung neuer Problemlösungen im Rahmen eines kreativen Informationsverarbeitungsprozess unter Beteiligung vieler sowie häufig wechselnder Kommunikationspartner und -kanäle.[479] Diesen Informations- und Kommunikationsanforderungen können nun die im Laufe der vorliegenden Arbeit aufgezeigten Einsatzpotenziale der VKI gegenübergestellt werden. In Kapitel 5.1.2 wurden unterschiedliche Möglichkeiten zur Identifikation fortschrittlicher Kunden im Internet aufgezeigt, die über stark ausgeprägtes Produktwissen verfügen und somit für den Informationsaustausch bei Entwicklungsvorhaben von hohem Innovationsgrad als geeignet erscheinen. Kapitel 5.2 hat gezeigt, dass der multimedial vermittelbare Informationsgehalt und die realitätsgetreue Darstellung von sehr neuartigen und möglicherweise physisch noch nicht existenten Produkten zum Innovations- und damit auch zum Informationstransfer, insbesondere bei komplexen und schwer fassbaren Innovationsaufgaben beitragen kann. Konkrete Instrumente zur Übermittlung heterogener Bedürfnisse und nur schwer zugänglicher

---

[476] Zum Konzept und zur Messung von Unsicherheit vgl. z.B. Schrader/Riggs/Smith (1993), S. 75ff.; Brown/Utterback (1985), S. 304f.
[477] Vgl. Mullins/Sutherland (1998), S. 227.
[478] Vgl. Brown/Utterback (1985), S. 307 und Gales/Mansour-Cole (1995), S. 83.
[479] Vgl. Picot/Reichwald/Nippa (1988), S. 127.

Informationen *(sticky Information)* wurden in Kapitel 3.3 beispielsweise als *Toolkits, User Design* oder Information Pump vorgestellt. Weiterhin kennzeichnend für die Komplexität radikaler Innovationsvorhaben ist die asymmetrische Verteilung und Heterogenität von Information und Wissen, das letztendlich durch die barrierefreie, globale und in Echtzeit ermöglichte Kommunikation im Internet zusammengeführt werden kann. Die Variabilität und damit die Unvorhersehbarkeit von Aufgabenänderungen kann durch kurze Reaktionszeiten und die Möglichkeit einer kontinuierlichen und iterativen Kundeneinbindung in sämtlichen Phasen des Innovationsprozesses entgegengewirkt werden. Zusammenfassend kann festgehalten werden, dass die VKI neue Möglichkeiten bietet, um den Informations- und Kommunikationsanforderungen von Entwicklungsaufgaben mit hohem Innovationsgrad zu begegnen.

Um Tendenzaussagen zu dem Einfluss der Aufgabenmerkmale einer Innovationsaufgabe auf die Intensität der VKI als Gestaltungsmerkmal abzuleiten, kann auf die Erkenntnisse einer Studie von *Gales/Mansour/Cole* zurückgegriffen werden. Auf einer informationstheoretischen Basis stellen die Autoren unter anderem die Hypothese auf, dass bei Innovationsprojekten, die durch hohe Unsicherheit gekennzeichnet sind, die Häufigkeit der Kundeninteraktionen und auch die Anzahl der eingebundenen Kunden größer ist als bei Innovationsprojekten mit niedrigem Unsicherheitsgrad.[480] Für die Begriffsbestimmung der Unsicherheit wird auf projektbezogene Kontextmerkmale zurückgegriffen, die großteils mit den in dieser Arbeit verwendeten Aufgabenmerkmalen übereinstimmen.[481] Die Hypothese wird bei der empirischen Überprüfung grundlegend gestützt, auch wenn teilweise phasenspezifische Abweichungen festgestellt wurden.[482] Wichtige Erkenntnisse der Studie von *Gales/Mansour-Cole* für die vorliegende Studie sind erstens, dass die Intensität der Kundeneinbindung bei unsicheren Innovationsprojekten stärker positiv auf die NPE-Performance wirkt als bei sicher eingeschätzten Innovationsprojekten. Das heißt, es gilt bei der Kundeneinbindung nicht pauschal „je mehr desto besser", sondern es ist von einer Abhängigkeit der Einbindungsintensität vom Projektkontext auszugehen.[483] Zweitens ist möglicherweise von phasenspezifischen Unterschieden der Intensitätsausprägungen auszugehen, die in der empirischen Untersuchung dieser Arbeit berücksichtigt werden sollten. Tendenzaussagen, die

---

[480] Vgl. Gales/Mansour-Cole (1995), S. 84.
[481] Die Autoren ziehen beispielsweise die projektbezogene Komplexität und Variabilität als auch die Radikalität von Innovationsprojekten als Quellen von Unsicherheit heran. Vgl. Gales/Mansour-Cole (1995), S. 83 f.
[482] Vgl. Gales/Mansour-Cole (1995), S. 96 f.
[483] Diese Feststellung stützt die in Kapitel 2.2 gewonnene Erkenntnis eines nicht linearen Zusammenhangs zwischen der Kundeneinbindung und dem NPE-Erfolg.

die unsicherheitsreduzierende Wirkung des Gestaltungsmerkmals der *Intensität* und des verwandten Merkmals der *Kontinuität* der VKI zum Ausdruck bringen, werden wie folgt aufgestellt:

Tendenzaussage 1: *Mit zunehmendem Neuigkeits- und Komplexitätsgrad, zunehmender Variabilität und mit sinkendem Strukturiertheitsgrad der Innovationsaufgabe nimmt die Intensität der VKI zu.*

Tendenzaussage 2: *Mit zunehmendem Neuigkeits- und Komplexitätsgrad, zunehmender Variabilität und mit sinkendem Strukturiertheitsgrad der Innovationsaufgabe nimmt die Kontinuität der VKI zu.*

Neben der Empfehlung eines intensivierten Informationsaustausches weisen *Picot/Reichwald/Nippa* darauf hin, dass bei Innovationsaufgaben vom Typ B die Kommunikationsstrukturen freier und offener als bei inkrementellen Entwicklungsaufgaben gestaltet werden sollten. Auch informelle Informationswege wie sie beispielsweise in Online Communities vorzufinden sind sollten gezielt gefördert werden.[484] In diesem Sinne bietet die Many-to-Many-Konstellation der Kommunikation, die eine Interaktion der Kunden untereinander einschließt, die größten Freiheitsgrade, um verteilte Informationen zur Lösung der Innovationsaufgabe im Rahmen der VKI zusammenzuführen.[485] Folgende Tendenzaussage wird getroffen.

Tendenzaussage 3: *Mit zunehmendem Neuigkeits- und Komplexitätsgrad, zunehmender Variabilität und mit sinkendem Strukturiertheitsgrad der Innovationsaufgabe nehmen offen gestaltete Interaktions- und Kommunikationsmuster (Many-to-Many) an Bedeutung zu.*

---

[484] Vgl. Picot/Reichwald/Nippa (1988), S. 130.
[485] Die unterschiedlichen Fälle der Interaktions- und Kommunikationsmuster der VKI sind in Kapitel 6.2.1.4 beschrieben.

Hinsichtlich des Gestaltungsmerkmals der *Anonymität* können zunächst keine klaren Tendenzaussagen abgeleitet werden. Es ist anzunehmen, dass kommunikationspolitische Überlegungen und die Einschätzung der Geheimhaltungsproblematik einen größeren Einfluss auf die Entscheidung haben bei der VKI anonym oder unter Firmennamen aufzutreten als die jeweiligen formalen Merkmalsausprägungen der Innovationsaufgabe.[486] Eng mit der Anonymitätsentscheidung verknüpft ist die Wahl des *Zugangs* zur VKI. Auch zu diesem Gestaltungsmerkmal können noch keine eindeutigen Tendenzaussagen getroffen werden. Einerseits würde ein offener Zugang eher den oben skizzierten Informations- und Kommunikationsanforderungen für Entwicklungsaufgaben mit hohem Innovationsgrad gerecht werden. Andererseits ist bei radikalen Innovationsvorhaben, die unter Umständen noch nicht an die breite Öffentlichkeit kommuniziert werden sollen, die gezielte Einbindung eines beschränkten Kundenkreises, deren Eigenschaftsprofil bekannt ist und mit denen bereits ein gegenseitiges Vertrauensverhältnis in vorangegangnen Innovationsprojekten aufgebaut werden konnte, von Vorteil.[487]

6.3 Motivation und Anreize zur virtuellen Kundenintegration

Generell begründet und erklärt die Motivation das menschliche Verhalten in seiner Art, Ausdauer und Intensität.[488] Die Motivation selbst entsteht aus einer Wechselwirkung von inneren Bedürfnissen (Motiven) und äußeren Faktoren (Anreizen).[489] Dabei dienen die Anreize zur Aktivierung der Motive, die in ihrer Struktur und Stärke des Zusammenwirkens zu einem bestimmten Verhalten, in diesem Falle zur Beteiligung des Kunden am NPE-Prozess führen. Grundsätzlich unterscheidet man zwei Motivationstypen, die extrinsische und die intrinsische Motivation. Während intrinsisch Motivierte die Tätigkeit an sich als vorherrschende Antriebskraft empfinden, ist für extrinsisch Motivierte die Tätigkeit nur ein Instrument, um andere Ziele zu erreichen, die sich aus der Konsequenz der Tätigkeit ergeben.[490] Als typisches Beispiel für intrinsische Belohnung gilt der Spaß an einer Tätigkeit, bei extrinsischen Anreizen handelt es sich um monetäre oder zumindest monetär bewertbare

---

[486] Zu dem Gestaltungsmerkmal der Anonymität der VKI vgl. Kapitel 6.2.1.3.
[487] Zu dem Gestaltungsmerkmal des Zugangs zur VKI vgl. Kapitel 6.2.1.5.
[488] Zu Perspektiven der Motivationsforschung vgl. Beckmann (1996), S. 13 ff.
[489] Vgl. Von Rosenstiel (2000), S. 356.
[490] Vgl. Heckhausen (1989), S. 454; Von Rosenstiel (1975), S. 116 und 121.

Anreize.[491] Zum Verhalten führt häufig erst eine Kombination aus extrinsischen und intrinsischen Anreizen.[492]

Im Lichte dieser Unterteilung ist es das Ziel dieses Kapitels, die Relevanz unterschiedlicher Anreizmöglichkeiten für die virtuelle Einbindung von Kunden zu diskutieren und mögliche Zusammenhänge zwischen den in Kapitel 6.2 vorgestellten Gestaltungsmerkmalen und den durch die Unternehmen gewährten Anreize herzustellen. Es handelt sich um einen kontingenztheoretischen Untersuchungsansatz, der bereits in Abbildung 20 dargestellt wurde.

6.3.1 Motivationsgrundlage der virtuellen Kundenintegration

Auf Basis der Erkenntnisse zur Motivationsforschung in den Bereichen der Freizeitgestaltung,[493] des Teilnahmeverhaltes in Online und Open-Source Umgebungen,[494] der User Innovation[495] und der Beteiligung an WWW-Befragungen[496] leitet *Füller* die in folgender Tabelle zusammengefassten Kundenmotive für die Beteiligung an der VKI ab.[497]

Die rechte Spalte der Tabelle 4 beinhaltet die wesentlichen Literaturquellen, die für die Plausibilisierung der Motive zur Teilnahme an der VKI verwendet wurden, sowie eine Reihe weiterer Autoren, deren Beiträge die vorgestellten Motive ebenfalls stützen. In der weitergehenden empirischen Analyse durch *Füller* werden die Teilnahmemotive von 727 Kunden berücksichtigt, die bereits an einem VKI-Projekt teilgenommen haben. Ausgehend von 24 intrinsischen und extrinsischen Motiv-Items wurden mit Hilfe einer explorativen Faktorenanalyse sechs Faktoren identifiziert. Es handelt sich hierbei um die Faktoren „Monetary Rewards", „Show Ideas", „Gain Knowledge", „Innovation Interest", „Dissatisfaction" und „Cusriosity". Die Cronbachs-Alpha-Werte bewegen sich zwischen 0,71 und 0,91. Die kumulierte erklärte Varianz der Faktorlösung beträgt 81,62 %.

Schließlich wird eine multiple Regression durchgeführt, um den Zusammenhang zwischen den identifizierten Motivationsfaktoren und dem grundsätzlichen Teilnahmeinteresse an weiteren VKI-Projekten sowie der Teilnahmefrequenz zu messen. Die wesentlichen Befunde

---

[491] An dieser Stelle sei allerdings darauf hingewiesen, dass es auch durchaus Grenzfälle gibt, die sich sowohl intrinsischer und extrinsischer Motive bedienen. Von Rosenstiel führt als derartiges Beispiel das Motiv Kontaktbedürfnis an. Vgl. von Rosenstiel (1975), S. 116 f.
[492] Vgl. Deci/Ryan (2002).
[493] Vgl. z.B. Unger/Kernan (1983).
[494] Vgl. z.B. Hemetsberger (2001); Henning-Thurau/Ursula (2001); Lakhani/von Hippel (2003).
[495] Vgl. z.B. Franke/Shah (2003); von Hippel (1988).
[496] Vgl. z.B. Hopkins/Gullickson (1993); Theobald (2000).
[497] Vgl. Füller (2005), S.11 ff und die dort angegebene Literatur.

zeigen, dass „Innovation Interest" gefolgt von „Curiosity" und „Show Ideas" die zukünftige Teilnahme an der VKI signifikant positiv beeinflussen ($R^2=0,33$; $p<0,001$). „Monetary Rewards" hingegen zeigt einen zwar schwachen, aber dennoch signifikanten negativen Einfluss. Betrachtet man die Teilnahmefrequenz als abhängige Variable, ergibt sich ein leicht verändertes Bild ($R^2=0,15$; $p<0,001$). „Monetary Rewards" wirken nun positiv auf die Teilnahmefrequenz, „Dissatisfaction" wirkt signifikant negativ. „Innovation Interest" bleibt unverändert die Variable mit dem größten Beta-Wert und hat damit den stärksten Einfluss sowohl auf die grundsätzliche Teilnahmebereitschaft an der VKI als auch auf die Teilnahmefrequenz.[498]

---

[498] Der Faktor „Innovation Interest" wurde durch die Indikatoren „Because I enjoy dealing with new products." und „To keep up with new ideas and innovations." operationalisiert. Die Messung erfolgte auf einer 5-Punkt Likert-Skala.

Motiv	Kurzbeschreibung	Literaturquellen
Autotelische Tätigkeit	Nicht die Handlungsergebnisse oder Ergebnisfolgen, sondern die Beschäftigung mit der Innovationsaufgabe selbst trägt den Anreiz in sich. Die belohnende Wirkung bei der Ausführung der Tätigkeit kann als lustvoll, stimulierend oder als Spaß an der Sache beschrieben werden. Zugrundeliegend ist meist ein ausgeprägtes Involvement mit dem Produkt, der Marke oder der Themenstellung im Allgemeinen sowie ein anregendes Interneterlebnis.	u.a. Belk et al. (2000), Bloch (1986), Csikszentmihalyi (2002), Coulter et al. (2003), Hoffman/Novak (1996), Mittal (1995), Mittal/Lee (1988), Trommsdorff (1995)
Wissbegierde und Explorationsdrang	Die Neugier und der Drang, eine ganz spezifische Aufgabenstellung oder aber einen ganzen Innovationsbereich näher zu erforschen, bekunden das Bedürfnis, neues Wissen zu erwerben.	u.a. Berlyne (1960), Unger/Kernan (1983), Baumgartner/Steenkamp (1996)
Herausforderung und Selbstbestätigung	Die Innovationsaufgabe wird als Herausforderung und als Prüfstein für die eigene Innovationsfähigkeit gesehen.	u.a. Kollock/Smith (1998), Kuwabara (2000), Lakhani/Wolf (2003)
Fähigkeitsentwicklung und Wissenserwerb	Eigenen Fähigkeiten und Fertigkeiten können im Umgang mit neuen Technologien und Produkten entwickelt werden. Insbesondere Online-Communities bieten den Zugang für neues Wissen und die Unterstützung Gleichgesinnter zur Entfaltung eigener Ideen.	u.a. Amabile (1996), Hars/Ou (2002), Lakhani/von Hippel (2003)
Informationssuche	Die Teilnahme an einer Innovationsstudie im Internet ermöglicht den Zugang zu Informationen, die ansonsten nur schwer oder überhaupt nicht zugänglich sind.	u.a. Butler et al. (2002), Galegher et al. (1998)
Soziale Anerkennung und Selbstdarstellung	In einem Umfeld, in dem die Innovationsaktivitäten eines Kunden für andere Teilnehmer/Unternehmen sichtbar sind, kann das Bedürfnis nach Bestätigung, Anerkennung und Status zur Teilnahme motivieren. Zudem besteht möglicherweise die Aussicht auf Gegenleistung, z.B. in Form von Vergünstigungen oder Sonderbehandlungen als Co-Entwickler durch das innovierende Unternehmen.	u.a. Coulter et al. (2003), Fournier (1998), Gwinner et al. (1998), Hars/Ou (2002), Henning-Thurau et al. (2004), Jeppesen (2001)
Altruismus und Engagement für die Gemeinschaft	Altruismus ist im Sinne einer gesellschaftlichen Bewertung als „moralisch" oder „lobenswert" Bestandteil einer sozialen Normerfüllung, die unter Umständen Kunden auch ohne unmittelbare Gegenleistung dazu veranlasst, Hilfestellung zur Entwicklung neuer Produkte zu leisten.	u.a. Henning-Thurau et al. (2004), Ozinga (1999), Singer (2002), Takahashi (2000)
Knüpfung sozialer Kontakte	Durch die internetbasierte Interaktion besteht die Möglichkeit, soziale Kontakte mit Gleichgesinnten und Produktentwicklern des Unternehmens zu knüpfen. Es entsteht eine Zugehörigkeitsgefühl zu einer Innovations-Gemeinschaft, dessen Ziele idealerweise mit dem eigenen Wertesystem vereinbar sind.	u.a. Gwinner et al. (1998), Kozinets (2002)
Neue Bedürfnisse und Unzufriedenheit	Die Unzufriedenheit mit am Markt erhältlichen Produkten veranlasst innovative Anwender, selbst Produkte zu modifizieren oder neu zu entwickeln. Durch die Teilnahme erhoffen sie, die Innovation selbst Nutzen zu können und damit ihre neuartigen Bedürfnisse zu befriedigen.	u.a. Franke/Shah 2003, Lüthje (2003), Morrison (2000), Oliver (1980), von Hippel (1988)
Monetäre Belohnung	Finanzielle Anreize sind eine Form der materiellen Belohnung, die der Kunde entsprechend der eigenständigen oder gemeinsam mit dem Unternehmen durchgeführten Innovationstätigkeit erhofft.	u.a. Amabile (1996), Hopkins/Gullickson (1993), Lerner/Tirole (2000), Singer et al. (1999), Theobald (2000), von Hippel (2002)

Tabelle 4: Kundenseitige Motive zur Teilnahme an der virtuellen Kundenintegration[499]

---

[499] In Anlehnung an Füller (2005). Eigene Übersetzung.

Die Ergebnisse stützen den bereits in mehreren Praxisprojekten beobachteten starken Einfluss intrinsischer Motive wie Spaß und die Neugierde an etwas Neuem mitzuwirken, und den gleichzeitig weniger bedeutungsvollen Einfluss monetärer Anreize auf die Teilnahme an der VKI.[500] Es zeigt sich allerdings auch, dass bei einer häufigeren Einbindung monetäre Anreize durchaus eine Rolle spielen können. Der Kunde sieht sich eher in der Rolle eines kontinuierlichen Entwicklungspartners, der für seine eingesetzten Leistungen auch entsprechend finanziell entlohnt werden will.

Ergänzend zu den durch *Füller* aus unterschiedlichen Bereichen abgeleiteten Motivationsgrundlagen erscheint es für ein besseres Verständnis der Kundenmotivation auch interessant, diejenigen Gründe anzuführen, die innovative Anwender dazu veranlassen, ihre Innovationen freiwillig mit anderen Personen bzw. Unternehmen zu teilen und frei zugänglich zu machen. Diesbezüglich identifizieren *Harhoff, Henkel* und *von Hippel* vier Hauptgründe.[501] Erstens, wenn ein innovativer Anwender seine Innovation Herstellern zu Verfügung stellt, können diese die Weiterentwicklung seiner Innovation vorantreiben. Dies kommt letztendlich auch dem Kunden selbst zugute, der auf eine verbesserte, markttaugliche und unter Umständen auch auf Zusatz- bzw. Serviceleistungen zurückgreifen kann. Zweitens, die Innovation frei zugänglich zu machen erhöht die Chance, einen Produktstandard zu etablieren, der für die eigene Anwendung vorteilhaft ist und der mögliche Zusatz- und Serviceleistungen um diesen Standard entstehen lässt. Drittens, Reputationseffekte können erzielt werden, und viertens wird die Weitergabe von Innovationen durch geringe Wettbewerbsbedingungen begünstigt. Die aus diesen vier Aspekten abzuleitenden ökonomischen Vorteile wollen sich auch Firmen wie IBM zunutze machen. Im Januar 2005 kündigte das Unternehmen an, 500 Patente im Bereich E-Commerce, Bildbearbeitung und Internetkommunikation frei für jedermann zugänglich zu machen. Damit wird zwar ein unmittelbarer Vorsprung an Intellectual Property außer Haus gegeben, der durch mittelbare Zuwächse der Gesamtindustrie allerdings kompensiert werden soll.[502] Im Zusammenhang mit Sport-Communities stellen *Franke* und *Shah* den Spaß und das Enjoyment als einen fünften Faktor fest, der die Anwender dazu veranlasst, ihre neuen Produkte mit anderen Community-Mitgliedern zu teilen.[503] Dieses Motiv wurde auch schon in Tabelle 4 berücksichtigt. Auf einen

---

[500] Vgl. Bartl/Ernst/Füller (2004), S. 160.
[501] Vgl. Harhoff/Henkel/von Hippel (2003).
[502] Vgl. Lohr (2005).
[503] Vgl. Franke/Shah (2003), S. 167.

weitergehenden Exkurs in die Motivationsforschung und deren Grundlagen sei an dieser Stelle verzichtet.[504]

6.3.2 Anreize zur Aktivierung intrinsischer und extrinsischer Motive

Nachdem im vorangegangenen Kapitel die Motivationsgrundlage der Kunden zur Teilnahme an der VKI vorgestellt wurde, stellt sich aus Sicht der innovierenden Unternehmen die Frage, ob es überhaupt sinnvoll ist Anreize zu gewähren und wenn ja, welche Anreize zur Aktivierung der intrinsischen und extrinsischen Motive nun konkret eingesetzt werden sollen.[505]

In Anlehnung an die bereits oben identifizierten Teilnahmemotive zur VKI können die in Tabelle 5 gezeigten Anreize vom Unternehmen eingesetzt werden, um die intrinsischen und extrinsischen Motive der Kunden zu aktivieren.

Anreize zur Aktivierung intrinsischer Teilnahmemotive an der VKI
• Exklusive Informationen über das Produkt
• Dankschreiben und allgemeine Informationen wie Broschüren über unser Unternehmen
• Online-Chats mit dem Entwicklungsteam
• Der Spaßfaktor und Neuigkeitscharakter der VKE ist ausreichend
• Die innere Motivation und das Interesse am Produkt ist ausreichend
Anreize zur Aktivierung extrinsischer Teilnahmemotive an der VKI
• Finanzielle Entschädigung entsprechend dem angefallenem Aufwand
• Beteiligung am Erfolg der Entwicklung
• Spezielle Angebote, Vergünstigungen, Produkte für jeden Teilnehmer
• Gewinnspiele / Preisausschreiben

Tabelle 5: Anreize zur Motivaktivierung

Bei der Wahl der Anreizkombinationen für die VKI sind die unterschiedlichen Auffassungen einer Interaktion bzw. Additivität von Anreizen zu berücksichtigen. Der Interaktionseffekt ist im Wesentlichen dadurch gekennzeichnet, dass extrinsische Anreize die intrinsische

---

[504] Für eine Erläuterung der Inhalts- und Prozesstheorien der Motivation vgl. insbesondere von Rosenstiel (2000), S. 207 ff.
[505] Zum Sinn und Unsinn des Einsatzes von Incentives in der Online-Marktforschung vgl. Theobald (2001).

Motivation verdrängen.⁵⁰⁶ Diese Gefahr besteht vor allem bei besonders hochwertigen und begehrenswerten Incentives und führt dazu, dass ein Kunde allein aufgrund des Incentives an der VKI teilnimmt - unter Umständen sogar mehrmals. Negative Folgen sind die Beeinflussung der Stichprobenzusammensetzung, Auswirkungen auf die Datenqualität durch die wahrgenommene Erwünschtheit eines bestimmten Antwortverhaltens und andere Formen der Ergebnisverzerrung.⁵⁰⁷ Gegen einen grundsätzlichen Verzicht von extrinsischen Anreizen spricht allerdings der Effekt der Additivität. Dies bedeutet, dass extrinsische und intrinsische Motivationen in ihrer Motivationswirkung gleichgerichtet sind. Insbesondere für Kunden, bei denen die intrinsische Motivation für eine Teilnahme nicht ausreicht, können kleinere Anreize, beispielsweise in Form der oben angesprochenen Aufwandsentschädigung, eine Art Anschub für die Teilnahme leisten. Eine weitere Form der Incentivierung zur VKI im additiven Sinne ist die Vereinigung extrinsischer und intrinsischer Motive in einem Anreiz. Als Beispiel wurde in einem VKI-Projekt zur Entwicklung einer neuen Generation von Modelleisenbahnen eine exklusive Mitfahrt im Führerstand einer Dampflokomotive bzw. einer modernen Lokomotive verlost.⁵⁰⁸ Dieser themenspezifische Anreiz ist ein extrinsischer Zusatznutzen, der sowohl Enthusiasten als auch Neueinsteiger, mit möglicherweise nur latentem intrinsischen Interesse, zur Teilnahme an der VKI bewegen kann.

Zusammenfassend kann festgehalten werden, dass die intrinsische Motivation eine zentrale Bedeutung für die Einbindung von Kunden in den NPE-Prozess hat. Sie erhöht das für die Einbindung geforderte Maß an Kreativität und ist grundlegendes Charakteristikum eines Produktentwicklers, dessen Rolle der Kunde im Rahmen der VKI annimmt.⁵⁰⁹ Die intrinsischen Anreize dürften sogar großteils ausreichend für die Teilnahme an der VKI sein. Allerdings können extrinsische Anreize, selbst mit geringem monetären Gegenwert, dazu dienen, noch unentschlossene Kunden zur Teilnahme zu stimulieren oder intrinsische Motive erstmals auszulösen. Bei besonders hohen Innovationsleistungen oder einer besonders intensiven Zusammenarbeit konnte festgestellt werden, dass finanzielle Entschädigungen an Bedeutung gewinnen.⁵¹⁰ Deren Höhe könnte sich an im Markt üblichen Erfindervergütungen oder vergleichbaren Arbeitsleistungen ausrichten.

Analog der explorativen Kontingenzanalyse zu den Gestaltungsmerkmalen der VKI, sollen auch für die Anreizgewährung Tendenzaussagen getroffen werden. Deren erstmalige

---

⁵⁰⁶ Vgl. Deci (1971); Kohn (1993).
⁵⁰⁷ Vgl. Theobald (2000), S. 54 ff.
⁵⁰⁸ Vgl. Bartl/Ernst/Füller (2004), S.158 f.
⁵⁰⁹ Vgl. Amabile (1988), S. 135; Amabile (1987), S.11.
⁵¹⁰ Vgl. Füller (2005), S. 20.

empirische Überprüfung führt zur Formulierung von Hypothesen, die in weiteren empirischen Arbeiten aufgegriffen werden können. Folgende Tendenzaussagen sind Ergebnis der oben beschriebenen Erkenntnisse und empirischen Befunde zur Motivation und Anreizaktivierung.

Tendenzaussage 4:   *Innovierende Unternehmen werden die gewährten Anreize an der Erwartungshaltung der Kunden ausrichten, um diese zur Teilnahme an der VKI zu motivieren*

Tendenzaussage 5:   *Innovierende Unternehmen werden den intrinsisch wirkenden Anreizen eine besonders hohe Bedeutung zukommen lassen, um Kunden zur Teilnahme an der VKI zu motivieren.*

Tendenzaussage 6:   *Unternehmen werden mit steigender Intensität und Kontinuität der VKI verstärkt extrinsische Anreize einsetzen.*

7 Grundlagen der empirischen Untersuchung

7.1 Vorgehensweise der empirischen Untersuchung

Für die empirische Gesamtuntersuchung zur VKI wurde ein kombinierter Forschungsansatz verwendet, der sich sowohl qualitativer als auch quantitativer Methoden bedient. Die gewählte Vorgehensweise lässt sich durch aufeinanderfolgende Teilschritte darstellen, die in Abbildung 27 aufgezeigt werden.

```
┌─────────────────────────────────────────────────────────────┐
│      Literaturgestützte Analyse und theoretische Vorarbeiten │
└─────────────────────────────────────────────────────────────┘
                              │
                              ▼
┌─────────────────────────────────────────────────────────────┐
│                     Qualitative Analyse                      │
│  ┌─────────────────────┐   ┌─────────────────────────────┐  │
│  │ Durchführung eines  │   │ Interviews mit Managern     │  │
│  │ Praxisprojekts in   │   │ und Experten aus der        │  │
│  │ der Automobilindustrie │ Unternehmenspraxis          │  │
│  └─────────────────────┘   └─────────────────────────────┘  │
└─────────────────────────────────────────────────────────────┘
                              │
                              ▼
┌─────────────────────────────────────────────────────────────┐
│                       Datenerhebung                          │
│  ┌─────────────────────┐   ┌─────────────────────────────┐  │
│  │ Anwendung der VKI   │   │ Befragung innovierender     │  │
│  │ und Kundenbefragung │   │ Unternehmen im Bereich      │  │
│  │ in der Automobil-   │   │ der Konsumgüter und         │  │
│  │ industrie           │   │ Konsumentenservices         │  │
│  └─────────────────────┘   └─────────────────────────────┘  │
└─────────────────────────────────────────────────────────────┘
                              │
                              ▼
┌─────────────────────────────────────────────────────────────┐
│                    Quantitative Analyse                      │
│  ┌─────────────────────┐   ┌─────────────────────────────┐  │
│  │ Datenauswertung und │   │ Datenauswertung und         │  │
│  │ Interpretation aus  │   │ Interpretation aus dem      │  │
│  │ dem Untersuchungs-  │   │ Untersuchungsblickwinkel    │  │
│  │ blickwinkel „Kunde" │   │ „innovierende Unternehmen"  │  │
│  └─────────────────────┘   └─────────────────────────────┘  │
└─────────────────────────────────────────────────────────────┘
                              │
                              ▼
┌─────────────────────────────────────────────────────────────┐
│       Handlungsempfehlungen für die Praxis und               │
│       Folgerungen für die weitere Forschung                  │
└─────────────────────────────────────────────────────────────┘
```

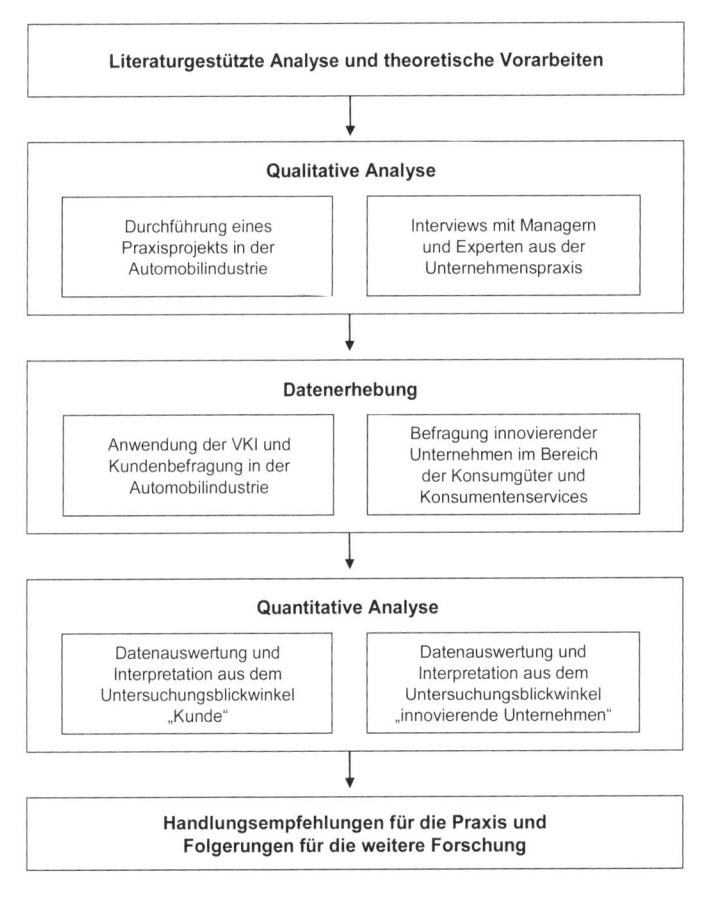

Abbildung 27: Grobskizze zur Vorgehensweise der empirischen Gesamtuntersuchung

Ausgangspunkt der Forschungsbemühungen bildeten die Erkenntnisse, die aus der Aufarbeitung bestehender Literatur zum Phänomen der VKI und inhaltlich verwandten Themen resultierten. Der Stand der Forschung wurde in Kapitel 3 dieser Arbeit dargelegt. Zudem wurden in Kapitel 2 grundlegende Erkenntnisse der Kundenintegration vorgestellt, wobei sich die Interaktionsforschung als geeignetes theoretisches Fundament zur Entwicklung des Bezugsrahmens in Kapitel 4 erwies.

Als eine wichtige Informationsquelle für die qualitative Analyse erwiesen sich die zahlreichen und kontinuierlich durchgeführten Interviews mit Unternehmensvertretern und Praxisexperten. Es handelte sich hierbei meist um unstrukturierte Interviews zu den Untersuchungsbereichen Akzeptanz, Innovationsfähigkeit und Innovationsbereitschaft. Zudem konnte durch den Austausch von Erfahrungswerten ein tieferes Verständnis hinsichtlich der wesentlichen Determinanten und Gestaltungsparameter der VKI gewonnen werden. Die zweite qualitative Methode, die zur Anwendung kam, ist die Initiierung und Durchführung eines VKI-Praxisprojekts bei der Audi AG. Es handelt sich hierbei um sogenannte Aktionsforschung,[511] bei der eine unmittelbare Beteiligung des Forschers an der gewählten Umgebung und somit eine personelle Identität von Forscher und Beobachter entsteht. Der Zugang zum Untersuchungsfeld war aufgrund der beruflichen Tätigkeit des Autors bei der Audi AG gewährleistet. Qualitative Erkenntnisse wurden durch die Methode der teilnehmenden Beobachtung und durch die mit der Projektverantwortung verbundenen Interventionsmöglichkeiten direkt im Feld gesammelt. Die mehrmonatige Entwicklung und der tatsächliche Einsatz eines VKI-Instrumentariums bei der Audi AG trugen darüberhinaus maßgeblich zur Konkretisierung des Wissens bei und ermöglichten facettenreiche Einblicke hinsichtlich Chancen, Probleme und Auswirkungen in dem noch jungen Forschungsfeld der VKI. Insgesamt zielte die Anwendung der qualitativen Methoden darauf ab, einen steten Problembezug der Forschung im weiteren Verlauf der empirischen Gesamtuntersuchung sicherzustellen. Die Erkenntnisse haben stark explorativen Charakter und dienen zur Auswahl und Grobkonzeptualisierung der Untersuchungsvariablen und damit letztendlich zur Ausformulierung der Fragebögen im Rahmen der Datenerhebung als nächsten Teilschritt der Vorgehensweise der Untersuchung.

Die dyadische Datenerhebung mit dem Ziel, statistisch abgesicherte Aussagen aus der Unternehmens- als auch Kundenperspektive zu treffen, ist als eine Besonderheit der

---

[511] Zur Aktionsforschung vgl. Gummesson (2000).

vorliegenden Arbeit zu sehen. Die Erhebungstechnik und die Datengrundlage der beiden empirischen Erhebungen sind in Kapitel 8 und 9 näher beschrieben.

Die quantitative Analyse besteht in einer schrittweisen, strukturierten Untersuchung der auf Basis der theoretischen Konzeptualisierung und Operationalisierung erarbeiteten und in den Fragebögen enthaltenen Konstrukte und Variablen. Die Messung der verwendeten Indikatoren ist einer Validitäts- und Reliabilitätsbeurteilung zu unterziehen. Im Gegensatz zu dem explorativen Charakter der qualitativen Analyse stehen bei der quantitativen Analyse der VKI deskriptive und explikative Zielsetzungen im Rahmen hypothesentestender Verfahren im Vordergrund der Betrachtung. Der folgende Abschnitt vermittelt grundlegende methodische Aspekte der quantitativen Analyse, die in der vorliegenden Arbeit zur Anwendung kamen.

7.2 Methodische Aspekte im Rahmen der Datenanalyse

Die theoretisch begründeten und z.T. multikausalen Wirkungsmodelle im Rahmen der explikativen Untersuchungsanliegen zur VKI stellen hohe Anforderungen an die Leistungsfähigkeit der zu wählenden Datenanalyseinstrumente. Die Analyseverfahren müssen in der Lage sein, eine Vielzahl möglicher Einflussfaktoren und deren komplexes Beziehungsgeflecht abzubilden und zu überprüfen. Zudem müssen gleichzeitig neben den direkt beobachtbaren Variablen (Indikatorvariablen) auch nicht direkt beobachtbare (latente) Variablen bzw. hypothetische Konstrukte in die Analyse aufgenommen werden können.

Im Anschluss an die Operationalisierung der Konstrukte kommen in der vorliegenden empirischen Untersuchung die Verfahren der Strukturgleichungsanalyse und unterschiedliche Varianten der Regressionsanalyse zum Einsatz. Bei den gewählten Verfahrenstypen handelt es sich um konfirmatorische oder strukturprüfende Verfahren der Dependenzanalyse, die der explikativen Natur der hier vorgenommenen quantitativen Analyse Rechnung tragen. Sie dienen grundsätzlich dazu, vermutete Ursache-Wirkungs-Beziehungen zwischen Variablen, sog. Kausalhypothesen auf ihre empirische Gültigkeit hin zu überprüfen.

Da es sich bei allen Methoden um in der Literatur ausgiebig diskutierte Verfahren handelt, wird hier auf eine detaillierte Diskussion verzichtet und im weiteren Verlauf der Untersuchung auf die einschlägige Literatur verwiesen.[512] Dennoch sollen die jeweils

---

[512] Auch wird auf eine Vertiefung anderer statistischer Methoden, wie beispielsweise der Varianzanalyse oder Clusteranalyse im Rahmen dieser Arbeit verzichtet, da sie aufgrund der vorliegenden Forschungsziele und Ausgangsdaten ausgeschlossen wurden.

verwendeten Gütekriterien zur *Operationalisierung und Messung von Konstrukten*, zur Verwendung der *multiplen* und *logistischen Regression* sowie für die *Strukturgleichungsanalsyse* überblicksartig in tabellarischer Form aufgezeigt werden.

7.2.1 Operationalisierung und Messung von Konstrukten

Bevor die empirische Untersuchung der Beziehung zwischen Konstrukten erfolgen kann, erfolgt zunächst eine Validierung der gewählten Konstrukte. Die Entwicklung eines geeigneten Messinstruments wird als Operationalisierung bezeichnet.[513] Im Zusammenhang mit jeder Messung müssen hierbei die Gütekriterien der Reliabilität und der Validität beachtet werden.[514]

Die Reliabilität (Zuverlässigkeit) betrifft die Genauigkeit oder Präzision einer Messung.[515] Insbesondere sollten sich bei einer Messwiederholung genau die gleichen Werte ergeben wie bei der ersten Messung. Je ähnlicher die Daten der beiden Messreihen sind, desto reliabler ist das Verfahren. Anders ausgedrückt, die einzelnen Indikatoren stellen dann ein reliables Messinstrument der betreffenden Konstrukts dar, wenn ein wesentlicher Anteil ihrer Varianz durch die Assoziation mit dem Konstrukt erklärt wird. Mangelnde Reliabilität wiederum wird durch Zufallsfehler bei einer Messung hervorgerufen, die beispielsweise durch mangelndes Interesse von Befragten entsteht.[516] Die Validität (Gültigkeit) einer Messung hängt davon ab, ob wirklich das gemessen wird, was eigentlich gemessen werden soll.[517] Dieses Gütekriterium bezieht sich somit auf die konzeptionelle Richtigkeit einer Messung. Eine Messung kann präzise im Sinne der Reliabilität sein, ohne jedoch eine Information über den zugrundeliegenden Sachverhalt zu geben. Ein Messinstrument wird somit dann als valide gewertet, wenn es über die Eigenschaft der Reliabilität hinaus frei von systematischen Fehlern ist.[518] Ausgehend von diesem grundlegenden Verständnis lässt sich die Validität unter verschiedenen Aspekten betrachten. Aus der Vielzahl der in der Literatur existierenden Validätskonzepten sind insbesondere die Inhaltsvalidität, die Konvergenzvalidität, die Diskriminanzvalidität und die nomologische Validität für diese Arbeit von Bedeutung.[519]

---

[513] Vgl. Homburg (2000), S. 71.
[514] Vgl. Carmines/Zeller (1979), S. 11; Peter (1979), S. 6; Peter (1981).
[515] Vgl. Berekhoven/Eckert/Ellenrieder (1999), S. 87.
[516] Vgl. Homburg/Giering (1996), S. 6.
[517] Vgl. Homburg (2000), S. 73; Kromrey (1998), S. 169 f.
[518] Vgl. Churchill (1979), S. 86; Kinnear/Taylor (1991), S. 830.
[519] Zu den einzelnen Konzepten und Facetten der Validität einer Messung vgl. Bagozzi/Phillips (1982), S. 467 ff.; Bagozzi/Yi/Phillips (1991); Churchill (1979), S. 70 ff., Hildebrandt (1984), S. 42 ff.; Homburg/Giering (1996); Peter (1981), S. 134 ff.; Zaltman/Pinson/Angelmar (1973), S. 44.

Die meisten Autoren der Marketingforschung im deutschsprachigen Raum verweisen bei der Vorgehensweise zur Operationalisierung von Konstrukten auf Arbeiten der Forschergruppe um *Homburg*. Den dort angeführten und geforderten Untersuchungsstufen zur Entwicklung eines validen und reliablen Messmodells unter der kombinierten Verwendung von Gütekriterien der ersten und zweiten Generation wird auch in dieser Arbeit Rechnung getragen.[520] Tabelle 6 gibt zusammenfassend einen Überblick der Gütekriterien der ersten Generation zur Beurteilung von Konstrukten und des geforderten Anspruchsniveaus, die sich in der Forschungspraxis weitgehend etabliert haben.

Gütekriterien der 1. Generation	Anspruchsniveau
Erklärte Varianz Maß an Varianz der Indikatorvariablen, das durch die bei der explorativen Faktorenanalyse extrahierten Faktoren erklärt wird. Wertebereich [0-100 %].	$\geq 50\%$
Faktorladung Maß für die Stärke des Zusammenhangs zwischen einem Faktor und einem Indikator. Wertebereich [0;1].	$\geq 0,4$
Cronbachs-Alpha Maß für die interne Konsistenz einer Gruppe von Indikatoren, die ein Konstrukt messen. Wertebereich [0;1].	$\geq 0,7$
Item-to-Total-Korrelation Misst die Korrelation zwischen einem Indikator und der Summe aller demselben Konstrukt zugeordneten Indikatoren. Liegt das Cronbachs-Alpha unter dem geforderten Schwellenwert von 0,7, so wird der Indikator mit der niedrigsten Item-to-Total-Korrelation eliminiert. Wertebereich [0;1].	-

Tabelle 6: Überblick der Gütekriterien der 1. Generation zur Konstruktbeurteilung

Die erklärte Varianz und die Faktorladungen im Rahmen der explorativen Faktorenanalyse lassen erste Aussagen über die Konvergenz- und Diskriminanzvalidität zu. Cronbachs-Alpha und die Item-to-Total-Korrelation dienen der Reliabilitätsbetrachtung. Die Gütekriterien der zweiten Generation ergänzen die Beurteilung von Validitäts- und Reliabilitätsaspekten um inferenzstatistische Tests und begegnen der Kritik zu den teils restriktiven Annahmen der Kriterien der ersten Generation.[521] Grundlage bildet die konfirmatorische Faktorenanalyse, die wiederum ein zentraler Bestandteil des Strukturgleichungsansatzes darstellt. Tabelle 7 gibt

---

[520] Zu vertiefenden Ausführungen vgl. Homburg (2000), S. 87 ff.; Homburg/Giering (1996); Giering (2000), S. 72 ff; Gruner (1997), S. 100 ff.
[521] Vgl. u.a. Bagozzi/Yi/Phillips (1991); Bagozzi/Phillips (1982), S. 468; Gerbing/Anderson (1988), S. 188; Hildebrandt (1984).

zusammenfassend einen Überblick der Gütekriterien der zweiten Generation mit den entsprechenden Kurzbeschreibungen und geforderten Schwellenwerten.

Die Globalkriterien beurteilen das Gesamtmodell, während die Partialkriterien Teilstrukturen des Modells untersuchen. Bei den lokalen Anpassungsmaßen wird zwischen Gütekriterien zur Beurteilung einzelner Indikatoren (Indikatorreliabilität, t-Wert der Faktorladung) bzw. ganzer Faktoren (Faktorreliabilität, durchschnittlich erfasste Varianz) unterschieden. Im Falle mehrfaktorieller Konstrukte muss zu den hier angeführten Gütekriterien der Reliabilität und Konvergenzvalidität die Diskriminanzvalidität überprüft werden. Demzufolge muss sichergestellt werden, dass die einzelnen Faktoren auch tatsächlich verschiedene Aspekte desselben Konstrukts messen. Eine derartige Überprüfung erfolgt mit dem χ^2-Differenztest[522] oder anhand des Fornell-Larcker-Kriteriums.[523]

Angesichts der Vielzahl der Gütekriterien, auch Fit-Indizes genannt, ist eine Erfüllung aller Maße nicht zwingend erforderlich. Geringfügige Verletzungen einzelner Indizes werden üblicherweise eingeräumt. Eine Verletzung in starkem Ausmaß oder die gleichzeitige Verletzung mehrerer Kriterien erfordert eine Modifikation des Modells. Abschließend sei betont, dass die Auswahl der hier angeführten Kriterien als Orientierungshilfe dient und nicht den Anspruch hat, die Gesamtheit aller in der quantitativen Analyse zur Anwendung kommenden Prüfverfahren und Modifikationsschritte der Konstrukte abzubilden.[524] Bei Bedarf wird auf eine explizite Beschreibung der durchgeführten Arbeitsschritte im weiteren Verlauf der Arbeit eingegangen oder auf vertiefende Literatur hingewiesen.

---

[522] Vgl. Homburg (2000), S. 93 ff.; Jöreskog/Sörbom (1982), S. 408.
[523] Vgl. Fornell/Larcker (1981), S. 46.
[524] Für eine ausführliche Diskussion der Gütebeurteilung durch Kriterien der ersten und zweiten Generation sowie für vertiefende Literaturhinweise vgl. Homburg (2000), S. 87 ff.; Homburg/Giering (1996); Giering (2000), S. 72 ff.; Gruner (1997), S. 100 ff. oder auch Betz (2003), S. 79 ff.

Grundlagen der empirischen Untersuchung 155

Gütekriterien der 2. Generation	Anspruchsniveau
Globalkriterien	
χ^2/df	≤ 5
Der χ^2 Test prüft die Richtigkeit des spezifizierten Modells. Hierzu wird der χ^2 Wert des betrachteten Messmodells mit dem eines abgeleiteten Modells, bei dem die Korrelation zwischen zwei Konstrukten auf 1 fixiert ist, hinsichtlich einer signifikanten Verschlechterung überprüft. Für den Vergleich wird die jeweilige Kovarianzmatrix herangezogen. Aufgrund der Abhängigkeit des Chi-Quadrat-Tests von der Anzahl der Freiheitsgrade empfiehlt es sich allerdings, den Quotient des χ^2-Werts und der Zahl der Freiheitsgrade zu verwenden.	
GFI	≥ 0,9
Misst die relative Menge an Varianz und Kovarianz, der das Modell insgesamt Rechnung trägt und entspricht dem Bestimmtheitsmaß der Regressionsanalyse. Wertebereich [0;1].	
AGFI	≥ 0,9
Der AGFI ist ebenfalls ein Maß für die im Modell erklärte Varianz. Im Gegensatz zum GFI werden aber zusätzlich die Freiheitsgrade berücksichtigt, um das Problem einer Verbesserung der globalen Modellgüte durch einfaches Hinzufügen von Modellparametern zu vermeiden. Wertebereich [0;1].	
NFI	≥ 0,9
Misst die Verbesserung der Anpassungsgüte beim Übergang von einem Basismodell (Nullmodell) zu dem untersuchten Modell. Wertebereich [0;1].	
CFI	≥ 0,9
Der CFI legt das gleiche Beurteilungskriterium wie der NFI zugrunde, berücksichtigt aber zusätzlich noch die Freiheitsgrade. Wertebereich [0,1].	
RMSEA	≤ 0,08
Testet die Güte der Approximation des Modells an die empirisch gewonnenen Daten. Wertebereich [0;1].	
RMR	≤ 0,1
Maß für die durchschnittlich durch das Modell nicht erklärten Varianzen und Kovarianzen und entspricht dem Standardfehler bei der Regressionsanalyse. Wertebereich [0;1].	
Partialkriterien	
Indikatorreliabilität	≥ 0,4
Misst den Anteil der Varianz eines Indikators, der durch den zugehörigen Faktor erklärt wird. Wertebereich [0;1].	
t-Wert der Faktorladung	≥ 1,645
Prüft, ob die zu einem Indikator gehörige Faktorladung signifikant von Null verschieden ist.	
Faktorreliablität	≥ 0,6
Überprüft, wie gut ein Faktor durch die Gesamtheit der ihm zugeordneten Indikatorvariablen gemessen wird. Wertebereich [0;1].	
Durchschnittlich erfasste Varianz	≥ 0,5
Überprüft, wie gut ein Faktor durch die Gesamtheit der ihm zugeordneten Indikatorvariablen gemessen wird. Wertebereich [0;1].	

Tabelle 7: Überblick der Gütekriterien der 2. Generation zur Konstruktbeurteilung

7.2.2 Dependenzanalyse

Zur Analyse von Ursache-Wirkungs-Beziehungen in Form des statistischen Zusammenhangs zwischen abhängigen und unabhängigen Variablen können zahlreiche statistische Methoden eingesetzt werden. Die Auswahl hängt entscheidend von der zentralen Fragestellung und den Ausgangsdaten der einzelnen Untersuchungsbereiche ab. Zur Anwendung kommen die Varianzanalyse, die multiple Regressionsanalyse, die logistische Regressionsanalyse und die Strukturgleichungsanalyse.

7.2.2.1 Varianzanalyse

Die Varianzanalyse untersucht den Einfluss von einer oder mehrerer unabhängigen Variablen - auch Faktoren genannt - auf eine oder mehrere abhängige Variable. Nach der Zahl der unabhängigen Variablen wird zwischen ein- und mehrfaktoriellen Varianzanalysen unterschieden.[525] Die Zahl der abhängigen Variablen führt zu einer Unterscheidung zwischen univariaten (ANOVA) bzw. multivariaten (MANOVA) Analysen. Die unabhängige Variable nimmt im Regelfall nur diskrete Werte an, während die abhängigen Variablen ein metrisches Skalenniveau aufweisen. Der Einfluss der unabhängigen Variablen wird durch signifikante Mittelwertunterschiede der abhängigen Variablen zwischen den zur Gruppeneinteilung verwendeten Faktorstufen deutlich. Der statistisch signifikante Zusammenhang des Faktors auf die unabhängige Variable wird auf der Basis des F-Tests beurteilt. Im Falle der in dieser Arbeit zur Anwendung kommenden einfaktoriellen multivariaten Varianzanalyse werden Gruppenunterschiede simultan über ein Set von abhängigen Variablen analysiert. Dieses Verfahren wird dann einer univariaten Einzelanalyse vorgezogen, wenn die abhängigen Variablen nicht unabhängig voneinander sind, sondern miteinander korrelieren.

7.2.2.2 Regressionsanalyse

Als Varianten der Regressionsanalyse kommen die *multiple Regression,* die *logistische Regression* und die *moderierte Regression* zum Einsatz.

Im Gegensatz zur einfachen Regressionsanalyse mit einer abhängigen und einer unabhängigen Variablen untersucht die *multiple Regressionsanlayse* solche Fälle, in denen

---

[525] Vgl. Backhaus et al. (2000), S. 72 ff.

mehr als eine erklärende Variable in den Regressionsansatz mit aufgenommen wird.[526] Dabei wird eine eindeutige Richtung des Zusammenhangs unterstellt und die Stärke dieses Wirkungseffekts untersucht.[527] Die Vorgehensweise und Anwendung der multiplen Regressionsanalyse ist in der Marktforschung eines der am weitesten verbreiteten multivariaten Analyseverfahren.[528] In der vorliegenden Untersuchung wird das lineare Regressionsverfahren eingesetzt.[529] Wie bei der Messung von Konstrukten oder Strukturgleichungsmodellen ist auch hier die Güte des Verfahrens zu überprüfen. Die eingesetzten Gütemaße sind in Tabelle 8 dargestellt. Mit einem Gedankenstrich gekennzeichnet sind Anspruchsniveaus, die keine festen Schwellenwerte besitzen und somit vor dem Hintergrund der jeweiligen Untersuchung gesondert interpretiert werden sollten.

Die empirische Anwendung der multiplen Regressionsanalyse ist an einige Prämissen bzgl. der verwendeten Daten geknüpft, die bei *Backhaus et al.* näher beschrieben sind.[530] Eines der Hauptanwendungsprobleme der Regressionsanalyse ist eine starke lineare Abhängigkeit der unabhängigen Variablen, auch Multikollinearität genannt.[531] Mit zunehmender Multikollinearität werden die Standardfehler der Regressionskoeffizienten größer und damit deren Schätzung unzuverlässiger. Das Vorliegen der Multikollinearität kann durch die Überprüfung des Varianz-Inflations-Faktors (VIF) und der sogenannten Toleranz aufgedeckt werden.[532] Ein weiteres Anwendungsproblem stellt die Autokorrelation dar, die vor allem bei Zeitreihen auftritt. Liegt diese vor, wird gegen die geforderte Unabhängigkeit der Störgrößen verstoßen. Eine Überprüfung erfolgt mit der Durbin-Watson-Formel, wobei niedrige Werte für eine positive Autokorrelation sprechen.[533] Die Anwendung der t-Statistik zur Signifikanzprüfung der Regressionskoeffizienten setzt die Normalverteilung der Residuen voraus. Die Prüfung der Verteilungsform erfolgt durch den Kolmogorov-Smirnov-Test. Eine signifikante Abweichung von der Normalverteilung liegt bei p-Werten kleiner 0,05 vor. Eine Verletzung der gemeinhin geforderten Prämissen führt zu einer Verzerrungen der Schätzwerte und einer Ineffizienz der Schätzung.[534]

---

[526] Vgl. Backhaus et al. (2000), S. 7.
[527] Vgl. Hamman (2000), S. 297.
[528] Für eine Einführung siehe beispielsweise Albers/Skiera (1998) oder Jain (1994). Für eine detaillierte Beschreibung vgl. Backhaus et al. (2000), S. 16 ff.
[529] Formen der Nichtlinearität der Beziehung zwischen der abhängigen und unabhängigen Variablen sind auf Wachstums- oder Sättigungsphänomene zurückzuführen. Vgl. hierzu Backhaus et al. (2000), S. 34 ff.
[530] Vgl. Backhaus et al. (2000), S. 33 ff.
[531] Vgl. Mason/Perreault (1991).
[532] Die Toleranz als auch die VIF Werte sind im Rahmen der Datenanalyse mit SPSS 11 durch die Kollinearitätsdiagnose bei der Durchführung der Regressionen abrufbar.
[533] Vgl. Backhaus et al. (2000), S. 39 f.
[534] Vgl. Backhaus et al. (2000), S. 43.

Gütekriterien der multiplen Regressionsanalyse	Anspruchsniveau
Globalkriterien zur Prüfung der Regressionsfunktion	
Bestimmtheitsmaß R² Misst, welcher Anteil der gesamten Streuung der abhängigen Variablen durch das Modell erklärt wird und ist somit ein Maß für die Güte der Anpassung der Regressionsfunktion an die empirischen Daten. Wertebereich [0;1]. Das korrigierte Bestimmtheitsmaß vermindert das R² um eine Korrekturgröße und berücksichtigt somit dessen positive Korrelation mit der Anzahl der Regressoren	-
F-Statistik Überprüft, ob der Einfluss der unabhängigen Variablen auf die abhängige Variable und somit, ob das Gesamtmodell signifikant ist.	$p \leq 0{,}1$
Standardfehler Der Standardfehler der Schätzung gibt an, welcher mittlere Fehler bei der Verwendung der Regressionsfunktion zur Schätzung der abhängigen Variable gemacht wird.	-
Kriterien zur Prüfung der Regressionskoeffizienten	
t-Statistik Überprüft die Signifikanz der einzelnen Regressionskoeffizienten.	$p \leq 0{,}1$
Beta-Wert Der standardisierte Regressionskoeffizient Beta misst die Einflussstärke der unabhängigen Variablen.	-

Tabelle 8: Überblick der Gütekriterien der multiplen Regressionsanalyse

Die *logistische Regression* erweitert das Anwendungsspektrum des Regressionsansatzes auf kategorial ausgeprägte abhängiger Variablen im Gegensatz zu der bisher angenommenen metrischen Skalierung.[535] Im Speziellen wird in dieser Arbeit der Fall zweier Kategorien abgedeckt. Es handelt sich somit um eine binäre logistische Regression.[536] Zur Schätzung der Koeffizienten eines Modells erfolgt die Maximierung der LogLikelihood-Funktion. Anschließend wird die Prüfung der Modellgüte vorgenommen, um herauszufinden, wie gut die unabhängigen Variablen zur Trennung der zwei Ausprägungen der abhängigen Variablen beitragen. Die Gütekriterien zur logistischen Regression sind in Tabelle 9 zusammengefasst.

---

[535] Zur logistischen Regression vgl. Krafft (1997).
[536] Vgl. Backhaus et al. (2000), S. 105.

Grundlagen der empirischen Untersuchung 159

Gütekriterien der logistischen Regressionsanalyse	Anspruchsniveau
Gütekriterien zur Beurteilung des Gesamtmodells	
Devianz (-2 Log Likelihood-Wert) Die Devianz ist ein Maß für die Anpassungsgüte des Modells. Anzustreben sind Werte mit einer Likelihood nahe 1 und einer Devianz nahe 0. Die Likelihood ist inhaltlich mit der Fehlerquadratsumme herkömmlicher Regressionsanalysen zu vergleichen.	-
Omnibus-Test (Likelihood Ratio-Test) Hohe χ^2-Werte und ein niedriges Signifikanzniveau deuten darauf hin, dass die Koeffizienten des Modells signifikant verschieden von 0 sind. Der Omnibus-Test ist vergleichbar mit dem F-Test einer multiplen Regressionsanalyse.	$p \leq 0{,}05$
Pseudo-R²-Statistiken (Nagelkerke-R², Cox & Snell-R², McFadden's-R²) Die Pseudo-R²-Statistiken dienen der Beurteilung der Güte des Gesamtmodells und sind vergleichbar mit dem Bestimmtheitsmaß R² der Regressionsanalyse.	$\leq 0{,}2$
Hosmer-Lemeshow-Test (Goodness-of-Fit-Statistik) Der Hosmer-Lemeshow-Test prüft die Differenz der vorhergesagten und der beobachteten Modellwerte. Niedrige χ^2-Werte und ein hohes Signifikanzniveau (nahe 100 %) implizieren eine gute Anpassung des Modells.	-
Klassifikationsmatrix Die Klassifikationsmatrix gibt den Anteil der mit Hilfe der logistischen Regression korrekt klassifizierten Elemente wieder. Diese „Trefferquote" sollte das „proportional chance criterion" erfüllen. Dieses wird durch die Formel $\alpha^2+(1-\alpha)^2$ errechnet wobei α der Anteil einer Gruppe an der Gesamtzahl der Beobachtungen ist.	-
Gütekriterien zur Beurteilung einzelner unabhängiger Variablen	
Wald-Test Überprüft die Signifikanz der einzelnen Regressionskoeffizienten.	$p \leq 0{,}1$

Tabelle 9: Überblick der Gütekriterien der logistischen Regression

Eine Erweiterung der vorgestellten Formen der Regressionsanalyse ist die *moderierte Regressionsanalyse*, die (im bivariaten Fall) den Zusammenhang zweier Variablen unter Berücksichtigung des Einflusses einer dritten Variablen untersucht. Ein moderierender Effekt liegt dann vor, wenn die Stärke des Zusammenhangs zwischen der unabhängigen und der abhängigen Variable vom Wert der Moderatorvariablen beeinflusst wird.[537] Zur Messung des

---

[537] Neben der moderierenden Regressionsanalyse dient die Mehrgruppenkausalanalyse als eine alternative Methode zur Messung moderierender Effekte. Hierbei wird ein ursprünglich abgeleitetes Kausalmodell (vgl. hierzu Kapitel 7.2.2.3) auf Basis unterschiedlicher Teildatensätze getrennt geschätzt. Die Teilung des Datensatzes erfolgt beispielsweise anhand des Median-Wertes der Moderatorvariablen. Auf diese Weise können die Ergebnisse einer Kausalanalyse einer Gruppe mit hohen Ausprägungen des Moderators mit den Ergebnissen einer Gruppe mit niedrigen Ausprägungen des Moderators verglichen werden. Weiterhin werden sukzessiv zusätzliche Restriktionen der Pfadkoeffizienten des Basismodells eingeführt, um letztendlich mögliche moderierende Effekte anhand signifikanter Modellverbesserungen oder -verschlechterungen nachzuweisen. Zur Vorgehensweise bei der Mehrgruppenkausalanalyse vgl. Giering (2000), S. 95 ff. Die Anwendung der beiden Ansätze ist im Einzelfall abzuwägen. Zwar erlaubt die Mehrgruppenkausalanalyse die Berücksichtigung von Messfehlern bei mehrfaktoriellen Konstrukten, ist aufgrund der Notwendigkeit von Teildatensätzen allerdings auf besonders große Fallzahlen angewiesen. Ein

Effektes wird die Regressionsgleichung um einen Interaktionsterm erweitert, der durch die Multiplikation der zentrierten Prädiktoren der abhängigen Variable gebildet wird.[538] Es entsteht somit im einfachsten Fall eine modifizierte Regressionsgleichung mit drei unabhängigen Variablen, die mit Hilfe der oben vorgestellten multiplen Regressionsanalyse geschätzt und auf Signifikanz beurteilt werden kann. Ist der aufgenommene Interaktionsterm signifikant, kann von einem moderierenden Effekt ausgegangen werden, dessen Wirkungsrichtung anhand einer graphischen Steigungsanalyse der Regressionsgeraden bestimmt wird. Ein positiv moderierender Effekt liegt vor, wenn bei hohen Werten des Moderators der Zusammenhang zwischen der unabhängigen und abhängigen Variable stärker ist als bei niedrigen Werten des Moderators. Dieser Fall ist graphisch durch eine größere Steigung der Regressionsgeraden bei hohen Moderatorwerten im Vergleich zu einer niedrigeren Steigung bei geringen Moderatorwerten nachzuvollziehen. Bei einer negativen Moderatorwirkung tritt genau der umgekehrte Fall ein. Abbildung 28 zeigt die graphische Darstellung positiver als auch negativer moderierender Effekte auf.

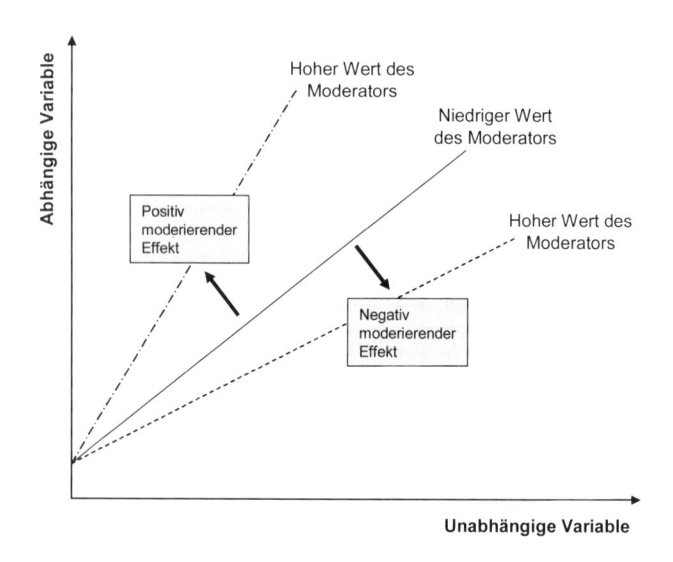

Abbildung 28: Graphische Darstellung moderierender Effekte

---

weiterer Aspekt, der für die Anwendung der moderierten Regressionsanalyse in der vorliegenden Arbeit spricht, ist die Möglichkeit der graphischen Veranschaulichung der positiv bzw. negativ moderierenden Effekte.

[538] Für eine ausführliche Erläuterung des Prinzips der Interaktionseffekte bei der moderierten Regression vgl. Aiken/West (1991), S. 9 ff. sowie Arnold (1982); Darrow/Kahl (1982); McClelland/Judd (1993) und Sharma/Durand/Gur-Arie (1981).

7.2.2.3 Strukturgleichungsanalyse

Im Rahmen der Kausalanalyse werden a priori definierte und theoretisch abgeleitete Hypothesen durch gewonnenes Datenmaterial empirisch überprüft.[539] Strukturgleichungsmodelle erlauben als einzige Form der Kausalanalyse die Überprüfung eines nahezu beliebigen Geflechts von Ursache-Wirkungs-Beziehungen unter simultaner Berücksichtigung mehrerer Verfahrensanforderungen. Erfasst werden neben der Stärke der postulierten Wirkungszusammenhänge auch die Beziehungen zwischen den exogenen, d.h. unabhängigen Variablen, auf Basis von Kovarianzstrukturen. Da es sich hierbei meist um durch Indikatoren abgebildete latente Konstrukte handelt, die sich einer direkten Messbarkeit entziehen, wird zudem das Auftreten von Messfehlern berücksichtigt.[540] Die Strukturgleichungsanalyse ist somit eine Kombination von regression- bzw. pfadanalytischen mit faktoranalytischen Elementen.[541] Hierbei spezifiziert das Strukturmodell die Abhängigkeitsbeziehungen zwischen den endogenen und exogenen Variablen. Sogenannte Messmodelle geben an, wie die latenten endogenen oder exogenen Variablen durch die im Rahmen der Operationalisierung zugeordneten Indikatoren gemessen werden. Eine Identifikation des Gesamtmodells bestehend aus Strukturmodell und Messmodellen kann nur dann erfolgen, wenn genug Informationen für eine eindeutige Schätzung der verschiedenen Modellparameter zur Verfügung stehen.[542] Anschließend an die Parameterschätzung wird überprüft, wie gut sich die Modellstruktur an den empirischen Datensatz anpasst. Zur Beurteilung der Reliabilität und Validität der Messmodelle erfolgt die isolierte Prüfung dieser Teilstrukturen unter Verwendung globaler und lokaler Anpassungsmaße. Die Gütemaße wurden im Einzelnen bereits in Kapitel 7.2.1 im Rahmen der konfirmatorischen Faktorenanalyse vorgestellt. Für die Analyse des Strukturmodells werden die Pfadkoeffizienten in Form der standardisierten Größen herangezogen. Diese geben Aufschluss über Stärke, Richtung und statistische Signifikanz (t-Werte) der Effekte zwischen den latenten exogenen und latenten endogenen Variablen. Zur abschließenden Beurteilung des spezifizierten Modells ist noch von entscheidender Bedeutung, welcher Anteil der Varianz der endogenen latenten Variablen letztendlich durch die im Strukturgleichungsmodell abgebildeten Einflussgrößen erklärt werden kann. Dieser Varianzanteil berechnet sich durch

---

[539] Vgl. Backhaus et al. (2000), S. 392 oder Backhaus et al. (2003), S. 334.
[540] Vgl. Hildebrandt (1995), S. 1126.
[541] Vgl. Backhaus et al. (2000), S. 401 ff.
[542] Zur Verwendung verschiedener Schätzverfahren vgl. beispielsweise Homburg/Baumgartner (1995), S. 1101.

die quadrierte multiple Korrelation der endogenen latenten Variablen.[543]

Bei der Durchführung kausalanalytischer Untersuchungen stehen eine Reihe unterschiedlicher Softwarepakte zur Verfügung. Anwendungen, die eine weite Verbreitung erlangt haben, sind das von Arbuckle entwickelte Programm AMOS (Analysis of Moment Structure),[544] die von Bentler entwickelte Software EQS (Equations based Language)[545] und der vornehmlich auf Jöreskog zurückgehende LISREL-Ansatz (Linear Structural Relations System).[546] In der vorliegenden Untersuchung wurden die Berechnungen zur Strukturgleichungsanalyse mit dem Programm AMOS durchgeführt, dessen Leistungsfähigkeit in Vergleichen der drei Softwarepaketen dokumentiert ist und zudem in der jüngsten Ausgabe des Standardwerks für multivariate Analysemethoden LISREL bei den Anwendungen der Kausalanalyse abgelöst hat.[547]

---

[543] Weiterführende Literatur zum Einsatz der Strukturgleichungsanalyse vgl. u.a. Bagozzi (1994); Bagozzi/Baumgartner (1994); Homburg/Pflesser (1999); Homburg/Baumgartner (1995); Homburg/Baumgartner (1995); Homburg/Hildebrandt (1998); Homburg/Pflesser (1999).
[544] Vgl. Arbuckle (1989); Arbuckle/Wothke (1999).
[545] Vgl. Bentler (1985).
[546] Vgl. Jöreskog (1973); Jöreskog/Sörbom (1993).
[547] Vgl. hierzu beispielsweise Kline (1998) sowie Backhaus et al. (2003).

8 Empirische Analyse - Untersuchungsblickwinkel Kunde

Grundgedanke der vorliegenden Arbeit ist die Analyse der VKI vor dem Hintergrund einer dyadischen Betrachtungsweise.[548] Um die Kundenperspektive der VKI in Form der in dem Bezugsrahmen dieser Arbeit definierten Untersuchungsbereiche eins bis drei näher zu untersuchen, wurde eine empirische Studie in der Automobilindustrie durchgeführt. Es handelt sich hierbei um das *Virtual Lab,* ein Praxisprojekt bei der Audi AG, das zur virtuellen Einbindung von Kunden in die Infotainment-Entwicklung eingesetzt wurde.[549] Es erfolgt zunächst eine ausführliche Beschreibung des *Virtual Labs.* Anschließend werden die empirischen Befunde auf Basis der im *Virutal Lab* gewonnen Daten vorgestellt.

8.1 Datenerhebung und Datenbasis

8.1.1 Infotainment Elektronik im Automobil als empirisches Feld

Der Ausdruck *Infotainment* ist ein Oxymoron aus den Begriffen „Information" und „Entertainment". Im Bereich der Automobilindustrie ist dieser Terminus als Abteilungsbezeichnung und Überbegriff für Elektroniksysteme, bestehend aus den Teilbereichen Radio, Antennen, Sound, Navigation, Telematik, User Interface sowie deren Vernetzung, geläufig. Neben klassischen Themen im Bereich Automobil wie Sicherheit, Komfort, Antrieb, Design und Ökologie hat sich der Bereich Infotainment im Fahrzeug als am stärksten wachsendes Teilgebiet innerhalb der Automobilelektronik entfaltet.[550] Die Kundenerwartungen bezüglich Infotainmentfeatures und -funktionen im Automobil werden vorwiegend durch Technologiefelder geprägt, die außerhalb der Automobilindustrie ihren Ursprung haben. Die Entwicklungen in den Bereichen Computer, Telekommunikation, Unterhaltungselektronik und Internet sind hier wegweisend. Die enorme Technologiedynamik und der angestrebte Transfer der Kundenanforderungen auf den Fahrzeugbereich stellt die gesamte Automobilindustrie vor enorme Anstrengungen. Eine der resultierenden Herausforderungen hat ihre Ursache in den drastisch differierenden Lebenszyklen von durchschnittlich sechs bis achtzehn Monaten für Produkte im Bereich der Unterhaltungs- und Kommunikationselektronik, im Gegensatz von bis zu zehn Jahren und mehr bei Automobilen.

---

[548] Vgl. den Bezugrahmen der Untersuchung in Kapitel 4.
[549] Für einen Kurzbeitrag zum *Virtual Lab* bei der Audi AG vgl. Puff (2002), S. 15.

Für die Fahrzeughersteller stellt sich somit die Aufgabe, den zeitlich abweichenden Lebenszyklen und der stetig zunehmenden Komplexität von Elektroniksystemen mit der Entwicklung flexibler und erweiterbarer Infotainmentarchitekturen entgegenzutreten.[551] Eine weitere zentrale Herausforderung besteht darin, die von den verschiedenen Kundengruppen gewünschte Kombination von Information, Kommunikation und Entertainment für die einzelnen Modellreihen zu entwickeln und anzubieten sowie den wachsenden Serviceansprüchen gerecht zu werden. Zusammenfassend sprechen folgende Gründe für die Wahl der automobilen Infotainmententwicklung als ein zentraler Untersuchungsgegenstand dieser Arbeit:

- *Praktische Relevanz:* Infotainmentelektronik ist ein rasant wachsendes Teilgebiet der Automobilentwicklung. Der drastische Generationswechsel von der alten in die neue Infotainment-Produktwelt ist zum einen durch einen hohen technologischen Innovationsgrad gekennzeichnet, zum anderen sind die Marktanforderungen aufgrund des Neuigkeitsgrades der Infotainmentprodukte aus Abnehmersicht nur ansatzweise bekannt. Somit besteht hier ein großer Bedarf und wirtschaftliches Interesse der Automobilkonzerne, ihr Infotainmentangebot möglichst schnell auf die wesentlichen Bedürfnisse, Anforderungen und Wünsche ihrer Kunden auszurichten, um die Marktakzeptanz der Infotainmentprodukte und -services voranzutreiben und sich in einem neuen Wettbewerbszweig der Automobilindustrie zu positionieren.

- *Neuartigkeitscharakter:* Durch den Einsatz von Kommunikationstechnologien im Fahrzeug entsteht eine neue direkte Schnittstelle zwischen Endkunde und Automobilhersteller, die einerseits neue Serviceangebote für Kunden ermöglicht und andererseits zur direkten Informationsgewinnung von Kunden genutzt werden kann. So können beispielsweise Daten im Rahmen der telemetrischen Diagnose während des Fahrbetriebes aus einer Vielzahl von Steuergeräten im Auto ausgelesen und an den Hersteller übermittelt werden. Durch die Verwendung von Navigations- und Zusatzdiensten können Nutzungsprofile erstellt werden, die Aufschluss über die Gewohnheiten und den Informationsbedarf der Autofahrer geben. Der Neuigkeitsgrad des Themengebietes Infotainment umfasst somit nicht nur die technische Systemwelt

---

[550] Vgl. Hudi/Bartl/Tappe (2001), S. 42.
[551] Für die Automobilentwickler erfordert dies eine Erweiterung der Kernkompetenzen im Bereich Infotainment hinsichtlich Bedienungskonzepte, Systemarchitektur, Systemspezifikation, Systemvernetzung, Systemintegration und Systemtest. Vgl. Hudi/Bartl/Tappe (2001), S. 48.

im Auto und deren Einführung in den Markt, sondern auch die Art und Weise des Informationsaustausches zwischen Hersteller und Autofahrer ohne Zwischenschaltung des Handels oder von Werkstätten. Diese neue Schnittstelle gilt es zu definieren und zu koordinieren und erfordert daher in den nächsten Jahren einen intensiven Abstimmungsbedarf zwischen Autofahrern und Herstellern. Ferner erscheint, im Gegensatz zu anderen Entwicklungsbereichen wie beispielsweise Motor, Getriebe, oder Karosserie, insbesondere der Bereich Infotainment für Autofahrer als besonders zugänglich und attraktiv. Die Entwicklungsergebnisse in Form neuer Features und Funktionen sowie Bedienmöglichkeiten können hier unmittelbar wahrgenommen, d.h. gehört, gesehen und gefühlt werden. Die Mensch-Maschine Schnittstelle ist somit im Bereich Infotainment besonders präsent.

- *Durchführbarkeit:* Das Unternehmen Audi vereint gleichermaßen Bewunderer und Enthusiasten und steht für eine starke Markenidentität. Insbesondere im Internet wird dies durch die riesige Anzahl von virtuellen Treffpunkten deutlich. Hierzu zählen die offiziellen Audi Homepages verschiedener Länder, Brand Communities wie beispielsweise Audi Clubs, Newsgroups oder andere automobilbezogene Internetsites. Vor diesem Hintergrund konnte man, absolut betrachtet, von einem großen potentiellen Teilnehmerkreis für die Online-Studie zur VKI ausgehen.

- *Datenzugang und Dokumentation:* Bei empirischen Untersuchungen im Bereich der betrieblichen Praxis besteht die Möglichkeit, dass gesammelte Daten erst nach Veränderung oder Zensur unvollständig durch das Unternehmen an den oder die Forscher weitergegeben werden. Hintergrundinformationen sind nur auf Basis persönlicher Interviews oder temporärer Beobachtungen ableit- und dokumentierbar. Dieser mittelbare Datenzugang kann unter Umständen zu Fehlinterpretationen führen. Durch die Initiierung und ganzheitliche Begleitung des Projektes durch den Autor vor Ort bestand jederzeit uneingeschränkter Einblick in Informationen und Aktivitäten bzgl. des Projektstarts, der Durchführung und des Projektabschlusses.

Neben grundlegenden Fragestellungen zur Entwicklung von Infotainmentsystemen der Zukunft wurde als ein ganz konkretes Untersuchungsobjekt ein für die Baureihen A4 und A3 zu entwickelndes Radionavigationssystem gewählt. Es handelt sich hierbei um ein 2DIN Einbaugerät in der Mittelkonsole des Fahrzeugs. Für die Konzeption dieses Gerätes wurden zwei verschiedene Entwicklungsansätze parallel verfolgt. Zum einen wurde auf die ausgiebige

Entwicklungsleistung der für den A8 bereits entwickelten High-End Infotainmentlösungen „MMI" (Multi Media Interface) zurückgegriffen. Anspruch war es, die technischen Innovationen sowie die bei dem A8 im Rahmen des radikalen Systemwechsels eingeführte Bedienlogik auf die unteren Baureihen A4 und A3 zu übertragen, um ein über die Baureihen hinweg durchgängiges Infotainmentangebot zu gewährleisten. Zum anderen sollten bewährte Features und Funktionen des bestehenden Audi Produktprogramms übernommen werden und sich in der neuen Lösung wiederfinden. Abbildung 29 zeigt einen virtuellen Prototyp des geplanten Radionavigationsgerätes als Ergebnis des verfolgten Entwicklungsansatzes.

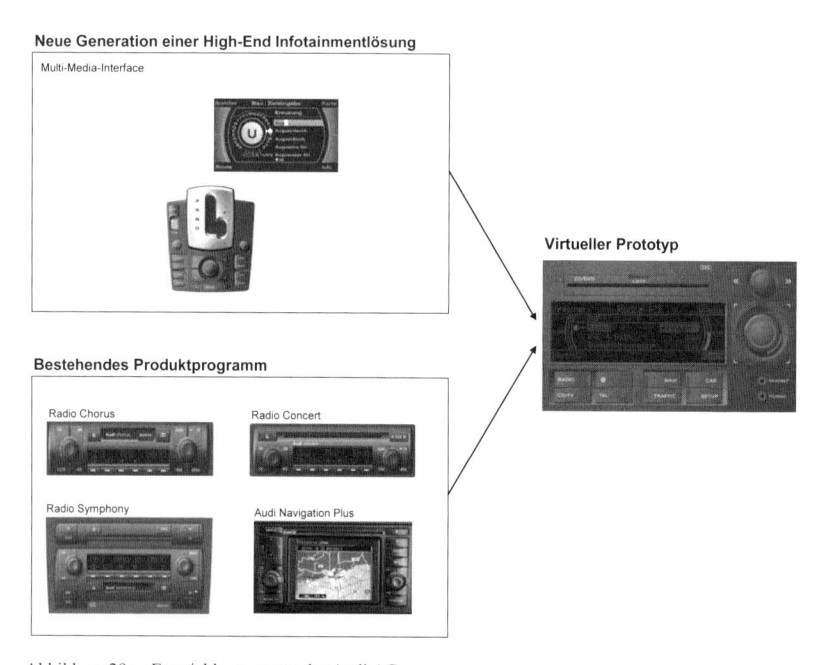

Abbildung 29: Entwicklungsansatz der Audi AG

Aus Sicht der Audi AG war das offenkundige Untersuchungsziel, die kundenorientierte Entwicklung des zukünftigen Infotainmentangebots zu gewährleisten. Auf die Schilderung eines detaillierten Zielekatalogs, der im Rahmen der engen Kooperation des Autors mit der betrieblichen Praxis erstellt wurde, soll im weiteren Verlauf der Arbeit nicht eingegangen werden. Als wissenschaftliches Untersuchungsziel des Audi-Projekts steht die empirische Überprüfung der in Kapitel 5 formulierten Hypothesen aus dem Untersuchungsblickwinkel Kunde im Vordergrund.

Insgesamt erstreckte sich der Untersuchungszeitraum von Mai 2001 bis Juni 2002, wobei der Autor die gesamte Zeit in dem untersuchten Unternehmen verbrachte. Dieser Zeitraum beinhaltete die Anbahnung, die Durchführung und den Abschluss des *Virtual Labs*. Die eigentliche Datenerhebung erfolgte von März bis April 2002. Die positiven Ergebnisse des *Virtual Labs* führten bei der Audi AG zu großer Resonanz und bewirkten eine feste organisatorische Verankerung und Weiterführung der virtuellen Kundeneinbindung bei Audi.

8.1.2 Erhebungskonzeption und Ablauf des Virtual Labs

Ausgangspunkt zur Bestimmung der Inhalte des *Virtual Labs* im Zusammenhang mit der Entwicklung der neuen Generation von Radionavigationssystemen waren Gespräche mit verantwortlichen Vertretern der übergeordneten Organisationseinheiten „Elektrik-/Elektronikentwicklung" und „Zentrales Marketing" bei der Audi AG. Auf operativer Ebene wurden strukturierte Interviews und Gruppendiskussionen mit einer Vielzahl von Mitarbeitern der Abteilungen „Infotainment", „E-Business", „Customer Relationship", „Marktforschung", „Neue Medien" und „Interior Design" durchgeführt. Als Ergebnis der inhaltlichen Diskussion wurden die gesammelten Fragestellungen und der Bedarf an innovationsrelevanten Kundeninformationen nach Dringlichkeit bewertet und als Grundlage für die Fragebogenkonstruktion und Funktionalitätenentwicklung im *Virtual Lab* genutzt. Abbildung 30 gibt einen Überblick des Aufbaus und Ablaufs des *Virtual Labs*.

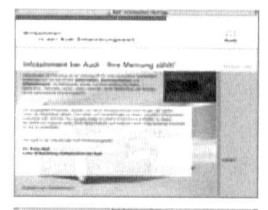

168　　　　　　　　　　　　　　　Empirische Analyse – Untersuchungsblickwinkel Kunde

	Start: Die Startseite des *Virtual Lab* beinhaltet einen Einführungstext mit der Einladung an die Besucher sich virtuell an der Entwicklung der Audi Infotainmentprodukte und –dienste von morgen zu beteiligen.
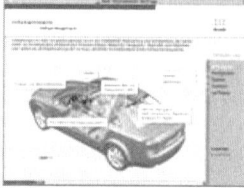	Information: In diesem Modul erfolgt die Erläuterung der Menüführung und aktiver Elemente des *Virtual Lab*. In einer Animation werden die im Auto verteilten Bestandteile eines Infotainmentsystems mit Hilfe einer halbtransparenten Darstellung eines Fahrzeugs erläutert. Eine Zoomfunktion erlaubt den Innenraum des Fahrzeugs zu vergrößern und veranschaulicht die Positionierung sowie Verbauorte der Infotainmentbestandteile.
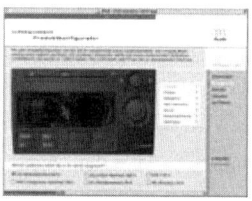	Konfigurator: In diesem Bereich wird ein virtueller Prototyp eines Infotainmentgerätes vorgestellt, dessen Design- und Featurekombinationen entsprechend den Vorstellungen der Teilnehmer mit Hilfe eines User Designs konfiguriert werden kann. Technische Zwänge und Verbote, Preisänderungen sowie die bildliche Darstellung des Gerätes werden zeitgleich mit der Auswahl der angebotenen Feature- und Designoptionen angepasst. Der persönliche Entwurf des Gerätes kann während und nach der Konfiguration beliebig korrigiert werden.
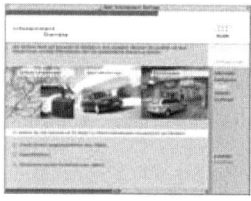	Dienste: Drei Diensteszenarien („Urlaub/Langstrecken", „Geschäftsfahrten", „Kurzstrecken") werden durch Animationen vorgestellt, bevor Teilnehmer dasjenige auswählen, bei dem ihr Bedarf an Infotainmentdiensten am höchsten eingeschätzt wird. In Abhängigkeit von dem gewählten Szenario werden anschließend die von Audi geplanten Dienste mit Hilfe einer „drag and drop" Funktion nach Wichtigkeit geordnet. Ein offenes Textfeld ermöglicht weitere Ideen und Vorschläge für zukünftige Dienste im Auto mitzuteilen.
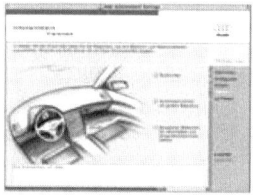	Visionen: In diesem Bereich steht ein offenes Textfeld zur Verfügung, um eigene Visionen im Auto der Zukunft einzutragen. Eine Designskizze und zukunftsrelevante Bedien- und Anzeigeelemente deren Animation durch eine „mouse over" Funktion ausgelöst wird, sind Anstoß für eigene Ideen und Visionen der Teilnehmer.
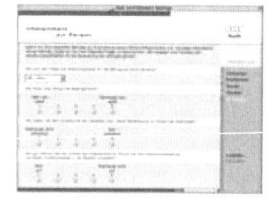	Zur Person: In diesem Modul werden Fragen zur Eigenschaftsmessung und exakten Bestimmung des Teilnehmerprofils gestellt. Darüberhinaus werden die Regelungen hinsichtlich Datenschutz, Haftungsausschluss und Copyright erläutert.

Abbildung 30:　Aufbau und Ablauf des Virtual Labs

Die Besonderheit des *Virtual Labs* bestand darin, dass Kunden die Möglichkeit erhielten, in verschiedenen Teilgebieten der Infotainmentwicklung mitzuwirken, die sich wiederum in unterschiedlichen Produktentwicklungsphasen befanden. Um die Kunden an ihre Entwicklungsaufgaben heranzuführen, wurden die im Auto verteilten Bestandteile eines Infotainmentsystems mit Hilfe einer dreidimensionalen Darstellung eines halbtransparenten Fahrzeugs aufgezeigt. Eine Zoomfunktion erlaubte den Teilnehmern, die Infotainmentwelt im Auto detailliert zu erkunden. Abbildung 31 vermittelt einen Eindruck der aufwendig gestalteten und informativen Einführung zum Thema Infotainment. Auf Basis dieser Informationsgrundlage konnten die Kunden anschließend ihre Innovationsbeiträge zu Infotainmentprodukten in den unterschiedlichen Entwicklungsphasen einbringen.

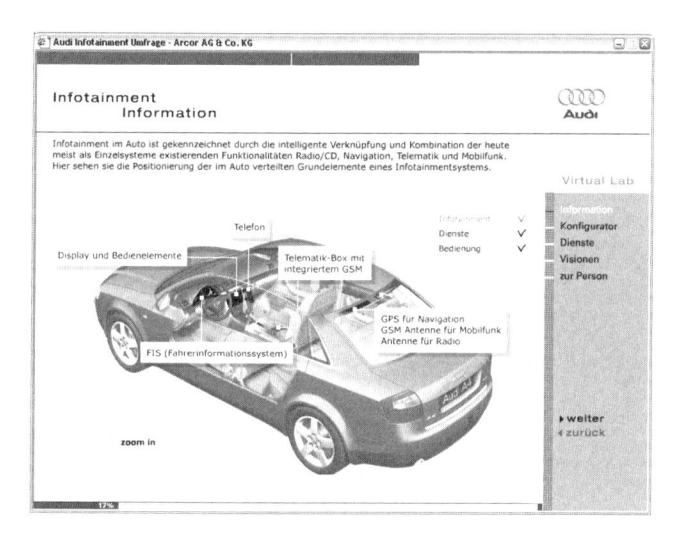

Abbildung 31: Informationsbereich des Virtual Labs

Die erste Aufgabe für die Teilnehmer im virtuellen Labor bestand darin, ein Radionavigationssystem zu entwickeln, das exakt ihren individuellen Ansprüchen und Anforderungen entspricht. Hierzu wurde den Kunden ein virtueller Produktkonfigurator zur Verfügung gestellt, der nach den in Kapitel 5.3 vorgestellten methodischen Prinzipien des *User Designs* konzipiert wurde. Eine detaillierte Darstellung des Einsatzes des *User Designs* im *Virtual Lab* erfolgt in Kapitel 8.4.1. Der nächste Bearbeitungschritt im *Virtual Lab* befasste sich mit dem Themenbereich der Telematikdienste. Grundsätzlich bietet Infotainment die Möglichkeit, verschiedene Dienste zu nutzen, die telefonisch durch einen Operator bearbeitet oder über eine Internetverbindung im Auto abgerufen werden können. Beispiele hierfür sind die Abfrage von Verkehrsinformationen, Routenplanung, Reiseführerfunktion, Wetter, Tankstellenstandorte, Hotels etc. Diesbezüglich existierte bei der Audi AG ein Dienste-Lastenheft, das alle bereits technisch umgesetzten und im Test befindlichen Infotainmentdienste im Auto erfasste. Die in Abbildung 32 dargestellte Aufgabe des Kunden bestand nun darin, sämtliche Dienste mit Hilfe einer „drag and drop"-Funktion nach ihrer Wichtigkeit zu ordnen. Zudem wurden Informationen zu der bevorzugten Bezahlungsart (z.B. jährliche Flatrate, monatliche Grundgebühr oder Bezahlung pro abgerufenen Dienst) der in Anspruch genommenen Dienste abgefragt. Die Ergebnisse lieferten wertvolle Hinweise zur Definition der Angebotsstruktur in Form von vordefinierten Dienstepaketen für die Markteinführung.

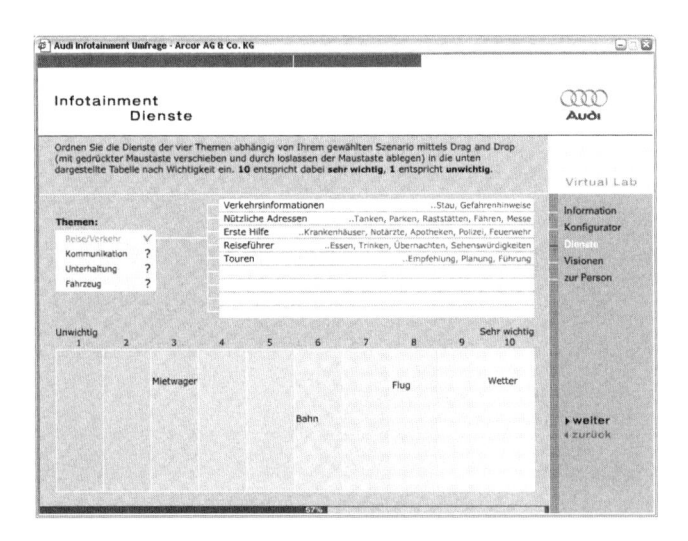

Abbildung 32: Kundenbewertung angebotener Dienste

Schließlich wurden die teilnehmenden Kunden gebeten, ihre eigenen Visionen rund um das Thema Infotainment im Auto der Zukunft in einem Textfeld zu beschreiben. Die in Abbildung 33 dargestellten animierten Designskizzen dienten als anregendes Element, um die Ideenpotenziale und die Kreativität der Teilnehmer zu aktivieren. Es handelt sich somit um einen sehr frühzeitigen Einbezug der Kunden in die Phase der Ideengenerierung und Konzeption neuer Infotainmentlösungen.

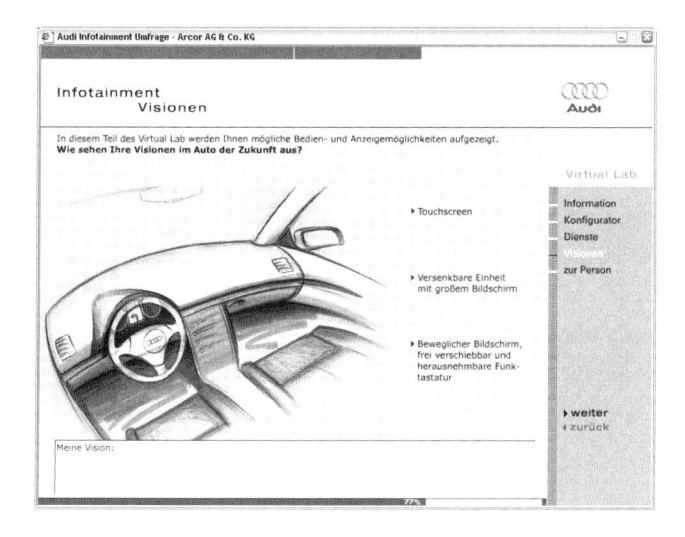

Abbildung 33: Textfeld zur Eingabe der Infotainmentvisionen der Kunden

Zur Prüfung des *Virtual Labs* wurde ein dreistufiges Pre-Test-Verfahren herangezogen.[552] Zunächst wurde nach der Programmierung der Internetplattform ein Versuchslauf mit 20 Lehrstuhlassistenten und -mitarbeitern aus dem Bereich der Wirtschafts- und Sozialforschung verschiedener Universitäten durchgeführt. Durch persönliche Rücksprache lieferten diese im Bereich der empirischen Forschung geschulten Teilnehmer wertvolle Erkenntnisse und Verbesserungsvorschläge hinsichtlich der semantischen Eindeutigkeit und Verständlichkeit der Formulierungen, der technischen Funktionsfähigkeit, der Usability, der Zeitdauer der Befragung sowie hinsichtlich allgemeiner Fragen des Feldes. Die Ergebnisse dieser qualitativen Vorprüfung wurden eingearbeitet, um das *Virtual Lab* anschließend in einem zweiten Pre-Test ausgesuchten Audi-Kunden zu präsentieren. Ausgehend von diesem zweiten Test wurden kleinere Korrekturen im Bereich der Fragenformulierung und Fragenreihenfolge getroffen. Der dritte und abschließende Test erfolgte unter absolut realen Bedingungen im Internet. Hier konnten erste Hinweise hinsichtlich des zu erwartenden Teilnehmerprofils, der Teilnehmerzahl und der Abbruchraten gesammelt werden. Auf Basis dieser Informationen wurde die Erscheinungsfrequenz des zur Rekrutierung verwendeten „pop-up"-Fensters abgeleitet.

---

[552] Zur Bedeutung und Funktion von Pre-Tests vgl. z.B. Bortz/Döring (1995), S. 331 oder Schnell/Hill/Esser (1993), S. 358-359.

8.1.3 Informationen zum Sample

Das *Virtual Lab* wurde in einem ersten Schritt den Besuchern der Audi Homepage zugänglich gemacht. Da von einer enormen monatlichen Besucherdurchschnittszahl auszugehen war, wurde eine technische Regulierung eingesetzt, die jedem fünfzehnten Besucher in Form eines „pop up"-Fensters den Zugriff auf das *Virtual Lab* ermöglichte. Auf diese Weise konnten die Zugriffszahlen auf einen angemessenen Rahmen für das Pilotprojekt begrenzt und eine zufallsgesteuerte Stichprobe aus dem Besucherpublikum der Audi Homepage erzeugt werden.[553] Darüber hinaus wurde durch diese Maßnahme die Möglichkeit gezielter Mehrfachbeantwortungen mit der Absicht zur Verfälschung oder Manipulation der Studie minimiert. Abbildung 34 zeigt das zur Teilnehmerrekrutierung eingesetzte „pop-up"-Fenster.

Abbildung 34: „pop up"-Fenster zur Teilnehmerrekrutierung im Internet

Parallel zur Teilnehmerrekrutierung auf der Audi Homepage wurden 15.480 Audi Newsletter mit einem prominent platzierten redaktionellen Text zum Thema *Virtual Lab* an Abonnenten versendet. Der via E-Mail verschickte Newsletter ist in Abbildung 35 dargestellt. Im Anschluss an eine kurze Textbeschreibung befand sich ein Zugriffslink zur Online-Studie. Im Gegensatz zur ungezielten Teilnehmeransprache über die Audi Homepage haben Newsletterabonnenten ihr Interesse an Informationen zu Produkt und Unternehmen, gleichgültig welchen Ursprungs, zu einem früheren Zeitpunkt bereits bekundet. So wurde von einer erhöhten Teilnahmebereitschaft der Newsletterempfänger ausgegangen.

---

[553] Es handelt sich hierbei um die Methode des n-ten Besuchers, die für die Gewinnung der Stichprobe eingesetzt wurde. Ein Vorteil dieser Methode ist die Möglichkeit zur Messung des Anteils der Verweigerer, die bei fest platzierten Bannern nicht gegeben ist. Theobald (2000), S. 37 ff.; Pflederer (2001), S. 56 ff.

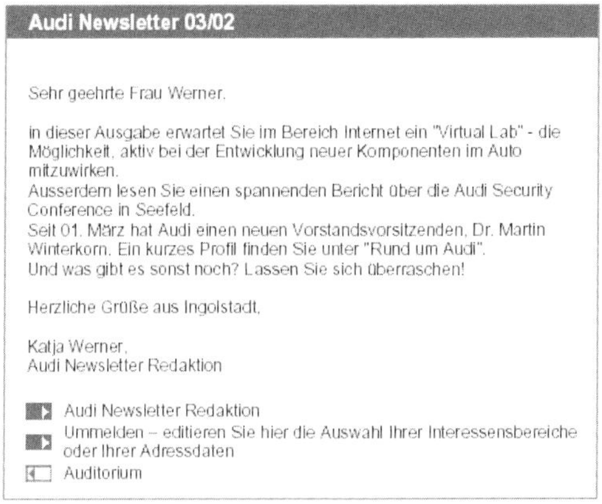

> **Audi Newsletter 03/02**
>
> Sehr geehrte Frau Werner,
>
> in dieser Ausgabe erwartet Sie im Bereich Internet ein "Virtual Lab" - die Möglichkeit, aktiv bei der Entwicklung neuer Komponenten im Auto mitzuwirken.
> Ausserdem lesen Sie einen spannenden Bericht über die Audi Security Conference in Seefeld.
> Seit 01. März hat Audi einen neuen Vorstandsvorsitzenden, Dr. Martin Winterkorn. Ein kurzes Profil finden Sie unter "Rund um Audi".
> Und was gibt es sonst noch? Lassen Sie sich überraschen!
>
> Herzliche Grüße aus Ingolstadt,
>
> Katja Werner,
> Audi Newsletter Redaktion
>
> ▶ Audi Newsletter Redaktion
> ▶ Ummelden – editieren Sie hier die Auswahl Ihrer Interessensbereiche oder Ihrer Adressdaten
> ▶ Auditorium

Abbildung 35: Auszug des Newsletters zur Ankündigung des Virtual Labs

Eine weitere Variante der Datenerhebung stellte die Offline-Rekrutierung von Teilnehmer dar. Hierbei wurden Neuwagenabholer im Rahmen ihrer Wartezeit im Audi Kundencenter von Mitarbeitern angesprochen und zur Teilnahme eingeladen. Die Darbietung und Bearbeitung des *Virtual Labs* erfolgte auf zwei im Kundencenter eingerichteten Laptops in identischer Form zur Online-Variante.

Bei schriftlichen Befragungen gilt die Rücklaufquote als ein Qualitätsmerkmal der Umfrageergebnisse. Aufgrund der medienspezifischen Eigenschaften von internetbasierten Studien sind hingegen weitaus detailliertere Betrachtungsweisen einzelner Selektionsraten möglich und auch anzustreben. Ausgehend von diesen erweiterten Interpretationsmöglichkeiten unterscheidet *Theobald* die Selektionsraten zu Werbeerfolg, Motivationserfolg und Gestaltungserfolg.[554] Abbildung 36 zeigt die Aufschlüsselung der Antwortraten in Bezug auf die jeweilige Variante der Teilnehmerrekrutierung. Die Messungen der Größen „n1" bis „n4" sind trotz der Möglichkeit geringer Abweichungen durch die technische Erfassung in ausreichend genauer Näherung möglich.

---

[554] Vgl. Theobald (1999), S. 349 ff.

"Audi Homepage"

n1 52.000 → Kenntnis	n2 7973 → Startseite	n3 2137 → Virtual Lab	n4 1328 → Bearbeitung
Selektionsrate (n2/n1) Werbeerfolg **15,3%**	Selektionsrate (n3/n2) Motivationserfolg **26,8%**	Selektionsrate (n4/n3) Gestaltungserfolg **62,1%**	

"Newsletter"

n1 15.480 → Kenntnis	n2 377 → Startseite	n3 204 → Virtual Lab	n4 145 → Bearbeitung
Selektionsrate (n2/n1) Werbeerfolg **0,24%**	Selektionsrate (n3/n2) Motivationserfolg **54,1%**	Selektionsrate (n4/n3) Gestaltungserfolg **71,1%**	

"Kundencenter"

n2 254 → Startseite	n3 200 → Virtual Lab	n4 189 → Bearbeitung
Selektionsrate (n3/n2) Motivationserfolg **78,7%**	Selektionsrate (n4/n3) Gestaltungserfolg **94,5%**	

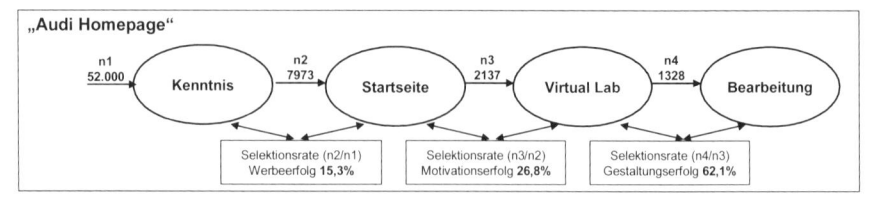

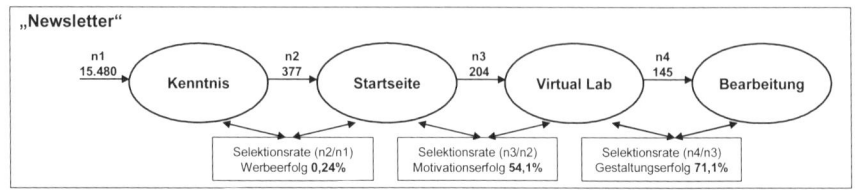

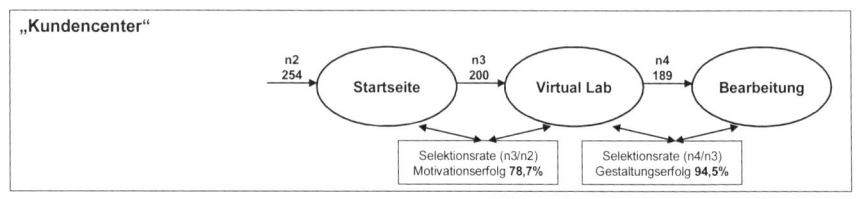

Abbildung 36: Selektionsraten des Virtual Labs in Abhängigkeit der Erhebungsform[555]

Anmerkungen: n1: Anzahl der Personen, die vom Virtual Lab Kenntnis erlangt haben.
n2: Anzahl der Personen, die die Startseite des Virtual Labs aufgerufen haben.
n3: Anzahl der Personen, die über die Startseite hinaus das Virtual Lab bearbeitet haben.
n4: Anzahl der Personen, die das Virtual Lab vollständig bearbeitet haben.

Der Werbeerfolg von 15,3 % auf der Audi Homepage ist vor dem Hintergrund durchschnittlicher Klickraten bei Bannerwerbungen zwischen ca. 0,2 % und 0,4 % als durchaus gelungen anzusehen. Zudem wurde auf monetäre Incentives zur Teilnehmermotivation gänzlich verzichtet. Zwar kann einerseits durch das Angebot derartiger Belohnungen unter Umständen die Rücklaufquote signifikant gesteigert werden, andererseits jedoch muss auch mit dem Rückgang der Antwortqualität durch die Teilnahme von „Gewinnjägern", d.h. Personen die weniger an der Thematik selbst, sondern vielmehr an der in Aussicht gestellten Belohnung interessiert sind, gerechnet werden. Somit könnte der eher geringe Motivationserfolg von 26,8 % auf nicht angebotene Gewinnmöglichkeiten und monetäre Anreize zurückzuführen sein. Weitere Erkenntnisse, die diese Vermutung stützen, konnten im Rahmen der Untersuchung allerdings nicht gewonnen werden. Der Gestaltungserfolg ist mit 62,1 % als sehr positiv zu beurteilen. Dies dürfte auf das professionelle Webdesign, die nutzerfreundliche Aufgabengestaltung und den Einsatz von multimedialen Elementen sowie des interaktiven virtuellen Konfigurators zurückzuführen sein. Weitere Informationen zum Sample können der Tabelle 10 entnommen werden. Es wird unterschieden zwischen den Online-Teilnehmern, die über das „pop up" bzw. den Newsletter kontaktiert wurden, und den Offline-Teilnehmern, die im Audi-Kundencenter angesprochen wurden.

Informationen zum Sample der Online-Teilnehmer	
Geschlecht (N=1459)	
Weiblich	3,2 %
Männlich	96,8 %
Alter (N=1436)	
≤25	22,9 %
>25 - ≤35	43,3 %
>35 - ≤45	22,6 %
>45 - ≤55	8,9 %
>55	2,3 %
Beruf (N=1450)	
Freiberuflich Tätige	12,1 %
Leitende Angestellte/Geschäftsführer	26,1 %
Angestellte im öffentlichen Sektor/Beamte	10,4 %
Angestellte im privaten Sektor	29,1 %
In Ausbildung/Student	13,8 %
Hausfrauen/Hausmänner	0,0 %
Rentner/Pensionäre	1,0 %
Derzeit nicht berufstätig	0,3 %
Sonstiges	7,2 %
Wie viele Tage pro Woche nutzen Sie das Internet? (N=1458)	
≥5	87,0 %
<5 - ≥2	12,2 %
<2	0,8 %

Informationen zum Sample der Offline-Teilnehmer	
Geschlecht (N=181)	
Weiblich	17,1 %
Männlich	82,9 %
Alter (N=176)	
≤25	22,1 %
>25 - ≤35	38,1 %
>35 - ≤45	26,1 %
>45 - ≤55	9,7 %
>55	4,0 %
Beruf (N=183)	
Freiberuflich Tätige	17,5 %
Leitende Angestellte/Geschäftsführer	21,3 %
Angestellte im öffentlichen Sektor/Beamte	13,7 %
Angestellte im privaten Sektor	21,8 %
In Ausbildung/Student	14,8 %
Hausfrauen/Hausmänner	1,1 %
Rentner/Pensionäre	1,1 %
Derzeit nicht berufstätig	2,2 %
Sonstiges	6,5 %
Wie viele Tage pro Woche nutzen Sie das Internet? (N=182)	
≥5	63,8 %
<5 - ≥2	26,4 %
<2	9,8 %

Tabelle 10: Vergleich der Merkmale fortschrittlicher Kunden Offline versus Online

---

[555] Eigene Darstellung in Anlehnung an Theobald (1999).

8.2 Empirische Befunde zur Selektion und den Beiträgen fortschrittlicher Kunden

8.2.1 Messung der berücksichtigten Variablen

Am Ende des *Virtual Labs* wurden die Teilnehmer um einige zusätzliche Angaben zu ihrer Person gebeten. Die Beantwortung erfolgte auf freiwilliger Basis. Bestandteil dieses Fragekomplexes war die Einschätzung hinsichtlich der in Kapitel 5.1.1 vorgestellten Merkmale fortschrittlicher Kunden. Zur Bewertung wurde eine 5-Punkte Likert-Skala mit den Polen „trifft völlig zu" bis „trifft überhaupt nicht zu" verwendet. Tabelle 11 gibt einen Überblick der eingesetzten Indikatoren.

Produktwissen
Ich verfüge über technisches Wissen im Bereich der Unterhaltungs- und Infotainmentindustrie.
Die Angaben erfolgten auf einer 5-Punkte Likert-Skala (1: trifft völlig zu, bis 5: trifft überhaupt nicht zu).

Unzufriedenheit
Ich bin mit am Markt erhältlichen Infotainmentprodukten unzufrieden.
Die Angaben erfolgten auf einer 5-Punkte Likert-Skala (1: trifft völlig zu, bis 5: trifft überhaupt nicht zu).

Neue Bedürfnisse
Ich habe neue Bedürfnisse, die durch das bestehende Infotainmentangebot nicht gedeckt werden können.
Die Angaben erfolgten auf einer 5-Punkte Likert-Skala (1: trifft völlig zu, bis 5: trifft überhaupt nicht zu).

Produktinvolvement
Wie stark interessieren Sie sich für Infotainment im Auto?
Die Angaben erfolgten auf einer 5-Punkte Likert-Skala (1: trifft völlig zu, bis 5: trifft überhaupt nicht zu).

Tabelle 11: Übersicht zur Messung der Merkmale fortschrittlicher Kunden

Im Gegensatz zu einer idealerweise durchzuführenden Mehrindikatorenmessung der Merkmalskonstrukte erfolgte die Verwendung einzelner Indikatoren, sogenannter Single-Items.[556] Hierfür sprachen untersuchungsökonomische und Zumutbarkeitsgründe, die höhere Abbruchquoten durch den Einsatz von langen Itemlisten vermuten ließen. In diesem

---

[556] Bei einer Single-Item Skala erfolgt die Messung eines Konstrukts mit nur einem Item im Gegensatz zu Multiple-Item Skalen, die die Konstruktmessung mit Itembatterien vornehmen. Zu der Vorgehensweise bei der Konstruktmessung vgl. die Ausführungen in Kapitel 7.2.1.

Zusammenhang muss zunächst in Erinnerung gerufen werden, dass es sich bei dem *Virtual Lab* in erster Linie um ein Praxisprojekt und nicht um einen ausschließlichen Forschungsfragebogen handelte. Demgemäss standen für die Audi AG die inhaltlichen Ergebnisse zu der Infotainmentausgestaltung im Vordergrund des Interesses. Der für Forschungsfragen zur Verfügung stehende Freiraum war somit naturgemäß eingeschränkt. Weiterhin handelt es sich bei den vorgestellten Single-Item-Statements um präzise und prägnant formulierbare Sachverhalte, die unschwer durch die Teilnehmer zu erfassen waren und somit nicht zwingend die bei sehr komplexen Sachverhalten angewendete mehrdimensionale Konstruktmessung erfordern.[557] Von einer Beeinflussung des Beantwortungsverhaltens aufgrund sozialer Erwünschtheitstendenzen konnte ebenfalls nicht ausgegangen werden, da die Messintention der Identifikation der Kunden-Fortschrittlichkeit nicht unmittelbar ersichtlich war. Vor diesen Hintergründen scheint die eingesetzte Variablenmessung situationsgemäß angebracht und ausreichend zu sein, um wertvolle empirische Ergebnisse, insbesondere vor dem Hintergrund des explorativen Charakters des Forschungsprojekts, zu generieren.

Für die Beurteilung der *Qualität* von Kundenbeiträgen, -vorschlägen und -ideen können verschiedene Ansätze herangezogen werden. Eine erste grobe Ideenbewertung kann beispielsweise durch das PMI-Modell von *deBono* erfolgen.[558] Um den Realisierungswert einer Idee zu durchleuchten werden bei dieser Methode die Plus-Punkte, Minus-Punkte sowie interessante Punkte, die entweder nicht eindeutig positiv oder negativ bzw. bei denen noch Klärungsbedarf besteht, gegenübergestellt. Dieser Ansatz ist allerdings naturgemäß sehr grob und eignet sich daher für eine erste vorläufige Bewertung, die einer weiteren Präzisierung bedarf. Im Rahmen der vorliegenden Arbeit erscheint eine differenziertere Vorgehensweise zur Qualitätsbeurteilung angebracht. Im Zusammenhang mit Bewertung von Kundenideen im Bereich der Neuproduktentwicklung verwendet *Lüthje* folgende Dimensionen:[559]

- Neuartigkeit (Wie stark unterscheiden sich Lösungen von aktuellen Marktangeboten?)
- Originalität (Inwieweit enthalten die Lösungen überraschende, interessante Aspekte?)
- Umsetzbarkeit (Inwieweit sind die Lösungen in der Realität umsetzbar?)
- Konkretisierung (Sind die Konzepte detailliert oder eher vage ausgearbeitet?)

---

[557] Im Zusammenhang mit der Erfassung von psychologischen Merkmalen zeigt die Verwendung von Single-Items in einer Vielzahl empirischer Studien eine konvergente Validität zur Verwendung entsprechender Multi-Item-Skalen auf. Vgl. hierzu Rammstedt/Koch/Borg et al. (2004), S. 9.
[558] Vgl. hierzu DeBono (1996).
[559] Vgl. Lüthje (2000), S. 192.

Neben der Neuartigkeit und der Realisierbarkeit werden bei *Kristensson/Gustafsson/Archer* die Ideenanzahl pro Kunde und der tatsächliche Wert in Form des Problemlösungspotenzials einer Idee als weitere mögliche Qualitätsdimensionen verwendet.[560]

Die in dem bei der Audi AG durchgeführten VKI-Projekt verwendeten Qualitätsdimensionen zur Beurteilung der Kundenbeiträge sind den beiden Konzeptionen von *Lüthje* und *Kristensson/Gustafsson/Archer* sehr ähnlich. Zum Einsatz kommen die Kriterien *Neuartigkeit, Ausarbeitungsgrad des Kundenbeitrages, Anwendungspotenzial* und *interne Relevanz*. Während sich die ersten beiden Kriterien unmittelbar in den Ansätzen aus der Literatur wieder finden, handelt es sich bei *Anwendungspotenzial* und *internen Relevanz* um leicht modifizierte Größen. Mit dem Indikator des *Anwendungspotenzials* werden die Anwendungsbreite und die Akzeptanzchancen der Idee am Markt eingeschätzt. Bei der *internen Relevanz* handelt es sich um ein unternehmensspezifisches Beurteilungskriterium der Audi AG. Diese Größe betrifft die weitere Verwendung und Berücksichtigung der Kundenvorschläge in unternehmensinternen Entscheidungsprozessen. Zum einen kann es sich hierbei durchaus um Visionen handeln, deren Anwendungspotenzial und Realisierbarkeit zunächst nicht unmittelbar offensichtlich erscheinen, die aber aufgrund ihrer Originalität und Außergewöhnlichkeit dennoch weiterverfolgt werden. Zum anderen kann allerdings auch bei Ideen mit hohem Anwendungspotenzial aufgrund unternehmenspolitischer oder strategischer Gründe von einer Weiterverfolgung abgesehen werden.

Die Qualitätseinschätzung der von den Kunden eingereichten Innovationsbeiträge zu den Themenbereichen „Infotainmentvisionen" und „Neue Dienste" erfolgte durch Experten der Audi AG.[561] Jeweils zwei Mitarbeiter aus den Bereichen der Produktentwicklung und des Marketing nahmen die Bewertung vor. Die Beurteilung der Qualitätsdimensionen erfolgte auf einer 5-Punkte Likert-Skala. Für die *Neuartigkeit* wurden die Ankerpunkte „am Markt erhältlich" und „völlig neu" eingesetzt. Die detaillierte *Ausarbeitung* der Idee wurde mit „überhaupt nich detailliert" bis „sehr detailliert" eingeschätzt. Das *Anwendungspotenzial* konnte als „sehr gering" bis „sehr hoch" beurteilt werden. Hinsichtlich der *internen Relevanz* wurde nach der weiteren Verwendung des Beitrages im Unternehmen gefragt. Antwortoptionen waren hier „überhaupt nicht relevant" und „sehr relevant".

---

[560] Vgl. Kristensson/Gustafsson/Archer (2004), S. 6.
[561] Zur Eignung von Expertenurteilen vgl. Amabile (1996), S. 39.

8.2.2 Deskriptive Untersuchungsergebnisse zu den Kundenmerkmalen

Die Kundenmerkmale wurden zunächst mit Hilfe des Kolmogorov-Smirnov-Test hinsichtlich ihrer Verteilungsform getestet. Auf diese Weise konnte festgestellt werden, dass keines der Merkmale fortschrittlicher Kunden normalverteilt ist. Die in Abbildung 37 dargestellte Verteilung zeigt, dass die Variablen *Produktwissen* und *Produktinvolvement* in ihrer Schiefe linkssteil verteilt sind. Einhergehend sind auch die hohen Ausprägungen dieser Variablen mit den dazugehörigen Mittelwerten von 1,74 und 1,83.[562] Bei der *Unzufriedenheit* mit am Markt erhältlichen Infotainmentlösungen (Mittelwert 2,78) und bei dem Verspüren *neuer Bedürfnisse* (Mittelwert 2,94) zeigen sich ausgeglichenere Verteilungsformen.

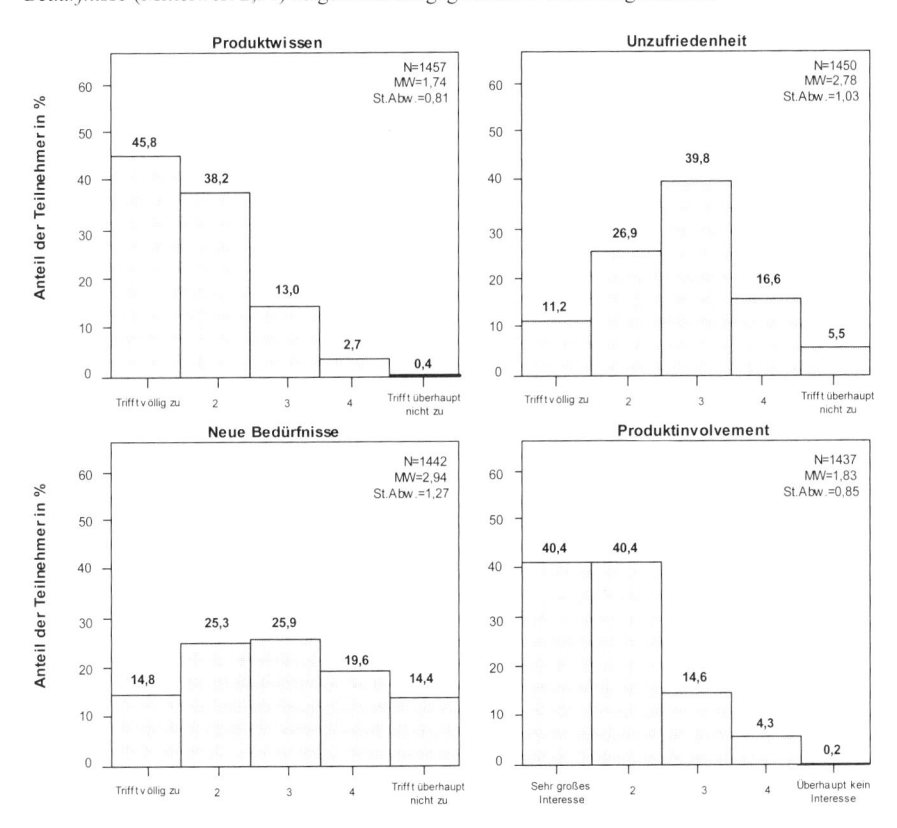

Abbildung 37: Deskriptive Übersicht der Merkmalsausprägungen teilnehmender Kunden

---

[562] Es ist zu beachten, dass die als hoch oder positiv bezeichnete Ausprägungen der Variablen aufgrund der Kodierung der verwendeten Likert-Skala mit niedrigen Zahlenwerten korrespondieren. Vgl. hierzu die Informationen zur Messung der Kundenmerkmale in dem vorangehenden Kapitel 8.2.1.

8.2.3 Deskriptive Untersuchungsergebnisse zu der Qualität der Kundenbeiträge

Insgesamt wurden 728 Einträge im Bereich Infotainmentvisionen in dem dafür vorgesehenen Eingabebereich formuliert.[563] Nach einer ersten Durchsicht wurden diejenigen Beiträge aussortiert, die sich inhaltlich nicht unmittelbar auf die Ausformulierung von Visionen konzentrierten. Hierbei handelte es sich beispielsweise um Äußerungen zur Audi Modellreihenpolitik oder um nicht-produktrelevantes Lob bzw. Kritik. Es ergab sich eine Auswahl von 342 Kundenbeiträgen, die im Bereich der Infotainmentvisionen der Expertenbeurteilung unterzogen wurde. Von den insgesamt 1473 Online-Teilnehmern des *Virtual Labs* haben somit 23,22 % ihre Visionen mitgeteilt. Im Bereich der Dienste wurden nach demselben Prinzip 180 von insgesamt 219 Beiträgen für die Expertenbeurteilung aussortiert. Dies entspricht einem Prozentsatz von 12,22 %. Durch die Offline-Teilnehmer wurden bis auf vereinzelte Ausnahmen keine Textbeiträge in den Bereichen Visionen und Dienste generiert. Eine Qualitätsbetrachtung entfällt somit.

Aus Abbildung 38 wird ersichtlich, dass die *Neuartigkeit* und der *Ausarbeitungsgrad* der Beiträge zu den Visionen rechtsschief verteilt sind; d.h. grundsätzlich ist nur mit einem sehr geringen Prozentsatz an völlig neuen und sehr detailliert ausgearbeiteten Ideen zu rechnen.[564] Auffällig ist der genau gegensätzliche und somit linksschiefe Verteilungsverlauf der Variablen *Anwendungspotenzial* und *interne Relevanz*. Das Potenzial mit einem Mittelwert von 2,20 als auch die Relevanz mit einem Mittelwert von 1,90 sind sehr positiv ausgeprägt. Insbesondere die Relevanz in Form der weiteren internen Verwendung der geäußerten Kundenbeiträge zeigt, dass der größte Teil der Beiträge in die Entscheidungsprozesse der NPE mit einfließen werden. So gut wie kein Beitrag wird verworfen.

---

[563] Vgl. hierzu Abbildung 33 in Kapitel 8.1.2.
[564] Analog zu den Merkmalen fortschrittlicher Kunden gilt auch für die Qualitätsdimensionen, dass eine hohe Ausprägung der Variable mit einem niedrigen Zahlenwert auf der Likert-Skala korrespondiert und umgekehrt.

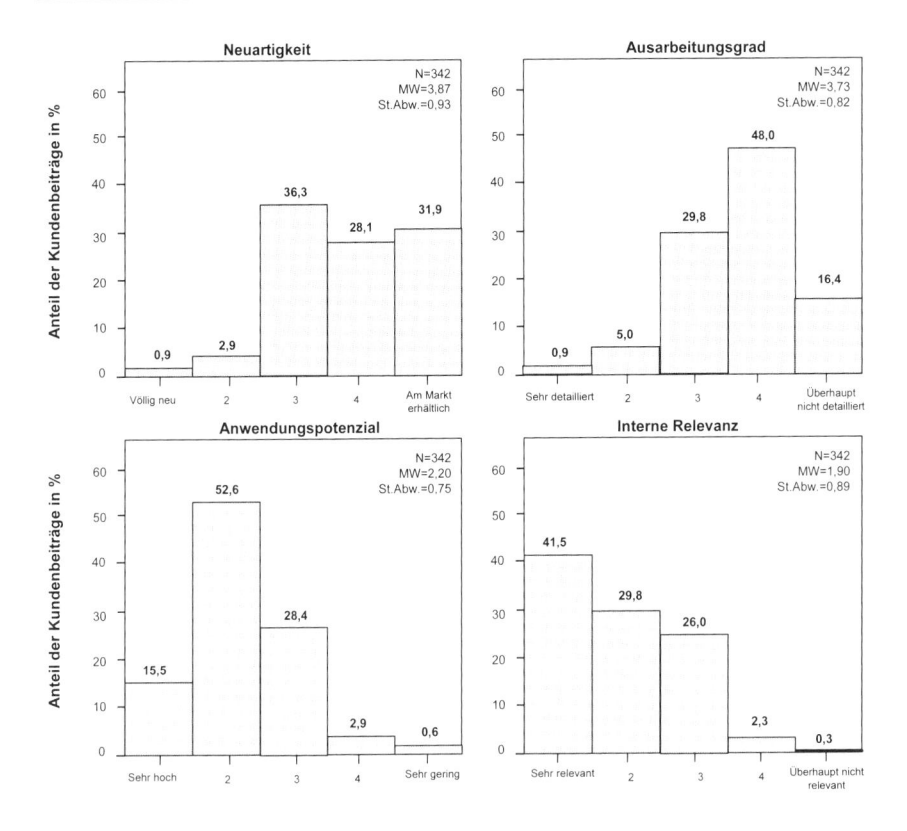

Empirische Analyse – Untersuchungsblickwinkel Kunde 181

Abbildung 38: Deskriptive Übersicht zur Beitragsqualität im Bereich Visionen

Ein sehr ähnliches deskriptives Bild ergibt die Analyse der Kundenbeiträge im Bereich Dienste in Abbildung 39. Lediglich der *Ausarbeitungsgrad* mit einem Mittelwert von 4,46 weist einen wesentlich geringeren Detailliertheitsgrad als im Bereich Visionen auf. Ein Grund hierfür dürfte die nicht so aufwendig gestaltete Eingabeoberfläche sein. Während bei den Infotainmentvisionen den Teilnehmern multimediale und animierte Anregungen angeboten wurden, kam bei den Diensten lediglich ein Textfeld ohne weitere Effekte zum Einsatz. Abbildung 40 zeigt eine aggregierte Form der Ergebnisse zur Beitragsqualität.

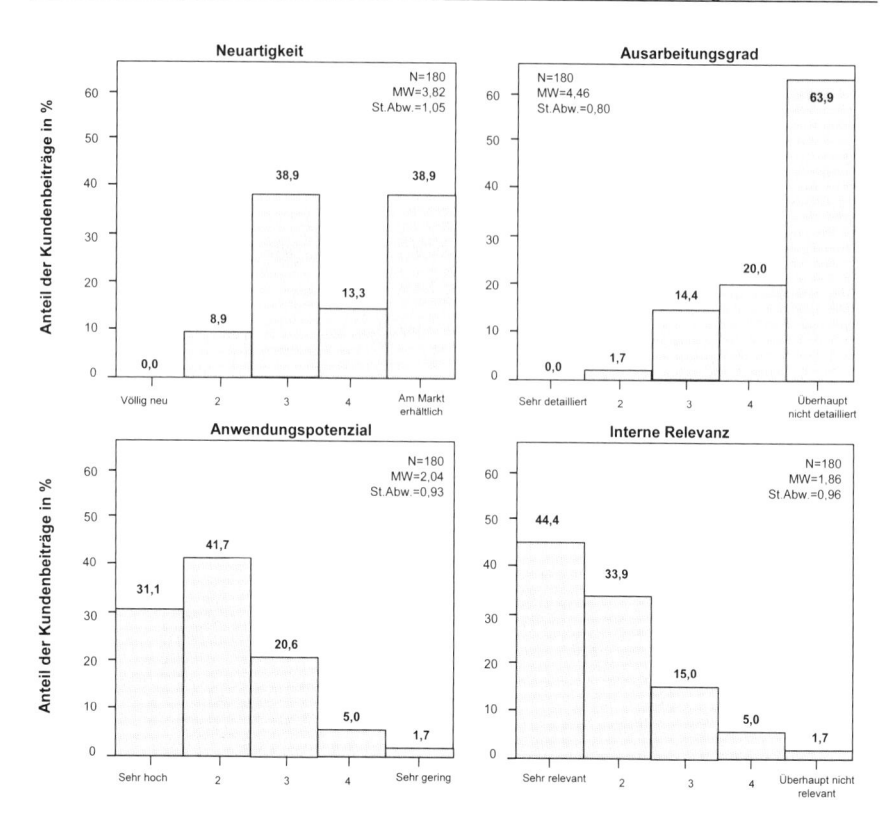

182   Empirische Analyse – Untersuchungsblickwinkel Kunde

Abbildung 39: Deskriptive Übersicht zur Beitragsqualität im Bereich Dienste

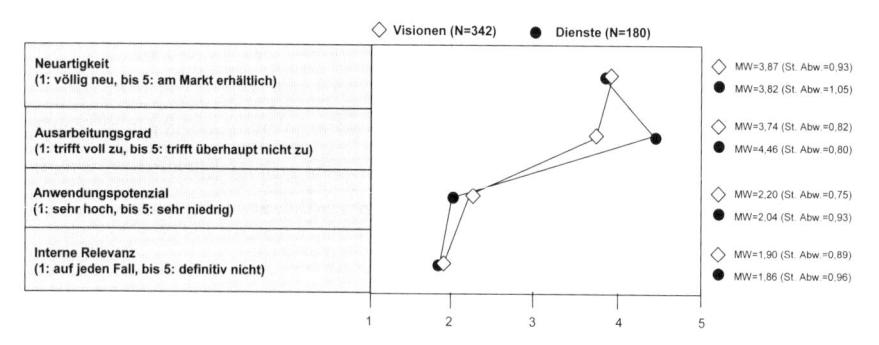

Abbildung 40: Dimensionen der Beitragsqualität im Bereich Visionen und Dienste

Die deskriptiven Ergebnisse zeigen, dass nicht alle an der VKI beteiligten Kunden außergewöhnlich neue Beiträge in detaillierter Form liefern. Dennoch zeichnen sich eindeutig die große Marktrelevanz und die Verwertungsmöglichkeiten des Großteils der Kundenbeiträge im *Virtual Lab* ab. Dies dürfte unter anderem mit dem in Abbildung 37 aufgezeigten hohen Grad an *Produktwissen* und *Produktinvolvement* der Teilnehmer im *Virtual Lab* zusammenhängen. Eine regressionsanalytische Überprüfung erfolgt in Kapitel 8.2.5.

Als Zwischenfazit der Experteneinschätzung im Bereich Visionen und Dienste kann festgehalten werden, dass das in Kapitel 2.3 von *Kaulio* angeführte Kundeneinbindungsprinzip des *Design for* und *Design with* zum tragen kommt.[565] Die geäußerten Wünsche und Anwendungserfahrungen dienen als Informationsressource zur Ableitung kundenbezogener Anforderungen für die Produktentwicklung. Zudem ist es denkbar, dass die Kunden durch das geäußerte Interesse an bereits bekannten Ideen als Helfer für die Überwindung innerbetrieblicher Innovationswiderstände genutzt werden können.[566] Detailliert ausgearbeitete Konzepte oder die Absicht, fertige Prototypen zur Verfügung zu stellen, wurden in den offenen Antwortbereichen des *Virtual Labs* nicht geäußert. Für eine derartige Beteiligung der Kunden im Sinne eines *Design by* hat sich das verwendete *User Design* in Form des eingesetzten Gerätekonfigurators, indem der Kunde tatsächlich als Designer seines erwünschten Infotainmentgerätes agieren konnte, als überlegen erwiesen.[567]

8.2.4 Befunde zum Selbstselektionseffekt

Während der Selbstselektionseffekt in der Online-Marktforschung mit negativen Sampling-Effekten in Verbindung gebracht wird, konnte in Kapitel 5.1.3 gezeigt werden, dass der Effekt positiv für die internetbasierte Identifikation fortschrittlicher Kunden eingesetzt werden kann. Um die Wirkung des Effektes nachzuweisen, wurden die Kundenmerkmale der im Internet rekrutierten Teilnehmer (Online) mit denjenigen der im Audi-Kundencenter (Offline) rekrutierten Teilnehmer verglichen.[568] In beiden Fällen wurde die identische Version des *Virtual Labs* von den Kunden bearbeitet. Die Ergebnisse der Überprüfung des Selbstselektionseffektes werden in Tabelle 12 dargestellt.

---

[565] Vgl. Kaulio (1998), S. 147 sowie die Ausführungen in Kapitel 2.3.
[566] Vgl. Brockhoff (1997), S. 359 f.
[567] Detaillierte Ausführungen zu dem im *Virtual Lab* zur Anwendungen kommenden *User Designs* erfolgen in Kapitel 8.4.
[568] Dieses Vergleichsverfahren ähnelt methodisch der Überprüfung des Selbstselektionseffektes mit Hilfe der Multiple Site Entry Technik. Vgl. z.B. Reips (2002).

Merkmale fortschrittlicher Kunden „Online vs. Offline"

	Online (N=1473)		Offline (N=189)	
Variable	Mittelwert	St.Abw.	Mittelwert	St.Abw.
Produktwissen	1,74***	0,81	2,38***	1,11
Unzufriedenheit	2,78***	1,03	3,20***	1,00
Neue Bedürfnisse	2,93***	1,27	3,23***	1,20
Produktinvolvement	1,83***	0,85	2,22***	0,95
Alter	32,99	9,80	33,89	10,65

Tabelle 12: Vergleich der Merkmale fortschrittlicher Kunden Offline versus Online

Anmerkungen: Für den Vergleich der Stichproben wurde der Mann-Whitney-U-Test als nichtparametrischer Test herangezogen. Gruppe „Online": N=1473; Gruppe „Offline": N=189
*: Signifikant auf dem 10 %-Niveau
**: Signifikant auf dem 5 %-Niveau
***: Signifikant auf dem 1 %-Niveau

Es zeigt sich, dass sämtliche Merkmale fortschrittlicher Kunden bei den online rekrutierten Teilnehmern höher ausgeprägt sind als bei den im Kundencenter angesprochenen Personen. Die Unterschiede sind durchgehend auf dem 1 %-Niveau signifikant. Hypothese 1 wird somit durch die empirischen Ergebnisse gestützt. Hinsichtlich des Alters als wichtige Kontrollgröße konnten keine signifikanten Unterschiede gefunden werden. Bei einem Vergleich der Ideenquote der beiden Gruppen kann festgestellt werden, dass den 342 Online-Ideen im Bereich Visionen nur sechs offline eingereichte Ideen gegenüber stehen. Im Bereich Dienste wurden 180 Ideen online und fünf Ideen offline geäußert. Ein weiteres Untersuchungsergebnis betrifft die Teilnehmerbereitschaft, auch zukünftig an Tests und Umfragen zu Audi Neuprodukten teilzunehmen. Während im Internet sich 78,2 % für eine erneute Einbindung einverstanden erklärten, waren es offline nur 37,1 %.

Eine weitere ergänzende Analyse wurde zu dem Adaptionsverhalten neuer Elektronik- und Infotainmentprodukte durch die Online- bzw. Offline-Teilnehmer vorgenommen. Als gesicherte Erkenntnis gilt, dass neue Produkte, Technologien und deren Verwendung nicht gleichermaßen in sozialen Systemen diffundieren.[569] Die Adaptionsgeschwindigkeit hängt grundsätzlich von dem subjektiv empfundenen Vorteil des Kunden ab. Es wird vermutet, dass fortschrittliche Kunden mit dem Erwerb einer Innovation oder eines Neuproduktes einen

---

[569] Vgl. Robertson (1967) und die Meta-Analyse von Mahajan/Muller/Bass (1990).

höheren Nutzenzuwachs verbinden, wenn ihre neuen Bedürfnisse befriedigt und die Unzufriedenheit mit dem bestehenden Marktangebot verringert werden kann. Da festgestellt wurde, dass die Online-Teilnehmer der Studie höhere Ausprägungen bei den Merkmalen fortschrittlicher Kunden aufweisen als die Offline-Teilnehmer, ist auch ein Unterschied in der Adaptionsgeschwindigkeit bei Infotainmentprodukten zu erwarten. Die in Abbildung 41 dargestellten Ergebnisse bestätigen diese Vermutung.

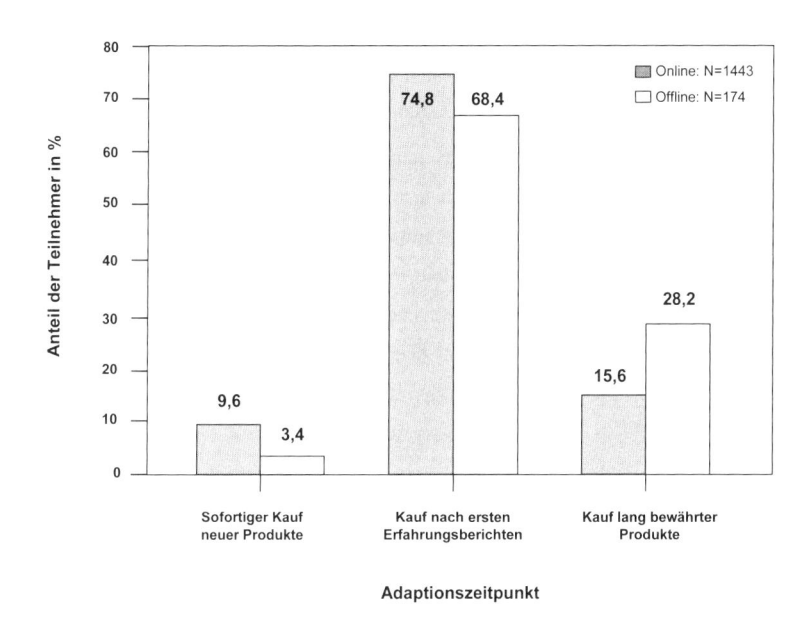

Abbildung 41: Adaptionsverhalten der Kunden

Zwischen den Gruppen zeigen sich deutliche Differenzen von 6,2 % bei dem sofortigen Kauf neuer Produkte, 6,4 % bei dem Kauf nach ersten Erfahrungsberichten und 12,6 % bei dem Kauf lang bewährter Produkte. Es existiert demnach eine deutliche Tendenz einer früheren Adaption neuer Produkte durch die Online-Teilnehmer. Dieser Befund dürfte auf die in Tabelle 12 festgestellte höhere Fortschrittlichkeit diese Gruppe zurückzuführen sein. Ein Vergleich der Adaptionsgeschwindigkeit mit den Ergebnissen der Arbeit von *Lüthje* zeigt, dass die absoluten Prozentwerte zwar differieren, die Verteilungsform der Online- und

Offline-Nutzer sich allerdings mit der von *Lüthje* vorgestellten Verteilungsform für die Gruppen der Innovatoren und Nicht-Innovatoren prinzipiell decken.[570]

Fazit der Untersuchungsergebnisse ist, dass die Teilnehmer der internetbasierten Rekrutierung eher dem Bild eines fortschrittlichen und innovativen Kunden entsprechen, eine vielfach höhere Ideenquote aufweisen und größtenteils dazu bereit sind, sich an weiteren Innovationsstudien aktiv zu beteiligen. Der Selbsselektionseffekt für Innovationsstudien im Internet kann somit durch die erhobenen Daten bestätigt werden. Ein Erklärungsversuch für die Deutlichkeit der Ergebnisse könnte darin liegen, dass sich die offline befragten Neuwagenabholer im Audi-Kundencenter in einem Zustand emotionaler Aktiviertheit bzw. Vorfreude befinden, der eine konzentrierte Bearbeitung von Innovationsaufgaben und die Fähigkeit, Ideen und Visionen zu entwickeln, beeinträchtigt. Dem ist entgegenzuhalten, dass die Besucher mit Wartezeiten zu rechnen hatten, in der die Bearbeitung des *Virtual Labs* möglicherweise als willkommene Abwechslung aufgefasst wurde. Zudem könnte mit dieser Begründung lediglich die geringere Ideenquote erklärt werden, die Einschätzung der Kundenmerkmale wäre davon unbetroffen. Festzuhalten bleibt allerdings, dass der starke Einfluss des Selbstselektionseffektes für die Identifikation fortschrittlicher Kunden in weiteren empirischen Untersuchungen bestätigt werden muss, bevor allgemeingültige Aussagen getroffen werden können. Neben dem Vergleich zwischen Online und Offline rekrutiertem Sample empfiehlt sich auch die Überprüfung des Selbstselektionseffektes auf unterschiedlichen themenbezogenen Webseiten. Die Ergebnisse würden wertvolle Aufschlüsse darüber geben, auf welchen Seiten die Schaltung eines Banners die höchsten Erfolgschancen zur Identifikation fortschrittlicher Kunden hat.

8.2.5 Explikative Untersuchungsergebnisse des Zusammenhangs zwischen den Kundenmerkmalen und der Beitragsqualität

In den folgenden Ausführungen erfolgt eine empirische Überprüfung der in Kapitel 5.1.4 formulierten Hypothesen. Zunächst erfolgt ein Mittelwertvergleich auf Basis des Mann-Whiteney-U-Tests, um signifikante Unterschiede der Merkmalsausprägungen von Kunden, die einen Innovationsbeitrag in Form einer Idee eingereicht haben und Kunden, die keine Idee im *Virtual Lab* eingereicht haben, festzustellen. Tabelle 13 und Tabelle 14 zeigen jeweils

---

[570] Vgl. Lüthje (2000), S. 64.

einen Vergleich der Merkmale fortschrittlicher Kunden in Abhängigkeit von den geleisteten bzw. nicht geleisteten Innovationsbeitragen im Bereich Visionen und Dienste.

Innovationsbeiträge im Bereich Visionen

	Ja (N=342)		Nein (N=1131)	
Kundenmerkmal	Mittelwert	St.Abw.	Mittelwert	St.Abw.
Produktwissen	1,62***	0,76	1,77***	0,83
Unzufriedenheit	2,60***	1,00	2,84***	1,03
Neue Bedürfnisse	2,56***	1,24	3,05***	1,26
Produktinvolvement	1,68***	0,76	1,88***	0,86

Tabelle 13: Merkmalsvergleich in Abhängigkeit der eingereichten Innovationsbeiträge im Bereich Visionen

Anmerkungen: Für den Vergleich der Stichproben wurde der Mann-Whitney-U-Test als nichtparametrischer Test herangezogen.
*: Signifikant auf dem 10 %-Niveau
**: Signifikant auf dem 5 %-Niveau
***: Signifikant auf dem 1 %-Niveau

Innovationsbeiträge im Bereich Dienste

	Ja (N=180)		Nein (N=1293)	
Kundenmerkmal	Mittelwert	St.Abw.	Mittelwert	St.Abw.
Produktwissen	1,62***	0,85	1,75***	0,81
Unzufriedenheit	2,51***	1,05	2,82***	1,02
Neue Bedürfnisse	2,32***	1,30	3,02***	1,24
Produktinvolvement	1,57***	0,76	1,87***	0,85

Tabelle 14: Merkmalsvergleich in Abhängigkeit der eingereichten Innovationsbeiträge im Bereich Dienste

Anmerkungen: Für den Vergleich der Stichproben wurde der Mann-Whitney-U-Test als nichtparametrischer Test herangezogen.
*: Signifikant auf dem 10 %-Niveau
**: Signifikant auf dem 5 %-Niveau
***: Signifikant auf dem 1 %-Niveau

Die Ergebnisse zeigen, dass sämtliche Merkmale fortschrittlicher Kunden bei den Einreichern von Innovationsbeiträgen höher ausgeprägt sind als bei den Nichteinreichern. Der Ausprägungsunterschied zwischen den Gruppen ist ohne Ausnahme höchst signifikant und sowohl für den Bereich der Visionen als auch für den Bereich der Dienste zutreffend. Auch hier ist zu beachten, dass niedrigere absolute Zahlenwerte mit einer hohen Ausprägung des jeweiligen Merkmals korrespondieren.[571] Betrachtet man die absoluten Mittelwertunterschiede, so wird deutlich, dass bei dem Merkmal der *Neuen Bedürfnisse* das größte Delta festzustellen ist. Es handelt sich um eine Differenz in Höhe von 0,49 bei den Visionen und um 0,70 bei den Diensten. Ebenfalls bei beiden Themenbereichen gleichermaßen zutreffend ist der zweitgrößte Mittelwertunterschied bei dem Merkmal der *Unzufriedenheit* von 0,24 bzw. 0,31. Die kleinste Differenz ist jeweils bei dem Merkmal des *Produktwissens* mit den Werten 0,15 und 0,13 zu verzeichnen. Zusammenfassend kann somit festgehalten werden, dass sich die Einreicher von Innovationsbeiträgen von den Nichteinreichern hinsichtlich aller angeführten Merkmale fortschrittlicher Kunden höchst signifikant unterscheiden. Deutlich wird auch, dass insbesondere bei dem Verspüren neuer Bedürfnisse und der Unzufriedenheit mit am Markt erhältlichen Infotainmentprodukten eine hohe absolute Abweichung festgestellt werden kann. Diese Feststellung stimmt mit den Ergebnissen von *Lüthje* überein, der diesen beiden Faktoren die höchste diskriminierende Wirkung zwischen den Gruppen der Innovierer und der Nicht-Innovierer zuordnen kann.[572] Ein weiterer Hinweis für die hohe Bedeutung neuer Bedürfnisse für die Fortschrittlichkeit ist die definitorische Verankerung im Lead-User-Konzept nach *von Hippel*.[573] Hinsichtlich des Merkmals des *Produktwissens* ist der geringste Unterschied der beiden Gruppen zu beobachten. Dies könnte darauf hindeuten, dass nicht unbedingt ein umfangreiches und detailliertes technisches Expertenwissen für die Fortschrittlichkeit von Kunden zu fordern ist. Vielmehr sind das Problembewusstsein und die Bereitschaft zur produktbezogenen Informationsaufnahme, dargestellt durch den Indikator des *Produktinvolvements*, als ein gewichtigerer Faktor zu bewerten. Auf Grundlage der vorgestellten Ergebnisse kann Hypothese 2 uneingeschränkt bestätigt werden.

Zur Analyse des Zusammenhangs zwischen den Merkmalen fortschrittlicher Kunden und der Qualität der Innovationsbeiträge wird zunächst die klassische und in Hypothese 3 zum Ausdruck gebrachte Vorgehensweise der Lead-User-Forschung gewählt.[574] Es erfolgt eine Einteilung des Samples der Einreicher von Innovationsbeiträgen in die zwei Gruppen der *besonders fortschrittlichen Kunden* und der *weniger fortschrittlichen Kunden*. Als besonders fortschrittlich werden dabei nur diejenigen Kunden eingestuft, die gleichzeitig bei sämtlichen Kundenmerkmalen ein Anspruchsniveau erfüllen. Hier wird der Mittelwert jedes Qualitätsmerkmals als Mindesthöhe der Zugehörigkeit zur Gruppe der *besonders*

---

[571] Vgl. die Operationalisierung der Kundenmerkmale in Kapitel 8.2.1.
[572] Vgl. Lüthje (2000), S. 63.
[573] Vgl. von Hippel (1986), S. 796 f. sowie Urban/von Hippel (1988), S. 569.
[574] Vgl. hierzu die Ausführungen in Kapitel 5.1.4.

fortschrittlichen Kunden ausgewählt. Ein Teilnehmer, der nicht bei sämtlichen Merkmalen das Anspruchsniveau erfüllt, scheidet als besonders fortschrittlicher Kunde aus. Die Gruppe der *weniger fortschrittlichen Kunden* setzt sich aus den Teilnehmern zusammen, deren Kundenmerkmale gleichzeitg unter dem Mittelwert der einzelnen Merkmale liegen. Dieser Definition folgend, können die in Tabelle 15 dargestellten Gruppenanteile errechnet werden.

Gruppeneinteilung in „besonders fortschrittliche Kunden" und „weniger fortschrittliche Kunden"			
Visionen			
Gruppe	Anteil im Gesamtsample (N=1473)	Anteil im Teilsample Visionen (N=342)	Anteil im Teilsample Dienste (N=180)
Besonders fortschrittliche Kunden	10,12 %	15,50 %	23,33 %
Weniger fortschrittliche Kunden	22,40 %	13,45 %	10,56 %

Tabelle 15: Gruppeneinteilung nach der Fortschrittlichkeit der Kunden

Im Gesamtsample des *Virtual Labs* wurden 10,12 % (N=149) besonders fortschrittliche Kunden und 22,40 % (N=330) weniger fortschrittliche Kunden der insgesamt 1473 Teilnehmer identifiziert. Von denjenigen Teilnehmern, die einen Innovationsbeitrag im Bereich Visionen geleistet haben, sind 15,50 % (N=53) der Gruppe der *besonders fortschrittlichen Kunden* und 13,45 % (N=46) der Gruppe der *weniger fortschrittlichen Kunden* zuzuordnen. Im Bereich der Dienste ergibt sich eine Aufteilung von 23,33 % (N=42) und 10,56 % (N=19). Deutlich wird, dass der Anteil der *besonders fortschrittlichen Kunden* in dem Teilsample Visionen als auch in dem Teilsample Dienste größer ist als der Anteil weniger fortschrittlicher Kunden während im Gesamtsample der Anteil *weniger fortschrittlicher Kunden* deutlich überwiegt. Diese Verteilung ist vor dem Hintergrund der eindeutigen Bestätigung der Hypothese 2 plausibel. Hier wurde festgestellt, dass die Merkmale fortschrittlicher Kunden bei den Einreichern von Innovationsbeiträgen signifikant höher ausgeprägt sind als bei den Nichteinreichern.

Zur Analyse des Zusammenhangs zwischen der Gruppenzugehörigkeit und den Qualitätsdimensionen kommt das Verfahren der einfaktoriellen univariaten Varianzanalyse (ANOVA) zum Einsatz.[575] Tabelle 16 fasst die Ergebnisse der acht univariaten Einzelanalysen zusammen.

ANOVA zur Qualität der Innovationsbeiträge in Abhängigkeit der Gruppenzugehörigkeit					
Visionen					
Variable	Mittelwert Gruppe 1	Mittelwert Gruppe 2	F-Wert	Signifikanz	Eta²
Neuartigkeit	3,74	3,78	0,059	0,808	0,001
Ausarbeitungsgrad	3,36	4,13	31,349	0,000	0,244
Anwendungspotenzial	2,32	2,17	0,779	0,380	0,008
Interne Relevanz	2,13	1,80	3,318	0,072	0,033
Dienste					
Variable	Mittelwert Gruppe 1	Mittelwert Gruppe 2	F-Wert	Signifikanz	Eta²
Neuartigkeit	3,76	4,16	1,725	0,194	0,028
Ausarbeitungsgrad	4,62	4,47	0,569	0,453	0,010
Anwendungspotenzial	1,86	2,00	0,365	0,548	0,006
Interne Relevanz	1,64	1,79	0,388	0,536	0,007

Tabelle 16: ANOVA zur Qualität der Innovationsbeiträge
Anmerkungen: Gruppe 1: *Besonders fortschrittliche Kunden*
Gruppe 2: *Weniger fortschrittliche Kunden*

Die Varianzanalysen im Bereich Visionen zeigen, dass lediglich für die Qualitätsdimensionen *Ausarbeitungsgrad* und *interne Relevanz* eine signifikante Abhängigkeit von der Zugehörigkeit zur Gruppe der besonders fortschrittlichen Kunden bzw. weniger fortschrittlichen Kunden existiert. Ein Maß für die Stärke stellt das Eta² dar. Ein hoher Wert von Eta² signalisiert einen hohen Anteil an erklärter Abweichung. Die Ergebnisse zeigen, dass 24,4 % der Streuung der Variable *Ausarbeitungsgrad* und 3,3 % der Streuung der Variable *interne Relevanz* durch die Gruppenzugehörigkeit erklärt werden. Die Richtung der signifikanten Zusammenhänge ist durch einen Vergleich der Mittelwerte in den unterschiedlichen Gruppen ersichtlich. Es kann festgestellt werden, dass die Gruppe der *besonders fortschrittlichen Kunden* detaillierter ausgearbeitete Innovationsbeiträge liefern, die

---

[575] Vgl. die Ausführungen in Kapitel 7.2.2.1. Die Überpüfung des Zusammenhangs zwischen Fortschrittlichkeit und der Qualität der Kundenbeiträge kann nur bei den Teilnehmern überprüft werden, die einen Innovationsbeitrag entweder im Bereich Visionen oder im Bereich Dienste geleistet haben. Nur hier konnte eine Qualitätsbeurteilung durch Experten der Audi AG stattfinden.

allerdings von geringerer interner Relevanz sind.[576] Der sehr schwache, aber dennoch signifikant negative Zusammenhang der Zugehörigkeit zur Gruppe der *besonders fortschrittlichen Kunden* und der internen Relevanz widerspricht dem in Hypothese 3 formulierten Zusammenhang. Dies könnte darauf zurückzuführen sein, dass die durch die Gruppe der *besonders fortschrittlichen Kunden* geäußerten Bedürfnisse den Bedürfnissen gewöhnlicher Kunden teilweise um Jahre voraus sind.[577] Die Beiträge sind somit unter Umständen nicht konform mit den in der operativen Planung zu treffenden Produktentscheidungen. Dies würde wiederum bedeuten, dass eine stragische Ausrichtung der Produktpolitik an den Kunden von morgen vernachlässigt wird. Das *not-invented-here Syndrom* könnte ebenfalls ein Grund für den negativen Zusammenhang sein. Demnach werden interessante Innovationsbeiträge von *besonders fortschrittlichen Kunden* als eine Form der Substitution und Bedrohung der eigenen Entwicklungstätigkeit im Unternehmen empfunden und daher nicht weiterverfolgt.

Daher wird diesen Beiträgen eine vorwiegend strategisch langfristige Relevanz zugesprochen werden. Die Dimension der *internen Relevanz* hingegen erfasst die Relevanz im Sinne der Berücksichtigung der Beiträge im weiteren Entscheidungsprozess der NPE und ist daher vorwiegend der operativen Planung zuzuordnen.

Hinsichtlich der Qualitätsdimensionen der *Neuartigkeit* und des *Anwendungspotenzials* kann die Tendenz beobachtet werden, dass die Gruppe der *besonders fortschrittlichen Kunden* sowohl neuere Beiträge als auch Beiträge mit höherem Anwendungspotenzial einreicht als die Gruppe der *weniger fortschrittlichen Kunden*. Dieser Zusammenhang hat sich allerdings als nicht signifikant herausgestellt. Zumindest hinsichtlich des *Anwendungspotenzials* könnte dies unter Umständen darauf zurückzuführen sein, dass der Mittelwert dieser Qualitätsdimension unter Berücksichtigung aller Teilnehmer mit 2,20 sehr hoch ausgeprägt ist. Demnach sind in dem vorliegenden Sample Beiträge mit hohem Anwendungspotenzial sowohl von der Gruppe der *besonders fortschrittlichen Kunden* als auch von der Gruppe der *weniger fortschrittlichen Kunden* geleistet worden. Dies erschwert eine eindeutige Gruppenzuordnung.

Zusammenfassend kann festgestellt werden, dass mit Ausnahme des *Ausarbeitungsgrades* keine bzw. negative Zusammenhänge der Gruppenzugehörigkeit mit der Qualität der Beiträge bestehen. Hypothese 3 wird somit für den Bereich Visionen nicht bestätigt. Im Bereich der Dienste konnten keine signifikanten Zusammenhänge zwischen Gruppenzugehörigkeit und

---

[576] Hohe Mittelwertsausprägungen der Qualitätsvariablen entsprechen niedrigen absoluten Zahlenwerten.

Qualität durch die Varianzanalyse nachgewiesen werden. Auch für diesen Bereich wird Hypothese 3 somit falsifiziert.

Eine weitere Untersuchung des Zusammenhangs zwischen den Merkmalen fortschrittlicher Kunden und der Qualität der Innovationsbeiträge wurde in Hypothese 4 zum Ausdruck gebracht. Ein grundlegender Unterschied zu der oben durchgeführten Analyse besteht darin, dass vorab keine Gruppenunterscheidung zwischen der Fortschrittlichkeit der Kunden getroffen wird. Dies ermöglicht die Einflüsse der einzelnen Kundenmerkmale auf die Qualität separat zu betrachten. Für die Untersuchung wird zunächst ein Index der Gesamtqualität, bestehend aus dem Produkt der vier Qualitätsdimensionen, berechnet. Als eine Form der Extremwertbetrachtung gehen im weiteren Verlauf der Analyse die Innovationbeiträge sehr hoher und sehr niedriger Qualität ein. Als Einordnungskriterium werden das erste und das dritte Quartil des Qualitätsindex verwendet. Als Schwellenwert für die Innovationsbeiträge besonders hoher bzw. niedriger Qualität werden somit diejenigen Punkte der Messwertskala berücksicht, die unterhalb des 25. Perzentil und oberhalb des 75. Perzentil liegen. Zur Überprüfung des Zusammenhangs der einzelnen Merkmale fortschrittlicher Kunden auf die diskreten Werte des Qualitätsindex wird die Logistische Regression herangezogen. Tabelle 17 und Tabelle 18 zeigen die Ergebnisse der Analyse in den Bereichen Visionen und Dienste.

Logistische Regression zum Einfluss der Merkmale fortschrittlicher Kunden auf die Qualität im Bereich Visionen					
Prüfung der Regressionskoeffizienten					
Variable	B	St.fehler	Wald	Signifikanz	Odd-Ratio
Produktwissen	0,211	0,228	0,859	0,354	1,235
Unzufriedenheit	0,129	0,182	0,504	0,478	1,138
Neue Bedürfnisse	-0,113	0,158	0,515	0,473	0,893
Produktinvolvement	-0,141	0,253	0,314	0,575	0,868
Prüfung der Regressionsfunktion					
-2 Log Likelihood-Wert	198,571				
Omnibus-Test (Signifikanzniveau)	2,071 (0,723)				
Cox & Snell R^2	0,014				
Nagelkerkes R^2	0,019				
Hosmer-Lemeshow-Test (Signifikanzniveau)	9,285 (0,319)				

Tabelle 17: Logistische Regression zum Einfluss der Merkmale fortschrittlicher Kunden auf die Qualität im Bereich Visionen

---

[577] Vgl. die Ausführungen in Kapitel 5.1.1.

Logistische Regression zum Einfluss der Merkmale fortschrittlicher Kunden auf die Qualität im Bereich Dienste

Prüfung der Regressionskoeffizienten					
Variable	B	St.fehler	Wald	Signifikanz	Odd-Ratio
Produktwissen	0,461	0,282	2,681	0,102	1,586
Unzufriedenheit	-0,008	0,224	0,001	0,970	0,992
Neue Bedürfnisse	0,032	0,204	0,025	0,874	1,033
Produktinvolvement	0,076	0,300	0,064	0,800	1,079
Prüfung der Regressionsfunktion					
-2 Log Likelihood-Wert			127,273		
Omnibus-Test (Signifikanzniveau)			3,571 (0,467)		
Cox & Snell R²			0,037		
Nagelkerkes R²			0,049		
Hosmer-Lemeshow-Test (Signifikanzniveau)			6,545 (0,586)		

Tabelle 18: Logistische Regression zum Einfluss der Merkmale fortschrittlicher Kunden auf die Qualität im Bereich Dienste

Zur Beurteilung der Güte des Schätzmodells werden die Kriterien zur Prüfung der Regressionsfunktion herangezogen. Der Omnibus-Test, auch Likelihood Ratio-Test genannt, ist vergleichbar mit dem bei der Regressionfunktion verwendeten F-Test und überprüft die Signifikanz des Gesamtmodells. Diese kann im vorliegenden Fall für keines der Modelle bestätigt werden. Die Pseudo-R^2-Statistiken als weitere Gütemaße der logistischen Regression zeigen ebenfalls nicht akzeptable Werte. Cox-Snell-R^2 und Nagelkerkes-R^2 zeigen Werte von 0,014 und 0,019 für den Bereich Visionen und 0,037 und 0,049 für den Bereich Dienste auf. Gute Modelle bewegen sich im Wertebereich zwischen 0,2 und 0,4.[578] Der Hosmer-Lemeshow-Test dient der Berechnung des Goodness-of-Fit. Ein hohes Signifikanzniveau nahe 1 und ein niedriger χ^2-Wert implizieren eine gute Anpassung.[579] Mit den Werten 0,319 im Bereich Visionen und 0,568 im Bereich Dienste bewegt man sich in dem vorliegenden Modell in einem akzeptablen Bereich. Das auf Basis der Klassifizierungmatrix errechnete Proportional-Chance-Kriterium (PCC) gibt den Mindestwert für den Anteil der durch die logistische Regression richtig zu klassifizierenden Fälle vor. Im Bereich Visionen wurde ein PCC von 0,55 errechnet. Mit insgesamt 56,8 % richtig klassifizierter Beobachtungen wird das geforderte Maß an richtig klassifizierten Fällen gerade noch erreicht. Das PCC im Bereich Dienste beträgt 0,54 und wird ebenfalls mit 54,7 % richtig klassifizierter Fälle erreicht.

---

[578] Vgl. Krafft (1997), S. 631.
[579] Vgl. u.a. Backhaus et al. (2003), S. 446 ff.; Hair/Anderson/Tatham et al. (1998), S. 280 ff.; Krafft (1997); S. 630.

Insgesamt sind die Gesamtmodelle im Bereich Visionen und Dienste eindeutig abzulehnen. Eine nähere Betrachtung der einzelnen Regressionskoeffizienten entfällt somit. Hypothese 4 ist zu falsifizieren. Eine mögliche Erklärung für den fehlenden eindeutigen Zusammenhang zwischen den Merkmalen fortschrittlicher Kunden und der Qualität der Kundenbeiträge könnte mit dem verwendeten Sample in Verbindung gebracht werden. Die Qualitätsbeurteilung konnte nur bei denjenigen Kunden vorgenommen werden, die auch einen Beitrag geleistet haben. Diese Gruppe hat sich bereits als signifikant fortschrittlicher herausgestellt als die Gruppe der Kunden, die keinen Beitrag geleistet haben. Die Qualitätsbetrachtung erfolgt somit innerhalb des Teilsamples der Einreicher von Innovationsbeiträgen, die per se eher dem Bild eines fortschrittlichen Kunden entsprechen. Signifikante Unterschiede in diesem Teilsample des *Virtual Labs* herauszufiltern wird daher naturgemäß erschwert.

Zusammenfassend kann festgehalten werden, dass die Merkmale fortschrittlicher Kunden bei Teilnehmern, die Innovationsbeitäge leisten, signifikant höher ausgeprägt sind als bei Kunden, die keine Innovationsbeiträge leisten. Ein deckungsgleiches Ergebnis ist in der Studie von *Lüthje* zu beobachten.[580] Diese Erkenntnis ist ein Indiz dafür, dass die Merkmale *Produktwissen, Unzufriedenheit, Neue Bedürfnisse* und *Produktinvolvement* notwendig sind, damit Kunden ihre Beiträge an das innovierende Unternehmen übermitteln.

Ein eindeutiger Zusammenhang zwischen den Merkmalen fortschrittlicher Kunden und der Qualität der Innovationsbeiträge konnte in der vorliegenden Untersuchung allerdings nicht festgestellt werden. Für die Prüfung eines möglichen Zusammenhangs wurde zunächst der in der Lead-User-Forschung üblichen Vorgehensweise einer Gruppeneinteilung gefolgt. Das Ergebnis zeigt, dass sich die Qualitätsdimensionen in der Gruppe der *besonders fortschrittlichen Kunden* und der *weniger fortschrittlichen Kunden* nicht unterscheiden.[581] Eine weitere Überprüfung des Zusammenhangs zwischen den Kundenmerkmalen und der Qualität erfolgte mit Hilfe der Logistischen Regression. Hier wurde der Einfluss der einzelnen Merkmale fortschrittlicher Kunden auf einen Qualitätsindex gemessen. Auch hier wurde kein signifikanter Zusammenhang festgestellt. Einerseits weichen diese Ergebnisse von den Ergebnissen anderer Lead-User-Studien ab. Beispielsweise stellen *Lilien et al.* fest, dass Lead-User-Ideen signifikant neuer sind, größeres wirtschaftliches Potenzial aufweisen und mit einer höheren Wahrscheinlichkeit in neue Produktlinien umgesetzt werden als Ideen von Nicht-

---

[580] Vgl. Lüthje (2000), S. 62 f.

Lead Usern.[582] Andererseits zeigt die Studie von *Kristensson/Gustafsson/Archer* in Einklang mit der vorliegenden Untersuchung, dass besonders professionelle Anwender eben nicht die neuartigsten und qualitativ hochwertigsten Ideen liefern.[583]

Das Fazit dieses Kapitels lautet, dass Merkmale fortschrittlicher Kunden zwar notwendig für das Einreichen von Innovationsbeiträgen, allerdings nicht hinreichend für eine hohe Qualität der Innnovationsbeiträge sind. Demnach ist die Frage berechtigt, ob die in der Lead-User-Literatur häufig rezipierten Merkmale ausreichend sind, um eine hohe Qualität der Kundenbeiträge zu prognostizieren. Es erscheint plausibel, dass weitere Kundenkriterien wie Erfahrung, Kreativität, Intelligenz, Meinungsführerschaft oder Kundenloyalität einen positiven Einfluss auf die Qualität der Innovationsbeiträge haben können. Zielsetzung zukünftiger Forschungsarbeiten sollte es demnach sein, einen erweiterten Merkmalskatalog für die Vorhersage qualitativ hochwertiger Kundenbeiträge zu entwickeln, der sich nicht ausschließlich auf die bestehenden Lead-User-Merkmale beschränkt. Darüberhinaus empfiehlt sich für eine umfassende Überprüfung des Zusammenhangs zwischen Kundenmerkmalen und Qualität, die hier verwendete zweistufige Vorgehensweise einzusetzen. Zunächst wird eine Gruppeneinteilung vor der Zusammenhangsprüfung durchgeführt, anschließend erfolgt die Zusammenhangsprüfung auf Basis der einzelnen Kundenmerkmale.

8.3 Empirische Befunde zum Innovationstransfer

8.3.1 Messung der Einflussfaktoren des Innovationstransfers

Die Einflussfaktoren des Innovationstransfers - der *Informationsgehalt*, die *realitätsgetreue Produktpräsentation*, die *Benutzerfreundlichkeit*, der *Einbindungsgrad* und der *Spaßfaktor* - stellten den prinzipiellen Leitfaden zur Gestaltung des *Virtual Labs* dar. Um den Kunden einen möglichst großen Informationsgehalt zum Thema „Telematikdienste im Automobil" näher zu bringen, wurde die in Abbildung 42 dargestellte Kombination aus abstrakten Kurzbeschreibungen und bildhaften Darstellungen gewählt. Die abgebildete Informationsseite erläutert unterschiedliche Zugriffsmöglichkeiten auf Telematikdienste wie z.B.

---

[581] Einzige Ausnahme betrifft die Variable *Ausarbeitungsgrad*, die im Bereich Visionen in der Gruppe der *besonders fortschrittlichen Kunden* höher ausgeprägt ist als in der Gruppe der *weniger fortschrittlichen Kunden*.
[582] Lilien/Morrison/Searls et al. (2002), S. 1051.

Verkehrsinformationen, Routenplanung, Reiseführer oder Wetterinformationen, die entweder über eine Internetanbindung im Auto oder via telefonischen Operator zugänglich sind. Der auf diese Weise beim Kunden erzeugte Informationsstand zum Thema Telematik stellt die Grundvoraussetzung dar, um letztendlich eigene Vorstellungen und Bedürfnisse zu Telematikdiensten zu entwickeln und zu übermitteln.

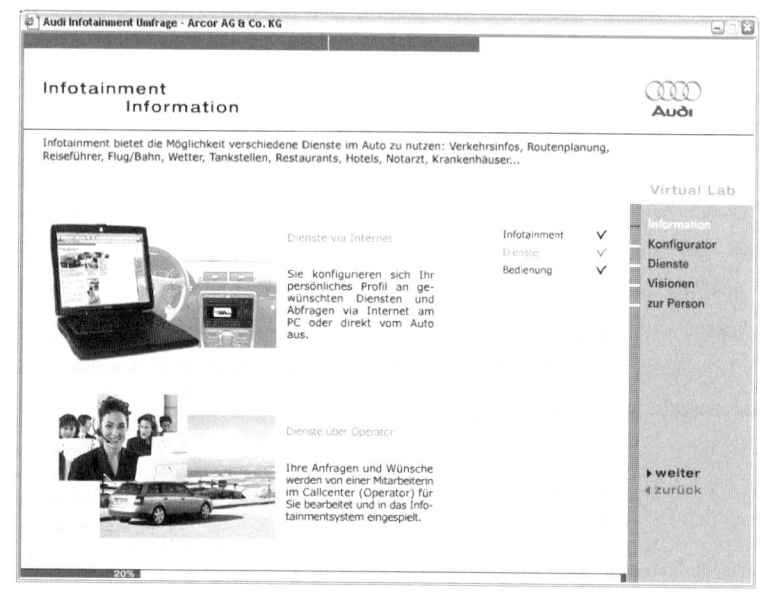

Abbildung 42: Auszug einer bildbetonten Darstellung zum Thema Telematik im Virtual Lab

Zur Sicherstellung einer realitätsgetreuen Produktpräsentation wurde ein in Abbildung 43 dargestellten virtueller Prototyp eines Infotainmentgeräts entwickelt. Der Erlebniseffekt beim Kunden wurde durch die virtuelle Bedienbarkeit des digitalen Prototyps erzielt. Durch das Anklicken der wichtigsten Funktionstasten mit der Maus wurden die Bedienabläufe simuliert. Der virtuelle Prototyp wurde anschließend für den virtuellen Produktkonfigurator erneut eingesetzt, um die individuell vom Kunden gewählten Funktionen und Features des neuartigen Gerätes in Echtzeit sichtbar zu machen und für spätere Auswertungen abzuspeichern. Auf diese Weise konnten die Präferenzen hinsichtlich einzelner Features oder Featurekombinationen ermittelt werden.

---

[583] Vgl. Kristensson/Gustafsson/Archer (2004), S. 11.

Empirische Analyse – Untersuchungsblickwinkel Kunde 197

Abbildung 43: Virtueller Prototyp eines Radionavigationssystems im Virtual Lab

Zur Sicherstellung der Benutzerfreundlichkeit wurden neben der ansprechenden visuellen Gestaltung, die in Abbildung 17 aufgezeigten Hinweise zur Positionierung der Seitenübersicht, der jeweiligen Untermenüs sowie des Fortschrittbalkens dem Kunden zu Beginn aufgezeigt. Diese klare Strukturierung der Benutzerführung wurde im weiteren Verlauf des *Virtual Labs* konsequent fortgeführt.

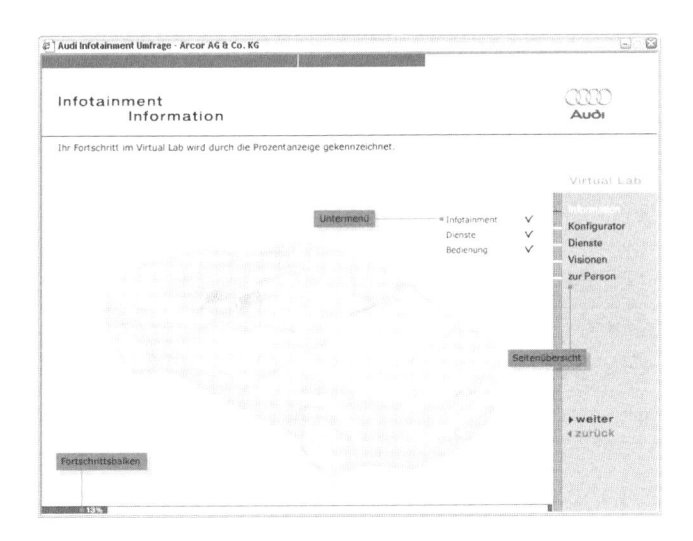

Abbildung 44: Benutzerführung im Virtual Lab

Nach Bearbeitung des *Virtual Labs* wurden die teilnehmenden Kunden um ihre Einschätzung bezüglich der einzelnen Einflussgrößen des Innovationstransfers gebeten. Zur Messung der in Kapitel 5.2 vorgestellten Einflussfaktoren des Innovationstransfers dienen die in Tabelle 19 dargestellten Indikatoren. Die Messung der relevanten Konstrukte zum Innovationstransfer wurden aus den in Kapitel 8.2.1 angeführten Gründen ebenfalls als Einzelindikatoren erfasst.

Innovationstransfer
Die Teilnahme am Virutal Lab zur Entwicklung eines neuen Infotainmentsystems bei Audi hat mir durch die interaktive Gestaltung geholfen, meine eigenen Vorstellungen und Bedürfnisse auszudrücken.
Die Angaben erfolgten auf einer 5-Punkte Likert-Skala (1: trifft völlig zu, bis 5: trifft überhaupt nicht zu)
Informationsgehalt
Wie gut hat Sie das Virtual Lab zum Thema Infotainment informiert?
Die Angaben erfolgten auf einer 5-Punkte Likert-Skala (1: sehr gut informiert, bis 5: überhaupt nicht informiert).
Realitätsgetreue Produktpräsentation
Wie gut können Sie sich anhand der Präsentation im Virutal Lab die Infotainmentfeatures und deren Funktionsweise in der Realität vorstellen?
Die Angaben erfolgten auf einer 5-Punkte Likert-Skala (1: sehr gut , bis 5: überhaupt nicht gut).
Benutzerfreundlichkeit
Wie haben Sie den Umgang mit den Aufgaben bzw. deren Bewältigung im Virutal Lab empfunden?
Die Angaben erfolgten auf einer 5-Punkte Likert-Skala (1: überhaupt nicht schwierig, bis 5: sehr schwirig)
Einbindungsgrad
Die Teilnahme am Virutal Lab zur Entwicklung eines neuen Infotainmentsystems bei Audi gibt mir die Möglichkeit, aktiv bei der Audi Produkt- und Diensteentwicklung mitzuwirken.
Die Angaben erfolgten auf einer 5-Punkte Likert-Skala (1: trifft völlig zu, bis 5: trifft überhaupt nicht zu).
Spaßfaktor
Hat Ihnen das Virtual Lab Spaß gemacht?
Die Angaben erfolgten auf einer 5-Punkte Likert-Skala (1: sehr viel Spaß, bis 5: überhaupt keinen Spaß).

Tabelle 19: Übersicht zur Messung der Einflussfaktoren des Innovationstransfers

8.3.2 Deskriptive Untersuchungsergebnisse zum Innovationstransfer

Zunächst erfolgt auf Basis der online generierten Daten eine deskriptive Analyse der Untersuchungsergebnisse. Für die Prüfung der Verteilungsform wurde der Kolmogorov-Smirnov-Test herangezogen. Bei keiner der Variablen konnte eine Normalverteilung festgestellt werden. Eine nähere Betrachtung der Balkendiagramme in Abbildung 45 bestätigt dies. Auffällig ist, dass alle Variablen ausnahmslos linkssteil (Schiefe) und eher schmalgipflig (Exzess) verteilt sind. Demnach wurde die Bearbeitung des *Virtual Labs* durch die eingebundenen Kunden außerordentlich positiv wahrgenommen. Die Mittelwerte bewegen sich zwischen 1,46 als die positivste Ausprägung bei der Benutzerfreundlichkeit und 2,34 als die am wenigsten positive Ausprägung bei dem wahrgenommenen Einbindungsgrad der Kunden. Alle Variablen haben somit Mittelwerte, die besser als der neutrale Wert 3 zu beurteilen sind. Daher kann von einem beachtlichen Gestaltungserfolg des *Virtual Labs* gesprochen werden. Sowohl der *Informationsgehalt*, die *realitätsgetreue Produktpräsentation*, die *Benutzerfreundlichkeit*, der wahrgenommene *Einbindungsgrad* und der *Spaß* sind in hohem Maße gegeben. Die Auswirkungen dieser Einflussgrößen auf die mit einem Mittelwert von 2,22 als positiv beurteilte Möglichkeit des *Innovationstransfers* wird nachfolgend mit Hilfe einer multiplen Regressionsanalyse ausgewertet.

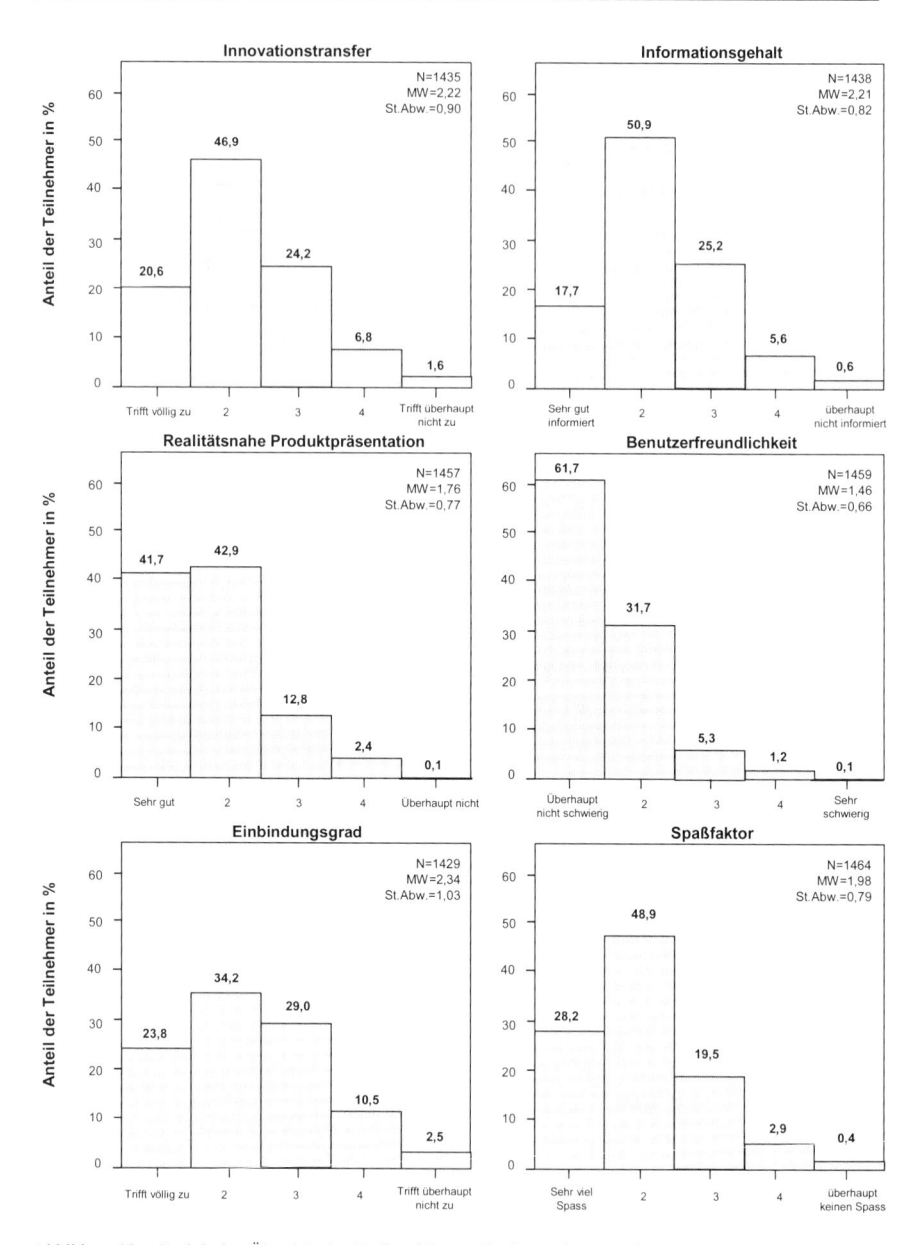

Abbildung 45: Deskriptive Übersicht der Einflussfaktoren des Innovationstransfers

8.3.3 Explikative Untersuchungsergebnisse zum Innovationstransfer

Die Wirkungszusammenhänge zwischen dem *Innovationstransfer* als abhängige Variable und den aufgezeigten Einflussgrößen als unabhängige Variablen sind in Tabelle 20 dargestellt.

Multiple Regressionsanalyse mit dem „Innovationstransfer" als abhängige Variable					
Prüfung der Regressionskoeffizienten					
Unabhängige Variable	B	Beta-Wert	t-Statistik	Signifikanz	VIF
Informationsgehalt	0,276	0,252	9,700	0,000	1,492
Realitätsnähe	0,140	0,120	4,654	0,000	1,487
Benutzerfreundlichkeit	-0,003	-0,002	-0,102	0,918	1,238
Einbindungsgrad	0,240	0,276	11,615	0,000	1,255
Spaß	0,198	0,176	6,911	0,000	1,436
Signifikanzniveau des Kolomogorov-Smirnov-Test				0,000	
Prüfung der Regressionsfunktion					
Bestimmtheitsmaß R²				0,372	
F-Wert (Signifikanzniveau)				164,971 (0,000)	

Tabelle 20: Einflussfaktoren des Innovationstransfers

Eine Überprüfung der Globalkriterien der multiplen Regressionsanalyse zeigt ein Bestimmtheitsmaß von 0,372. Das Bestimmtheitsmaß misst, welcher Anteil der gesamten Streuung der abhängigen Variablen durch das Modell erklärt wird und ist somit ein Maß für die Güte der Anpassung der Regressionsfunktion an die empirischen Daten. In dem vorliegenden Fall zum *Innovationstransfer* werden 37,20 % der Varianz durch die Regressionsgleichung erklärt. Die Signifikanzprüfung des Gesamtmodells ergibt einen auf dem 1 %-Niveau signifikanten Zusammenhang zwischen allen unabhängigen Variablen und dem *Innovationstransfer*. Betrachtet man die einzelnen Regressionskoeffizienten, so wird deutlich, dass sämtliche erklärenden Variablen positiv und höchst signifikant den Innovationstransfer beeinflussen. Einzige Ausnahme bildet die Benutzerfreundlichkeit, die keinen signifikanten Einfluss aufzeigt. Der Kolomogorov-Smirnov-Test zeigt an, dass die geforderte Normalverteilung der Residuen der Variablen nicht gegeben ist. Aufgrund der hohen Zahl der Beobachtungen sind die Signifikanztests allerdings unabhänig von der Verteilung der Störgrößen gültig.[584] Bei der Betrachtung der einzelnen Beta-Werte stellt sich heraus, dass der durch den Kunden wahrgenommene *Einbindungsgrad* 0,276 den stärksten

Einfluss auf den *Innovationstransfer* hat. Nur einen geringfügig schwächeren Einfluss hat der *Informationsgehalt* mit einem Beta-Werte von 0,252. Der *Spaß* bei der Bearbeitung des *Virtual Labs* und die *realitätsgetreue Produktpräsentation* zeigen Werte von 0,176 und 0,120. Für die Prüfung der Effizienz der Schätzung wurden der VIF-Faktor errechnet. Es gibt keine Hinweise auf Multikollinearitätsprobleme.

Zusammenfassend kann festgehalten werden, dass Hypothese 1, Hypothese 2, Hypothese 4, und Hypothese 5 bestätigt werden können. Das heißt, der *Informationseffekt,* gestützt durch eine visuell-bildbetonte Darstellung detaillierter Informationen, der *Erlebniseffekt* in Form virtuell bedienbarer Prototypen und der *Infotainmenteffekt* als eine unterhaltsam empfundene Art und Weise an der NPE teilzunehmen, wirken sich positiv auf die Übermittlung der kundenindividuellen Vorstellungen und Bedürfnisse aus. Darüberhinaus ist es von zentraler Bedeutung, den Kunden ein Gefühl von *Empowerment* zu vermitteln. Dem Kunden wird signalisiert, dass seine Innovationsbeiträge willkommen sind und einen wichtigen Beitrag zur Entwicklung neuer Produkte leisten. Erzielt wurde diese Empfindung, indem man die Kunden mit der tatsächlichen Arbeit der Infotainmententwickler und den damit verbundenen Prozessen der Spezifikation und des Produktdesigns konfrontierte. In Form des angebotenen *User Designs* wurden den Kunden eigene Freiräume zur Entwicklung des Infotainmentsystems gewährt, die ihnen das Gefühl vermittelten, ein *Co-Entwickler* zu sein und aktiv in die Produktentstehung eingreifen zu können.

Trotz der nachgewiesenen positiven Effekte auf den Innovationstransfer, die allesamt auf die interaktiven und multimedialen Einsatzmöglichkeiten des Internets zurückzuführen sind, sei an dieser Stelle auf die Angemessenheit einer multimedialen Ausgestaltung hingewiesen. Im Sinne der Media-Richness-Theorie ist das Ausmaß der multimedialen Komponenten an dem Komplexitätsgrad der Problemstellung und des Innovationsthemas auszurichten, der im Falle des *Virtual Labs* als sehr hoch einzustufen ist.[585] Grundsätzlich gilt, dass ein zu geringer Grad an Media-Richness zu einer „Oversimplification" führt, ein Übermaß führt zu einer „Overcomplication" des darzustellenden Innovationsproblems. Dies kann dazu führen, dass die Informationsverarbeitungskapazitätsgrenze der Teilnehmer überschritten wird und eine erhöhte kognitive Anstrengung des Kunden verursacht, die wiederum unter Umständen zu einer Verschlechterung des Innovationstransfers führen könnte. Anzustreben ist somit ein

---

[584] Vgl. Backhaus et al. (2003), S. 92.
[585] Zur Media-Richness-Theorie oder auch Theorie der Informationsreichhaltigkeit vgl. Rice (1992).

fallweise abzuwägendes, optimales Maß an Media Richness, das als Bereich der effektiven Kommunikation bezeichnet wird.[586]

Die positive Wirkung der *Benutzerfreundlichkeit* auf den *Innovationstransfer*, formuliert in Hypothese 3, muss auf Basis der vorliegenden empirischen Daten falsifiziert werden. Ein Grund, dass dieser vermutete Effekt nicht nachgewiesen wurde, könnte auf die außergewöhnlich positive Wahrnehmung der *Benutzerfreundlichkeit* zurückzuführen sein. Mit einem Mittelwert von 1,46 wurden der Umgang und die Bewältigung der Aufgaben im *Virtual Lab* nahezu von allen Teilnehmern als sehr einfach und problemlos eingestuft.

Eine weitere interessante Erkenntnis der empirischen Analyse ist, dass die Teilnahme und damit die Bereitschaft zum *Innovationstransfer* nicht ausschließlich auf derzeitige Audi-Kunden beschränkt ist. Auch potenzielle Kunden, die Fahrer anderer Automarken sind, haben sich aktiv an den Innovationsaufgaben im *Virtual Lab* beteiligt. Abbildung 46 zeigt eine Übersicht der Teilnehmer geordnet nach Automarken.

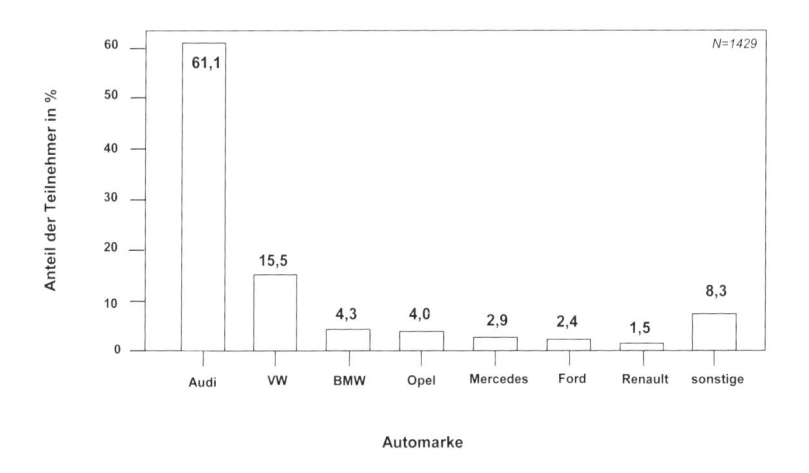

Abbildung 46: Teilnehmer des Virtual Labs nach Automarken

Es zeigt sich, dass 38,9 % der Teilnehmer keine Audifahrer sind und trotzdem bereit waren, ihre Ideen und Vorstellungen mit dem Entwicklungsteam der Audi AG zu teilen. Hieraus ergeben sich Möglichkeiten des Beziehungsmanagements, die sich nicht nur auf bereits bekannte Audi-Kunden beschränken, sondern auch potenzielle Kunden anderer Marken mit

---

[586] Vgl. Rice (1992), S. 497.

einbeziehen. Insbesondere das durch den Informations-, Erlebnis- und Infotainmenteffekt geweckte Produktinteresse ermöglicht den Teilnehmern eine Beziehung zu der Innovation aufzubauen, noch lange bevor diese tatsächlich am Markt erhältlich ist. Die Teilnehmer wollen über den weiteren Entwicklungsverlauf des Produktes informiert werden und setzen sich mit einem möglichen Kauf des Produktes auseinander.[587] Der bei der erstmaligen Teilnahme an der VKI erlebte Spaß und das Gefühl der aktiven Beteiligung am Entwicklungsprozess wirken sich insgesamt positv auf die Bereitschaft eines weiteren Innovationstransfers in der Zukunft aus.[588]

8.4 Methodentest des User Designs

Der Methodentest des *User Designs* besteht zunächst in der erstmaligen Realisierung und Anwendung der Methode in einem umfangreichen Praxisprojekt. Die gesammelten Erkenntnisse lassen erste Aussagen zur *face validity* (Augenscheinvalidität) des Instruments des *User Designs* zu. Die Prüfung der Plausibilität und des Verwendungsnutzens, insbesondere aus Sicht der Unternehmensvertreter, ist Bestandteil des Methodentests. Schließlich werden wichtige Erfahrungen und Weiterentwicklungen des eingesetzten *User Designs* dargelegt.

8.4.1 Einsatz des User Designs im Virtual Lab

Zentraler Bestandteil des *User Designs* ist der virtuelle Prototyp eines Radionavigationsgeräts, das in dieser Entwicklungsphase noch nicht als physisches Gerät vorlag.[589] Der Großteil der Features und Funktionen des Gerätes existierten nur virtuell und waren noch nicht in die existierenden Audigeräte integriert. Bei der Konfiguration des virtuellen Wunschgerätes wurden technische Zwänge und Verbote sowie Preisänderungen berücksichtigt. Die bildlichen Darstellungen der in Konfiguration befindlichen Geräte wurden in Echtzeit, d.h. zeitgleich mit der Auswahl der entsprechenden Geräteoptionen, am Bildschirm angepasst. Der individuelle Entwurf konnte im Verlauf des Konfigurationsprozesses beliebig geändert und korrigiert werden. Zusätzlich zu den visuellen

---

[587] Für eine empirische Untersuchung zum geweckten Produktinteresse bei einer Vielzahl von VKI-Projekten vgl. Füller/Mühlbacher/Bartl (2004), S. 232.
[588] Vgl. Füller/Mühlbacher/Bartl (2004), S. 232.
[589] Vgl. Abbildung 43 in Kapitel 8.3.1.

wurden auch auditive Effekte, in Form von unterschiedlichen Stimmen zur Navigationsansage, für die Produktkonfiguration angeboten. Abbildung 47 zeigt die Benutzeroberfläche, die den Kunden dazu verhalf, ihr individuelles Infotainmentsystem selbst am Bildschirm zu entwickeln.

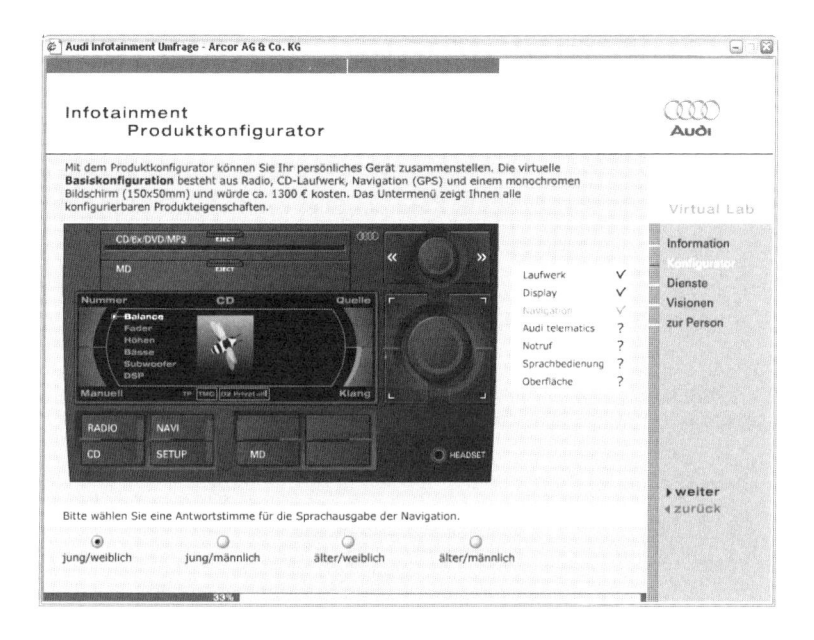

Abbildung 47: User Design zur Entwicklung eines Infotainmentsystems

Für den Infotainmentkonfigurator wurde ein *parameter-based Design* nach dem von *Randall/Terwiesch/Ulrich* formulierten Prinzip *Customize the Customization Process* eingesetzt.[590] Diese Form der Konfiguration gilt als besonders geeignet für fortschrittliche Kunden, die durch das *Virtual Lab* angesprochen wurden.[591] Hinsichtlich des Prinzips *Provide Starting Points* wurde dem Kunden für jeden Konfigurationsbereich eine Basiskonfiguration zu Verfügung gestellt, die die Grundfunktionalitäten eines im Markt gängigen Infotainmentgeräts widerspiegelte und auch im Preis des Basissystems beinhaltet war. Ausgehend von dieser Basiskonfiguration konnte die detaillierte Gerätespezifikation in den Bereichen Laufwerk, Display, Navigation, Notruf-Funktion, Sprachbedienung und

---

[590] Vgl. Randall/Terwiesch/Ulrich (2003) sowie die Ausführungen in Kapitel 5.3.
[591] Vgl. die Ergebnisse in Kapitel 8.2.4.

Oberflächendesign vorgenommen werden. Der Preis für die bei der Konfiguration zur Verfügung stehenden Features wurde stets angezeigt. Insgesamt konnten über fünftausend unterschiedliche Gerätekonfigurationen zusammengestellt werden.

Am Ende des Konfigurationsprozesses wurden dem Kunden die in Abbildung 48 dargestellte Spezifikationsübersicht des entwickelten Infotainmentsystems sowie die Zusammensetzung des Gesamtpreises angezeigt. Ausgehend von dieser Übersicht konnte die Konfiguration an beliebiger Stelle schnell und unkompliziert angepasst werden. Durch diese erneute Möglichkeit, Änderungen im Sinne des Prinzips *Support Incremental Refinement* vorzunehmen, konnte der Kunde weitere Optimierungen seines ursprünglich gewählten Designs durchführen.[592] Schließlich wurde der Kunde am Ende des Konfigurationsvorgangs um die Einschätzung der Kaufwahrscheinlichkeit des selbst entworfenen Infotainmentsystems gebeten.

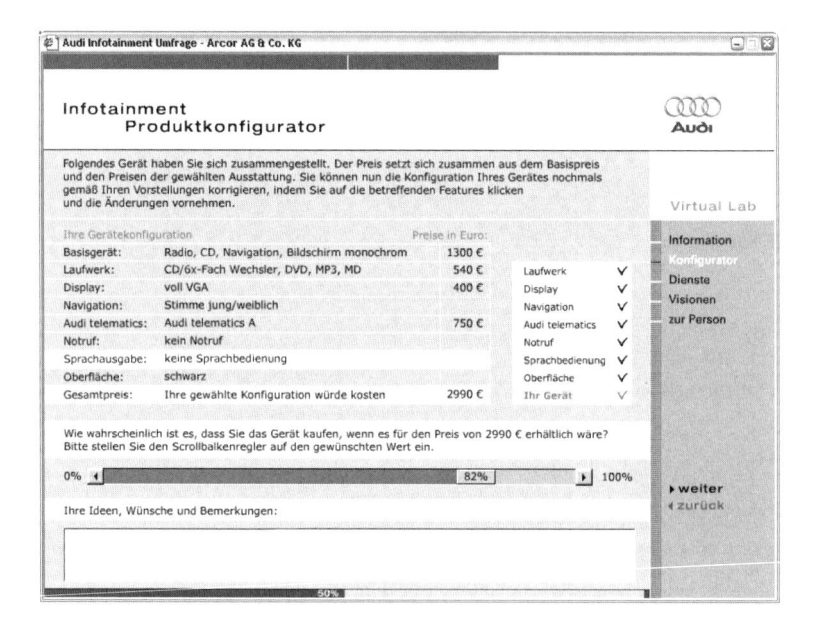

Abbildung 48: Übersicht des konfigurierten Gesamtgeräts

---

[592] Vgl. Randall/Terwiesch/Ulrich (2003) sowie die Ausführungen in Kapitel 5.3.

8.4.2 Plausibilität und Weiterentwicklung des User Designs bei der Audi AG

Die Einschätzungen zur *face validity* des *User Designs* beruhen auf der Wahrnehmung der teilnehmenden Kunden als auch auf den Anwendungserfahrungen der am Projekt beteiligten Manager. Hinsichtlich der *face validity* aus Kundensicht kann auf die Ergebnisse zum Innovationstransfer in Kapitel 8.3 zurückgegriffen werden. Insgesamt fühlten sich die Kunden durch die realitätsgetreue Produktpräsentation sehr gut informiert und hatten keine Probleme bei der Benutzung des internetbasierten Instruments. Darüberhinaus fühlten sie sich als Entwicklungspartner und empfanden großen Spaß bei der Bearbeitung. Durch eine explikative Untersuchung unter Berücksichtigung weiterer statistischer Validiätskriterien konnte ein signifikanter Zusammenhang der genannten Wahrnehmungen auf den Bedürfnistransfer festgestellt werden. Insgesamt sprechen diese Ergebnisse für eine sehr hohe *face validity* aus Sicht der Teilnehmer. Insbesondere gilt dies vor dem Hintergrund, dass es sich nicht nur um einige wenige Kunden handelt, sondern um ein Sample von 1473 Kunden, die ihr individuelles Gerät mit Hilfe des *User Designs* entwickelt haben.

Die Basisauswertung der Daten des *User Designs* beinhaltete die Häufigkeit der Nennung einzelner Features sowie die Häufigkeit von Gesamtkonfigurationen, die von mehreren Kunden identisch zusammengestellt wurden. Darüberhinaus konnte durch Abspeicherung in der Datenbank nachverfolgt werden, welche Features nach Beendigung der Erstkonfiguration abgewählt bzw. neu hinzugenommen wurden. Somit konnten wertvolle Hinweise hinsichtlich möglicher „Feature Trade Offs" ausfindig gemacht werden. Bezüglich des Gerätepreises und der Kaufwahrscheinlichkeit des Gerätes konnten jeweils drei eindeutige Cluster identifiziert werden. Diese Clusterbildung ermöglichte einen detaillierteren Vergleich der Geräte mit „hoher", „mittlerer" und „niedriger" Kaufwahrscheinlichkeit bzw. der „günstigen", „mittleren" und „teuren" Systemkonfigurationen.[593] Die *face validity* des *User Designs* ist aus Sicht der Unternehmensvertreter dahingehend als sehr hoch zu beurteilen, da es genau diese Informationen waren, die sich das Management durch den Einsatz der Methode erhofft hat. Weiteres Indiz für die Validität des Verfahrens ist die unternehmensweite Nutzung der Ergebnisse im Produktentwicklungsprozess (PEP) der Audi AG. Die Daten bildeten gemeinsam mit einer Reihe bereits etablierter Informationsquellen die Entscheidungsgrundlage für die Produktspezifikation eines heute am Markt erhältlichen Radionavigationssystems sowie für die zukünftige Weiterentwicklung bzw. Eliminierung

---

[593] Auf eine inhaltliche Darstellung der bei der Audi AG generierten Ergebnisse muss an dieser Stelle aus Gründen der Geheimhaltung verzichtet werden.

einzelner Infotainmentfeatures. Insbesondere lieferte das *User Design* den Audi-Entwicklern entscheidende Erkenntnnisse zur Definition von sogenannten „Packages", die letztendlich festlegen, welche Funktionsumfänge standardmäßig bzw. optional angeboten werden. Ein weiterer interessanter Nutzenaspekt der *User Designs* bei der Audi AG betrifft die Aufbereitung der Ergebnisse. Mit Hilfe des virtuellen Geräteprototyps konnten die von den Kunden präferierten Lösungen einfach und unkompliziert veranschaulicht werden. Diese Form der Ergebnispräsentation hat entscheidend zur Akzeptanz und zur Verwendung der Ergebnisse in den Entscheidungsgremien bei Audi als auch im Konzern beigetragen.

Der wohl augenscheinlichste Hinweis zur *face validity* ist die Durchführung eines Folgeprojekts zu dem im *Virtual Lab* verwendeten *User Design*. In dem 2003/2004 realisierten *Virtual Lab II* wurde das *User Design* weltweit eingesetzt. Insgesamt haben über 6200 Kunden in den Ländern Deutschland, Japan und USA die Entwicklung zukünftiger Infotainmentgeräte aktiv mitgestaltet. Die im *Virtual Lab* gesammelten Erfahrungen flossen in die Gestaltung des *Virtual Labs II* ein und führten zu drei wichtigen Weiterentwicklungen des ursprünglichen *User Designs*. Diese werden im Folgenden kurz vorgestellt.

Erste Weiterentwicklung:

Im *Virtual Lab II* wurde auf die bereits bewährte mulitmediale Darstellung des zu entwickelnden Infotainmentgeräts mit Hilfe eines virtuellen Prototyps gesetzt. Änderungen der Spezifikation wurden unmittelbar für den Benutzer am Bildschirm sichtbar. Geringfügige Variationen existieren aufgrund länderspezifischer Anforderungen und kultureller Unterschiede in Deutschland, USA und Japan. Der linke Bereich der Abbildung 49 zeigt die japanische Version des Infotainmentkonfigurators. Als zusätzlicher mulitmedialer Effekt wurden „mouse-over" Felder eingeführt, die weitere Informationen zu Innovationen im Infotainmentbereich bereithielten. Der Anwender hatte somit getreu den von *Randall/Terwiesch/Ulrich* geforderten Prinzipien *Exploit Prototypes to Avoid Surprises* und *Teach the Customer* die Möglichkeit, sämtliche Infotainmentfunktionalitäten in einem virtuellen Cockpit anhand eines virtuellen Prototyps zu erforschen.[594] Ein Beispiel der durch „mouse-over" aktivierten Zusatzinformationen zeigt der rechte Bereich in Abbildung 49. Näher erläutert wird der sogenannte „Head-Up Displays", der es ermöglicht, Informationen an die Windschutzscheibe zu projizieren.

---

[594] PKWs sind als besonders komplexe Bündel von Eigenschaften und Elementen zu begreifen, die gemeinsam als Gesamtprodukt die Verwenderbedürfnisse erfüllen müssen. Vgl. Brockhoff (1999), S. 18.

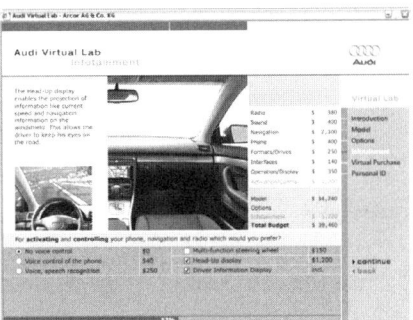

Abbildung 49: Das User Design im Virtual Lab II

Zweite Weiterentwicklung:

Im *Virtual Lab II* wurde die Konfiguration des Infotainmentsystems in das Gesamtkonzept eines Fahrzeugs eingebettet. Das bedeutet, dass die Kunden ihre Präferenzen und ihre Zahlungsbereitschaft für das individuell zusammengestellte Infotainmentsystem nicht mehr isoliert von den anderen Merkmalen eines PKWs einschätzen. Zusätzlich wurden das Fahrzeugmodell, die Motorvariante und die gewählten Sonderausstattungen berücksichtigt. Überstieg der Preis des Infotainmentsystem die eigenen Budgetvorstellungen, bestand somit nicht nur die Möglichkeit, die Infotainmentkonfiguration anzupassen, sondern es konnten auch Änderungen in den anderen Bereichen vorgenommen werden. Demnach wurde die im *Virtual Lab* eingesetzte „Trade Off Analyse" von Infotainmentfeatures um Anpassungsmöglichkeiten des Gesamtfahrzeugkonzepts erweitert und verfeinert. Diese Vorgehensweise steht im Einklang mit dem von *Randall/Terwiesch/Ulrich* geforderten Prinzip *Support Incremental Refinement*. Abbildung 50 zeigt die im *Virtual Lab II* verwendeten Optionen zur Konfigurationsanpassung.

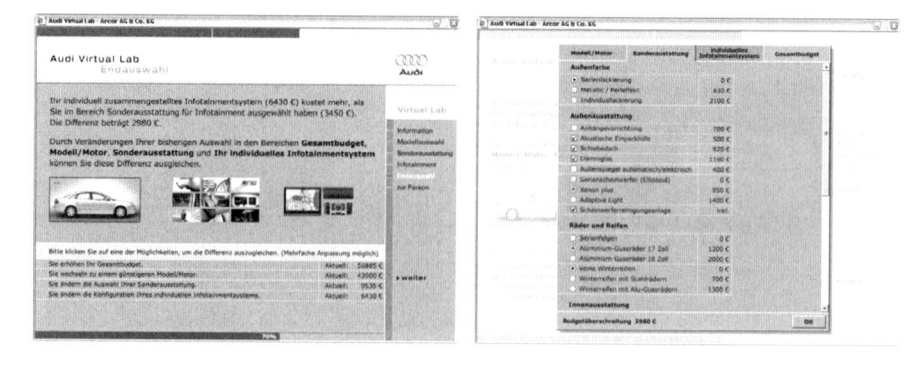

Abbildung 50: Anpassungsmöglichkeiten der Konfiguration im Virtual Lab II

Dritte Weiterentwicklung:

Im Rahmen der Produktstrategie wurden in Zusammenarbeit der Marketing- und Entwicklungsabteilungen sechs Infotainmentgeräte definiert, die das zukünftige Angebotsspektrum bei Audi darstellen sollten. Nachdem der Kunde sein ideales Infotainmentgerät konfiguriert und verfeinert hatte, wurde automatisch das Audi-System mit den meisten Übereinstimmungen eingeblendet. Der Kunde bekam somit die Möglichkeit, sein individuell zusammengestelltes Gerät mit den von Audi in Entwicklung befindlichen Systemen zu vergleichen und Präferenzunterschiede in Form der anzugebenden Kaufwahrscheinlichkeit für beide Geräte auszudrücken. Dies ermöglichte Audi, den zusätzlichen Kundennutzen für individuell konfigurierte Infotainmentsysteme zu analysieren. Auf Basis dieser Informationen konnten die Spezifikationen der sechs von Audi geplanten Systeme erweitert und verfeinert werden. Abbildung 51 stellt die im *Virtual Lab II* umgesetzte Vergleichsmöglichkeit der Infotainmentsysteme dar.

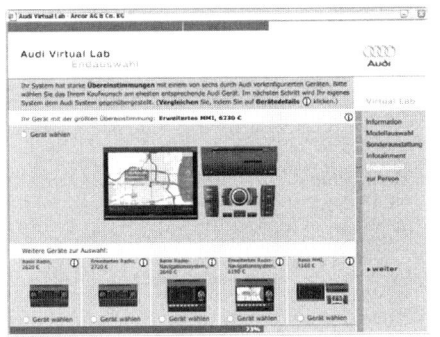

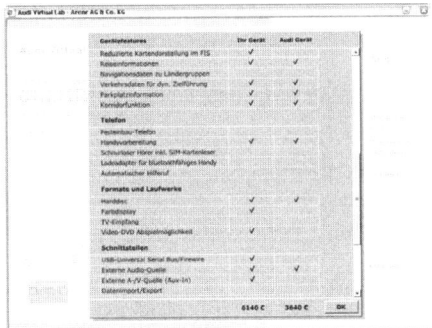

Abbildung 51: Vergleichsmöglichkeit der Kundenkonfiguration mit den von Audi geplanten Gerätekonfigurationen

Für die breite Kundenakzeptanz der Methode des *User Desingns* spricht, dass über 4.100 Teilnehmer des *Virtual Lab II* ihre Bereitschaft geäußert haben, auch in zukünftigen Innovationsstudien erneut teilzunehmen. Diese hohe Bereitschaft zur Wiederteilnahme wird dadurch untermauert, dass insgesamt 48,10 % der Teilnehmer des *Virtual Labs* auch am *Virtual Lab II* teilgenommen haben. Dies spricht für die grundlegende Akzeptanz der Methode sowie für die Möglichkeit des Aufbaus vertiefter Kundenbeziehungen im Zeitverlauf der NPE.

Abschließend soll auf einige Restriktionen des hier vorgenommenen Methodentests des *User Designs* hingewiesen werden. Die Anwendung des *User Designs* beschränkt sich bisher auf den Produktbereich der Infotainmentsysteme in der Automobilindustrie. Eine universelle Anwendbarkeit des *User Designs* für weitere Produktkategorien kann daher nicht pauschal abgeleitet werden. Dennoch wird aufgrund der erfolgreichen Umsetzung in dem sehr komplexen Gebiet der Infotainmentelektronik vermutet, dass das *User Design* auch für eine Vielzahl von Produkten geringerer Komplexität angewendet werden kann. Die Überprüfung der externen Validität, d.h. die Generalisierbarkeit der Methode, kann letztendlich nur durch die Realisierung weiterer *User Designs* in der Praxis vollzogen werden. Eine weitere Restriktion des Methodentests ist, dass die hier als sehr hoch beurteilte *face validity* nur ein Validitätskriterium zur Testprüfung darstellt. Erforderlich sind weitere Methodentests, die insbesondere die empirische Validität des *User Designs* in den Vordergrund rücken. Beispielsweise können hier die Einflüsse der multimedialen Präsentationsform oder die Existenz von Reihenfolgeeffekte bei dem Produktdesign näher analysiert werden.

9 Empirische Analyse - Untersuchungsblickwinkel Unternehmen

9.1 Datenerhebung und Datenbasis

9.1.1 Erhebungskonzeption und Ablauf der Befragung

Wie im Einführungskapitel dieser Arbeit in Kapitel beschrieben, sind im Rahmen der vorliegenden Arbeit zwei Datenerhebungen erforderlich, um empirische Aussagen sowohl aus dem Blickwinkel der innovierenden Unternehmen als auch aus dem Blickwinkel der einzubindenden Kunden treffen zu können. Das Ziel der empirischen Untersuchung aus Sicht der innovierenden Unternehmen besteht darin, eine möglichst branchenübergreifende Untersuchung durchzuführen, um möglichst allgemeine Aussagen für den Bereich der Konsumgüter und Konsumentenservices ableiten zu können. Bei einer Berücksichtigung aller Branchen dieser Grundgesamtheit ist allerdings eine enorme Stichprobe notwendig, um Repräsentativität zu gewährleisten. Somit musste zwischen einer möglichst hohen Reichweite der Aussagen auf der einen Seite und den forschungspragmatischen Restriktionen bei der Datenerhebung auf der anderen Seite abgewägt werden. Aus dieser Überlegung heraus wurde letztendlich eine Auswahl bestimmter Branchen getroffen. Die Branchen sollten hinsichtlich Struktur und Umfeld nicht zu viele Ähnlichkeiten aufweisen, um damit die Voraussetzungen für eine größere Allgemeingültigkeit der Aussagen zu erzeugen. Zudem sollte den ausgewählten Bereichen eine wesentliche gesamtwirtschaftliche Bedeutung zugesprochen werden können. Resultat dieser Vorgehensweise war die Wahl der folgenden übergeordneten Branchenbereiche: „Banken/Versicherungen", „Lebensmittel", „Elektro/Elektronik", „Sport/Spiel", „Mobilität", „Kosmetik/Pflege", „Mode/Schmuck", „Wohnen/Einrichtung". Das relevante Adressmaterial zur Kontaktierung der Unternehmen wurde von der Industrie- und Handelskammer Berlin erworben, die über bundesweite, nach Branchenzugehörigkeit und Mitarbeiteranzahl differenzierte Adressen verfügt. Insgesamt handelte es sich hierbei um eine nach Branchenverteilung und Unternehmensgröße geschichtete Zufallsauswahl von 1.698 Adressen.

Zunächst erfolgte eine telefonische Kontaktierung der ausgewählten Unternehmen, um Mitarbeiter zu identifizieren, die entsprechende fachliche Kenntnisse zur Beantwortung von Fragen zu dem Themenkreis der VKI vorweisen konnten. Vorwiegend konnten diese Mitarbeiter den Unternehmensbereichen Marketing und F&E oder direkt der Geschäftsführung zugeordnet werden. In einem anschließenden Telefoninterview mit den potentiellen Teilnehmern wurde der Kerngedanke der VKI vorgestellt, um letztendlich sicherzustellen, dass die Inhalte des Fragebogens den Kompetenzbereichen der ausgewählten Manager entsprachen und damit auch sinnvoll und vollständig bearbeitet werden konnten. Dieser Sachverhalt stellte insofern bei der Erhebung eine große Herausforderung dar, da für den neuen Ansatz der VKI häufig noch keine etablierten Strukturen in den Unternehmen immanent waren und somit auch keine eindeutige Zuordnung verantwortlicher Personen von Beginn an möglich war. Aus diesem Grund erschien die mit hohem zeitlichen und finanziellen Aufwand verbundene telefonische Vorgehensweise zur Teilnehmeridentifikation unvermeidlich. Ergebnis waren 220 Zusagen zur Teilnahme an der Online-Studie zur VKI.

Ein nächster Schritt beinhaltete den Versand der 220 Teilnahmeeinladungen via E-mail inklusive einem Link zu dem Online-Fragebogen. Jeder Link wurde mit einem individuellen Referenzcode versehen, der einmalig für jeden potentiellen Teilnehmer vergeben wurde. Auf diese Weise wurde ein Weg gefunden, das häufig bei Befragungen vorherrschende *Identitätsproblem*[595] zu minimieren, da die einem Referenzcode zugeordnete Person mit den Angaben zur Identität im Fragebogen abgeglichen werden konnte. Mit der Methode des eindeutig zugeordneten Referenzcodes konnte auch auf einfache Weise überprüft werden, welche Ansprechpartner noch nicht geantwortet hatten. Im Rahmen einer ersten Nachfassaktion erfolgte nach drei Wochen ein Erinnerungsschreiben ebenfalls via E-mail. In einigen Fällen wurde ein zweites Erinnerungsschreiben nach weiteren zwei Wochen versendet. Insgesamt wurde der Online-Fragebogen von 216 Teilnehmern ausgefüllt. Dies entspricht einer Rücklaufquote von 12,72 %. Diese als relativ niedrig einzustufende Rücklaufquote ist vermutlich auf mehrere Ursachen zurückzuführen. Erstens handelt es sich bei der VKI um einen Ansatz, der sich durch einen engen thematischen Fokus und zudem durch einen hohen subjektiven Neuigkeitsgrad auszeichnet. Der potenzielle Teilnehmerkreis ist somit naturgemäß eingeschränkt. Zweitens handelt es sich um einen sehr zeitintensiven Fragebogen, dessen Beantwortungszeit mit mindestens 25 Minuten angekündigt wurde und somit möglicherweise nicht mit dem effizienten Zeitmanagement vieler Manager vereinbar war.

Bei der Erhebungsmethode handelt es sich um einen internetgestützten Online-Fragebogen, der in verschiedene Abschnitte untergliedert ist. Abbildung 52 zeigt den Aufbau des Fragebogens und gibt die einzelnen Abschnitte in chronologischer Reihenfolge wieder.

---

[595] Ein Identitätsproblem tritt dann auf, wenn in einem großen Ausmaß der Adressat und Beantworter nicht identisch sind. Ergebnisverfälschungen können durch ein unterschiedliches Antwortverhalten der Personen hervorgerufen werden. Vgl. Hafermalz (1976), S. 31f.

Neben eindeutigen Kostenvorteilen können bei internetgestützten Befragungen Fehler bei der Datenübertragung aufgrund des nicht vorhandenen Medienbruchs vermieden werden.[596] Zudem kam für die vorliegende Untersuchung insbesondere der Vorteil einer erhöhten Funktionalität und einer anspruchsvollen Präsentationsform zum Tragen. Auf Grund des erwarteten hohen subjektiven Neuigkeitsgrades musste davon ausgegangen werden, dass zumindest bei einem Teil der befragten Manager keine oder nur wenige Kenntnisse bzw. Erfahrungen hinsichtlich der VKI vorlagen. Damit die notwendigen Assoziationen für eine Einstellungsbildung dennoch hervorgerufen werden konnten, erfolgte im Rahmen des Online-Fragebogens eine Erläuterung der VKI anhand von konkreten Anwendungsszenarien. Die Beispiele wurden mit Hilfe von Kurzbeschreibungen und Illustrationen den Teilnehmern des Online-Fragebogens vorgestellt. Berücksichtigt wurden sämtliche Phasen des NPE-Prozesses sowie unterschiedliche Branchen, um das gesamte Anwendungsspektrum der VKI abzubilden. Diese Vorgehensweise stellt eine interessante Analogie zur VKI selbst dar. Während bei der virtuellen Integration das Internet eingesetzt wird, um neuartige Produkte dem Kunden mit Hilfe multimedialer Unterstützung verständlich zu machen, wurde im Rahmen des Fragebogens die VKI selbst mit Hilfe visueller Darstellungen den Probanden näher gebracht. Die Illustrationen zeigten unterschiedliche Oberflächen, Instrumente (z.B. Toolkits, Konfiguratoren, Ideenkarten, animierte Konzeptfragebögen) und simulierten Funktionalitäten wie beispielsweise das „drag and drop"-Design. Zudem wurden insgesamt sechs unterschiedliche Produkte bzw. Services für die Anwendung der VKI vorgestellt, die wiederum der für die Befragung gewählten Branchenauswahl zugeordnet werden konnten. Die virtuelle Einbindung wird in diesem Sinne für die Umfrage selbst eingesetzt. Das Produkt ist die VKI als Managementmethode, die Kunden sind Vertreter innovierender Unternehmen. Die Innovationsbeiträge spiegeln sich in der Potenzialeinschätzung und der Ausgestaltung der VKI wider.

---

[596] Vgl. Dillman (2000).

Empirische Analyse – Untersuchungsblickwinkel Unternehmen 215

Start/Information:
Die ersten zwei Seiten beinhalten die Einladung zur Teilnahme an dem Forschungsprojekt zur „Virtuellen Kundeneinbindung in die Neuproduktentwicklung". Als Dankeschön für eine vollständige Teilnahme werden die wichtigsten Ergebnisse der Studie als Management Summary sowie die kostenfreie Teilnahme an einer VKI-Konferenz und/oder Workshop angeboten. Weitere Informationen zum Aufbau des Online-Fragebogens, zu verwendeten Begriffen und Abkürzungen folgen.

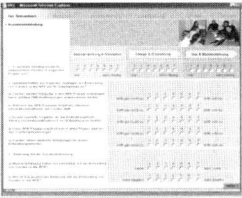

Ist-Situation:
Der erste inhaltliche Teil des Fragebogens beinhaltet ein Konstrukt zur Messung der Kundeneinbindung in den Neuproduktentwicklungsprozess von Unternehmen. Weitere Variablen betreffen die gesammelten Erfahrungen mit der Einbindung von Kunden sowie die Bedeutung und Nutzung des Internets im Wertschöpfungsprozess des Unternehmens.

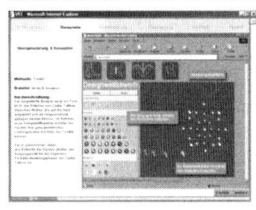

Beispiele:
In diesem Bereich werden die Einsatzpotenziale und Vorgehensweise der VKI anhand von verschiedenen Anwendungsbeispielen verdeutlicht. Zu jeder Phase im NPE-Prozess (Ideengenerierung & Konzeption, Design & Entwicklung, Test & Markteinführung) werden bildlich dargestellte Praxisbeispiele mit zusätzlicher Kurzbeschreibung vorgestellt. Anschließend erfolgt die Befragung nach Nutzung und Erfolgsbeurteilung der VKI sowie die Einschätzung der Vor- und Nachteile des Mediums Internet für die VKI.

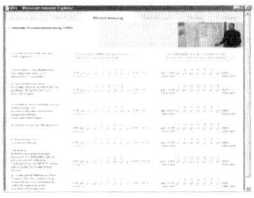

Einschätzung:
In diesem Teil wird um eine Einschätzung der Vor- und Nachteile, die sich aus der VKI ergeben, gebeten. Es folgen Fragen zur Verwendungsabsicht und Einführung der VKI in das eigene Unternehmen.

Gestaltung:
Zu den folgenden Fragen wird der Teilnehmer gebeten sich auf ein aktuelles NPE-Projekt oder ein NPE-Projekt der letzten 5 Jahre, das für den Einsatz der VKI geeignet erscheint, zu beziehen. Zunächst werden projektbezogene Kriterien befragt. Anschließend folgen Fragen zur Gestaltungsabsicht der VKI im Rahmen des gewählten Praxisprojektes sowie die Beurteilung der Rolle des Kunden bei einer möglichen Innovationskooperation. Schließlich erfolgt die Einschätzung notwendiger Anreize zur Beteiligung von Kunden an der NPE.

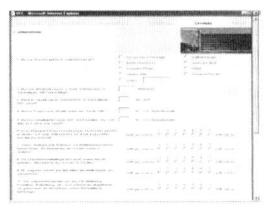

Umfeld und Person:
Im Bereich Umfeld erfolgt die Abfrage unternehmens- sowie marktbezogener Daten und Konstrukte. Die Frageitems betreffen die Marktorientierung, Entrepreneurial Orientation, Marktdynamik und Technologiedynamik. Die Untersuchung endet mit Fragen zur Person des Teilnehmers und der Bitte um Angabe von Name und E-Mail für spätere Kontaktiermöglichkeit.

Abbildung 52: Aufbau des Online-Fragebogens zur virtuellen Kundenintegration

Bei dem Ausfüllvorgang wurden die Beantwortenden mit Hilfe einer automatisch generierten Warnmeldung auf alle nicht ausgefüllten Fragen hingewiesen, um die entsprechenden Antworten noch zu ergänzen und somit fehlende Werte bei der Datenauswertung zu vermeiden. Persönliche Informationen wie beispielsweise das Alter wurden von dieser Vorgehensweise ausgeklammert. Grundsätzlich wurde auf eine möglichst einfache Struktur, klare Sprache und empirisch bewährte Antwortskalen zurückgegriffen.[597] Vor der eigentlichen Haupterhebung wurde der Online-Fragebogen einem ausführlichen Pre-Test unterzogen. Insgesamt gaben 25 Tester Aufschluss über die Verständlichkeit der Fragen, prinzipielle Auskunftsbereitschaft der Befragten zu den einzelnen Fragen, Usability, die benötigte Beantwortungszeit, technische Probleme und über das Layout des Fragebogens. Die so gewonnenen Erkenntnisse trugen sowohl zu einer inhaltlichen als auch optischen Verbesserung des Online-Fragebogens bei. Am Ende der Befragung wurde neben einer Management-Summary der durchgeführten Studie die kostenfreie Teilnahme an einer Konferenz und/oder einem Workshop als Dankeschön angeboten.[598]

9.1.2 Informationen zum Sample

Tabelle 21 fasst einige ausgewählte Informationen über das Sample zusammen. Betrachtet man zunächst die Branchenzugehörigkeit der im Sample enthaltenen Unternehmen, so wird deutlich, dass die vier Branchen „Banken/Versicherungen", „Mobilität", „Lebensmittel" und „Elektro/Elektronik" stark vertreten sind und gemeinsam über 80 % der Stichprobe ausmachen. Gleichwohl ist den genannten Branchen eine größere gesamtwirtschaftliche Bedeutung zuzuschreiben, was wiederum für eine zufriedenstellende Beurteilung der Branchenverteilung spricht. Der dienstleistungsintensive Bereich der „Banken/Versicherungen" mit den täglichen elektronischen und telefonischen Geld-, Aktien- und Versicherungsgeschäften, den Kreditvereinbarungen mit Kunden sowie den unzähligen Transaktionen von Privatkunden, die mit persönlicher Betreuung oder mit elektronischer Hilfe z.B. durch Bankautomaten ablaufen, verspricht enorme Erfolgspotenziale für die VKI und ist daher auch angemessen in der Stichprobe vertreten.[599] Dies gilt ebenso für den Lebensmittelbereich und den Bereich der Haushalts-, Unterhaltungs-, und

---

[597] Überwiegend kam eine 7-Punkte Likert-Skala zum Einsatz, deren Datenniveau als quasi-intervallskaliert interpretiert wurde. Somit wurden, entgegen strengen statistischen Prinzipien, aber im Einklang mit den praktischen Gepflogenheiten und Rechenoperationen zugelassen, die normalerweise intervallskalierten Daten vorbehalten bleiben. Vgl. Bortz (1993), S. 23.
[598] Zur Motivationswirkung der Bereitstellung von Untersuchungsergebnissen vgl. Theobald (2000), S. 59 f.

nachrichtentechnischen Elektronik. Die Kategorie „Mobilität" ist mit 22,5 % im Sample vertreten und beinhaltet den Automobilbereich genauso wie den Bahn-, Personenbeförderungs- und Linienflugbereich. Die verbleibenden 18,8 % verteilen sich auf die Branchen „Sport/Spiel", „Kosmetik/Pflege", „Mode/Schmuck" und „Wohnen/Einrichtung". Hinsichtlich der Größenverteilung sind sowohl klein- und mittelständische als auch große Unternehmen in der Stichprobe vertreten. Die Teilnehmer sind mit 80,5 % überwiegend männlich. Das Durchschnittsalter beträgt 37,19 Jahre. 13,2 % der Teilnehmer gehören der oberen Managementebene und damit der Geschäftsleitung oder dem Vorstand an. Bereichs- und Abteilungsleiter als Vertreter der mittleren Managementebene sind mit 51,7 % vertreten. Somit ist insgesamt ein hoher Teilnehmeranteil dem Top-Management zuzuordnen. Gruppenleiter und Sachbearbeiter der unteren Managementebene sind mit 35,1 % in der Stichprobe vertreten.

Im Rahmen der Repräsentativitätsproblematik wurde der Non-Response-Bias überprüft. In Anlehnung an *Armstrong/Overton* wird argumentiert, dass Spätantworter tendenziell den Nichtantwortern ähnlicher sind als den Probanden, die relativ früh geantwortet haben.[600] Für den Vergleich des Antwortverhaltens der Frühantworter mit dem der Spätantworter erfolgte ein Mittelwertvergleich sämtlicher Variablen mit Hilfe des U-Tests nach Mann und Whitney als verteilungsfreie Teststatistik.[601] Zu diesem Zweck wurde der Datensatz anhand des Bearbeitungsdatums des Online-Fragebogens in drei gleich große Teile getrennt und das erste mit dem letzten Drittel verglichen. Als Resultat kann festgehalten werden, dass bei weniger als 10 % der Variablen signifikante Unterschiede auf dem 5 %-Niveau zwischen den beiden Gruppen vorliegen und somit kein wesentlicher Non-Response-Bias besteht. Eine strenge Überprüfung der Repräsentativität empirischer Erhebungen scheitert jedoch stets an der nur annäherungsweise spezifizierbaren Grundgesamtheit. Gründe hierfür sind typischerweise Divergenzen hinsichtlich der Bezugsbasis, Aktualität und Klassifizierung des verfügbaren Datenmaterials. Schlussfolgernd ist von einer begründeten Vermutung einer repräsentativen Umfrage auszugehen.

---

[599] Vgl. Hühn (2000) und Engelhardt (1999).
[600] Vgl. Armstrong/Overton (1977), S. 397 ff.
[601] Für die Verwendung des U-Tests sprachen die signifikanten Abweichungen der berücksichtigten Items von der Normalverteilung als Ergebnis des durchgeführten Kolmogorov-Smirnoff-Tests.

Informationen zum Sample auf Unternehmensebene	
Branchenzugehörigkeit (N=165)	
Bank/Versicherung	24,1 %
Mobilität	22,5 %
Lebensmittel	17,6 %
Elektro/Elektronik	17,0 %
Sport und Spiel	7,9 %
Mode/Schmuck	5,5 %
Wohnen/Einrichtung	3,0 %
Kosmetik/Pflege	2,4 %
Mitarbeiteranzahl (N=165)	
≤100	13,9 %
>100 - ≤1000	46,7 %
>1000 - ≤10000	20,0 %
>10000	19,4 %
Umsatz in Mio. Euro (N=121)	
≤50	27,3 %
>50 - ≤200	23,1 %
>200 - ≤500	16,5 %
>500 - ≤1000	11,6 %
>1000	21,5 %
Umsatzanteil, der für F&E ausgegeben wird (N=108)	
≤5	66,7 %
>5 - ≤10	19,4 %
>10 - ≤15	3,7 %
>15 - ≤20	3,7 %
>20	6,5 %
Umsatzanteil der Produkte, die nicht älter als 3 Jahre sind (N=111)	
≤10	36,0 %
>10 - ≤20	17,2 %
>20 - ≤30	10,8 %
>30 - ≤40	7,2 %
>40 - ≤50	8,1 %
>50	20,7 %
Geschlecht (N=174)	
Female	19,5 %
Male	80,5 %
Alter (N=154)	
≤25	4,5 %
>25 - ≤35	41,0 %
>35 - ≤45	40,2 %
>45 - ≤55	11,1 %
>55	3,2 %
Management Position (N=174)	
Obere Management-Ebene	13,2 %
Mittlere Management-Ebene	51,7 %
Untere Management-Ebene	35,1 %

Tabelle 21: Informationen zum Sample

9.2 Empirische Befunde zur Akzeptanz

9.2.1 Operationalisierung des Messmodells

9.2.1.1 Operationalisierung der Hauptelemente

Bei der Operationalisierung der Komponenten des in Kapitel 6.1 vorgestellten Akzeptanzmodells wurde insbesondere darauf geachtet, dass die VKI als der gemeinsame Erfassungskontext zugrunde gelegt wird. Man spricht in diesem Zusammenhang von dem sogenannten *Korrespondenzprinzip* zur Sicherstellung eines übereinstimmenden Spezifikationsgrades der Messgrößen. Ein Konsistenzdilemma würde dann bestehen, wenn von globalen Einstellungen, beispielsweise zur Innovationstätigkeit allgemein, auf eine spezifische Handlungsweise wie den Einsatz der VKI geschlossen werden soll. Die den einzelnen Konstrukten zugehörigen Indikatoren und deren Messung sind in Tabelle 22 dargestellt.

Das aus vier Indikatoren bestehende semantische Differential zur Messung der *affektiven Einstellungskomponente* wurde bereits in einem ähnlichen Kontext von *Hartwick/Barki* verwendet. Die Autoren untersuchen auf dem theoretischen Fundament der *Theory of Reasoned Action* den Einfluss der Kundenbeteiligung auf die Bereitschaft zur Nutzung neuer Informationssysteme. Es zeigte sich eine Reliabilität des affektiven Einstellungskonstrukts von 0,99. Das Konstrukt wurde identisch übernommen. Die Validierung des Konstrukts auf Basis der erhobenen empirischen Daten erfolgt nach den in Kapitel 7.2.1 vorgestellten methodischen Aspekten der Datenanalyse. Die Ergebnisse der konfirmatorischen Faktorenanalyse sind in Tabelle 23 dargestellt.

Operationalisierung der Konstrukte des Akzeptanzmodells	Label
Affektive Einstellungskomponente	
Ich erachte die VKE als… schlecht-gut	AE1
Ich erachte die VKE als… nutzlos-nützlich	AE2
Ich erachte die VKE als… wertlos-wertvoll	AE3
Ich erachte die VKE als… überflüssig-notwendig	AE4
Die Angaben erfolgten durch ein semantisches Differential. Die Skalen von 1 bis 7 wurden hierzu in eine bipolare Skala von -3 bis 3 umkodiert.	
Kognitive Einstellungskomponente	
Wie hoch schätzen Sie nach Bewertung der Vor- und Nachteile das Potenzial der VKE für die NPE in Ihrem Unternehmen ein?	KE
Die Angaben erfolgten auf einer 7-Punkte Likert-Skala (1: sehr gering, bis 7: sehr hoch).	
Subjektive Normen	
Das Management würde es begrüßen, wenn Sie ein VKE-Projekt initiieren würden.	SN1
Das Initiieren und Durchführen eines VKE-Projektes wäre für Ihre Karriere förderlich.	SN2
Die durch die VKE generierten Beiträge zur Neuproduktentwicklung würden auf innerbetriebliche Ablehnung stossen. (Rev.)	SN3
Die Angaben erfolgten auf einer 7-Punkte Likert-Skala (1: sehr unwahrscheinlich, bis 7: sehr wahrscheinlich).	
Wahrgenommene Verhaltenskontrolle	
Angenommen, Sie hätten die Absicht ein VKE-Projekt zu initiieren, wie schätzen Sie die Wahrscheinlichkeit ein, dass Sie ein solches Projekt tatsächlich durchsetzen könnten?	WVK
Die Angaben erfolgten auf einer 7-Punkte Likert-Skala (1: sehr unwahrscheinlich, bis 7: sehr wahrscheinlich).	
Verhaltensorientierte Akzeptanz	
Wie hoch ist die Wahrscheinlichkeit, dass Sie den Kunden künftig virtuell in die NPE einbinden?	VA1
Sie haben vor, innerhalb der nächsten 12 Monate weitere Schritte einzuleiten, um den Kunden virtuell in die NPE einzubinden.	VA2
Sie werden die VKE voraussichtlich als festen Bestandteil in Ihre NPE-Prozesse verankern.	VA3
Die Angaben erfolgten auf einer 7-Punkte Likert-Skala (1: trifft gar nicht zu, bis 7: trifft voll zu).	

Tabelle 22: Operationalisierung der Modellkomponenten zur verhaltensorientierten Akzeptanz

Informationen zum Faktor „Affektive Einstellung"			
Erklärter Varianzanteil		77,43 %	
Cronbachs-Alpha		0,90	
Globale Gütemaße			
χ^2/df	5,06	NFI	0,98
GFI	0,98	CFI	0,99
AGFI	0,88	RMR	0,04
Partielle Gütemaße			
Indikator	Indikatorreliabilität	t-Wert der Faktorladung	Item-to-Total-Korrelation
A1	0,68	14,46	0,76
A2	0,82	16,86	0,84
A3	0,84	17,10	0,86
A4	0,50	11,56	0,66
Faktorreliabilität		0,93	
Durchschnittlich erfasste Varianz		0,71	

Tabelle 23: Gütekriterien des Faktors der affektiven Einstellung

Zunächst wurde das Kaiser-Meyer-Olkin-Kriterium errechnet. Mit einem Wert von 0,819 liegt eine sehr gute Eignung der Daten für die Faktorenanalyse vor. Das Cronbachs-Alpha mit einem Wert von 0,90 spricht für eine sehr gute Reliabilität der Messung. Eine Verbesserung des Cronbachs-Alpha durch Eliminierung des Indikators mit der niedrigsten Item-to-Total-Korrelationen - hier A4 - konnte nicht erreicht werden. Somit wurden alle vier Items beibehalten. Die Faktorladungen als Maß für die Stärke des Zusammenhangs zwischen dem Gesamtfaktor und den einzelnen Indikatoren sind 0,87 für A1, 0,92 für A2, 0,93 für A3 und 0,80 für A4. Die erklärte Varianz ist mit 77,43 % sehr zufriedenstellend und übersteigt eindeutig den geforderten Mindestwert von 50 %. Der Goodness of Fit des Messmodells, ausgedrückt durch die Gütekriterien der der zweiten Generation, zeigt sehr gute Validitäts- und Reliabilitätswerte. GFI, AGFI, NFI und CFI übersteigen das jeweils geforderte Anspruchsniveau von 0,90. Der Quotient des χ^2-Wertes und der Zahl der Freiheitsgrade ist mit 5,06 ebenfalls akzeptabel. Die Indikatorreliabilität als Partialkriterium misst den Anteil der Varianz eines Indikators, der durch den Faktor erklärt wird. Der kleinste Wert von 50 % für den Indikator „A4" übersteigt immer noch klar den geforderten Wert von 0,40. Insgesamt wird das Konstrukt der affektiven Einstellung in der operationalisierten Form uneingeschränkt bestätigt.

Die einer Einstellung zugrunde liegende *kognitive Struktur* wird, wie in Kapitel 6.1.1.3 bereits vorgestellt, durch das *Erwartung-mal-Wert-Prinzip* erfasst.[602] Nach diesem Verfahren wird zunächst eine Einschätzung der positiven bzw. negativen Konsequenzen der VKI vorgenommen. Diese Bewertungen der wesentlichen Vorteils- und Nachteilsdimensionen der VKI führen zu einer übergeordneten kognitiven Gesamteinstellung, die in der vorliegenden Untersuchung mit dem Indikator KE erfasst wird. Es handelt sich hierbei um ein zusammenfassendes Potenzialurteil, das nach Durchsicht aller im Online-Fragebogen dargestellten Beispiele sowie nach der Einzeleinschätzung der Vor- und Nachteile der VKI von den Teilnehmern getroffen wurde. Die Betrachtung der einzelnen *Expectancy-Values* und deren Einfluss auf das Gesamtpotenzial der VKI werden in dem nachfolgenden Kapitel operationalisiert und in Kapitel 9.2.3 in einem Partialmodell gesondert betrachtet.

Die *subjektiven Normen* wurden definiert als „the person's perception that most people who are important to him think he should or should not perform the behavior in question."[603] Es handelt sich um eine Variable, die den sozialen Einfluss in Form der Zustimmung oder Ablehnung durch diejenigen Personen, die das individuelle Verhalten beeinflussen können, zum Ausdruck bringt. Bei der Verwendungsabsicht der VKI wird das soziale System durch das jeweilige Unternehmen dargestellt, in dem sich die Befragten befinden. Eine Form der sozialen Förderung kann durch die Vorgesetzten ausgeübt werden, indem sie die Durchführung der VKI unterstützten (SN1) und möglicherweise karriereförderliche Maßnahmen einleiten (SN2). Es kann allerdings auch sozialer Druck mit der Einführung der VKI verbunden werden. Dies wird mit der innerbetrieblichen Ablehnung in Item SN3 operationalisiert. Durch Streichung des Items SN3 konnte das Cronbachs-Alpha von 0,51 auf 0,83 erhöht werden. Die Item-to-Total Korrelationen liegen bei 0,71, die erklärte Varianz bei 85,40 %. Der Faktor wird in dieser reduzierten Form mit zwei Items in die weitere Untersuchung aufgenommen.

Die wahrgenommene Verhaltenskontrolle wird mit dem Single-Item WVK operationalisiert und spiegelt die wahrgenommene Kontrolle wider, ein VKI-Projekt im Unternehmen zu initiieren.

---

[602] Die Expectancy-Value Theorie geht auf *Fishbein* (1963) zurück. Für eine ausführliche Theoriediskussion vgl. insbesondere Ajzen (2001), S. 30 ff.; Bagozzi (1982), S. 562 ff. und Cohen/Fischbein/Ahtola (1972), S. 456 ff.
[603] Vgl. Fishbein/Ajzen (1975), S. 302.

Die endogene Variable *verhaltensorientierte Akzeptanz*, häufig auch Verhaltensintention genannt, wird üblicherweise mit nur wenigen Items gemessen.[604] In der vorliegenden Untersuchung werden drei Items zur Konstruktmessung herangezogen. Diese drei Items betonen unterschiedliche Aspekte der Verhaltensintention und fügen sich somit zu einem geeigneten Gesamtkonstrukt zusammen.[605] Es handelt sich um die Wahrscheinlichkeit der Nutzung (VA1), die Sicherheit bzw. Dringlichkeit der Nutzung (VA2) und die langfristige Einsatzbereitschaft (VA3). In der Studie von *Lim* wird eine Reliabilität von 0,95 für diesen Faktor, bestehend aus drei Items, festgestellt.[606] Die Gütekriterien des Faktors werden in Tabelle 24 dargestellt.

Informationen zum Faktor verhaltensorientierte Akzeptanz			
Erklärter Varianzanteil			83,62 %
Cronbachs-Alpha			0,90
Partielle Gütemaße			
Indikator	Indikatorreliabilität	t-Wert der Faktorladung	Item-to-Total-Korrelation
VA1	0,63	13,62	0,76
VA2	0,87	17,18	0,84
VA3	0,78	15,80	0,82
Faktorreliabilität			0,92
Durchschnittlich erfasste Varianz			0,76

Tabelle 24: Gütekriterien des Faktors der verhaltensorientierten Akzeptanz

Da nur drei Indikatoren zur Operationalisierung eingesetzt wurden, ist die Berechnung der globalen Gütemaße des Konstrukts aufgrund mangelnder Freiheitsgrade eines konfirmatorischen Modells nicht mehr sinnvoll. Das Kaiser-Meyer-Olkin Kriterium ist mit 0,73 als „ziemlich gut" einzuschätzen. Die Reliabilität des Konstruktes ist mit 0,90 als sehr gut zu beurteilen. Zur Bestätigung angemessener Faktorladungen und Kommunalitäten wird der Indikator mit den niedrigsten Ausprägungen herangezogen. Es handelt sich hierbei um den Indikator VA1, der mit Werten von 0,89 und 0,79 hervorragende Resultate aufweist. Die einzelnen Indikatorreliabilitäten weisen die Werte 0,63 für VA1, 0,87 für VA2 und 0,78 für

---

[604] *Hartwick/Barki* als auch *Davis/Bagozzi/Warshaw* verwenden eine Konstruktmessung mit zwei Items. Vgl. Hartwick/Barki (1994), S. 463 und Davis/Bagozzi/Warshaw (1989), S. 991. In einer anderen Studie verwenden *Bagozzi/Warshaw* nur ein Item. Vgl. Bagozzi/Warshaw (1990), S. 134.
[605] Vgl. Bagozzi (1982), S. 576.
[606] Vgl. Lim (2003), S. 471.

VA2 auf. Der Schwellenwert von 0,40 wird klar überschritten. Der Faktor ist als Ergebnis der Güteprüfung voll zu bestätigen.

9.2.1.2 Operationalisierung der Vorteils- und Nachteilsdimensionen

Die Beurteilung der in Kapitel 6.1.2 vorgestellten Vorteils- und Nachteilsdimensionen der VKI liegt der kognitiven Einstellungskomponente zugrunde, die als zusammenfassende Potenzialeinschätzung der VKI operationalisiert wurde. Berücksichtigt wurden die in der Literatur angeführten Vor- und Nachteile der Kundenintegration in NPE-Prozesse mit und ohne Internetbezug. Im Sinne der *Erwartungs-mal-Wert Theorie* ist es erforderlich, dass insbesondere diejenigen Faktoren angeführt werden, die von Praxisvertretern spontan geäußert und damit als *salient* eingestuft wurden. Es wurden sieben Vorteile und sechs Nachteile identifiziert, die mit den in Tabelle 25 dargestellten Indikatoren gemessen wurden.

Die *Expectancy-Values* der einzelnen Indikatoren ergeben sich aus der Multiplikation der Erwartungen möglicher positiver bzw. negativer Konsequenzen der VKI mit der jeweiligen Relevanz dieser Konsequenzen. Es sind somit zwei unterschiedliche Antwortskalen pro Indikator notwendig, um die entsprechenden Erwartungswerte errechnen zu können. Verwendet wird jeweils eine 7-Punkte Likert-Skala mit den Antwortoptionen „trifft gar nicht zu" bis „trifft voll zu" und „gar nicht relevant" bis „sehr relevant". Die Multiplikation der angegebenen Werte ergibt den jeweiligen *Expectancy-Value* des Indikators.

Empirische Analyse – Untersuchungsblickwinkel Unternehmen 225

Operationalisierung der Vorteils- und Nachteilsdimensionen | **Label**

Vorteilsdimensionen

Reduktion des Marktrisikos (Absatzprognosen und Akzeptanz, Floprisiko).	V1
Informationen über Produktnutzung zur Ermittlung künftiger Bedürfnisse und Anforderungen.	V2
Größere Ideenvielfalt, durch Gewinnung von kundeninitiierten, technisch ausgearbeiteten Lösungsvorschlägen.	V3
Gewinnung von Neukunden.	V4
Erhöhung von Kundenbindung.	V5
Breitere Entscheidungsgrundlage: Mehrere Produktalternativen können durch virtuelle Testoptionen im NPE-Prozess gleichzeitig berücksichtigt werden.	V6
Gesteigerte Effizienz (Zeit, Kosten) bei der Gewinnung, Verwertung und Umsetzung entwicklungsrelevanter Kundeninformationen.	V7

Nach dem Erwartung-mal-Wert-Prinzip erfolgen die Angaben für die Vorteile anhand zweier Likert-Skalen (1: trifft (1: trifft gar nicht zu, bis 7: trifft voll zu) und (1: gar nicht relevant, bis 7: sehr relevant)

Nachteilsdimensionen

Kunden sind nicht in der Lage, ihre Wünsche und Anforderungen für die NPE zu artikulieren (mangels technischer Kenntnisse).	N1
Berücksichtigung einzelner Kundenbeiträge führt zu einer Vernachlässigung einer ausgewogenen Zielgruppenorientierung.	N2
Probleme hinsichtlich der Rechtsansprüche zur Verwertung der Kundenbeiträge.	N3
VKE führt zu Störungen im NPE-Prozessablauf.	N4
Mangelnde Geheimhaltung: Konkurrenten könnten in Besitz von schützenswerten Informationen kommen.	N5
Inkrementale Innovationen: Die Ideen und Vorschläge der Kunden orientieren sich an vorhandenen Lösungen.	N6

Nach dem Erwartung-mal-Wert-Prinzip erfolgen die Angaben für die Nachteile anhand zweier Likert-Skalen (1: trifft gar nicht zu, bis 7: trifft voll zu) und (1: gar nicht relevant, bis 7: sehr relevant)

Tabelle 25 Operationalisierung der Vorteils- und Nachteilsdimensionen der virtuellen Kundenintegration

9.2.1.3 Operationalisierung der situativen Faktoren

Gemäß Hypothese 28 haben die situativen Faktoren keinen Einfluss auf die verhaltensorientierte Akzeptanz.[607] Sie werden als „extern" zum Akzeptanzmodell interpretiert.[608] Zur umfassenden Überprüfung dieser Annahme wurden situative Faktoren unterschiedlicher Kontextebenen herangezogen. Auf der *Umfeldebene* handelt es sich um die *Markt- und Technologiedynamik*. Als Faktoren auf der *Unternehmensebene* wurden *Marktorientierung* und die durch die Mitarbeiterzahl gemessene *Unternehmensgröße* herangezogen. Auf *Personenebene* wird auf die *Innovativität*, die *Managementposition* und das *Geschlecht* der Unternehmensvertreter zurückgegriffen. In den folgenden Ausführungen erfolgt die Operationalisierung situativer Faktoren der unterschiedlichen Kontextebenen. Da

---

[607] Vgl. Kapitel 6.1.3.
[608] Vgl. Loken (1983), S. 100.

es sich bei einigen Einflussfaktoren um komplexe und mehrdimensionale Sachverhalte handelt, wird eine Konstruktbildung vorgenommen. Tabelle 26 gibt einen Überblick der verwendeten Indikatoren zur Messung der einzelnen situativen Faktoren.

Situative Faktoren der Umfeld-, Unternehmens- und Personenebene	Label
Technologiedynamik (Kohli/Jaworski 1993)	
Technologien in unserer Branche verändern sich sehr schnell.	TD1
Technologische Veränderungen eröffnen große Chancen in unserer Branche.	TD2
Es ist relativ schwierig vorherzusagen, wo unsere Branche in zwei bis drei Jahren technologisch stehen wird.	TD3
Viele neue Produkte sind in unserer Branche erst durch technologische Durchbrüche ermöglicht worden.	TD4
Bedeutende technologische Veränderungen kommen in unserer Branche eher selten vor.	TD5
Die Angaben erfolgten auf einer 7-Punkte Likert-Skala (1: trifft gar nicht zu, bis 7: trifft voll zu).	
Marktdynamik (Kohli/Jaworski 1993)	
In unserem Geschäft verändern sich Kundenwünsche über die Zeit merklich.	MD1
Unsere Kunden suchen ständig nach neuen Produkten.	MD2
Wir stellen Nachfrage von Kunden für unsere Produkte fest, die nie zuvor Kunden von uns waren.	MD3
Neue Kunden tendieren dazu Produktanforderungen zu haben, die von denen bisheriger Kunden abweichen.	MD4
Wir beliefern heute im wesentlichen Kunden, die wir auch schon in der Vergangenheit beliefert haben.	MD5
Die Angaben erfolgten auf einer 7-Punkte Likert-Skala (1: trifft gar nicht zu, bis 7: trifft voll zu).	
Marktorientierung (Narver/Slater 1990)	
Unser Engagement, den Anforderungen der Kunden gerecht zu werden und unser Unternehmen auf diese auszurichten, wird ständig überprüft.	MO1
Unsere Strategie zum Erreichen von Wettbewerbsvorteilen basiert darauf, die Bedürfnisse der Kunden richtig zu verstehen.	MO2
Die Unternehmensstrategie wird durch unsere Absicht getrieben, Mehrwert für den Kunden zu schaffen.	MO3
Wir reagieren schnell auf Aktivitäten des Wettbewerbs, die uns bedrohen.	MO4
Alle Unternehmensfunktionen (wie z.B. Marketing, Produktion, Entwicklung, etc.) sind aufeinander abgestimmt, um gemeinsam die Bedürfnisse unserer Zielmärkte zu befriedigen.	MO5
Die Angaben erfolgten auf einer 7-Punkte Likert-Skala (1: trifft gar nicht zu, bis 7: trifft voll zu).	
Unternehmensgröße	
Mitarbeiteranzahl des Unternehmens	UG
Die Angaben erfolgten durch freie Texteingabe.	

Empirische Analyse – Untersuchungsblickwinkel Unternehmen 227

Fortsetzung - Situative Faktoren der Umfeld-, Unternehmens- und Personenebene	Label
Innovativität (Hurt/Joseph/Cook 1977)	
Ich verwende solange keine neue Methoden, bis sie sich bei anderen bewährt haben.	IN1
Ich warte erste Erfahrungsberichte ab, bevor ich eine Methode einsetze.	IN2
Unklarheiten und ungelöste Probleme stellen eine Herausforderung für mich dar.	IN3
Ich bin neuen Ideen meist verhalten (skeptisch und vorsichtig) gegenüber eingestellt.	IN4
Ich arbeite oft neue, innovative Lösungsvorschläge aus.	IN5
Die Angaben erfolgten auf einer 7-Punkte Likert-Skala (1: trifft gar nicht zu, bis 7: trifft voll zu).	
Managementposition	
Welche Position haben Sie im Unternehmen?	
Obere Mangement-Ebene	MP1
Mittlere Management-Ebene	MP2
Untere Management-Ebene	MP3
Die Angaben erfolgten auf einer kategorialen Skala (1: Obere Management-Ebene, bis 3:Untere Management-Ebene).	
Geschlecht	
Weiblich	G1
Männlich	G2
Die Angaben erfolgten auf einer kategorialen Skala (1: Weiblich, 2:Männlich).	

Tabelle 26: Übersicht der Indikatoren zur Messung situativer Faktoren der Umfeldebene

Die Operationalisierung des Konstrukts der *Technologiedynamik* erfolgt mit Hilfe von fünf Indikatoren in Anlehnung an die von *Jaworski/Kohli* entwickelte Skala, die sich durch einen Reliabilitätskoeffizienten von 0,88 auszeichnet.[609] Tabelle 27 zeigt die resultierenden Gütekriterien der Validierung des Konstrukts. Die Indikatoren TD2 und TD5 wurden aufgrund von Kommunalitäten unter dem Wert 0,50 eliminiert. Eine Berechnung der globalen Gütemaße des Konstrukts ist daher nicht mehr sinnvoll, da die drei verbleibenden Indikatoren nicht genug Freiheitsgrade für ein konfirmatorisches Modell bieten. Die Gütekriterien der ersten Generation zeigen mit einem erklärten Varianzanteil von 70,67 % ein sehr zufriedenstellendes Bild. Cronbachs-Alpha, als Maß für die Reliabilität, beträgt 0,79 und übersteigt deutlich den Schwellenwert von 0,70. Die Faktorladungen, als Maß für die Stärke des Zusammenhangs zwischen einem Indikator und dem Faktor, betragen für TD1 0,81, für TD2 0,89 und für TD4 0,83. Die angeführten Partialkriterien in Form der Indikatorreliabilitäten, der t-Werte der Faktorladung, der Faktorreliabilität und der durchschnittlich erfassten Varianz, liegen ebenfalls ohne Ausnahme über den geforderten Schwellenwerten. Die Eignung der Daten für die Durchführung der Faktorenanalyse wird durch das Kaiser-Meyer-Olkin-Kriterium erfasst.[610] Mit einem Wert von 0,676 liegt ein mittelgutes Ergebnis vor. Insgesamt kann die Struktur des Konstrukts der Technologiedynamik in der dargestellten Form bestätigt werden.

Informationen zum Konstrukt „Technologiedynamik"			
Erklärter Varianzanteil			70,67 %
Cronbachs-Alpha			0,79
Partielle Gütemaße			
Indikator	Indikatorreliabilität	t-Wert der Faktorladung	Item-to-Total-Korrelation
TD1	0,43	9,67	0,58
TD2	0,80	13,20	0,71
TD4	0,49	10,31	0,61
Faktorreliabilität			0,85
Durchschnittlich erfasste Varianz			0,57

Tabelle 27: Informationen zum Konstrukt Technologiedynamik.

Die Operationalisierung des Konstrukts der *Marktdynamik* als zweites situatives Merkmal der Umfeldebene erfolgt ebenfalls in Anlehnung an *Jaworski* und *Kohli*.[611] Eine Validitäts- und Reliabilitätsbetrachtung des Konstrukts hat allerdings zur Folge, dass drei der insgesamt fünf Indikatoren aufgrund mangelhafter Werte der Gütekriterien der ersten Ordnung gestrichen werden müssen. Eine konfirmatorische Analyse ist mit den zwei verbleibenden Indikatoren MD1 und MD2 nicht möglich. Da nach Ansicht des Autors die Zuverlässigkeit und die konzeptionelle Richtigkeit der Messung durch die Eliminierung des Großteils der Indikatoren in Frage gestellt werden muss, findet das Konstrukt Marktdynamik in den weiteren Analysen keine Berücksichtigung.

Die *Marktorientierung* wird nach *Narver/Slater* durch die drei gleichgewichtigen Dimensionen der Kundenorientierung, Wettbewerbsorientierung und Interfunktionale Koordination bestimmt.[612] Da es sich in der Skala von *Narver/Slater* um eine sehr hohe Anzahl von Indikatoren zur Messung der drei Dimensionen der Marktorientierung handelt,

---
[609] Vgl. Jaworski/Kohli (1993), S. 68.
[610] Vgl. Kaiser (1974), S. 35.
[611] Vgl. Jaworski/Kohli (1993).

erfolgte eine Reduzierung auf ein angemessenes Maß für die Verwendung des Faktors als Kontextvariable in dem vorliegenden Untersuchungsmodell. Ausgewählt wurden insgesamt fünf Items mit der jeweils höchsten Item-to-Total-Korrelation in den betreffenden Dimensionen. Zur Validierung des Konstrukts wurde eine konfirmatorische Faktorenanalyse durchgeführt, deren Ergebnisse in Tabelle 28 zusammengefasst sind.

Informationen zum Konstrukt „Marktorientierung"			
Erklärter Varianzanteil		74,14 %	
Cronbachs-Alpha		0,91	
Globale Gütemaße			
χ^2/df	8,67	NFI	0,94
GFI	0,92	CFI	0,95
AGFI	0,77	RMR	0,099
Partielle Gütemaße			
Indikator	Indikatorreliabilität	t-Wert der Faktorladung	Item-to-Total-Korrelation
MO1	0,66	14,20	0,74
MO2	0,82	16,86	0,84
MO3	0,76	15,73	0,81
MO4	0,52	11,88	0,70
MO5	0,63	13,73	0,78
Faktorreliabilität		0,93	
Durchschnittlich erfasste Varianz		0,68	

Tabelle 28: Informationen zum Konstrukt Marktorientierung

Der Cronbachs-Alpha Wert von 0,91 spricht für eine sehr reliable und damit präzise Messung des Konstrukts. Eine weitere Verbesserung der ohnehin sehr hohen Item-to-Total-Korrelationen durch die Eliminierung einzelner Indikatoren konnte nicht erzielt werden, so dass alle fünf Indikatoren zur Messung beibehalten wurden. Die erklärte Varianz von 74,14 % und die Tatsache, dass sämtliche Faktorladungen der Indikatoren in dem Bereich von 0,80 bis 0,90 liegen, lassen auf eine hohe Konvergenz- und Diskriminanzvalidität schließen. Die globalen und partiellen Gütekriterien der zweiten Generation vervollständigen die Beurteilung des Konstrukts der Marktorientierung. Hierbei zeigt sich, dass die Globalmaße GFI, CFI, NFI und RMR die geforderten Grenzwerte erfüllen. Der Quotient des χ^2-Wertes und der Zahl der

---

[612] Vgl. Narver/Slater (1990), S. 23.

Freiheitsgrade verfehlt nur knapp den geforderten Wert von 5. Hierzu ist allerdings anzumerken, dass diese Größe nur bedingt als globales Maß für die Evaluation des Modellfits geeignet ist und daher eine Ablehnung des Messmodells ausschließlich auf Basis des χ^2-Maßes als ungerechtfertigt erscheint.[613] Der AGFI unterschreitet mit 0,77 ebenfalls den geforderten Wert von 0,90. Das Gesamtbild aller globalen und lokalen Gütekriterien indiziert trotz der zwei Ausreißer eine gute Modellgüte.

Die *Unternehmensgröße* wird durch die Anzahl der Mitarbeiter des Unternehmens erfasst.[614] Tabelle 21 in Kapitel 9.1.2 gibt einen genauen Überblick der Mitarbeiterzahl sowie den erzielten Umsatz als weiteren Größenindikator in dem verwendeten Sample. Die Angaben erfolgten in einem offenen Textfeld.

Die Operationalisierung des Faktors *Innovativität* auf der Personenebene geht von der umfangreichen Messskala von *Hurt/Joseph/Cook* aus.[615] Die Autoren verwenden ingesamt 20 Indikatoren zur Erfassung der Innovativität und definieren diese zusammenfassend als „ a normally distributed underlying personality construct, which may be interpreted as a willingness to change."[616] Da aus forschungspragmatischen Gründen eine Verwendung von derartig vielen Indikatoren nicht immer angebracht erscheint, kann auf reduzierte Hurt-Joseph-Cook Skalen zurückgegriffen werden.[617] Auch in der vorliegenden Arbeit wurde eine reduzierte Skala bestehend aus fünf Indikatoren eingesetzt, die sich in dem Beitrag von *Pallister* und *Foxall* als besonders reliabel erwiesen haben und in Tabelle 26 dargestellt sind.[618] Die Gütekriterien in Tabelle 29 zeigen ein akzeptables Maß an Reliabilität und Validität. Aufgrund steigender Cronbachs-Alpha Werte durch die Eliminierung der Indikatoren IN3 und IN5 wurde eine Reduzierung auf drei Indikatoren vorgenommen. Das resultierende Cronbachs-che-Alpha erreicht mit 0,70 das geforderte Anspruchsniveau. Das Maß an Varianz der Indikatorvariablen, das durch den Faktor erklärt wird, ist mit 63,67 % ebenfalls zufriedenstellend. Auch die Faktorreliabilität von 0,78 übersteigt klar den geforderten Schwellenwert von 0,60. Lediglich die durchschnittlich erfasste Varianz verfehlt das Anspruchsniveau von 0,5 nur knapp. Aufgrund dieser nur geringfügigen Verletzung eines einzelnen Gütekriteriums bleibt der Faktor in der dargestellten Form bestehen.

---

[613] Vgl. Betz (2003), S. 80.
[614] Vgl. Kieser/Kubicek (1992), S. 292.
[615] Vgl. Hurt/Joseph/Cook (1977).
[616] Hurt/Joseph/Cook (1977), S. 59.
[617] Vgl. Pallister/Foxall (1998), S. 664.
[618] Vgl. Pallister/Foxall (1998). Die Übersetzung der Indikatoren erfolgt durch den Autor.

Informationen zum Konstrukt Innovativität	
Erklärter Varianzanteil	63,67 %
Cronbachs-Alpha	0,70

Partielle Gütemaße			
Indikator	Indikatorreliabilität	t-Wert der Faktorladung	Item-to-Total-Korrelation
IN1	0,68	9,95	0,61
IN2	0,51	8,96	0,55
IN4	0,25	6,72	0,42
Faktorreliabilität			0,78
Durchschnittlich erfasste Varianz			0,48

Tabelle 29: Informationen zum Konstrukt Innovativität

Informationen zu den zwei verbleibenden Faktoren der *Managementposition* und des *Geschlechts* der Teilnehmer können den Informationen zum Sample in Tabelle 21 entnommen werden.

9.2.2 Deskriptive Bestandsaufnahme zur virtuellen Kundenintegration

Ein wesentliches Anliegen der vorliegenden Arbeit ist eine aktuelle Bestandsaufnahme zur VKI, die Aufschluss über das derzeitige Ausmaß der Akzeptanz bei innovierenden Unternehmen geben soll. Diesbezüglich wurde der aktuelle Umfang der Kundeneinbindung in den NPE-Prozess, die Nutzung des Internets für die kundenbezogene Informationsgewinnung sowie die derzeitige Verwendung der VKI einer deskriptiven Analyse unterzogen.

Der Umfang der Kundeneinbindung wurde über drei idealtypische Phasen des NPE-Prozesses differenziert gemessen. Bei den Phasen handelt es sich um *Ideengenerierung und Konzeption, Design und Entwicklung* sowie *Test und Markteinführung*. Die deskriptive Analyse des Umfangs führt zu den in Abbildung 53 dargestellten Ergebnissen. Aufgrund der größeren Übersichtlichkeit wurde eine aggregierte Darstellung gewählt. Die Gruppe „nie" fasst die Werte eins und zwei einer 7-Punkte-Skala zusammen, die den geringstmöglichen Umfang der Kundeneinbindung bedeuten. Die Gruppe „mittel" inkludiert die Werte drei, vier und fünf und die Gruppe „häufig" beinhaltet die Werte sechs und sieben, die für die höchstmöglichen Umfang der Kundeneinbindung stehen.

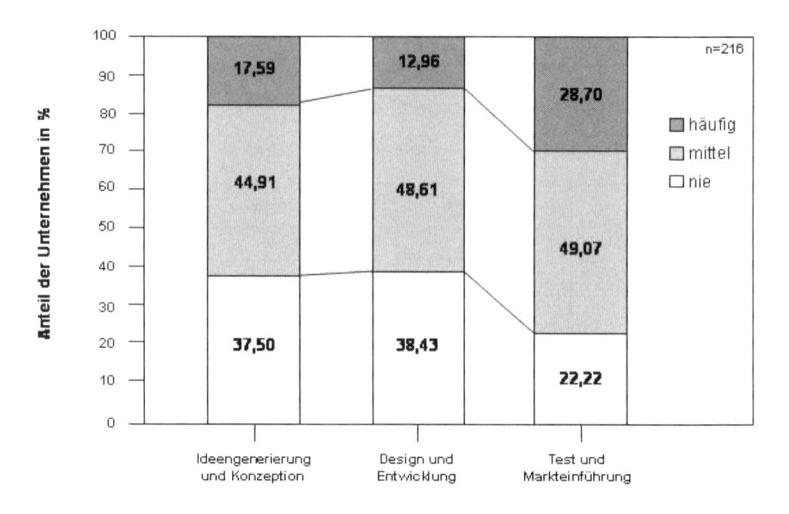

Phasenspezifischer Umfang der Kundeneinbindung in die NPE

Abbildung 53: Phasenspezifischer Umfang der virtuellen Kundeneinbindung

Zentrales Ergebnis dieser Bestandsaufnahme ist, dass eine besonders häufige Einbindung von Kunden mit 28,70 % in der Phase *Test und Markteinführung* zu beobachten ist. Mit 17,59 % in der Phase *Ideengenerierung und Konzeption* und 12,96 % in der Phase *Design und Entwicklung* ist ein wesentlich geringerer Umfang einer intensiven Kundeneinbindung in den früheren Phasen der Produktentwicklung zu beobachten. Fast 40 % der Unternehmen binden den Kunden überhaupt nicht in den ersten beiden Phasen der NPE ein, während nur 22,22 % gänzlich auf eine Kundeneinbindung in der Phase *Test und Markteinführung* verzichten. Zu vermuten ist, dass die besonders häufige Kundeneinbindung in der Phase *Test und Markteinführung* auf die in der Konsumgüterindustrie meist standardmäßig durchgeführten klassischen Marktforschungsaktivitäten zurückzuführen sind. Diese sind vorwiegend testender Natur und betonen die Rolle des Kunden als Nachfrager.[619] Die zu testenden Probleme und Fragestellungen sind wiederum bereits a priori durch die Hersteller formuliert und schränken die Gestaltungsspielräume des Neuprodukts durch den Kunden als möglichen Entwicklungspartner stark ein. Ein mittlerer Umfang der Kundeneinbindung wird in allen Phasen von knapp der Hälfte aller teilnehmenden Unternehmen betrieben.

---

[619] Vgl. Kapitel 2.3.

Diese Ergebnisse zeigen, dass grundsätzlich die Mehrheit der Unternehmen während der NPE in Kontakt mit ihren Kunden stehen.[620] Die Interaktion mit den Kunden findet allerdings eher fallweise und nicht sehr intensiv statt. Wenige Unternehmen binden ihre Kunden in das Design und die eigentliche Entwicklung ihrer Produkte ein. Insgesamt muss somit auch im Rahmen der vorliegenden Studie von einer starken Herstellerdominanz in sämtlichen Phasen des NPE-Prozesses ausgegangen werden.[621]

Neben Angaben zum generellen Umfang der Kundeneinbindung in Unternehmen ist für eine Bestandsaufnahme zur VKI das Ausmaß der Internetnutzung zur kundenbezogenen Informationsgewinnung von Interesse. Abbildung 54 zeigt, dass lediglich 0,93 % der Unternehmen das Internet sehr häufig für die Informationsgewinnung von Kunden einsetzt. Der Mittelwert beträgt 3,06 bei einer Standardabweichung von 1,42.

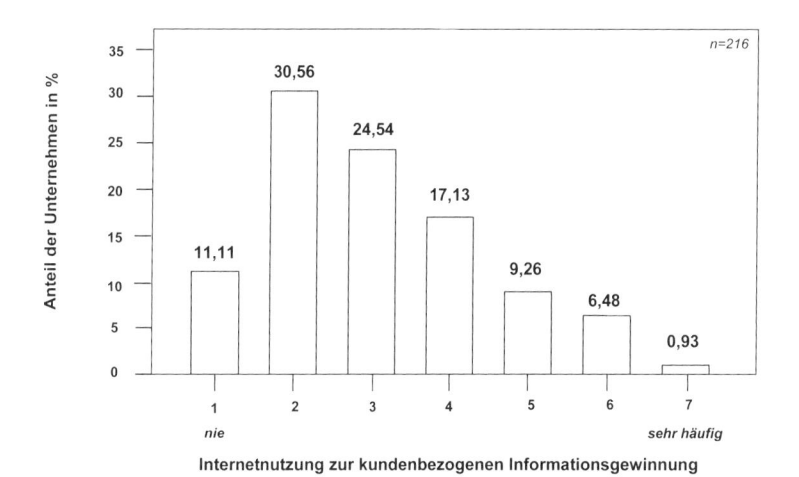

Abbildung 54: Internetnutzung zur kundenbezogenen Informationsgewinnung

Kombiniert man die Erkenntnisse, dass zum einen der Umfang der Kundeneinbindung im Konsumgütermarkt als eher gering einzustufen ist und zum anderen der Großteil der befragten Unternehmen das Internet nur sehr spärlich für die Gewinnung von Kundeninformationen nutzt, gelangt man zu der Annahme, dass auch der Einsatz der VKI nur sehr gering verbreitet

---

[620] Eine Überprüfung der Mittelwerte für den Umfang der Kundeneinbindung in den einzelnen Phasen bestätigt dies. *Ideengenerierung und Konzeption*: MW=3,47, St.Abw.= 1,74; *Design und Entwicklung:* MW=3,44, St.Abw.= 1,80; *Test und Markteinführung:* MW=4,13, St.Abw.= 1,87.
[621] Vgl. Kapitel 2.1.

sein kann. Dies spiegelt sich in den in Abbildung 55 dargestellten Ergebnissen zur aktuellen Verwendung der VKI wieder. Als Akzeptanzindikator dient hier die Fragestellung, ob das jeweilige Unternehmen das Internet in der gezeigten Art und Weise bereits verwendet, um Kunden zu integrieren. Die angesprochene Art und Weise bezieht sich auf typische Anwendungsbeispiele der VKI, die mit Hilfe von Illustrationen und Kurzbeschreibungen in dem Online-Fragebogen den Teilnehmern ausführlich vorgestellt wurden.[622] Die Fragestellung wurde auf einer 7-Punkte Likert-Skala (1: ja, genau wie gezeigt, bis 7: nein, überhaupt nicht) bewertet.

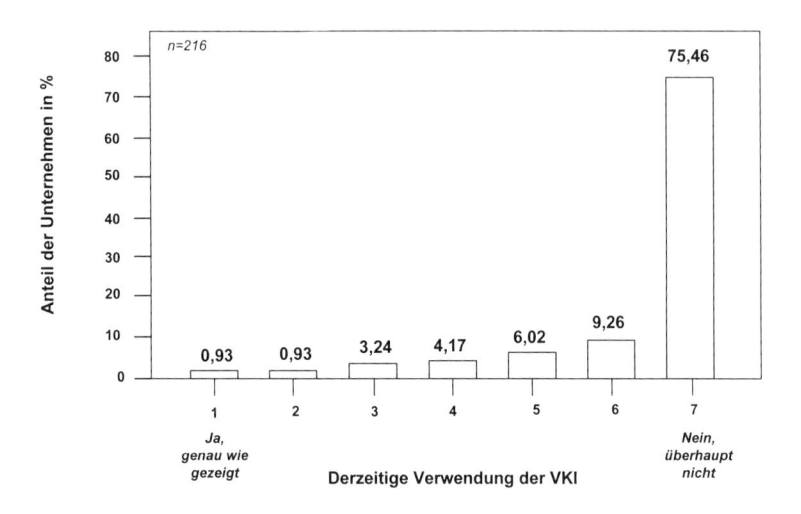

Abbildung 55: Bestandsaufnahme zur Verwendung der virtuellen Kundenintegration

Wie oben festgestellt, setzten nur 0,93 % der Unternehmen die VKI mit dem dieser Arbeit zugrundeliegenden Verständnis ein. Dieser Prozentsatz stimmt mit dem Prozentsatz der Firmen überein, die eine sehr häufige Internetnutzung zur kundenbezogenen Informationsgewinnung angegeben haben. Ein weiterer Abgleich der Abbildung 55 mit Abbildung 53 zeigt, dass in den mittleren Wertebereichen durchaus Kundeninformationen über das Internet aufgegriffen werden, diese sich aber offensichtlich nicht auf den Wertschöpfungsbereich der NPE beziehen. Andere Bereiche, in denen Informationen über das Internet abgefragt werden, sind beispielsweise Bestell- und Buchungsvorgänge, das E-Customer-Relationship-Management (ECRM) oder das Beschwerdemanagement. Im Bereich

---

[622] Vgl. Kapitel 9.1.1.

der NPE hingegen beträgt der Mittelwert zur derzeitigen Verwendung der VKI 6,43 bei einer Standardabweichung von 1,21.

Als Quintessenz der Bestandsaufnahme bleibt festzuhalten, dass trotz der existierenden Anwendungsbeispiele[623] und trotz der im Laufe dieser Arbeit so häufig zitierten Relevanz der VKI in Praxis und Wissenschaft die internetbasierte Einbindung von Kunden im Konsumgüterbereich so gut wie überhaupt keine Anwendung findet. Dieser Sachverhalt lässt auf einen sehr hohen subjektiven Neuigkeitsgrad des VKI-Ansatzes bei den Unternehmensvertretern schließen. Für die weitere Analyse der Untersuchungsergebnisse ergibt sich damit insofern eine Auswirkung, als die Neuartigkeit sowie der gleichzeitig geringe Verbreitungsgrad der VKI in der Praxis eine Untersuchung der Verwendungsabsicht und nicht der tatsächlichen Verwendung der VKI notwendig macht. Im Rahmen des Kapitels 6.1.1.1 wurde allerdings bereits verdeutlicht, dass die Verhaltensintention als entscheidender Prädikator für das tatsächliche Verhalten gilt und als verhaltensorientierte Akzeptanz in die Untersuchung eingeht. Das folgende Kapitel zeigt die Untersuchungsergebnisse zu den Einstellungskomponenten, die das Akzeptanzverhalten bestimmen.

9.2.3 Befunde zur Einstellung gegenüber der virtuellen Kundenintegration

Entsprechend dem Drei-Komponenten-Ansatz umfasst das Einstellungskonstrukt ein *affektives*, *kognitives* und *konatives* Element. Diese Struktur wurde auf das Akzeptanzmodell dieser Arbeit übertragen und impliziert somit eine *affektive*, *kognitive* und *konative* Teilakzeptanz der VKI.

Bei der *konativen Komponente* handelt es sich um die verhaltensorientierte Akzeptanz, die der Verwendungsabsicht der VKI entspricht. Dieser Faktor wird als endogene Variable im Rahmen der Kausalanalyse in Kapitel 9.2.4 näher betrachtet.

Die *affektive Komponente* spiegelt die gefühlsmäßige Einstellung gegenüber der VKI wieder. Sie dient der Feststellung, ob eine innere Grundvoraussetzung in Form einer grundlegend positiven Einstellung zur Akzeptanz der VKI existiert. Gemessen wurde diese innere Haltung mit einem semantischen Differential, das auf einer 7-Punkte Skala bewertet wurde.[624] Die in Abbildung 56 dargestellten Ergebnisse zeigen eine sehr positive Grundeinstellung, die mit der VKI assoziiert wird.

---

[623] Vgl. die in Kapitel 3.1.1 angeführten Beispiele.
[624] Vgl. die Operationalisierung in Kapitel 9.2.1.1.

N = 216

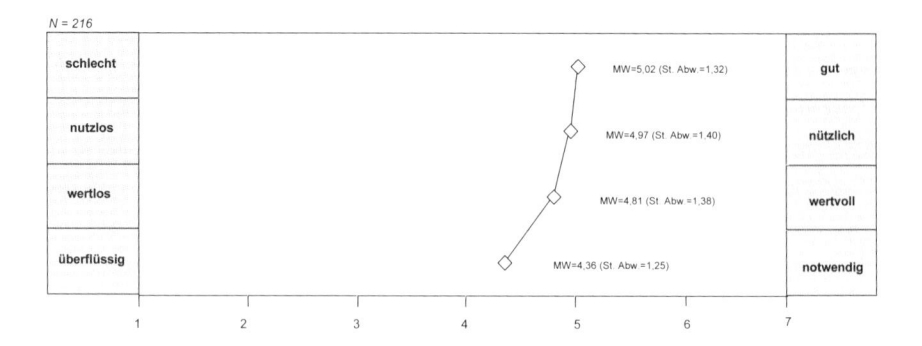

schlecht	MW=5,02 (St. Abw.=1,32)	gut
nutzlos	MW=4,97 (St. Abw.=1,40)	nützlich
wertlos	MW=4,81 (St. Abw.=1,38)	wertvoll
überflüssig	MW=4,36 (St. Abw.=1,25)	notwendig

1   2   3   4   5   6   7

Abbildung 56: Deskriptive Auswertung zur affektiven Einstellungskomponente

Die *kognitiven Einstellung* zur VKI basiert auf der Beurteilung der in Kapitel 6.1.2 dargestellten Vorteils- und Nachteilsdimensionen. Nach der *Erwartung-mal-Wert-Theorie* wird zunächst eine Einschätzung hinsichtlich der Ausprägungen der wesentlichen Vorteils- und Nachteilsdimensionen der VKI abgegeben, um diese anschließend mit der subjektiven Beurteilung der Relevanz zu multiplizieren. Die resultierenden Werte werden als *Expectancy-Values* bezeichnet. Abbildung 57 zeigt die *Expectancy-Values* der Vorteile der VKI.

Der Möglichkeit, mit Hilfe der VKI Informationen zu künftigen Bedürfnissen und Produktanforderungen der Kunden zu sammeln, wird mit 21,04 der höchste Expectancy-Value zugeordnet. Es folgt in absteigender Reihenfolge die Möglichkeit einer erhöhten Kundenbindung (EV = 20,79), die gesteigerte Effizienz bei der Informationsgewinnung (EV = 0,79), die Erhöhung der Ideenvielfalt (EV = 18,05), eine breitere Entscheidungsgrundlage durch erweiterte Testoptionen (EV = 17,88), die Reduktion des Marktrisikos (EV = 17,50) und schließlich die Gewinnung von Neukunden mit einem Expectancy-Value von 15,92. Aus Abbildung 57 wird deutlich, dass die Bewertungen der erwarteten Konsequenzen durchwegs etwas oberhalb der beigemessenen Bedeutung dieser Konsequenzen liegen. Die Stärke der *Expectancy-Value-Theorie* ist in der Berücksichtigung beider Dimensionen zu sehen. Eine ausschließliche und in der Marketingliteratur übliche Betrachtung der Erwartung ohne Gewichtung der Bedeutung dieser Erwartung führt zu einer Überschätzung der jeweiligen Vorteilsdimensionen.

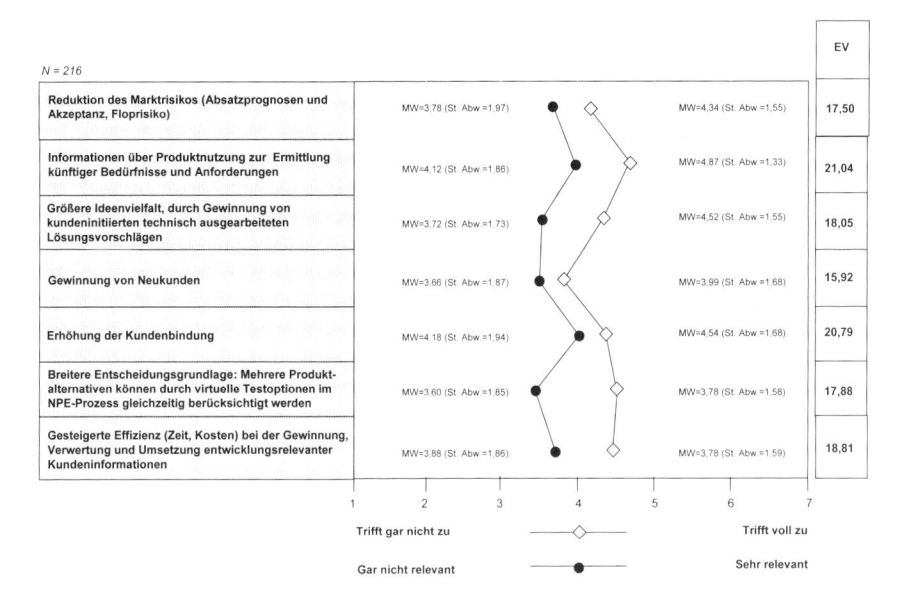

		EV
N = 216		
Reduktion des Marktrisikos (Absatzprognosen und Akzeptanz, Floprisiko)	MW=3,78 (St. Abw.=1,97)　　MW=4,34 (St. Abw.=1,55)	17,50
Informationen über Produktnutzung zur Ermittlung künftiger Bedürfnisse und Anforderungen	MW=4,12 (St. Abw.=1,86)　　MW=4,87 (St. Abw.=1,33)	21,04
Größere Ideenvielfalt, durch Gewinnung von kundeninitiierten technisch ausgearbeiteten Lösungsvorschlägen	MW=3,72 (St. Abw.=1,73)　　MW=4,52 (St. Abw.=1,55)	18,05
Gewinnung von Neukunden	MW=3,66 (St. Abw.=1,87)　　MW=3,99 (St. Abw.=1,68)	15,92
Erhöhung der Kundenbindung	MW=4,18 (St. Abw.=1,94)　　MW=4,54 (St. Abw.=1,68)	20,79
Breitere Entscheidungsgrundlage: Mehrere Produktalternativen können durch virtuelle Testoptionen im NPE-Prozess gleichzeitig berücksichtigt werden	MW=3,60 (St. Abw.=1,85)　　MW=3,78 (St. Abw.=1,58)	17,88
Gesteigerte Effizienz (Zeit, Kosten) bei der Gewinnung, Verwertung und Umsetzung entwicklungsrelevanter Kundeninformationen	MW=3,88 (St. Abw.=1,86)　　MW=3,78 (St. Abw.=1,59)	18,81

1　　2　　3　　4　　5　　6　　7
Trifft gar nicht zu ——◇—— Trifft voll zu
Gar nicht relevant ——●—— Sehr relevant

Abbildung 57: Übersicht der Expectancy-Values der Vorteile virtueller Kundenintegration

Betrachtet man die deskriptiven Ergebnisse der Nachteilsdimensionen in Abbildung 58, so zeigt sich, dass die Erwartungen und deren Gewichtung nahezu deckungsgleich sind. Der aus Sicht der Unternehmensvertreter schwerwiegendste Nachteil ist der Mangel an Geheimhaltung durch die VKI und damit die Möglichkeit des Wissensabflusses zur Konkurrenz. Die durch die VKI verursachten Störungen werden am niedrigsten eingeschätzt.

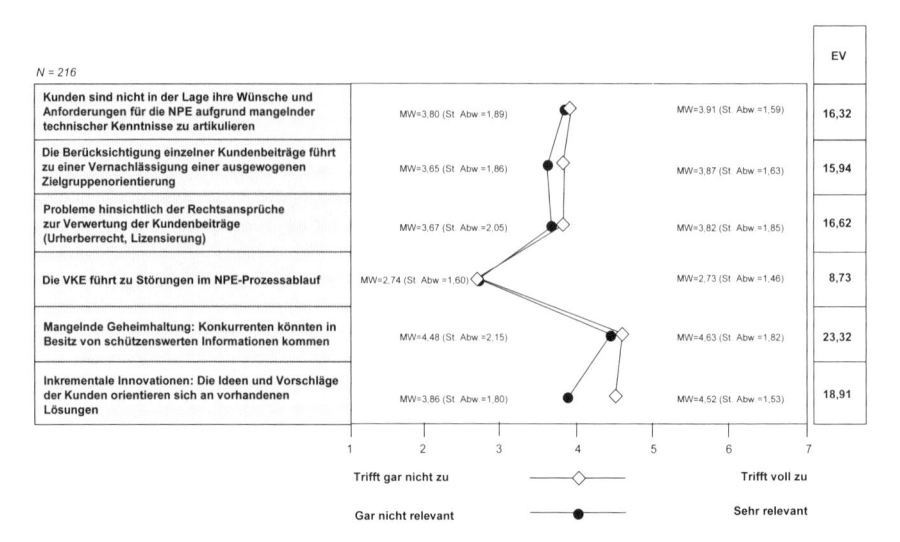

Abbildung 58: Übersicht der Expectancy-Values der Nachteile virtueller Kundenintegration

Nach der deskriptiven Übersicht sämtlicher positver und negativer Erwartungswerte der VKI wird analysiert, welche Expectancy-Values ausschlaggebend für die Bildung der kognitiven Einstellungskomponente sind. Diese Zusammenhangsprüfung erfolgt mit Hilfe einer multiplen Regressionsanalyse mit den Expectancy-Values der Vor- und Nachteile als unabhängige Variablen und der Potenzialeinschätzung zur VKI als abhängige Variable. Auf diese Weise kann herausgefunden werden, welche Vor- und Nachteile maßgebend für die kognititve Einstellungsbildung sind. In Tabelle 30 werden zunächst die Einflüsse der Vorteilsdimensionen auf das Gesamtpotenzial der VKI dargestellt.

Empirische Analyse – Untersuchungsblickwinkel Unternehmen 239

Multiple Regressionsanalyse zum Einfluss der Vorteile auf die „Potenzialeinschätzung" als abhängige Variable					
Prüfung der Regressionskoeffizienten					
Unabhängige Variable	B	Beta-Wert	t-Statistik	Signifikanzniveau	VIF
Reduktion des Marktrisikos (V1)	0,029	0,235	2,982	0,003	2,264
Informationen zur Bedürfnisermittlung (V2)	0,020	0,164	2,047	0,042	2,351
Größere Ideenvielfalt (V3)	0,013	0,102	1,300	0,195	2,260
Gewinnung von Neukunden (V4)	0,013	0,102	1,514	0,131	1,654
Erhöhung der Kundenbindung (V5)	0,001	0,006	0,095	0,925	1,697
Verbesserte Entscheidungsgrundlage (V6)	0,026	0,212	2,459	0,015	2,710
Gesteigerte Effizienz (V7)	-0,001	-0,009	-0,099	0,921	2,818
Signifikanzniveau des Kolmogorov-Smirnov-Test	0,698				
Prüfung der Regressionsfunktion					
Bestimmtheitsmaß R^2	0,431				
F-Wert (Signifikanzniveau)	22,511 (0,000)				

Tabelle 30: Einfluss der Vorteile virtueller Kundenintegration auf die kognitive Einstellung

Der F-Test der Regressionsfunktion erweist sich als signifikant auf dem 1 %-Niveau. Die Anpassung der Regressionsfunktion an die empirischen Daten ist mit einem R^2 von 0,43 als gut zu beurteilen. Eine Betrachtung der t-Statistik zeigt, dass lediglich bei den Indikatoren V1, V2 und V6 ein signifikanter Einfluss auf die kognitive Einstellung zu beobachten ist. Die Richtung der Einflüsse ist, wie erwartet, positiv. Die VIF-Werte der einzelnen Indikatoren geben keine Hinweise auf Multikollinearitätsprobleme. Der Kolmogorov-Smirnov-Test bestätigt die geforderte Normalverteilung der Residuen der Variablen. Geordnet nach der Stärke des Einflusses sind die Aspekte „Reduktion des Marktrisikos", „breitere Entscheidungsgrundlage durch mehr Testoptionen" und „Generierung von Informationen über die Produktnutzung zur Ermittlung künftiger Bedürfnisse und Anforderungen" die zentralen Einflussfaktoren der kognitiven Einstellung und damit der Potenzialeinschätzung der VKI. Zusammenfassend können somit Hypothese 15, Hypothese 16 und Hypothese 20 bestätigt werden. Hypothese 17, Hypothese 18, Hypothese 19 und Hypothese 21 müssen abgelehnt werden.

Die in Tabelle 31 dargestellte multiple Regressionsanalyse der Expectancy-Values der Nachteile (unabhängige Variablen) auf die kognitive Einstellung (abhängige Variable) zeigt eine signifikante Regressionsfunktion. Das Bestimmtheitsmaß von 0,073 ist allerdings als sehr gering zu beurteilen. Dies ist darauf zurückzuführen, dass mit N5 nur ein einziger signifikanter Regressionskoeffizient vorliegt. Verwunderlich ist die positive Richtung des

Wirkungszusammenhangs. Demanch gilt: Je mehr Störungen die VKI im NPE-Prozessverlauf verursacht, desto höher ist die Einschätzung des Potenzials. Ein derartiger Zusammenhang erscheint dann einleuchtend, wenn die verursachten organisatorischen Änderungen als Indikator für die Wirksamkeit neuer Methoden und Verfahren herangezogen wird. Nach dieser Interpretation wird neuartigen Methoden, die keine organisatorischen Veränderungen bzw. Störungen nach sich ziehen, auch keine Wirksamkeit zugesprochen. Weiterhin ist die positive Richtung des Zusammenhangs dahingehend zu relativieren, dass der absolute Wert der Störungen durch die VKI mit einem Expectancy-Value von 8,73 als sehr gering einzustufen ist.

Multiple Regressionsanalyse zum Einfluss der Nachteile auf die „Potenzialeinschätzung" als abhängige Variable					
Prüfung der Regressionskoeffizienten					
Unabhängige Variable	B	Beta-Wert	t-Statistik	Signifikanzniveau	VIF
Artikulationsprobleme der Kunden (N1)	-0,013	-0,101	-1,227	0,221	1,520
Nischenorientierung (N2)	-0,015	-0,125	-1,493	0,137	1,567
Mangelnde Verwertungsrechte (N3)	0,013	0,123	1,577	0,116	1,361
Störungen im NPE-Prozessverlauf (N4)	0,023	0,131	1,783	0,076	1,220
Mangelnde Geheimhaltung (N5)	0,005	0,056	0,722	0,471	1,343
Inkrementale Innovationen (N6)	0,015	0,121	1,529	0,128	1,415
Signifikanzniveau des Kolmogorov-Smirnov-Test				0,125	
Prüfung der Regressionsfunktion					
Bestimmtheitsmaß R^2				0,073	
F-Wert (Signifikanzniveau)				2,732 (0,014)	

Tabelle 31: Einfluss der Nachteile virtueller Kundenintegration auf die kognitive Einstellung

Als Fazit der Einflüsse von Nachteilen auf die Potenzialeinschätzung der VKI müssen Hypothese 22, Hypothese 23, Hypothese 24, Hypothese 25, Hypothese 26 und Hypothese 27 abgelehnt werden. Ein ähnliches Ergebnis zeigt sich bei *Kirchmann*. Auch in seiner Studie zur Anwenderkooperation gingen keine signifikanten Erfolgswirkungen von den angeführten Nachteilsdimensionen aus.[625]

---

[625] Vgl. Kirchmann (1994), S. 170 f.

9.2.4 Kausalanalyse zur verhaltensorientierten Akzeptanz

In den folgenden Ausführungen soll das der Untersuchung zugrunde liegende Akzeptanzmodell mit der verhaltensorientierten Akzeptanz als endogene Variable kausalanalytisch überprüft werden. Die theoretische Fundierung erfolgte in Kapitel 6.1.1 auf Basis der *Theory of Planned Behavior.* Als Vorbedingung zur Durchführung der Kausalanalyse wurden sämtliche im Modell verwendeten Konstrukte bereits hinsichtlich ihrer Güte überpüft und gegebenenfalls nach notwendigen Modifikationen bestätigt.[626] Die Ergebnisse der durchgeführten Kausalanalyse sind in Abbildung 59 dargestellt.

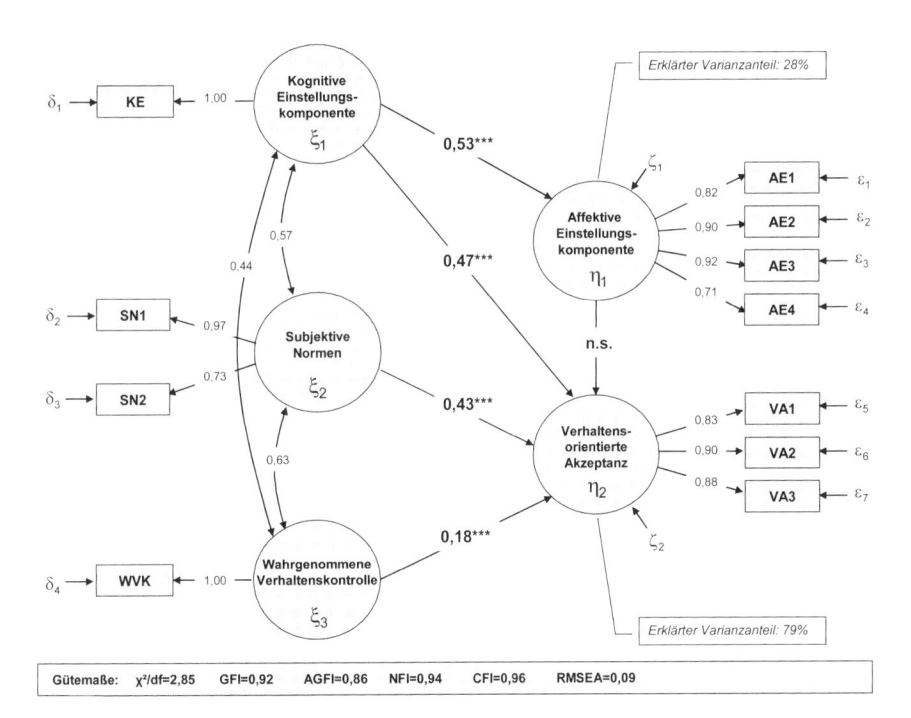

Abbildung 59: Kausalmodell der verhaltensorientierten Akzeptanz

Anmerkungen: *:   Signifikant auf dem 10 %-Niveau
              **: Signifikant auf dem 5 %-Niveau
              ***: Signifikant auf dem 1 %-Niveau

Die ermittelten Gütemaße des Kausalmodells sprechen für einen sehr guten Modellfit und damit für eine gute Anpassung an die Datenstruktur. Lediglich der AGFI von 0,86 verfehlt

---

[626] Vgl. die Ausführungen in Kapitel 9.2.1.1.

knapp den geforderten Mindestwert von 0,9. Betrachtet man das Gesamtbild der Globalkriterien, so besteht kein Anlass, das Modell aufgrund einer einzigen und zugleich geringfügigen Verletzung das Modell zu verwerfen. Somit können die in Abbildung 59 dargestellten Parameterschätzungen bedenkenlos zur quantitativen Beurteilung der Inhaltsvalidität herangezogen werden. Hierzu richtet sich das Augenmerk zunächst auf den erklärten Varianzanteil der *verhaltensorientierten Akzeptanz* als endogene Variable. Grundsätzlich gilt: Je höher der erklärte Varianzanteil, desto vollständiger wird das zu untersuchende Phänomen durch das Messkonzept abgedeckt. Der für das vorliegende Akzeptanzmodell errechnete Wert von 79 % ist als hervorragend zu beurteilen. Dies gilt inbesondere vor dem Hintergrund der Vielschichtigkeit und Komplexität des Einstellungsphänomens. Daraus kann die Schlussfolgerung gezogen werden, dass die Inhaltsvalidität in hohem Maße gegeben ist und alle inhaltlich wichtigen Aspekte der Akzeptanz berücksichtigt wurden. Als inhaltlich relevant erweisen sich auch die exogenen Faktoren. Die Pfadkoeffizienten von 0,47 für die *kognitive Einstellungskomponente*, 0,43 für die *subjektiven Normen* und 0,18 für die *wahrgenommene Verhaltenskontrolle* unterstreichen, dass auf keine dieser Variablen verzichtet werden konnte, ohne die inhaltliche Vollständigkeit des Messmodells zu gefährden. Lediglich die *affektive Einstellung* leistet keinen signifikanten Erklärungsgehalt zur Prognose der verhaltensorientierten Akzeptanz.

Nach der vorgenommenen Analyse der empirischen Anpassungsgüte und der Inhaltsvalidität des verwendeten Akzeptanzmodells folgt die Prüfung der aus der *Theory of Planned Behavior* abgeleiteten Hypothesen. Der in Hypothese 10 formulierte positive Zusammenhang zwischen der *affektiven*, d.h. gefühlsmäßigen Einstellung, und der *verhaltensorientierten Akzeptanz* muss aufgrund des nicht signifikanten Strukturkoeffizienten abgelehnt werden. Der Einfluss der *kognitiven Einstellung* hingegen zeigt, mit einem höchst signifikanten Pfadkoeffizienten von 0,47, den stärksten Einfluss auf die *verhaltensorientierte Akzeptanz*. Hypothese 11 wird somit bestätigt. Hypothese 12 und der dort angenommene positive Wirkungszusammenhang zwischen den *kognitiven* und *affektiven Einstellungskomponenten* wird ebenfalls bestätigt, wobei festgestellt werden kann, dass mit einer erklärten Varianz von 28 % die verstandesmäßigen Urteile nicht alleinige Prädiktoren der emotionalen Einstellung sein können. Die *subjektiven Normen* als eine Form der sozialen Beeinflussbarkeit und die *wahrgenommene Kontrolle* zur Durchführung eines VKI-Projekts wirken sich, wie angenommen, positiv auf die Verwendungsabsicht aus. Hypothese 13 und Hypothese 14 werden somit bestätigt.

Zusammenfassend kann festgehalten werden, dass die rationale Komponente die treibende Kraft zur Akzeptanz der VKI ist. Sie ist stärkster Einflussfaktor der Verwendungsabsicht und hat einen starken Einfluss auf die affektive Einstellung der befragten Unternehmensvertreter. Die stark positiv ausgeprägte gefühlsmäßige Einstellung schafft eine innere Grundvoraussetzung für das Akzeptanzverhalten der VKI,[627] hat allerdings keinen direkten Effekt auf die *verhaltensorientierte Akzeptanz*. Die mit der Durchführung eines VKI-Projekts in Verbindung gebrachte Karriereförderlichkeit und Zustimmung durch Vorgesetzte - vertreten durch den Faktor *subjektive Normen* - hat einen annähernd starken positiven Einfluss auf die Verwendungsabsicht wie die Kognitionen. Die große Rolle der subjektiven Normen bei der Vorhersage der verhaltensorientierten Akzeptanz ist auf intergruppale Effekte und Abhängigkeiten innerhalb der Unternehmensstrukturen zurückzuführen.[628] Diese sind bei der Einführung der VKI als ein für das Unternehmen neuartiges Verfahren besonders hoch einzuschätzen. Unabhängig von der individuellen kognitiven Evaluierung ist nicht nur mit positiven Reaktionen, sondern auch mit möglichen unternehmensinternen Widerständen vielfältigen Ursprungs zu rechnen. Verantwortungs- und damit Machtkonstellationen werden unter Umständen verschoben, das *not-invented-here Syndrom* findet Anwendung oder benötigte Ressourcen für die Implementierung sind nicht eingeplant. Vor diesem Hintergrund verwundert es kaum, dass die befragten Manager ihr Akzeptanzverhalten an den existierenden unternehmensinternen Abhängigkeiten ausrichten. Der Einfluss der *wahrgenommen Verhaltenskontrolle* auf die Akzeptanz ist deutlich geringer als die kognitive Einschätzung und die sozialen Einflüsse im Unternehmen. Dieses Ergebnis ist durchaus konform mit den obigen Ausführungen zu intergruppalen Effekten und möglichen Barrieren bei der organisatorischen Einbettung der VKI im Unternehmen. Eine zu starke Ausprägung der Variable *wahrgenommene Verhaltenskontrolle* könnte vor diesem Hintergrund als Überschätzung des eigenen Durchsetzungsvermögens im Unternehmen interpretiert werden. Kontrollerwartungen wären somit als Kontrollillusionen zu interpretieren, bei denen die notwendigen Information, Fertig- und Fähigkeiten zur VKI anfänglich unterschätzt bzw. die eigene Selbstdisziplin und Willenskraft überschätzt wird.

---

[627] Vgl. die in Kapitel 9.2.3 vorgestellten deskriptiven Ergebnisse.
[628] Nach der *Theorie der sozialen Identität* lässt sich menschliches Verhalten in einem Kontinuum zwischen primär interindividuell und primär intergruppal einordnen. Demnach können subjektive Normen dann eine größere Rolle bei der Vorhersage von Verhaltensintentionen spielen, wenn das Individuum als Mitglied einer Gruppe handelt. Grundsätzlich gilt, je stärker die Aktivierung des sozialen Netzwerkes, umso größere Wirkungsrelevanz bei sozialen Normen. Vgl. u.a. Tajfel/Turner (1979) und Turner/Brown/Tajfel (1979).

9.2.5 Befunde zu den situativen Einflüssen

9.2.5.1 Direkte Einflüsse der situativen Faktoren

Zur Überprüfung eines möglichen Zusammenhangs zwischen den situativen Variablen und der *verhaltensorientierten Akzeptanz* wird das Verfahren der multiplen Regressionsanalyse angewendet. Die Operationalisierung der situativen Faktoren erfolgte bereits in Kapitel 9.2.1.3. Bevor die Regression durchgeführt werden kann, ist allerdings noch eine Anpassung der nominal skalierten Variable der *Managementposition* durchzuführen. Eine Berücksichtigung der drei Ausprägungskategorien im Rahmen der Regressionsanalyse erfordert die Bildung von binären Dummy-Variablen, die ausschließlich den Wert 0 oder 1 annehmen können. Die drei verwendeten Kategorien zur Managementposition erfordern die Berechnung von zwei Dummy-Variablen.[629] Als Bezugs- oder Referenzkategorie wird im vorliegenden Fall die Kategorie der unteren Management-Ebene gewählt. Tabelle 32 zeigt die Ergebnisse der Regressionsanalyse unter Berücksichtigung der Dummy-Variablen.

Multiple Regressionsanalyse zur verhaltensorientierten Akzaptanz als abhängige Variable					
Prüfung der Regressionskoeffizienten					
Faktor	B	Beta-Wert	t-Statistik	Signifikanzniveau	VIF
Technologiedynamik	0,152	0,148	1,763	0,110	1,139
Marktorientierung	0,025	0,023	0,291	0,771	1,030
Mitarbeiteranzahl	0,000	0,105	1,276	0,204	1,093
Innovativität	-0,059	-0,045	-0,560	0,576	1,069
Managementposition - Dummy 1	0,099	0,034	0,365	0,716	1,388
Managementposition - Dummy2	0,242	0,056	0,616	0,539	1,357
Geschlecht	0,103	0,027	0,317	0,752	1,140
Signifikanzniveau des Kolmogorov-Smirnov-Test				0,015	
Prüfung der Regressionsfunktion					
Bestimmtheitsmaß R²				0,039	
F-Wert (Signifikanzniveau)				0,910 (0,500)	

Tabelle 32: Direkte Einflüsse der situativen Faktoren auf die verhaltensorientierte Akzeptanz

Es zeigt sich, dass weder die Regressionsfunktion noch die einzelnen Regressionskoeffizienten signifikant sind. Demnach kann in Übereinstimmung mit *Ajzen* und

---

[629] Vgl. Green/Tull (1982), S. 278 f.

Loken kein direkter Einfluss der situativen Variablen auf die verhaltensorientierte Akzeptanz und damit auf die Verwendungsabsicht der VKI festgestellt werden.[630] Hypothese 28 wird somit unterstützt und die *sufficiency assumption* somit bestätigt. Dieser Befund unterstreicht die in Kapitel 9.2.4 gewonnene Erkenntnis, dass die *Theory of Planed Behavior* als alleiniges Erklärungsmodell den Großteil der Varianz (79 %) der verhaltensorientierten Akzeptanz der VKI erklärt und damit ein sehr gutes Prognoseinstrument der Verhaltensintention darstellt.

9.2.5.2 Moderierende Einflüsse der situativen Faktoren

Die zunächst unbestimmten moderierenden Einflüsse der situativen Faktoren sind weiterer Bestandteil der Untersuchung zur Akzeptanz der VKI.[631] Hierbei wird der Methodik der moderierten Regressionsanalyse in Anlehnung an *Aiken/West* gefolgt.[632] Um das Problem der Multikollinearität zwischen den unabhängigen Variablen und den Interaktionstermen, bestehend aus dem Produkt der moderierenden Variable und der jeweiligen unabhängigen Variable, zu minimieren, werden die Variablen vor Bildung der Interaktionsterme zentralisiert.[633] Ist der in die Regressionanalyse eingehende Interaktionsterm signifikant, kann von einem moderierenden Effekt des situativen Faktors ausgegangen werden. Das Untersuchungsdesign zur Überprüfung der moderierenden Effekte der situativen Faktoren ist in Tabelle 33 dargestellt. Da sich der Einfluss der *affektiven Einstellung* auf die verhaltensorientierte Akzeptanz im Rahmen des verwendeten Kausalmodells als nicht signifikant herausgestellt hat, spielt diese Einstellungskomponente auch keine weitere Rolle als mögliche unabhängige Variable im Untersuchungsdesign zu den moderierenden Effekten.

Insgesamt konnten sechs moderierende Effekte durch situative Faktoren nachgewiesen werden. Diese Effekte sind allerdings als minimal einzuschätzen. Lediglich die *Marktorientierung* zeigt eine etwas stärkere moderierende Wirkung, die im Folgenden näher beschrieben werden soll. Die detaillierten Ergebnisse sämtlicher durch das Untersuchungsdesign abgebildeten moderierten Regressionsanalysen können dem Anhang dieser Arbeit entnommen werden.

---

[630] Vgl. Ajzen (2001), S. 45; Loken (1983), S. 103.
[631] Vgl. Kapitel 6.1.3.2.
[632] Vgl. Aiken/West (1991). Für methodische Grundlagen der moderierenden Regressionsanalyse vgl. auch und die Ausführungen in Kapitel 7.2.2.2.
[633] Zur Zentralisierung der Variablen werden die jeweiligen z-Werte herangezogen. Vgl. Bortz (1993), S. 45.

Untersuchungsdesign zur Überprüfung moderierender Effekte der situativen Faktoren		
Unabhängige Variable	Moderator	Abhängige Variable
Kognitive Einstellung	Technologiedynamik	Verhaltensorientierte Akzeptanz
	Marktorientierung	
Subjektive Normen	Mitarbeiteranzahl	
	Innovativität	
Wahrgenommene Verhaltenskontrolle	Managementposition	
	Geschlecht	

Tabelle 33: Untersuchungsdesign zur Überprüfung moderierender Effekte der situativen Faktoren

Die Überprüfung der moderierenden Effekte der *Marktorientierung* erfolgt für die Zusammenhänge zwischen *kognitiver Einstellung* und *verhaltensorientierter Akzeptanz*, zwischen *subjektiven Normen* und *verhaltensorientierter Akzeptanz* sowie zwischen *wahrgenommener Verhaltenskontrolle* und *verhaltensorientierter Akzeptanz*. Die Ergebnisse der einzelnen Analysen sind in den Teilbereichen der Tabelle 34 dargestellt. Zunächst erfolgt die Überprüfung der Haupteffekte. Anschließend wird der Interaktionsterm in das Regressionsmodell mit aufgenommen. Ist der zugehörige Beta-Koeffizient des Interaktionsterms signifikant, liegt ein moderierender Einfluss vor. Das ΔR^2 ist ein Ausdruck für den erhöhten Erklärungsbeitrag, der durch die Aufnahme des Interaktionsterms im Vergleich zur ursprünglichen Regressionsfunktion ohne Interaktionsterm erreicht werden kann.

Eine Verbesserung des Ursprungsmodells durch die Aufnahme des Moderators *Marktorientierung* wird bei den Wirkungszusammenhängen zwischen der *kognitiven Einstellung* und der *verhaltensorientierten Akzeptanz* sowie zwischen den *subjektiven Normen* und der *verhaltensorientierten Akzeptanz* erreicht. Im ersten Fall beträgt der auf dem 1 %-Niveau signifikante Beta-Wert 0,150. Im zweiten Fall konnte ein auf dem 10 %-Niveau signifikanter Beta-Wert von 0,082 errechnet werden. Die Verbesserungen der Ursprungsmodelle werden durch das ΔR^2 von 0,022, bzw. durch das ΔR^2 von 0,007 verdeutlicht. Es bleibt somit festzuhalten, dass ein schwacher aber dennoch signifikanter moderierender Effekt der *Marktorientierung* im Akzeptanzmodell existiert. Ein moderierender Effekt hinsichtlich des Einflusses der *wahrgenommenen Verhaltenskontrolle* konnte nicht festgestellt werden.

Empirische Analyse – Untersuchungsblickwinkel Unternehmen 247

Moderierende Effekte der Marktorientierung im Akzeptanzmodell

Kognitive Einstellung als unabhängige Variable und verhaltensorientierte Akzeptanz als abhängige Variable

Unabhängige Variable	B	Beta-Wert	Signifikanz	B	Beta-Wert	Signifikanz
Kognitive Einstellung	0,697	0,758	0,000	0,708	0,771	0,000
Marktorientierung	0,156	0,137	0,003	0,156	0,137	0,002
Subjektive Normen x Marktorientierung				**0,104**	**0,150**	**0,001**
Bestimmtheitsmaß R²	0,570			0,593		
Korrigiertes R²	0,566			0,587		
F-Wert (Signifikanzniveau)	141,273 (0,000)			102,784 (0,000)		
ΔR²				0,022		

Subkjektive Normen als unabhängige Variable und verhaltensorientierte Akzeptanz als abhängige Variable

Unabhängige Variable	B	Beta-Wert	Signifikanz	B	Beta-Wert	Signifikanz
Subjektive Normen	0,683	0,703	0,000	0,685	0,706	0,000
Marktorientierung	0,084	0,074	0,128	0,080	0,070	0,147
Subjektive Normen x Marktorientierung				**0,060**	**0,082**	**0,090**
Bestimmtheitsmaß R²	0,497			0,504		
Korrigiertes R²	0,492			0,497		
F-Wert (Signifikanzniveau)	105,315 (0,000)			71,802 (0,000)		
ΔR²				0,007		

Wahrgenommene Verhaltenskontrolle als unabhängige Variable und verhaltensorientierte Akzeptanz als abhängige Variable

Unabhängige Variable	B	Beta-Wert	Signifikanz	B	Beta-Wert	Signifikanz
Wahrgenommene Verhaltenskontrolle	0,492	0,611	0,000	0,492	0,610	0,000
Marktorientierung	-0,007	-0,006	0,907	-0,006	-0,005	0,923
Wahrgenommene Verhaltskontrolle x Marktorientierung				0,034	0,052	0,337
Bestimmtheitsmaß R²	0,373			0,376		
Korrigiertes R²	0,367			0,367		
F-Wert (Signifikanzniveau)	63,381 (0,000)			42,548 (0,000)		
ΔR²				0,003		

Tabelle 34: Moderierende Effekte der Marktorientierung mit der verhaltensorientierten Akzeptanz als abhängige Variable

Anmerkung: Signifikante Interaktionseffekte sind hervorgehoben

Für eine weitergehende Interpretation dieses interessanten Ergebnisses soll der moderierende Effekt der Marktorientierung einer graphischen Analyse unterzogen werden. Die von *O'Connor* zur Verfügung gestellten Algorithmen SIMPLE 1, SIMPLE 2, und SIMPLE 3 ermöglichen die Erstellung von Graphen im Rahmen der moderierenden

Regressionsanalyse.[634] Der Einsatz der Algorithmen ist hierbei von der Skalierung der Moderatoren abhängig. SIMPLE 1 wird für intervall-skalierte Faktoren, SIMPLE 2 für dichotomen Faktoren und SIMPLE 3 für dreikategoriale Faktoren verwendet. Die graphische Veranschaulichung des moderierenden Effekts der Marktorientierung ist in Abbildung 60 dargestellt.

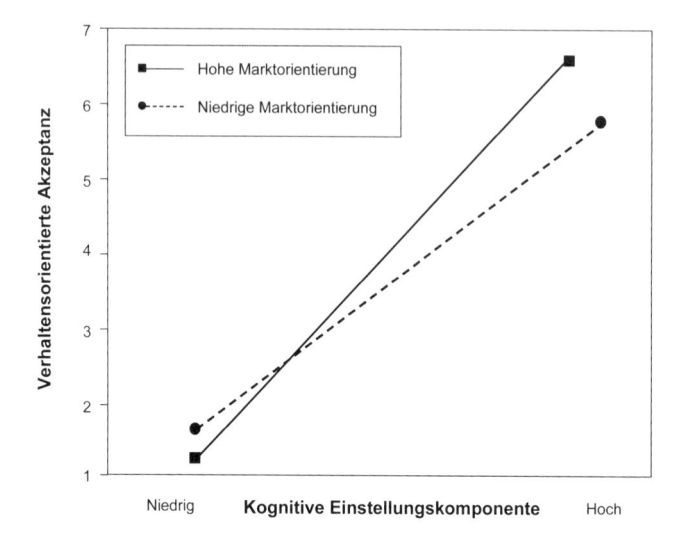

Abbildung 60: Moderierender Effekt der Marktorientierung auf die Beziehung zwischen kognitiver Einstellung und verhaltensorientierter Akzeptanz

Die Graphik zeigt, dass bei zunehmender *Marktorientierung* der Einfluss der *kognitiven Einstellungskomponente* auf die *verhaltensorientierte Akzeptanz* steigt. Etwas anders formuliert, der Einfluss der Vorteile der VKI auf die Verwendungsabsicht bei Unternehmen mit hoher Marktorientierung ist stärker als bei Unternehmen mit niedriger Marktorientierung. Für die Unterscheidung in ein hohes bzw. niedriges Niveau werden die Standardabweichungen einmal über und einmal unter dem Nullwert des standardisierten Faktors der Marktorientierung herangezogen. Eine mögliche Erklärung für den vorliegenden Effekt wird offensichtlich, wenn man sich die definitorische Auslegung der Marktorientierung

---

[634] Die meisten Standardsoftwarepakete wie z.B. SPSS oder SAS bieten für die Berechnung und graphische Darstellung der einzelnen Interaktionseffekte keine zufriedenstellende Lösung an. Die von *O'Connor* vorgestellten SIMPLE Algorithmus stellt eine Programmroutine dar, die in den SPSS Syntax überführt werden kann und die Möglichkeit einer graphischen Analyse der moderierenden Effekte ermöglicht. Vgl. O'Connor (1998).

vor Augen führt. Demnach ist die Kundenintegration ein Teilaspekt der Kundenorientierung, die wiederum ein Teilaspekt der Marktorientierung ist. Der Unterschied dieser Phänomene besteht lediglich in der Eingrenzungstiefe.[635] Während die Marktorientierung sämtliche Marktkräfte wie Wettbewerber, Staat, Zulieferer und Kunden berücksichtigt fokussiert sich die Kundenorientierung auf die Ausrichtung der Unternehmensprozesse und Produkte am Kunden. Die Kundenintegration ist gemäss der Definition in Kapitel 1.3 ein Management-Konzept zur tatsächlichen Umsetzung der Kundenorientierung. Kundenintegration ist somit letztendlich ein integrativer Bestandteil der Markorientierung. Folglich dürfte den Urteilen zur VKI in einem sehr marktorientierten Umfeld mehr Gewicht zukommen als in einem weniger marktorientierten Umfeld. Eine ähnliche Argumentation ist auch für die soziale Erwünschtheit der VKI zutreffend. In Unternehmen mit hoher Markorientierung kann man davon ausgehen, dass die VKI als ein den Unternehmensvorgaben konformes Management-Konzept gilt. Den *subjektiven Normen* kommt somit ein höheres Gewicht zu als bei Unternehmen, in denen die Marktorientierung nicht gleichermaßen als erstrebenswertes Verhalten in der Kultur verankert ist. Dieser ebenfalls signifikante moderierende Effekt der Marktorientierung auf den Zusammenhang zwischen sozialen Normen und Verwendungsabsicht wird in Abbildung 61 dargestellt.

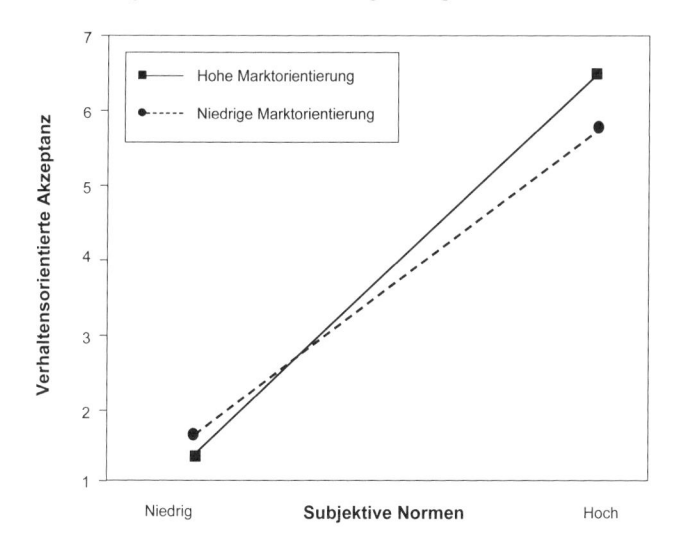

Abbildung 61: Moderierender Effekt der Marktorientierung auf die Beziehung zwischen subjektiven Normen und verhaltensorientierter Akzeptanz

---

[635] Vgl. Lüthje (2000), S. 6.

9.3 Empirische Befunde zur Gestaltung

Es wurden zwei zentrale Untersuchungsziele zur Gestaltung der VKI formuliert. Das erste Ziel besteht in einer ausführlichen Deskription der Gestaltung der VKI anhand der in Kapitel 6.2.1 vorgestellten Gestaltungsdimensionen. Das zweite Ziel besteht darin, mögliche Bedingungszusammenhänge zwischen der Innovationsaufgabe als situative Einflussgröße und den Gestaltungsvariablen der VKI aufzudecken.

Für den Fragenkomplex zur Gestaltung wurde die sogenannte *Last-incident-technique* herangezogen. Im Rahmen dieser Befragungsform werden die Probanden aufgefordert, ihre Antworten zur Gestaltung der VKI auf ein aktuelles oder kürzlich durchgeführtes NPE-Projekt zu beziehen, das für den Einsatz der VKE geeignet scheint. Durch den konkreten Projektbezug wird die Gestaltung der VKI auf eine reale Anwendungssituation ausgerichtet, um generelle oder pauschale Betrachtungsweisen zu vermeiden. Durch die zeitliche Nähe des gewählten Innovationsprojekts sollten Erinnerungs- und Wahrnehmungsverzerrungen minimiert werden, um so am ehesten die Reliabilität der Daten zu gewährleisten.[636]

9.3.1 Deskriptive Untersuchungsergebnisse zu den Gestaltungsmerkmalen

9.3.1.1 Intensität

Zur Messung der Intensität der VKI wurden drei Indikatoren herangezogen. Diese sind die „Häufigkeit der Interaktion mit den Kunden", die „Anzahl der eingebundenen Kunden" und das „Ausmaß der Einbindung im Vergleich zur Marktforschung".[637] Im Fragebogen wurde explizit darauf hingewiesen und visuell verdeutlicht, dass die drei Indikatoren für die unterschiedlichen Phasen der VKI jeweils separat eingeschätzt werden sollen. Die deskriptiven Ergebnisse zur Intensität sind in Abbildung 62 dargestellt.

---

[636] Für die Anwendung der Last-incident-Technique vgl. beispielsweise die empirischen Analysen kooperativen Verhaltens von Schrader (1990), S. 60 und Kirchmann (1994), S. 135.
[637] Vgl. hierzu die Ausführungen in Kapitel 6.2.1.1.

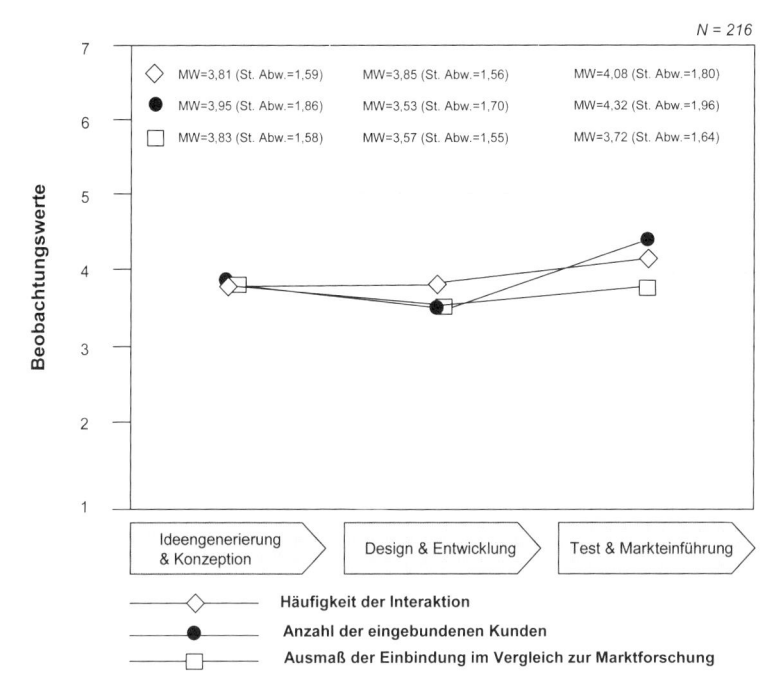

Abbildung 62: Intensität der virtuellen Kundenintegration

Bei sämtlichen Indikatoren ist eine mittlere Ausprägung um den Wert vier festzustellen. Interessant ist die Konstanz der Intensitätdimensionen über die NPE-Phasen hinweg. Beispielsweise stellt *Lüthje* in seiner Studie zur Kundenorientierung im Innovationsprozess bei Konsumgütern fest, dass Kunden hauptsächlich im Bereich der Markteinführung (81,5 %) eingebunden werden, während im Bereich der Ideengenerierung, Konzeptformulierung und Entwicklung weitaus weniger Unternehmen mit den Kunden interagieren.[638] Diesen Sachverhalt führt er auf das große Angebot an quantitativen und qualitativen Instrumenten der Testmarktforschung zurück, die in den späten Phasen der NPE eingesetzt werden können. In den frühen und mittleren Phasen des Prozesses werden hingegen kaum Instrumente zur Einbindung der Kunden genutzt. In Kapitel 3.3 wurden die jüngsten Entwicklungen im Bereich der internetbasierten Methoden geschildert. Die vorgestellten Instrumente erlauben es, sowohl einen Gesamteindruck als auch Details des Endproduktes durch virtuelle Modelle und visualisierte Anwendungsprozesse an die Kunden zu vermitteln, um letztendlich auch in

---

[638] Vgl. Lüthje (2000), S. 115. Die Ergebnisse der Bestandsaufnahme zur VKI in Kapitel 9.2.2 zeigen vergleichbare Ergebnisse.

den frühen und mittleren NPE-Phasen Innovationsaufgaben übertragen zu können. Eine bisher in anderen Studien noch nicht beobachtete Konstanz der Einbindungsintensität über die Phasen hinweg[639] könnte somit ein erster Anhaltspunkt dafür sein, dass die befragten Manager die instrumentellen Verwendungsmöglichkeiten der VKI entlang des gesamten Innovationsprozesses für die zukünftige Gestaltung der Kundeneinbindung bewusst aufgegriffen haben.

9.3.1.2 Kontinuität

Das Gestaltungsmerkmal der Kontinuität erfasst die Beständigkeit und Regelmäßigkeit des virtuellen Kundendialogs im Zeitverlauf. Innovierende Unternehmen haben hierbei grundsätzlich die Möglichkeit, die Interaktion mit den Kunden projektbezogen und punktuell, projektbezogen und mehrmalig oder universell zu gestalten.[640] Die Kontinuität der VKI nimmt in der genannten Reihenfolge der Ausprägungen zu. Betrachtet man die in Abbildung 63 dargestellten Ergebnisse, so wird ersichtlich, dass die Hälfte der innovierenden Unternehmen eine punktuelle Einbindung favorisieren. Insgesamt sind es 79,2 % der Unternehmen, die eine projektbezogene der universellen Einbindung von Kunden vorziehen würden. Vor dem Hintergrund, dass bei nahezu allen befragten Unternehmen noch keine Erfahrungswerte mit der VKI gesammelt wurden,[641] ist die Präferenz einer zunächst punktuellen bzw. fallweisen Einbindung der Kunden nachzuvollziehen. Ähnlich der diffusionstheoretischen Überlegungen bei neuartigen Produkten besteht der Wunsch, die VKI zunächst auszuprobieren und näher zu verstehen, bevor es letztendlich zur Adaption und Etablierung des Ansatzes kommt.[642] Möglicherweise spielen bei der Präferenzbildung auch ressourcenbezogene Argumente eine Rolle, da eine universelle Einbindung mit größeren materiellen Investitionen in die technische Umsetzung und Pflege der Interaktionsplattform als auch mit umfangreicheren immateriellen Investitionen in den Aufbau langfristiger Kooperationsbeziehungen mit Endkunden bzw. der Schulung des Personals in Verbindung gebracht wird.

---

[639] Vgl. Gruner (1997), S. 177 ff., Lüthje (2000), S. 113 ff.
[640] Vgl. Kapitel 6.2.1.2.
[641] Vgl. hierzu die Ergebnisse zur Bestandsaufnahme in Kapitel 9.2.2.
[642] Vgl. Rogers (1995), S. 213.

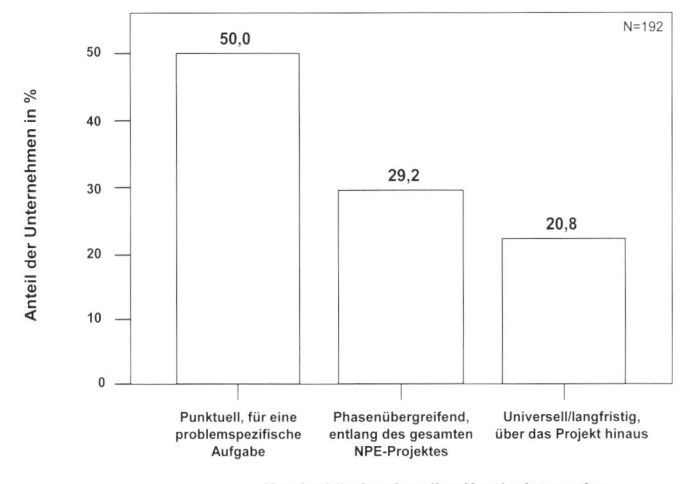

Empirische Analyse – Untersuchungsblickwinkel Unternehmen 253

Abbildung 63: Kontinuität der virtuellen Kundenintegration

Es muss festgehalten werden, dass durchaus eine unterschiedliche Grundhaltung hinsichtlich der Kontinuität der VKI eingenommen wird. Der kleinere Teil der Befragten sieht die VKI als ein stetig eingesetztes Instrument des Kundendialogs mit durchaus wechselnden Inhalten und Innovationszielen. Der Großteil tendiert dazu, den Einsatz der VKI als Aktion und damit als einen fallweisen Einsatz internetbasierter Instrumente zu begreifen. In dieser Form kann man von der Annahme ausgehen, dass der Zielbildungsprozess hinsichtlich des Innovationsvorhabens größtenteils abgeschlossen ist und die Erwartungen an den zu leistenden Kundenbeitrag für eine problemspezifische Aufgabe feststehen. Es herrscht weitgehend Zielklarheit, deren Parameter wiederum als Ausgangspunkt der gezielten Gestaltung des Einbindungsinstrumentariums dient. Der universelle Einsatz der VKI wiederum geht von einem kontrollierten Maß an Zielunklarheit aus. Innovationsziele sind somit nicht notwendigerweise gegeben, sondern gemeinsam mit den teilnehmenden Kunden entwickelbar.[643]

---

[643] Für eine nähere Diskussion der Phänomene der Zielklarheit und Zieloffenheit vgl. Schrader/Göpfert (1998). Für vertiefende Ausführungen zur Zielbildung vgl. Hauschildt (1997), S. 265 ff.

9.3.1.3 Anonymität

Abbildung 64 zeigt, dass mit 78,6 % der Grossteil der Unternehmen es bevorzugt, anonym und nicht unter Nennung des Firmennamens in Kundenkontakt treten will.

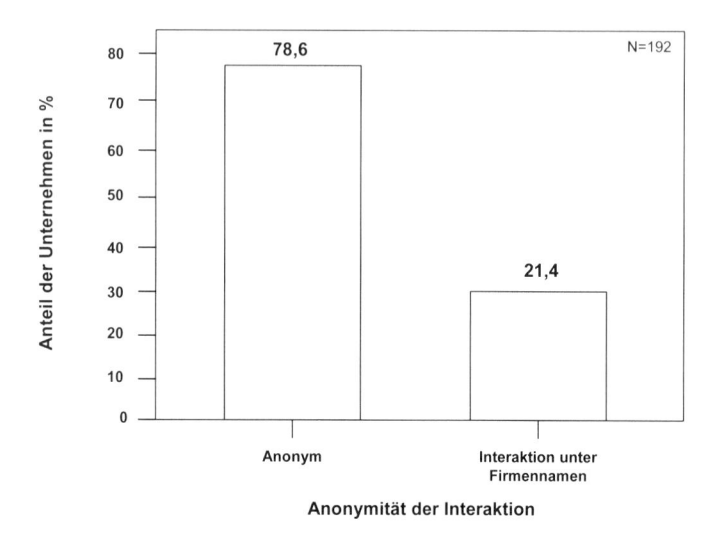

Abbildung 64: Anonymität der virtuellen Kundenintegration

Dieses Ergebnis ist überraschend, da durch die anonyme Interaktion die positiven Effekte der VKI für den Auf- und Ausbau von langfristigen und vertrauensbasierten Kundenbeziehungen nicht genutzt werden können.[644] Zudem ist es erforderlich, Rekrutierungsmaßnahmen zu wählen, die nicht auf die eigene Identität schließen lassen. Der Zugang zur VKI über die firmeneigene Homepage kann demnach nicht genutzt werden.

Der Grund für die Präferenz eines anonymen Auftritts könnte mit der Besorgnis des Abflusses von schützenswerten Informationen und Know-how an Dritte bzw. Konkurrenten in Verbindung gebracht werden. In Kapitel 9.2.3 konnte diesbezüglich festgestellt werden, dass der Erwartungswert einer mangelnden Geheimhaltung mit einem Mittelwert von 4,63 auf einer 7-Punkte Skala am stärksten ausgeprägt ist.

---

[644] Vgl. hierzu Kapitel 6.2.1.3.

9.3.1.4 Interaktions- und Kommunikationsmuster

In Kapitel 6.2.1.4 wurde die Kommunikationstriade der VKI vorgestellt, die drei grundlegende Interaktions- und Kommunikationsmuster unterscheidet. Eine mögliche Form der Interaktion zwischen Unternehmen und Kunde beruht auf einer einfachen Zwei-Wege-Kommunikation (Fall 1). Beispiele hierfür sind Online-Fragebögen, Feedbackformulare oder Konfiguratoren. Wird eine Interaktion der Kunden untereinander gestattet, wird das Kommunikationsspektrum zugunsten einer Mehr-Wege-Kommunikation bzw. Many-to-Many-Konstellation erweitert. Als Beispiele hierfür können virtuelle Konzeptmärkte, in denen die Kunden die innovativen Konzepte andere Anwender einsehen und bewerten können, (Fall 2) und Innovationstätigkeiten in Online Communities (Fall 3) angeführt werden.[645] Abbildung 65 zeigt ein ziemlich ausgeglichenes Verhältnis zwischen der Wahl einer Zwei-Wege-Kommunikation und der Mehr-Wege-Kommunikation. Die mit 54,7 % etwas häufiger getroffene Entscheidung, keine Möglichkeit der Interaktion zwischen den Kunden untereinander zu gewähren, könnte möglicherweise auf den geringeren technischen Aufwand bei der Programmierung der Interaktionsplattform und damit auf eine kostengünstigere Umsetzung der VKI zurückzuführen sein.

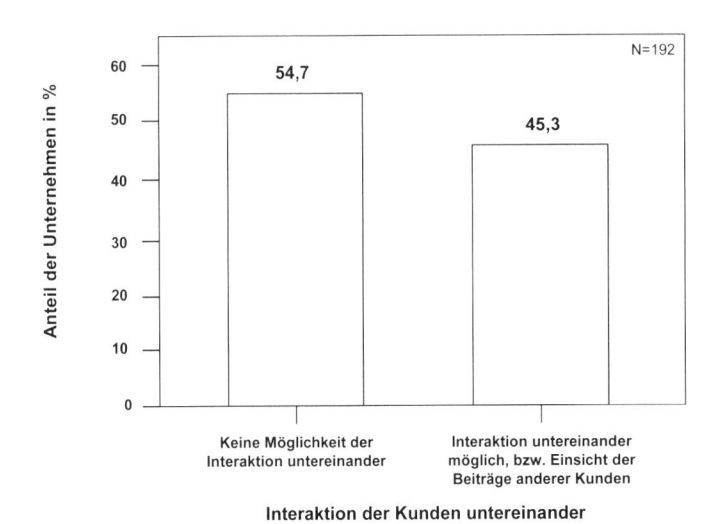

Abbildung 65: Interaktions- und Kommunikationsmuster der virtuellen Kundenintegration

9.3.1.5 Zugang zur Interaktion

Charakteristisch für den offenen Zugang zur VKI ist, dass der Zugriff auf die Interaktionsplattform grundsätzlich für alle Teilnehmer im Internet, beispielsweise durch Banner oder „pop up"-Fenster, möglich ist. Hingegen ist der geschlossene Zugang auf einen ausgewählten Kundenkreis beschränkt. Als Auswahlkriterien können bereits vorhandene Eigenschaftsprofile und Erfahrungswerte vergangener Zusammenarbeit mit Kunden herangezogen werden.[646] Die Ergebnisse in Abbildung 66 machen deutlich, dass 72,4 % der Unternehmen einen geschlossenen gegenüber einem offenen Zugang bevorzugen. Diese deutliche Tendenz bringt das Bedürfnis nach Kontrolle und gezielter Auswahl der Kunden als Interaktionspartner zum Ausdruck. Die empirischen Ergebnisse in Kapitel 8.2.4 lassen allerdings darauf schließen, dass ein offener Zugang keineswegs zu einer willkürlichen Teilnahme unerwünschter Kundengruppen führt. Eine natürliche Regulierung erfolgt über den nachgewiesenen Selbstselektionseffekt, der vermehrt Teilnehmer mit den charakteristischen Merkmalen fortschrittlicher Kunden anzieht.

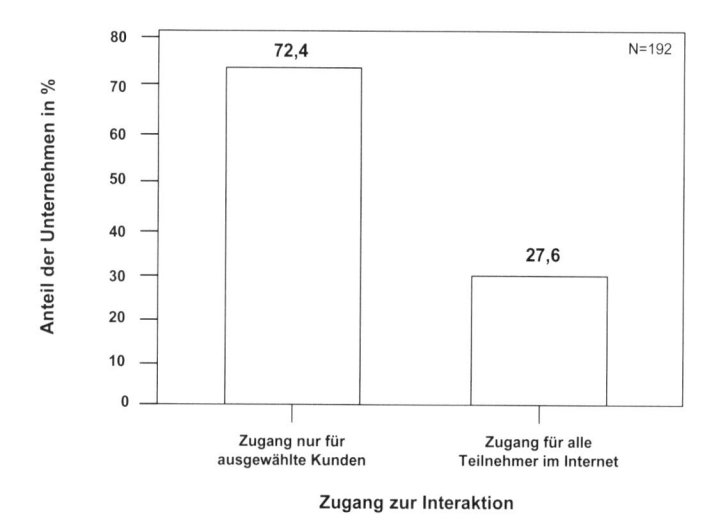

Abbildung 66: Zugang zur virtuellen Kundenintegration

---

[645] Vgl. Dahan/Hauser (2002), S. 346 f.
[646] Eine ausführliche Beschreibung der offenen bzw. geschlossenen Zugangsform zur VKI erfolgt in Kapitel 6.2.1.5.

9.3.1.6 Organisatorische Aufhängung

Abbildung 67 zeigt die Ergebnisse zur organisatorischen Aufhängung der VKI im Unternehmen. Über die Hälfte der befragten Manager ordnet die VKI dem Verantwortungsbereich des *marktorientierten Bereichs* zu. Ein Drittel sieht *NPE-Teams*, bestehend aus Vertretern des markt- und technologieorientierten Bereichs, in der Verantwortung. Ein kleinerer Teil der Befragten von 8,2 %, würde die VKI in der alleinigen Zuständigkeit des *technologieorientierten Bereichs* sehen. Die Grundvoraussetzungen für die Bildung einer *eigenen organisatorischen VKI-Einheit* oder Abteilung scheint aus der Sicht nahezu aller Befragten nicht gegeben.

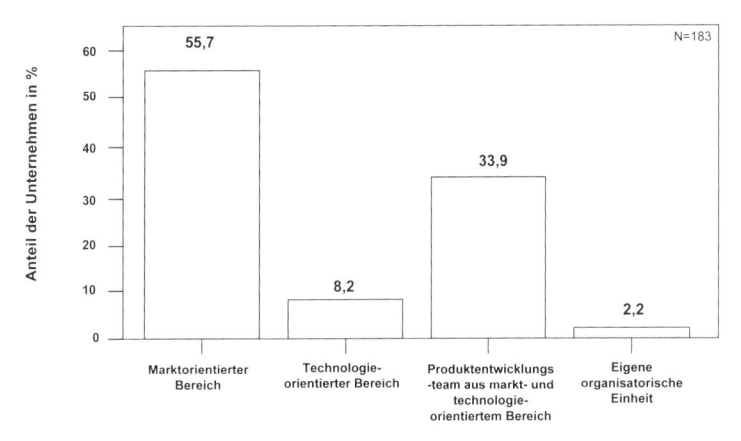

Abbildung 67: Organisatorische Aufhängung der virtuellen Kundenintegration

Es konnte festgestellt werden, dass es keine signifikanten Unterschiede bei der organisatorischen Zuordnung durch Mitarbeiter des marktorientierten Bereichs und Mitarbeiter des technologieorientierten Bereichs gibt.[647] Dies zeigt, dass auch die überwiegende Mehrheit der Vertreter des technologieorientierten Bereichs die VKI in der Verantwortung des marktorientierten Bereichs bzw. von NPE-Teams und nicht in der eigenen Verantwortung sehen. Eine mögliche Interpretation der zurückhaltenden Zuordnung der VKI

---

[647] Eine Zuordnung der befragten Manager zu dem markt- bzw. technologieorientierten Bereich konnte mit Hilfe der Angaben zum jeweiligen Tätigkeitsbereich der Befragten erfolgen. Für den Gruppenvergleich wurde der Mann-Whitney-U-Test als nichtparametrischer Test herangezogen.

zu den eigenen technologieorientierten Bereichen könnte dahin gehend formuliert werden, dass die Gewinnung marktbezogener Informationen als Bringschuld der marktorientierten Bereiche angesehen wird. Eine weitere Erklärung wäre die Vermutung eines *not-invented-here Syndroms*, das die aktive Einbindung von Kunden in die NPE grundsätzlich als unerwünschten Eingriff in den eigenen Aufgabenbereich auffasst.[648]

Im direkten Vergleich mit der am häufigsten vorgenommenen Zuordnung der VKI zum marktorientierten Bereich fällt die Zuordnung zu interfunktionalen Teams geringer als erwartet aus. Letztendlich handelt es sich um diejenige Organisationsform, die in empirischen Befunden als besonders erfolgsversprechend bei der Realisierung von NPE-Projekten eingeschätzt wurde.[649] Möglicherweise bestehen an dieser Stelle immer noch Bedenken, die auf die traditionellen Konfliktgehalte der beiden Funktionsbereiche und deren Individuen zurückzuführen ist.[650] Diese könnten insbesondere dann zum tragen kommen, wenn es sich, wie im Falle der VKI, nicht allein um Innovationsvorhaben handelt, die per se mit einem hohen Maß an Projektunsicherheit behaftet sind,[651] sondern zusätzlich um einen Ansatz, der zweifelsohne auch eine organisationale Innovationsdimension verkörpert. Für Aspekte wie die veränderte Rolle des Kunden in der Wertschöpfung, die notwendigen Qualifikationen und Fähigkeiten der Mitarbeiter zur Realisierung der VKI sowie die Positionierung der VKI im NPE-Prozess, können unter Umständen nur schwer Erfahrungen und Fähigkeiten der Organisation aus der Vergangenheit herangezogen werden. Infolgedessen ist bei der Umsetzung der VKI durch eine intensive Zusammenarbeit der Funktionsbereiche mit einem höheren Zeitbedarf bei der Konsensfindung hinsichtlich der genannten Aspekte zu rechnen als im Falle der eindeutigen Zuordnung zu einem der Bereich. Ein derartig kontraproduktiver Einfluss der Zusammenarbeit der Funktionsbereiche wäre mitunter kein Einzelfall Beispielsweise stellen die Studien von *Song/Thieme/Xie* und *Olson et al.* einen nicht signifikanten bzw. unproduktiven Einfluss der Zusammenarbeit in mehreren Phasen der NPE fest.[652]

---

[648] Vgl. hierzu Katz/Allen (1982).
[649] Vgl. Ernst (2001), S. 37 und die dort angegebene Literatur.
[650] Zur Disharmonie zwischen den Forschungs- und Entwicklungseinheiten und den Marketing Abteilungen vgl. Souder (1988); Gupta/Raj/Wilemon (1986).
[651] Vgl. Moenaert/Souder (1990), S. 92; Lynn/Akgün (1998), S. 13.
[652] Vgl. Song/Thieme/Xie (1998), S. 297; Olson/Walker/Ruekert et al. (2001), S. 265 ff.

9.3.1.7 Ergänzende deskriptive Auswertungen

Als ergänzende deskriptive Untersuchung soll das in Kapitel 2.3. dargestellte Rollenbild der Kunden im Innovationsprozess nach *Brockhoff* aufgegriffen werden.[653] Die mit der VKI in Verbindung gebrachte Rollenstruktur der Kunden aus Perspektive der befragten Unternehmen ist in Abbildung 68 dargestellt.

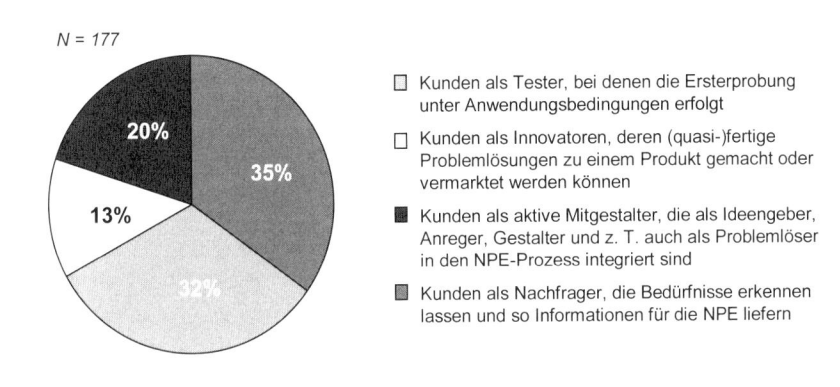

N = 177

- 20% — Kunden als Tester, bei denen die Ersterprobung unter Anwendungsbedingungen erfolgt
- 13% — Kunden als Innovatoren, deren (quasi-)fertige Problemlösungen zu einem Produkt gemacht oder vermarktet werden können
- 32% — Kunden als aktive Mitgestalter, die als Ideengeber, Anreger, Gestalter und z. T. auch als Problemlöser in den NPE-Prozess integriert sind
- 35% — Kunden als Nachfrager, die Bedürfnisse erkennen lassen und so Informationen für die NPE liefern

Abbildung 68: Rollenstruktur der Kunden

Es zeigt sich, dass die klassischen Rollen des Kunden als Nachfrager und als Tester jeweils mit Anteilen von 35 % und 32 % überwiegen. Mit einem Gesamtanteil von 33 % wird allerdings auch deutlich, dass dem Kunden durchaus zugemutet wird, als aktiver Mitgestalter und Innovator in den Innovationsprozess einzugreifen. Dieses Ergebnis korrespondiert mit dem erwünschten Ausarbeitungsgrad der Kundenbeiträge. Abbildung 69 zeigt, dass von 59,3 % der Unternehmen lediglich die Beschreibung eines Problems bzw. Bedarfs erwünscht wird. Dies entspricht weitestgehend dem Rollenbild des Kunden als Nachfrager bzw. Tester. Die detaillierteren Ausarbeitungen von Problemlösungen, Konzepten oder sogar Prototypen entsprechen wiederum eher der Rolle des Kunden als aktiver Mitgestalter oder Innovator. Serienfähige Produkte hingegen sind mit 1,1 % so gut wie überhaupt nicht erwünscht und sprechen für die Existenz des *not-invented-here syndroms* und dem damit verbundenen dringenden Bedürfnis, die Produktinnovationen des eigenen Unternehmens entscheidend selbst zu gestalten.

---

[653] Vgl. Brockhoff (1997), S. 357 ff. sowie Brockhoff (1998), S. 8 ff.

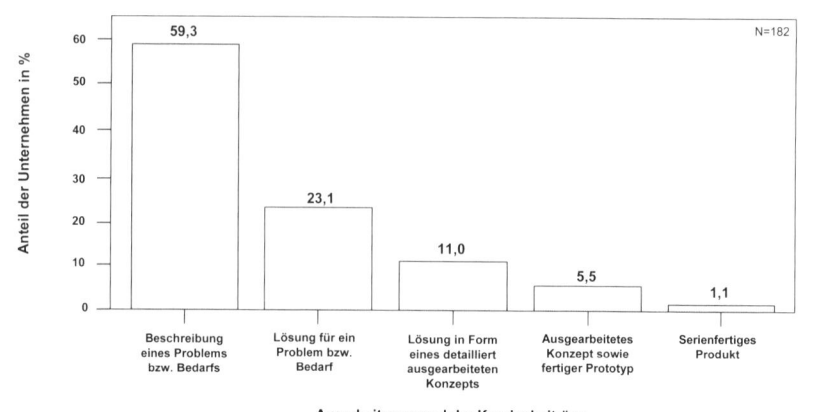

Abbildung 69: Erwünschter Ausarbeitungsgrad der Kundenbeiträge

9.3.2 Deskriptive Untersuchungsergebnisse zur Innovationsaufgabe als situativer Faktor

Als situative Einflussfaktoren der Gestaltung der VKI wurden die formalen Merkmale der Innovationsaufgabe herangezogen. Hierzu wurden die Befragten gebeten, die *Komplexität*, die *Variablilität* und den *Strukturiertheitsgrad* der Innovationsaufgabe im Rahmen des gewählten Referenzprojekts einzuschätzen. Zudem wurde eine Einstufung des *Neuigkeitsgrades* des betrachteten Neuprodukts vorgenommen. Die zur Messung herangezogenen Indikatoren sind in Tabelle 35 zusammengefasst.

Der Mittelwert des Faktors Komplexität beträgt 4,36 mit einer Standardabweichung von 1,69. Die Variabilität weist einen Mittelwert von 4,09 mit einer Standardabweichung von 1,54 auf. Für die Strukturiertheit wurde ein Mittelwert von 4,63 mit einer Standardabweichung von 1,63 errechnet. Die jeweilige Fallzahl (N) basiert auf 201 Beobachtungen. Für die Darstellung der Mittelwerte zum Neuigkeitsgrad der Produkte ist es notwendig, die auf der Skala von *Köhler* beruhenden Antwortoptionen als quasi-intervallskaliert auf einer 5-Punkte Skala anzunehmen.[654] Die Mittelwerte für den technischen Neuigkeitsgrad beträgt 3,12 mit einer Standardabweichung von 1,38. Der Neuigkeitsgrad aus Abnehmersicht weist einen Mittelwert von 2,83 mit einer Standradabweichung von 1,15 auf. Das resultierende Gesamtbild zur

Innovationsaufgabe zeigt hinsichtlich sämtlicher Merkmale mittlere Ausprägungen auf. Es ist daher davon auszugehen, dass sämtliche Typen von Eintwicklungsaufgaben, d.h. sowohl Neuentwicklungen als auch Anpassentwicklungen, im Sample vertreten sind.

Komplexität (Picot/Reichwald/Nippa 1988)
Das NPE-Projekt hatte einen hohen Komplexitätsgrad (Anzahl, Verschiedenartigkeit und Abhängigkeiten der einzelnen Teilaufgaben).
Die Angaben erfolgten auf einer 7-Punkte Likert-Skala (1: trifft gar nicht zu, bis 7: trifft voll zu).
Variabilität (Picot/Reichwald/Nippa 1988)
Während des NPE-Projektes traten viele Änderungen auf (Ablaufänderungen, Änderungen der Produkteigenschaften).
Die Angaben erfolgten auf einer 7-Punkte Likert-Skala (1: trifft gar nicht zu, bis 7: trifft voll zu).
Strukturiertheitsgrad (Picot/Reichwald/Nippa 1988)
Der Entwicklungsprozess war weitestgehend vordefiniert und im Ablauf von vornherein bekannt.
Die Angaben erfolgten auf einer 7-Punkte Likert-Skala (1: trifft gar nicht zu, bis 7: trifft voll zu).
Neuigkeitsgrad (Köhler1992)
Die Angaben zum *technischen Neuigkeitsgrad* des Produkts erfolgten auf einer 5-Punkte Skala mit den Antwortoptionen „Revolutionäre technische Neuerung", „Erhebliche technische Weiterentwicklung", „Modifizierte und in Teilen neue Technik", „Verbesserte Technik", „Unveränderte technische Basis".
Die Angaben zum *Neuigkeitsgrad aus Abnehmersicht* erfolgten auf einer 5-Punkte Skala mit den Anwortoptionen „Befriedigung von ganz neuen Bedürfnissen", „Befriedigung von erheblich veränderten Bedürfnissen", „Befriedigung von leicht veränderten Bedürfnissen", „Modifizierte Befriedigung alter Befürfnisse", „Unveränderte Bedürfnisbefriedigung".

Tabelle 35: Operationalisierung der Merkmale der Innovationsaufgabe

9.3.3 Bedingungszusammenhänge zwischen der Innovationsaufgabe und der Gestaltung

Die Bedingungszusammenhänge zwischen der Innovationsaufgabe und der Gestaltungmerkmale der VKI wurden in Kapitel 6.2.3 in einem kontingenztheoretischen Modell als *Tendenzaussagen* und nicht als *Hypothesen* abgeleitet. Der Grund hierfür ist, dass bei der VKI bisher auf keinerlei etablierten Begriffssysteme und theoriebildenden Erfahrungswerte zurückgegriffen werden kann, die eine Hypothesenformulierung im klassischen Sinne rechtfertigen würde. Tendenzaussagen werden der stark explorativen

---

[654] Vgl. Köhler (1993).

Vorgehensweise der Untersuchung zur Gestaltung besser gerecht. Die Überprüfung der Zusammenhangstendenzen zwischen den situativen Faktoren und den Gestaltungsvariablen erfolgt mit Hilfe einer in Tabelle 36 dargestellten Matrixanordnung. Die Spalten stellen die jeweiligen unabhängige Größen (Wenn-Komponenten) dar, die Zeilen die abhängige Größen (Dann-Komponenten). Um die in Kapitel 6.2.3 abgeleiteten Tendenzaussagen zu überprüfen, wurden die situativen Variablen als unabhängige Größen jeweils in zwei Gruppen mit niedriger bzw. hoher Ausprägung unterteilt. Für die Gruppentrennung wurde der Median und nicht etwa der Mittelwert der jeweiligen Variablen herangezogen, da signifikante Abweichungen von der Normalverteilung auf Basis des Kolmogorov-Smirnoff-Tests festgestellt wurden. Anschließend erfolgte ein Mittelwertvergleich zwischen den Gestaltungsvariablen in der Gruppe der niedrigen und hohen Ausprägungsgruppe des jeweiligen situativen Faktors.[655] Der Mittelwertvergleich wurde für die intervallskalierten Gestaltungsmerkmale mit dem Mann-Whiteney-U Test als nichtparametrischer Test durchgeführt. Für die binär gemessenen Gestaltungsvariablen wurde der Kolmogorov-Smirnov-Test verwendet, der dann vorzuziehen ist, wenn eine begrenzte Zahl von Ausprägungskategorien vorliegt.

---

[655] Eine ähnliche Vorgehensweise verwenden *Novak/Hoffman/Yung* zur Analyse der Zusammenhänge zwischen den Merkmalen des Web Shoppings (z.B. Bestell- und Zahlungsverfahren, Auslieferungszeit, Customer Support, Preis etc.) und Variablen des Kundenerlebnisses in Online-Umgebungen (Flow-Erlebnis, Interaktivität, Anmutung, Telepräsenz etc.). Vgl. Novak/Hoffman/Yung (2000), S. 38.

Gestaltungsmerkmale	Merkmale der Innovationsaufgabe									
	Technischer Neuigkeitsgrad		Neuigkeitsgrad aus Abnehmersicht		Strukturiertheit		Variabilität		Komplexität	
	Low	High	Low	High	Low	High	Low	High	Low	High
Interaktionshäufigkeit Phase 1	3,85	3,52	4,00	3,30	3,98	3,75	3,77	3,81	3,60	3,93
Interaktionshäufigkeit Phase 2	3,99	3,58	4,09	3,54	4,67	3,60	3,57	4,63	3,47	4,54
Interaktionshäufigkeit Phase 3	4,27	3,84	4,32	3,76	4,01	4,02	3,87	4,34	3,85	4,16
Kundenanzahl Phase 1	3,90	3,62	3,74	3,81	3,92	3,93	3,81	4,08	3,80	3,92
Kundenanzahl Phase 2	3,61	3,21	3,52	3,34	3,61	3,46	3,33	3,64	3,07	3,71
Kundenanzahl Phase 3	4,45	3,97	4,04	4,24	4,33	4,17	4,13	4,37	3,94	4,34
Relative Intensität Phase 1	3,84	3,74	3,91	3,62	3,70	4,01	3,94	3,79	3,75	3,80
Relative Intensität Phase 2	3,73	3,41	3,78	3,33	3,48	3,67	3,50	3,63	3,37	3,62
Relative Intensität Phase 3	3,78	3,59	3,66	3,53	3,61	3,92	3,66	3,80	3,53	3,73
Kontinuität	1,81	1,57	1,78	1,60	1,64	1,75	1,64	1,85	1,61	1,86
Kundeninteraktion möglich	43,30	49,20	40,50	45,50	38,80	52,90	41,00	48,10	42,10	56,00
Offener Zugang	26,90	31,70	26,60	32,70	26,30	30,90	29,50	29,10	29,80	26,40
Anonyme Interaktion	71,60	77,80	78,50	78,20	78,80	80,90	80,30	77,20	73,70	84,60

■ : Signifikant auf dem 1%-Niveau
▨ : Signifikant auf dem 5%-Niveau
□ : Signifikant auf dem 10%-Niveau

Phase 1: Ideengenerierung und Konzeption
Phase 2: Design und Entwicklung
Phase 3: Test und Markteinführung

Tabelle 36: Zusammenhänge zwischen der Innovationsaufgabe und der Gestaltung

Tendenzaussage 1 unterstellt einen jeweils positiven Zusammenhang zwischen zunehmenden *Neuigkeits- und Komplexitätsgrad* und zunehmender *Variabilität* mit *Intensität* der VKI. Zwischen dem *Strukturiertheitsgrad* und der *Intensität* wird ein negativer Zusammenhang vermutet. In Tabelle 37 werden die Intensitätsindikatoren *Interaktionshäufigkeit*, *Kundenanzahl*, und *relative Intensität* im Vergleich zur Marktforschung für sämtliche Phasen der Neuproduktentwicklung (Ideengenerierung und Konzeption, Design und Entwicklung, Test und Markteinführung) angeführt. Grundsätzlich zeigt sich, dass die Zusammenhänge nicht in allen Phasen gleichermaßen gegeben sind. Dies spricht für eine phasenspezifische Analyse. Interessant erscheint insbesondere die Betrachtung des Zusammenhangs zwischen den Intensitätsindikatoren und den Aufgabenmerkmalen in der mittleren Entwicklungsphase (Phase 2). Für die Interaktionshäufigkeit kann in dieser Phase die Tendenzaussage 1 voll bestätigt werden. Lediglich der technische Neuigkeitsgrad hat keinen Einfluss auf die Interaktionshäufigkeit in Phase 2.[656] Das bedeutet, mit zunehmendem Neuigkeitsgrad aus Abnehmersicht, zunehmendem Komplexitätsgrad, zunehmender Variabilität und sinkendem Strukturiertheitsgrad nimmt die Interaktionshäufigkeit in Phase 2 zu. Mit anderen Worten ausgedrückt, bei radikalen Neuentwicklungen wird besonders häufig mit Kunden in der Phase *Design und Entwicklung* interagiert. Eine steigende Komplexität führt zudem zu einer steigenden Anzahl von Kunden, mit denen interagiert werden soll.

Bei dem Merkmal der Kontinuität der VKI ist zu beobachten, dass insbesondere bei einem Anstieg des technischen Neuigkeitsgrades eine universelle und langfristige Einbindung des Kunden einer punktuellen Einbindung bevorzugt wird. Ein Grund hierfür könnte sein, dass bei technisch anspruchsvollen Innovationsaufgaben eine längerfristige Zusammenarbeit im Sinne einer Entwicklungspartnerschaft zur gemeinsamen Erarbeitung von Problemlösungen sinnvoll erscheint. Zwischen den Merkmalen der Innovationsaufgabe und der Gestaltung des Interaktionsmusters, des Interaktionszugangs und der Interaktionsanonymität konnte kein Zusammenhang festgestellt werden. Als Ergebnis der Untersuchung wird Tendenzaussage 1

---

[656] Stellvertretend für die Analyse zu den Tendenzaussagen soll an dieser Stelle ein Interpretationsbeispiel der Tabelle 36 am Beispiel des Merkmals der Komplexität angeführt werden. Zur Feststellung eines möglichen Zusammenhangs werden die jeweiligen Mittelwerte, z.B. der Interaktionshäufigkeit, in der Gruppe niedriger bzw. hoher Komplexität miteinander verglichen. Liegt ein signifikant positiver Anstieg der Mittelwerte vor, herrscht ein positiver Zusammenhang der Variablen. Eine Ausnahme hierzu stellen die Variablen des Neuigkeitsgrades dar. Hier steht eine Abnahme der Mittelwerte für einen positiven Zusammenhang, da es sich um eine umgedrehte Messskala handelt; d.h. niedrigen absoluten Werten wird ein hoher Neuigkeitsgrad zugeordnet.

und Tendenzaussage 2 lediglich partiell und phasenabhängig unterstützt. Tendenzaussage 3 findet keine Unterstützung.

9.4 Empirische Befunde zu den Anreizen

9.4.1 Deskriptive Untersuchungsergebnisse zu den Anreizen

Die befragten Manager wurden zunächst um eine Einschätzung gebeten, welche der in Kapitel 6.3.2 vorgestellten intrinsischen sowie extrinsischen Anreize ihrer Meinung nach den Kunden zur Teilnahme an der VKI bewegen. In Abbildung 70 sind die zugehörigen Werte als *erforderliche Anreize* gekennzeichnet. Zusätzlich wurde abgefragt, welche Anreize das Unternehmen, nach Meinung der Befragten, tatsächlich bereit wäre, dem Kunden als Gegenleistung für die Teilnahme an der VKI zu bieten. Diese Werte sind als *gewährte Anreize* gekennzeichnet. Sämtliche Angabe erfolgten auf einer 7-Punkte Likert Skala.

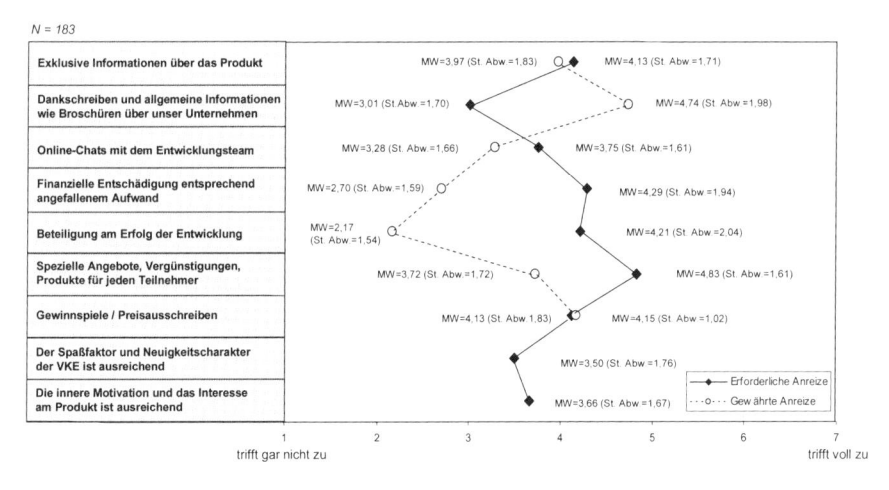

N = 183

Anreiz	Erforderliche Anreize	Gewährte Anreize
Exklusive Informationen über das Produkt	MW=3,97 (St. Abw.=1,83)	MW=4,13 (St. Abw.=1,71)
Dankschreiben und allgemeine Informationen wie Broschüren über unser Unternehmen	MW=3,01 (St.Abw.=1,70)	MW=4,74 (St. Abw.=1,98)
Online-Chats mit dem Entwicklungsteam	MW=3,28 (St. Abw.=1,66)	MW=3,75 (St. Abw.=1,61)
Finanzielle Entschädigung entsprechend angefallenem Aufwand	MW=2,70 (St. Abw.=1,59)	MW=4,29 (St. Abw.=1,94)
Beteiligung am Erfolg der Entwicklung	MW=2,17 (St. Abw.=1,54)	MW=4,21 (St. Abw.=2,04)
Spezielle Angebote, Vergünstigungen, Produkte für jeden Teilnehmer	MW=3,72 (St. Abw.=1,72)	MW=4,83 (St. Abw.=1,61)
Gewinnspiele / Preisausschreiben	MW=4,13 (St. Abw.1,83)	MW=4,15 (St. Abw.=1,02)
Der Spaßfaktor und Neuigkeitscharakter der VKE ist ausreichend		MW=3,50 (St. Abw.=1,76)
Die innere Motivation und das Interesse am Produkt ist ausreichend	MW=3,66 (St. Abw.=1,67)	

1 trifft gar nicht zu — 7 trifft voll zu

Abbildung 70: Erforderliche und gewährte Anreize zur Teilnahmemotivation der Kunden

Tendenzaussage 4 ist davon ausgegangen, dass die innovierenden Unternehmen die gewährten Anreize an der eingeschätzten Erwartungshaltung der Kunden ausrichten werden, um die Teilnahme an der VKI zu fördern. Abbildung 70 zeigt, dass dies nicht der Fall ist. Lediglich bei der Gewährung exklusiver Informationen über das Produkt und bei dem Angebot von

Gewinnspielen bzw. Preisausschreiben decken sich die gewährte und erforderliche Anreizausprägung. Ansonsten herrscht zumeist eine deutliche Unterdeckung der erforderlichen Anreize. Insbesondere hinsichtlich der Bereitschaft, finanzielle Anreize in Form von Aufwandsentschädigungen und Beteiligungen am Erfolg der Neuentwicklung anzubieten, sind sowohl niedrige Ausprägungen mit einem Mittelwert von 2,70 bzw. 2,17 als auch große Mittelwertunterschiede in der Einschätzung (Delta 1,59 bzw. 2,04) zu beobachten. Im Gegensatz hierzu herrscht eine Überdeckung des erforderlichen Anreizniveaus bei der Gewährung von Dankschreiben und Unternehmensinformationen (Delta 1,73). Mit einem Mittelwert von 4,74 handelt es sich um den am ehesten gewährten Anreiz durch das Unternehmen, d.h. innovierende Unternehmen sind bereit, Dankschreiben an die Kunden zu versenden, obgleich ihrer Einschätzung nach nur eine geringe Anreizwirkung erzielt werden kann. Insgesamt ist festzuhalten, dass sich Tendenzaussage 4 nicht in den empirischen Daten widerspiegelt.

Die höchste Anreizwirkung geht nach Meinung der Unternehmen von Anreizen zur Aktivierung extrinsischer Motive aus. In abnehmender Stärke sind dies spezielle Angebote und Vergünstigungen (Mittelwert 4,83), gefolgt von finanzieller Aufwandsentschädigung (Mittelwert 4,29) und der Beteiligung am Produkterfolg (Mittelwert 4,21). Dieses Ergebnis widerspricht Tendenzaussage 5, die die höchste Bedeutung intrinsisch wirkenden Anreizen zugesprochen hat. Sowohl dem Spaßfaktor und Neuigkeitsgrad (Mittelwert 3,50), die innere Motivation und das Produktinteresse (Mittelwert 3,66) als auch die Einführung von Online-Chats mit Entwicklern (Mittelwert 3,28) werden nur mäßig gut bewertet.

Fazit dieser deskriptiven Analyse ist, dass die Anreize zur Aktivierung intrinsischer Motive von den innovierenden Unternehmen stark unterschätzt werden. Anreize zur Aktivierung extrinsischer Motive wiederum werden zwar als sehr wichtig eingeschätzt, aber nicht angeboten. Dieses Ergebnis könnte einen Erklärungsbeitrag für die in Kapitel 9.2.2 festgestellte geringe Verwendung der VKI in der Unternehmenspraxis leisten. Die tatsächlich von Kunden geäußerten Teilnahmemotive sind nicht erkannt und werden auch nicht richtig antizipiert. Letztendlich führt dies zu einer Fehlgestaltung des Anreizsystems mit einer Überbetonung der finanziell zu gewährenden Anreize. Der mit den finanziellen Anreizen in Verbindung gebrachte Aufwand könnte somit als ein Grund für den zurückhaltenden Einsatz der VKI gedeutet werden. Eine naheliegende und finanziell nicht aufwendige Empfehlung wäre zunächst, das Bewusstsein zu schärfen, dass die beispielsweise von *Füller* untersuchten intrinsische Motive wie *Curiosity* und *Innovation Interest* mitunter ausschlaggebend für eine

Beteiligung der Kunden an der VKI sind.[657] Eine Erweiterung des exklusiven Informationsangebots ist eine konkrete Maßnahme, die das Motiv *Innovation Interest* fördern würde und zudem praktisch einfach umzusetzen ist. Weitergehend sollte zu der bereits gewährten Zusendung von Dankschreiben der direkte Kontakt zwischen Kunde und Entwickler durch Online-Chats ermöglicht werden. Dieser intrinsisch wirkende Anreiz hätte insbesondere eine aktivierende Wirkung auf das in Kapitel 6.3.1. identifizierte Teilnahmemotiv *Show Ideas*. Dieses Motiv bringt das Bedürfnis der Kunden zum Ausdruck, ihre Ideen mit dem innovierenden Unternehmen und auch anderen Kunden zu teilen.

9.4.2 Bedingungszusammenhänge zwischen der Gestaltung und der Gewährung von Anreizen

Im vorangegangen Kapitel wurde der Einfluss der Merkmale der Innvovationsaufgabe (Wenn-Komponente) auf die Ausgestaltung der VKI (Dann-Komponente) untersucht. Eine weiterführende kontingenztheoretische Untersuchung ist die Prüfung der Bedingungszusammenhäng zwischen den Gestaltungsmerkmalen als Wenn-Komponente und der Gewährung von Anreizen als Dann-Komponente.[658] Analog zu der bereits in Kapitel 9.3.3 eingesetzten Vorgehensweise werden diese Zusammenhänge explorativ anhand einer Matrixanordnung untersucht. In den Spalten werden hierzu die Gestaltungsmerkmale als unabhängige Größen aufgetragen. In den Zeilen sind die unterschiedlichen intrinsischen und extrinsischen Anreize als abhängige Variablen aufgezeigt. Es erfolgt eine Aufteilung der Wenn-Komponente in eine hohe und niedrige Ausprägungsgruppe, um mögliche signifikante Mittelwertsunterschiede der Anreize als Dann-Komponente in diesen Gruppen feststellen zu können. Für die Gruppentrennung wurde wiederum der Median eingesetzt.[659] Die Richtung des Zusammenhangs wird durch einen Anstieg bzw. durch eine Verringerung der Mittelwerte ersichtlich. Die Ergebnisse der Analyse sind in Tabelle 37 dargestellt.

---

[657] Vgl. Füller (2005) sowie die die Ausführungen in Kapitel 6.3.1.
[658] Vgl. hierzu Abbildung 20 in Kapitel 6.2.
[659] Vgl. hierzu die Ausführungen in Kapitel 9.3.3.

	Interaktionshäufigkeit					
	Phase 1		Phase 2		Phase 3	
Anreize	Low	High	Low	High	Low	High
Exklusive Informationen über das Produkt	3,85	4,30	3,77	4,27	4,00	3,95
Dankschreiben/Unternehmensinformationen	4,71	5,04	4,66	4,86	4,79	4,77
Online-Chats mit dem Entwicklungsteam	3,17	3,40	3,04	3,40	3,00	3,38
Finanzielle Entschädigung	2,48	3,05	2,32	2,93	2,59	2,65
Erfolgsbeteiligung	2,04	2,38	1,79	2,50	1,86	2,31
Spezielle Angebote/Vergünstigungen	3,62	4,05	3,51	3,90	3,78	3,72
Gewinnspiele/Preisausschreiben	4,10	4,15	4,25	4,02	4,11	4,08
Spaßfaktor	3,25	3,80	3,07	3,65	3,22	3,67
Innere Motivation	3,54	3,76	3,17	3,96	3,58	3,78

	Kundenanzahl					
	Phase 1		Phase 2		Phase 3	
Anreize	Low	High	Low	High	Low	High
Exklusive Informationen über das Produkt	3,93	4,14	3,93	4,01	3,83	4,13
Dankschreiben/Unternehmensinformationen	4,65	5,04	4,59	4,88	4,43	5,07
Online-Chats mit dem Entwicklungsteam	3,16	3,29	3,08	3,47	3,17	3,41
Finanzielle Entschädigung	2,65	2,76	2,63	2,77	2,75	2,65
Erfolgsbeteiligung	2,10	2,14	2,10	2,24	2,27	2,07
Spezielle Angebote/Vergünstigungen	3,88	3,70	3,84	3,61	3,71	3,73
Gewinnspiele/Preisausschreiben	4,03	4,32	3,74	4,52	3,86	4,47
Spaßfaktor	3,25	3,53	3,13	3,84	3,24	3,79
Innere Motivation	3,61	3,63	3,50	3,81	3,55	3,78

	Relative Intensität					
	Phase 1		Phase 2		Phase 3	
Anreize	Low	High	Low	High	Low	High
Exklusive Informationen über das Produkt	4,12	3,91	4,03	3,92	4,03	3,95
Dankschreiben/Unternehmensinformationen	4,73	4,73	4,50	4,94	4,56	4,84
Online-Chats mit dem Entwicklungsteam	3,27	3,30	3,06	3,47	3,11	3,38
Finanzielle Entschädigung	2,60	2,69	2,58	2,81	2,62	2,74
Erfolgsbeteiligung	2,02	2,30	1,92	2,39	2,05	2,43
Spezielle Angebote/Vergünstigungen	3,73	3,76	3,56	3,86	3,58	3,94
Gewinnspiele/Preisausschreiben	4,01	4,30	4,10	4,20	3,96	4,27
Spaßfaktor	3,30	3,72	3,18	3,77	3,24	3,94
Innere Motivation	3,55	3,78	3,43	3,85	3,60	3,91

	Kontinuität		Kundeninteraktion		Zugang		Anonymität	
Anreize	Low	High	Low	High	Low	High	Low	High
Exklusive Informationen über das Produkt	3,80	4,14	3,79	4,19	3,97	3,98	3,34	4,15
Dankschreiben/Unternehmensinformationen	4,73	4,76	4,67	4,84	4,91	4,31	4,47	4,82
Online-Chats mit dem Entwicklungsteam	3,25	3,32	3,07	3,55	3,38	3,03	2,94	3,38
Finanzielle Entschädigung	2,69	2,72	2,48	2,97	2,76	2,57	2,52	2,76
Erfolgsbeteiligung	1,86	2,49	2,02	2,37	2,20	2,10	2,00	2,22
Spezielle Angebote/Vergünstigungen	3,58	3,86	3,58	3,89	3,71	3,76	3,47	3,79
Gewinnspiele/Preisausschreiben	4,18	4,12	3,99	4,35	4,06	4,40	4,22	4,14
Spaßfaktor	3,11	3,89	3,38	3,65	3,39	3,80	4,02	3,36
Innere Motivation	3,30	4,02	3,52	3,83	3,59	3,85	3,73	3,64

Tabelle 37: Zusammenhänge zwischen der Gestaltung und den gewährten Anreizen

Anmerkungen: ☐ Signifikant auf dem 10 %-Niveau
▨ Signifikant auf dem 5 %-Niveau
■ Signifikant auf dem 1 %-Niveau

Phase 1: Ideengenerierung und Konzeption
Phase 2: Design und Entwicklung
Phase 3: Test und Markteinführung

Zunächst soll die in Kapitel 6.3.2 aufgestellte Tendenzaussage 6 geprüft werden. Es wird vermutet, dass mit steigender *Intensität* und *Kontinuität* verstärkt extrinsische Anreize eingesetzt werden, um die Kunden zur Teilnahme an der VKI zu bewegen. Dieser Zusammenhang ist insbesondere bei dem Intensitätsmerkmal der Interaktionshäufigkeit zu beobachten. Mit zunehmender Interaktionshäufigkeit werden verstärkt finanzielle Entschädigungen und Erfolgsbeteiligungen als Anreiz eingesetzt. Als weiteres Ergebnis kann festgehalten werden, dass mit zunehmender Interaktionshäufigkeit in der Phase *Design und Entwicklung* (Phase 2), dem Spaß und der inneren Motivation eine besonders große Motivationswirkung zugesprochen wird. Insgesamt zeigt sich, dass zwischen der Interaktionshäufikeit und den extrinsischen als auch intrinsischen Anreizen starke Zusammenhänge zu beobachten sind. Gewinnspiele und Preisausschreiben werden vorwiegend eingesetzt, um eine möglichst große Zahl an Kunden einzubinden. Bei einer hohen relativen Intensität, im Vergleich zu herkömmlichen Marktforschungsaktivitäten, wird von einer besonders hohen intrinsischen Wirkung des Spaßfaktors bei der VKI ausgegangen. Bei dem Gestaltungsmerkmal der Kontinuität zeigt sich, dass auch hier eine Kombination von extrinsischen und intrinsischen Anreizen angeboten wird. Es handelt sich hierbei um Erfolgsbeteiligungen sowie um den Spaßfaktor und die innere Motivation, die nach Ansicht der Unternehmensvertreter ausschlaggebend für die Teilnahme der Kunden sind.

Als Fazit bleibt festzuhalten, dass ähnlich der Überprüfung der vorangegangenen Tendenzaussagen, keine eindeutige Bestätigung oder Ablehnung der Tendenzaussage 6 vorgenommen werden kann. Die partielle Bestätigung oder Ablehnung ist hauptsächlich auf phasenspezifische Unterschiede zurückzuführen. Abschließend soll auf die als wichtig erachtete Kombination von extrinsischen und intrinsischen Anreizen hingewiesen werden, um möglichst häufig und projektübergreifend mit Kunden zu interagieren.

10 Zusammenfassung und Implikationen

10.1 Zusammenfassung der wesentlichen Befunde

Nach der Einführung in Kapitel 1 und der Darstellung der grundlegenden Erkenntnisse zur Kundenintegration in Kapitel 2 wurde in Kapitel 3 der Stand der Forschung zur virtuellen Kundenintegration in den Neuproduktentwicklungsprozess dargelegt. Die phasenspezifischen Einsatzpotenziale der VKI wurden anhand einiger Anwendungsbeispiele vorgestellt, um dem Leser das Phänomen der VKI praxisnah zu veranschaulichen. Zudem wurden konzeptionelle Ansätze unterschiedlicher Autoren diskutiert. Methodenorientierte Arbeiten und die Erläuterung verschiedener Instrumente zur Realisierung der VKI schlossen das Kapitel zum Stand der Forschung ab. Als schwerwiegendstes Forschungsdefizit wurde der Mangel an empirischen Befunden identifiziert. Nach bestem Wissen des Autors existieren bisher keine Arbeiten, die ausgehend von einem theoretisch fundierten Gesamtbild der VKI eine umfassende empirische Untersuchung des noch jungen Phänomens zum Ziel haben. Ausnahmen sind empirische Analysen von Teilaspekten der VKI, die in dieser Arbeit berücksichtigt wurden. Ausgehend von dieser Forschungslücke ist der vorliegenden Untersuchung eine stark explorative Vorgehensweise zuzuordnen, die allerdings auf harte statistische Tests zurückgreift.[660] Die empirische Hypothesenprüfung basiert auf einem dyadischen Datenerhebungskonzept, das den Untersuchungsblickwinkel der Kunden als auch der innovierenden Unternehmen berücksichtigt. Erst die Nutzung beider Parteien als Informationsquelle schafft die empirische Basis, um Fragestellungen im Rahmen des entwickelten interaktionstheoretischen Gesamtkonzepts der VKI zu untersuchen.

Tabelle 38 fasst die zentralen Befunde der vorliegenden Untersuchung zur VKI in einer Übersicht zusammen. Eine Bestätigung der im Verlaufe der Arbeit überprüften Hypothesen wird in der Ergebnisspalte am rechten Tabellenrand durch ein Häckchen gekennzeichnet. Die Falsifizierung auf Basis der empirischen Daten wird durch ein Kreuz verdeutlicht. Zur inhaltlichen Ordnung der empirischen Befunde dienen die im Bezugsrahmen definierten sechs Untersuchungsbereiche der Arbeit.[661] *Untersuchungsbereich 1* behandelt die Selektion fortschrittlicher Kunden und analysiert deren Bereitschaft, Innovationsbeiträge abzugeben sowie die Qualität der geleisteten Beiträge. *Untersuchungbereich 2* befasst sich mit den

---

[660] Zur Vorgehensweise der empirischen Untersuchung vgl. Kapitel 7.1.
[661] Der interaktionstheoretische Bezugrahmen als ein allgemeingültiges Gesamtkonzept der VKI, wurde in Kapitel 4 vorgestellt.

internetbasierten Einflussgrößen, die den Innovationstransfers zwischen Kunde und innovierendem Unternehmen begünstigen. *Untersuchungsbereich 3* umfasst einen in der Praxis durchgeführten Methodentest des *User Designs* als Instrument der VKI. *Untersuchungsbereich 4* gibt Aufschluss über die Akzeptanz und die Verwendungsabsicht der virtuellen Kundenintegration durch innovierende Unternehmen. Die Ausgestaltung der VKI anhand identifizierter Gestaltungsmerkmale ist Gegenstand des *Untersuchungsbereichs 5*. Schließlich werden Motivation und Anreize zur Teilnahme an der VKI im *Untersuchungsbereich 6* analysiert.

Übersicht der Hypothesenprüfung

Hypothese	Unabhängige Variable	Abhängige Variable	Effekt	Ergebnis
H1	Unterschiede der Merkmale fortschrittlicher Kunden in den Gruppen der Online-Teilnehmer und der Offline-Teilnehmer		Signifikant auf dem 1 %-Niveau	✓
H2	Unterschiede der Merkmale fortschrittlicher Kunden in den Gruppen der Einreicher und der Nicht-Einreicher von Innovationsbeiträgen		Signifikant auf dem 1 %-Niveau	✓
H3	Fortschrittlichkeit der Kunden (ja/nein)	Dimensionen der Qualität	Nicht signifikant	✗
H4	Merkmale fortschrittlicher Kunden	Qualität der Innovationsbeiträge (hoch/niedrig)	Nicht signifikant	✗
H5	Informationsgehalt	Innovationstransfer	+	✓
H6	Realitätsgetreue Produktpräsentation	Innovationstransfer	+	✓
H7	Benutzerfreundlichkeit	Innovationstransfer	Nicht signifikant	✗
H8	Einbindungsgrad	Innovationstransfer	+	✓
H9	Spaßfaktor	Innovationstransfer	+	✓
H10	Affektive Einstellungskomponente	Verhaltensorientierte Akzeptanz	Nicht signifikant	✗
H11	Kognitive Einstellungskomponente	Verhaltensorientierte Akzeptanz	+	✓
H12	Kognitive Einstellungskomponente	Affektive Einstellung	+	✓
H13	Subjektive Normen	Verhaltensorientierte Akzeptanz	+	✓
H14	Wahrgenommene Verhaltenskontrolle	Verhaltensorientierte Akzeptanz	+	✓

Fortsetzung - Übersicht der Hypothesenprüfung

Hypothese	Unabhängige Variable	Abhängige Variable	Effekt	Ergebnis
H15	Reduzierung Marktrisiken	Kognitive Einstellung	+	✓
H16	Informationen zu Kundenbedürfnissen	Kognitive Einstellung	+	✓
H17	Ideenvielfalt	Kognitive Einstellung	Nicht signifikant	✗
H18	Gewinnung von Neukunden	Kognitive Einstellung	Nicht signifikant	✗
H19	Erhöhte Kundenbindung	Kognitive Einstellung	Nicht signifikant	✗
H20	Breitere Entscheidungsgrundlage durch mehr Testoptionen	Kognitive Einstellung	+	✓
H21	Effizienzvorteile	Kognitive Einstellung	Nicht signifikant	✗
H22	Artikulationsprobleme der Kunden	Kognitive Einstellung	Nicht signifikant	✗
H23	Nischenorientierung	Kognitive Einstellung	Nicht signifikant	✗
H24	Mangelnde Verwertungsrechte	Kognitive Einstellung	Nicht signifikant	✗
H25	Störungen im NPE-Prozessverlauf	Kognitive Einstellung	-	✗
H26	Mangelnde Geheimhaltung	Kognitive Einstellung	Nicht signifikant	✗
H27	Inkrementale Innovationsschritte	Kognitive Einstellung	Nicht signifikant	✗
H28	Situative Faktoren	Kognitive Einstellung	Nicht signifikant	✓

Tabelle 38: Übersicht der Hypothesenprüfung der Gesamtuntersuchung zur virtuellen Kundenintegration

Untersuchungsbereich 1: Selektion und Beiträge fortschrittlicher Kunden

Die Möglichkeit der Identifikation fortschrittlicher Kunden im Internet wurde durch den Vergleich zweier unterschiedlicher Teilnehmergruppen des bei der Audi AG durchgeführten *Virtual Labs* überprüft.[662] Verglichen wurden hierbei die Merkmale der Fortschrittlichkeit von Teilnehmern, die im Internet (Online) an der Studie partizipierten, mit den Merkmalen von Kunden, die im Audi-Kundencenter (Offline) rekrutiert wurden. Es zeigen sich signifikant

---

[662] Eine Beschreibung des Virtual Labs und des gewonnen Samples erfolgt in Kapitel 8.1.

höhere Ausprägungen der Merkmale fortschrittlicher Kunden bei den Online-Teilnehmern. Dieses Ergebnis kann auf den Selbstselektionseffekt im Internet zurückgeführt werden. Hypothese 1 wurde somit bestätigt. Bisher wurden im Bereich der Online-Marktforschung ausschließlich negative Effekte der Selbstselektion, insbesondere in Form von Stichprobenverzerrungen diskutiert. Der positive Effekt einer natürlichen internetbasierten Auslese innovativer Kunden wurde hingegen vernachlässigt. Da es sich in der vorliegenden Untersuchung allerdings um eine erstmalig durchgeführte quantitative Analyse des Selbstselektionseffekts für die internetbasierte Identifikation fortschrittlicher Kunden handelt, sind für eine Generalisierbarkeit weitere empirische Belege notwendig.

Als weiterer Befund konnte festgestellt werden, dass die Merkmale fortschrittlicher Kunden (*Produktwissen, Unzufriedenheit, Neue Bedürfnisse, Produktinvolvement*) bei den Einreichern von Ideen und Innovationsbeiträgen signifikant höher ausgeprägt sind als bei den Kunden, die keine Beiträge abliefern. Hypothese 2 wurde somit bestätigt. Eine höhere Beitragsqualität durch die Gruppe *besonders fortschrittlicher Kunden* im Vergleich zur Gruppe *weniger fortschrittlicher Kunden* konnte nicht festgestellt werden. Das bedeutet, es bestehen keine Unterschiede hinsichtlich der Dimensionen *Neuartigkeit, Ausarbeitungsgrad, Anwendungspotenzial* und *interne Relevanz*. Hypothese 3 wurde somit grundsätzlich nicht bestätigt. Eine Ausnahme stellt der Ausarbeitungsgrad der Innovationsbeiträge im Bereich Visionen dar, der bei besonders fortschrittlichen Kunden höher ausgeprägt ist. Als eine weitere Zusammenhangsprüfung wurde der Einfluss der einzelnen Merkmale fortschrittlicher Kunden auf einen Qualitätsindex der Innovationsbeiträge gemessen. Auch hier konnten keine signifikanten Einflüsse auf Basis der empirischen Daten festgestellt werden. Hypothese 4 wurde demnach abgelehnt.

Fazit des *Untersuchungsbereichs 1* ist, dass die Eigenschaften fortschrittlicher Kunden notwendig für die Abgabe von Innovationsbeiträgen sind. Zugleich sind die angeführten Merkmale allerdings nicht hinreichend für qualitativ hochwertige Kundenbeiträge.

Eine Restriktion der Untersuchung bezieht sich auf die Anzahl der verwendeten Kundenmerkmale zur Beurteilung der Fortschrittlichkeit. Eine ausschließliche Berücksichtigung der auf der Lead-User-Forschung beruhenden Kriterien scheint nicht ausreichend zu sein, um eine hohe Qualität der Innovationbeiträge vorherzusagen.[663] Es gilt somit, den Kriterienkatalog mit weiteren Merkmalen (z.B. Erfahrung, Kreativität, Intelligenz,

---

[663] Ähnliche Ergebnisse sind in der Studie von *Kristensson/Gustafsson/Archer* zu beobachten. Vgl. Kristensson/Gustafsson/Archer (2004).

Meinungsführerschaft, Flow-Erlebnis, Kundenloyalität etc.) zu erweitern, um ein verfeinertes Profil eines innovativen Kunden im Internet ableiten zu können.

Untersuchungsbereich 2: Einflussgrößen des Innovationstransfers

Ausgangspunkt der Untersuchung zum Innovationstransfer sind die multimedialen und interaktiven Eigenschaften des Internets. Den hieraus abgeleiteten Informations-, Erlebnis- und Infotainmenteffekten, wird ein positiver Einfluss auf die Fähigkeit der Kunden zum Innovationstransfer zugesprochen.[664] Insbesondere können die Phänomene der *functional fixedness* und der *sticky information* reduziert und die Artikulationsfähigkeit der Kunden gefördert werden. Der positive Einfluss der Faktoren *Informationsgehalt*, *realitätsgetreue Produktpräsentation*, *Benutzerfreundlichkeit*, *Einbindungsgrad* und *Spaß* als unabhängige Variablen auf die Möglichkeit des internetbasierten Bedürfnistransfers als abhängige Variable wird grundsätzlich bestätigt. Einzige Ausnahme bildet die *Benutzerfreundlichkeit*, die mittlerweile als Grundvoraussetzung für eine erfolgreiche internetbasierte Interaktion interpretiert werden muss. Hypothese 5, Hypothese 6, Hypothese 8 und Hypothese 9 werden somit bestätigt, während Hypothese 7 abgelehnt wird.

Untersuchungsbereich 3: Einsatz der Methode des User Designs

Die Umsetzung des *Virtual Labs* bei der Audi AG beinhaltet den erstmaligen Einsatz des *User Designs* in der unternehmerischen Praxis. Insgesamt gestalteten 1.473 Kunden ihr individuelles Infotainmentsystem im Internet. Im Gegensatz zu dem bekannten Ansatz der Mass Customization handelt es sich bei dem *User Design* um die Entwicklung eines virtuellen Produktes, deren Funktionen unter Umständen noch gar nicht physisch existieren, sondern mit Hilfe eines virtuellen Prototyps am Bildschirm simuliert werden.[665] Der durchgeführte Methodentest in Kapitel 8.4 zeigt eine sehr hohe *face validity* der Methode sowohl aus Sicht der teilnehmenden Kunden als auch aus Sicht der verantwortlichen Manager der Audi AG. Die positive Einschätzung der Anwendungsplausibilität des eingesetzten *User Designs* durch das Management der Audi AG führte zu einem erneuten Einsatz des Instruments auf internationaler Ebene in den Ländern USA, Japan und Deutschland. Insgesamt wurden in dem sogenannten *Virtual Lab II* mehr als 6.000 Kunden über das Internet in die Entwicklung eines innovativen Infotainmentgeräts eingebunden. Neben der

---

[664] Vgl. hierzu die Ausführungen in Kapitel 5.2.
[665] Vgl. die Ausführungen zum *User Design* im Kapitel 5.3.

Einschätzung der *face validity* des *User Designs* im *Virtual Lab* wurden auch konkrete Schritte zur Weiterentwicklung der Methode abgeleitet, die im *Virtual Lab II* bereits umgesetzt wurden.[666]

Untersuchungsbereich 4: Akzeptanz der virtuellen Kundenintegration durch Unternehmen

Zur Untersuchung der Akzeptanz der VKI durch innovierende Unternehmen wurde die *Theory of Planned Behavior* als bewährtes Einstellungs-Verhaltens-Modell herangezogen. Es zeigt sich, dass die *kognitive Einstellung* zur VKI zentraler Prädiktor für die Verwendungsabsicht der VKI ist. Es handelt sich hierbei um die verstandesgemäße Beurteilung der VKI in Form der Einschätzung des Gesamtpotenzials für die NPE. Dieses Urteil wiederum basiert auf den Erwartungswerten der zentralen Vorteils- und Nachteilsdimensionen, wobei sich lediglich einzelne Vorteile als signifikante Einflussgrößen der Potenzialeinschätzung herausgestellt haben. Es handelt sich hierbei um die Reduzierung von Marktrisiken (Hypothese 15), die Identifikation zukünftiger Kundenbedürfnisse und Produktanforderungen (Hypothese 16) sowie um die Verbesserung der Entscheidungsgrundlage im NPE-Prozess aufgrund erweiterter Testoptionen im Internet (Hypothese 20). Die *sozialen Normen*, in Form der durch die Durchführung eines VKI-Projekts erzielte Karriereförderlichkeit und Anerkennung durch Vorgesetzte, ist verglichen mit der kognitiven Einstellung ein nahezu gleichwertiger Prädiktor für die Akzeptanz der VKI. Die *wahrgenommen Kontrolle* eines Unternehmenvertreters, ein VKI-Projekt auch tatsächliche initiieren und bewältigen zu können, wurde als dritte signifikante Einflussgröße der Akzeptanz identifiziert. Insgesamt konnte dem überprüften Kausalmodell ein sehr guter inhaltlicher Erklärungsgehalt (Inhaltsvalidität) zugesprochen werden. Der erklärte Varianzanteil der Akzeptanz der VKI beträgt 79 %. Die Eignung des Untersuchungsmodells konnte dahingehend untermauert werden, dass wie angenommen keine direkten Einflüsse situativer Faktoren auf die Akzeptanz der VKI nachgewiesen werden konnten. Die in Hypothese 28 formulierte *sufficiency assumption* wurde somit bestätigt. Eine weitergehende Prüfung möglicher moderierender Wirkungen situativer Faktoren weist vereinzelte und allenfalls minimale Effekte - beispielsweise der *Marktorientierung* - im Akzeptanzmodell auf. Die Ergebnisse der durch das Akzeptanzmodell vorgenommenen Prüfung der Hypothesen 10 bis 28 können der Übersicht in Tabelle 38 entnommen werden.

---

[666] Vgl. die Ausführungen in Kapitel 8.4.2.

Restriktionen der Akzeptanzuntersuchung sind dahingehend festzuhalten, dass aufgrund des momentan niedrigen Verbreitungsgrades der VKI lediglich die Verhaltensintention und nicht das tatsächliche Verhalten als Akzeptanzgröße verwendet werden kann. Hierdurch wird für die Prognose des zukünftigen Einsatzes der VKI die zeitliche Stabilität der Einstellung implizit angenommen. Hierzu ist kritisch anzumerken, dass Einstellungen zum Zeitpunkt t1 nicht ohne vorherige Prüfung mit den Einstellungen zum Zeitpunkt t2 gleichgesetzt werden können.[667] Grund hierfür ist, dass die Verwendungsabsicht zunächst nur den Versuch einer bestimmten Verhaltensausführung vorhersagen kann, nicht aber unbedingt das Verhalten selbst, da die Verhaltensrealisierung der Kontrolle der Person entzogen worden sein kann oder unvorhersehbare Ereignisse eintreten können. Generell gilt, je kürzer das Zeitintervall zwischen Verhaltensintention und tatsächlichem Verhalten, umso höher deren Zusammenhang. Um die zeitliche Stabilität von Einstellungen zur VKI zu prüfen, wäre es daher sinnvoll, die vorliegenden Untersuchungsergebnisse mit dem Aspekt einer Längsschnittbetrachtung anzureichern. Eine weitere besondere methodische Ergänzung wäre es, die identischen Teilnehmer erneut zu befragen, um intrapersonelle Veränderungen zu messen, die möglicherweise auf neuen Erfahrungen mit der VKI beruhen, die zum Zeitpunkt der vorliegenden Befragung noch nicht berücksichtigt werden konnten.

Untersuchungsbereich 5: Gestaltung der virtuellen Kundenintegration

Für die Untersuchung möglicher Bedingungszusammenhänge zwischen der Innovationsaufgabe und den Gestaltungsmerkmalen der VKI sowie zwischen den Gestaltungsmerkmalen und den gewährten Kundenanreizen konnte auf keine bestehenden Hypothesengerüste oder empirischen Erkenntnisse zurückgegriffen werden. Basierend auf einem kontingenztheoretischen Grundmodell wurden daher Tendenzaussagen formuliert, die der stark explorativen Vorgehensweise in diesem Bereich der Untersuchung besser gerecht werden.

Die deskriptiven Ergebnisse zur Gestaltung zeigen eine über alle Phasen hinweg sehr ausgeglichene *Intensität* der VKI. Während in den Studien zur Kundenintegration ohne Internetbezug festgestellt wurde, dass eine Einbindung insbesondere in den frühen und späten Phasen des NPE-Prozesses erfolgversprechend ist,[668] ermöglichen die vielfältigen Interaktionsmöglichkeiten im Internet auch eine verstärkte Einbindung des Kunden in der

---
[667] Vgl. Kroeber-Riel/Weinberg (1999), S. 177 f.
[668] Vgl. insbesondere Gruner/Homburg (2000) und Lüthje (2000), S. 113 ff.

Design- und Entwicklungsphase von Neuprodukten. Hinsichtlich des Aspekts der *Kontinuität* wird überwiegend eine fallweise und projektbezogene Kundeneinbindung im Gegensatz zu langfristigen Entwicklungspartnerschaften bevorzugt. Die Interaktion selbst sollte hierbei nach Meinung von 78,6 % der Befragten *anonym* und ohne Preisgabe der eigenen Firmenidentität erfolgen. Die Wahl des *Interaktionsmusters,* d.h. eine Kundeneinbindung mit bzw. ohne Möglichkeit der Interaktion der Kunden untereinander, ist wiederum sehr ausgeglichen. Von 72,4 % der Unternehmen wird ein Interaktionssystem mit *geschlossenem Zugang* präferiert. Dieses ermöglicht nur ausgewählten Kunden an der VKI teilzunehmen. Als abschließendes Gestaltungsmerkmal wurde die *organisatorische Aufhängung* der VKI im Unternehmen untersucht. Diesbezüglich wird den marktorientierten Bereichen die größte Bedeutung beigemessen. 55,7 % der Unternehmen ordnen die VKI ausschließlich diesem Bereich zu. 33,9 % sehen Teams, bestehend aus Mitgliedern des markt- und des technologieorientierten Bereichs, als ideale Organisationsstruktur an. Die Überprüfung der in Kapitel 6.2.3 aufgestellten Tendenzaussagen zum Einfluss der Innovationsaufgabe auf die Ausprägung der Gestaltungsmerkmale der VKI zeigt zunächst, dass eine phasenabhängige Analyse der Bedingungszusammenhänge notwendig ist. Es konnte festgestellt werden, dass bei radikalen Neuentwicklungen besonders häufig in der Phase *Design und Entwicklung* mit Kunden interagiert wird. Eine steigende Komplexität der Innovationsaufgabe führt zu einer steigenden Anzahl von Kunden, mit denen interagiert werden soll. Eine universelle und kontinuierliche Einbindung des Kunden wird insbesondere bei Produkten mit hohem technischen Neuigkeitsgrad angestrebt. Fazit der Untersuchung ist die Erkenntnis, dass Tendenzaussage 1 und Tendenzaussage 2 lediglich partiell und phasenabhängig unterstützt werden können. Tendenzaussage 3 findet keine Unterstützung.

Eine Restriktion bei der kontingenztheoretischen Untersuchung der Gestaltung ist wiederum auf den hohen Neuigkeitsgrad des VKI-Ansatzes zurückzuführen. Da von dem Großteil der befragten Unternehmen noch keine VKI-Projekte realisiert wurden, war es unter Zuhilfenahme der Last-Incident-technique erforderlich, die Gestaltungsmaßnahmen auf reale Projekte zu beziehen, die sich nach dem Dafürhalten der befragten Unternehmensvertreter für die VKI eignen. Demnach ist ein weiterer Forschungsschritt darin zu sehen, die formulierten Tendenzaussagen in Hypothesen zu überführen und diese auf Grundlage zukünftig realisierter VKI-Projekte empirisch zu überprüfen. Diese hier skizzierte Einschränkung der Untersuchung gilt gleichermaßen für die im Folgenden vorgestellten Ergebnisse zur Ausgestaltung eines Anreizsystems für die VKI.

Untersuchungsbereich 6: Motivation und Anreize zur virtuellen Kundenintegration

Bei der Überprüfung der formulierten Tendenzaussage zur Anreizgestaltung zeigt sich zunächst ein widersprüchliches Bild. Augenfällig ist eine deutliche Diskrepanz der erforderlichen und der tatsächlich durch das Unternehmen gewährten Anreize. Grundsätzlich liegt eine Unterdeckung der Anreize vor, die den Kunden zur Teilnahme an der VKI motivieren sollen. Insbesondere die Bereitschaft, finanzielle Anreize in Form von Aufwandsentschädigungen und Erfolgsbeteiligungen anzubieten, ist nicht in ausreichendem Maß gegeben. Die Bereitschaft, einen Dankesbrief an die eingebundenen Kunden zu schicken ist wiederum sehr hoch, obwohl diesem Anreiz nur eine sehr geringe Motivationswirkung zugesprochen wird. Da sowohl die Einschätzung der erforderlichen als auch der tatsächlich gewährten Anreize auf den Angaben der befragten Unternehmensvertretern beruht, muss davon ausgegangen werden, dass die vorliegenden Diskrepanzen bewusst in Kauf genommen werden. Die in Tendenzaussage 4 vermutete deckungsgleiche Anreizgestaltung konnte somit nicht beobachtet werden. Basierend auf den Erkenntnissen einer umfangreichen Kundenbefragung zu den Teilnahmemotiven der VKI wurde in Tendenzaussage 5 die Vermutung geäußert, dass insbesondere intrinsischen Anreizen eine hohe Bedeutung beigemessen werden muss.[669] Auch diese Aussage kann nicht bestätigt werden. Der Spaß an der Teilnahme, das Produktinteresse sowie die innere Motivation spielen im Vergleich zu monetären Anreizen nach Ansicht der Unternehmensvertreter nur eine untergeordnete Rolle. Es lassen sich somit zwei wesentliche Ergebnisse zu der Anreizgestaltung ableiten. Erstens wird offensichtlich, dass sich die Unternehmensvertreter nicht konsistent Verhalten. Anreizen mit hoher Motivationswirkung steht häufig eine geringe Bereitschaft zur Gewährung dieser Anreize gegenüber und umgekehrt. Zweitens liegt im Vergleich zu den von Kunden geäußerten Motiven zur Teilnahme eine eindeutige Unterschätzung der intrinsischen Motive vor.

10.2 Implikationen für die Wissenschaft

Zu Beginn der Forschungsarbeit konnte bis auf wenige beispielhafte Anwendungen und konzeptionelle Orientierungshilfen auf keine empirischen Untersuchungen und Befunde für die Analyse der VKI zurückgegriffen werden. Dies führte zu dem übergeordneten Anspruch der Arbeit, erstmals ein theoretisch fundiertes Gesamtbild der VKI zu entwerfen und dieses mit empirischen Befunden anzureichern. Für die theoretische Durchdringung hat sich der interaktionstheoretische Bezugsrahmen als sinnvoll erwiesen. Zwingend erforderlich für die umfassende Untersuchung der VKI ist demnach die Berücksichtigung der unterschiedlichen Blickwinkel der beteiligten Interaktionsparteien. Dieser Forderung konnte durch zwei umfangreiche Datenerhebungen, zum einen bei den innovierenden Unternehmen und zum anderen bei den eingebundenen Kunden Rechnung getragen werden. Die durchgeführten empirischen Analysen wurden hinsichtlich deren internen Validität geprüft.[670] Hierzu dienten etablierte Vorgehensweisen bei der Konzeptionalisierung, Operationalisierung sowie Güteprüfung der eingesetzten statistischen Methoden. Für die Hypothesenprüfung kamen unterschiedliche Verfahren der Dependenzanalyse zum Einsatz. Als Fazit wird somit deutlich, dass es sich inhaltlich um eine stark explorative Arbeit handelt, die sich dem neuartigen Phänomen der VKI als Untersuchungsgegenstand widmet. Die eingesetzten Forschungsmethoden zur Analyse der VKI sind hingegen Bestandteil eines bewährten Prozesses der empirischen Marketing- und Innovationsforschung. Die interne Validität der vorliegenden Untersuchung vorausgesetzt, kann die externe Validität und damit eine Generalisierbarkeit der Untersuchungsergebnisse noch nicht umfassend gewährleistet werden.[671] Hierzu sind zahlreiche weitere empirische Studien in dem hier identifizierten Untersuchungsbereich durchzuführen. Insbesondere die oben formulierten Restriktionen der vorliegenden Arbeit können zukünftigen Untersuchungen als Ansatzpunkt dienen. Im Folgenden sollen nützliche Hinweise für eine Forschungsagenda zur VKI formuliert werden.

- Während für die Befragung zur Akzeptanz und Gestaltung der VKI Unternehmen unterschiedlicher Branchen im Konsumgütersektor berücksichtigt wurden, erfolgte die Kundenbefragung im Rahmen eines Praxisprojektes zum Thema Infotainmentelektronik. Es liegt somit eine branchenspezifische Eingrenzung der Untersuchung vor. Inwieweit die Befunde auf andere Branchen und Produktgruppen übertragbar sind, ist nicht pauschal zu beantworten. Zusätzliche Forschungsanstrengungen erscheinen vor diesem Hintergrund wünschenswert bzw. erforderlich.

---

[669] Vgl. Füller (2005).
[670] Vgl. Aaker/Kumar/Day (2001), S. 360.
[671] Vgl. Calder/Philips/Tybout (1982), S. 240.

- Dringend notwendig sind weiterführende empirische Untersuchungen, die den Zusammenhang zwischen dem (phasenspezifischen) Einsatz der VKI und dem wirtschaftlichen bzw. technischen Erfolg zum Gegenstand haben.[672] Die geringe Verwendung der VKI in der Unternehmenspraxis hat eine derartige effizienztheoretische Untersuchung auf einer breiten empirischen Basis in der vorliegenden Arbeit noch nicht zugelassen. Ziel weiterer Arbeiten im Sinne der Kontingenz-Effizienzforschung muss es daher sein, die wesentlichen Erfolgsfaktoren der VKI zu isolieren und in Zusammenhang mit den jeweiligen situativen Faktoren der Umfeld-, Unternehmens-, Projekt-, und Personenebene zu bringen.

- Einen ersten Vorstoß zum Einsatz methodisch anspruchsvoller Einbindungsinstrumente im Internet unternehmen *von Hippel* mit dem Toolkitansatz sowie die Forschergruppe um *Hauser* im Rahmen der *Virtual Customer* Inititative.[673] Da die vorgestellten Methoden allerdings nur sehr selten in der unternehmerischen Praxis eingesetzt wurden, bleibt es zu befürchten, dass es sich um Artefakte handeln könnte. Um die anspruchsvollen Methoden als Instrumente für Unternehmen attraktiv zu machen, sind weiterführende großzahlige Anwendungstests sowie eine praxisgerechte Weiterentwicklung hinsichtlich ihrer Handhabung und Gestaltung notwendig.

- Da die VKI nicht nur als ein Instrument, sondern auch als Bestandteil des von *Prahalad* und *Ramaswamy* prophezeiten Wandels eines traditionellen produkt- und unternehmenszentrierten Denkens und Handelns hin zu einem ko-kreativen Prozess der Wertschöpfung zu verstehen ist,[674] muss in weiteren Forschungsarbeiten den notwendigen organisatorischen Veränderungen innerhalb eines Unternehmen verstärkt Aufmerksamkeit geschenkt werden. Es stellt sich insbesondere die Frage, welche Auswirkungen die Einbindung des Kunden auf die Organisationsstruktur und Unternehmenskultur nach sich ziehen kann bzw. wie die internen und externen Schnittstellen einer Organisation idealerweise gestaltet werden müssen.

- Augrund der noch geringen Verbreitung der VKI sind fallstudiengestützte Arbeiten ein wichtiger Forschungsbaustein. *Yin* definiert Case Study Research als „...an empirical inquiry that investigates a contemporary phenomenon within its real-life context; when the boundaries between the phenomenon and context are not clearly evident; and

---

[672] Zu den unterschiedlichen Messdimensionen des Innovationserfolgs vgl. Hauschildt (1997), S. 389 ff.
[673] Vgl. die Ausführungen in Kapitel 3.3.
[674] Vgl. Prahalad/Ramaswamy (2004).

in which multiple sources of evidence are used."[675] Die so gewonnen Erkenntnisse dienen dazu, den praxisorientierten Problembezug der noch jungen Forschung zur VKI sicherzustellen.

Die Erfordernisse der Forschung zur VKI werden sich mit fortschreitender Zeit und Nutzung selbst weiterentwickeln und ändern. Beispielsweise ist anzunehmen, dass bei einem institutionalisierten Einsatz der VKI durch konkurrierende Unternehmen ein Wettbewerb um die fortschrittlichsten und innovativsten Kunden entstehen wird. Den Kunden wird folglich zunehmend bewusst werden, dass sie für die innovierenden Unternehmen nicht nur bloßer Träger von Kaufkraft sind, sondern zudem als wertvoller Informant und Partner in der Neuproduktentwicklung gelten. Dies hätte unmittelbare Auswirkungen auf die zu gewährende Anreizstruktur und deren Niveau. Weiterhin werden bei einer intensiveren Nutzung der VKI zusätzliche theoretische Perspektiven, z.B. die Analyse aus Sicht der Neuen Institutionenökonomik, an Bedeutung gewinnen. Ein Beispiel ist die Interpretation der Kunden-Hersteller Interaktion als Principal-Agent Beziehung unter Berücksichtigung von Informationsasymmetrien wie „hidden characteristics", „hidden action" und „hidden intention". Auch die Untersuchungsperspektive der Vertragstheorie im Sinne von Vereinbarungen für den Übergang der Innovationsbeiträge vom Kunden zum innovierenden Unternehmen oder für eine gemeinsame Exploitation der Innovation scheint plausibel.[676] Schließlich ist noch anzuführen, dass neue Geschäftsmodelle durch die VKI entstehen können. Dritte Parteien, die weder durch den Produktanbieter noch durch den Kunden kontrolliert werden, agieren als sogenannte *Innomediaries* und sind Broker oder Marktplatz der gebündelten Innovationskraft von Kunden.[677]

10.3 Implikationen für die Unternehmenspraxis

Zunächst geben die theoretisch-konzeptionellen Überlegungen zur Demokratisierung der Innovationsfunktion sowie die Beschreibung internetbasierter Instrumente Aufschluss über neuartige Möglichkeiten, den Kunden als aktiven Mitgestalter in die Neuproduktentwicklung einzubinden. Die Arbeit kann Managern somit als wertvolle Informationsquelle hinsichtlich

---

[675] Yin (1984), S. 21. Wertvolle Anhaltspunkte zur fallstudienbezogenen Forschung geben u.a. Dyer/Wilkens (1991) und Stake (1995).
[676] Vgl. Kleinaltenkamp/Marra (1995). Zu dem Lehrgebäude der Neuen Institutionenökonomik vgl. insbesondere Picot/Reichwald/Wigand (1996), S. 34 ff.

aktueller Entwicklungen in der Innovationsforschung rund um das Thema *User Innovation* dienen.

Die im Rahmen der Ausführungen zur kognitiven Einstellungsbildung vorgestellten Vorteils- und Nachteilsdimensionen der VKI sind ein geeignetes Bewertungsschema zur Einschätzung des Potenzials der internetbasierten Kundeneinbindung im eigenen Unternehmen. Die VKI ist als Optimierungsproblem zu verstehen. Die Maximierung des Nutzens erfordert somit, den Chancen einer Entwicklungspartnerschaft auch mögliche Probleme gegenüberzustellen. Vorkehrungen zur Geheimhaltung überlebenswichtiger Innovationen, die Klärung der Verwertungsrechte von Ideen, Konzepten und Prototypen, die Aufrechterhaltung der Effizienz interner Prozesse sowie eine den strategischen Vorgaben ensprechende Zielgruppenorientierung sind weiterhin unternehmensinterne Maxime, die als Rahmenbedingungen der VKI anzusehen sind.

Wertvolle Hinweise zur konkreten Gestaltung der VKI geben insbesondere die konzeptionell hergeleiteten Merkmale der *Intensität*, der *Kontinuität*, der *Anonymität*, der möglichen *Interaktionsmuster*, der *Zugangsmöglichkeiten* sowie der *organisatorischen Aufhängung*. Im Sinne einer morphologischen Analyse können diejenigen Merkmalsausprägungen herangezogen werden, die den verantwortlichen Manager im projektspezifischen Kontext als geeignet und erfolgsversprechend erscheinen.

Die Untersuchungsergebnisse zu den Anreizen geben Anstoß, die von den Unternehmen bisher beabsichtigte Gestaltung der Anreizstruktur zu überdenken. Erfolgsversprechend erscheint die verstärkte Aktivierung von intrinsischen Motiven in Verbindung mit kleineren monetären Belohnungen bzw. Aufwandsentschädigungen, die als eine Art Anschub zur Teilnahme eingesetzt werden können.

Wichtige Kriterien zur Identifikation fortschrittlicher Kunden sind *Produktinteresse*, *Unzufriedenheit*, *Neue Bedürfnisse* und das *Produktinvolvement*. Auch wenn man nach den Befunden dieser Untersuchung nicht davon ausgehen kann, dass das Vorhandensein dieser Merkmale eine Garantie für hochinnovative Kundenbeiträge ist, so wurde doch deutlich, dass diese Merkmale eine Grundanforderung darstellen und in Screeningverfahren zur Identifikation innovativer Kunden berücksichtigt werden sollten.

Die in der Unternehmenspraxis häufig geäußerte Pauschalkritik, dass eine ungerichtete Rekrutierung im Internet aufgrund der Repräsentativitätsproblematik für die Sammlung von Kundeninformationen nicht geeignet ist, muss in Frage gestellt werden. Erforderlich ist eine

---

[677] Vgl. Sawhney/Prandelli/Verona (2003), S. 78 ff.

differenziertere Betrachtungsweise, die der Repräsentativität als relative Größe gerecht wird und die Phasen des NPE-Prozesses als Referenzgröße heranzieht. Demgemäß ist es beispielsweise in der Ideengenerierungs- und Konzeptionsphase unerheblich, welche demographischen oder soziographischen Merkmale der Ideengeber aufweist. Die im Zusammenhang mit der Entwicklung neuer Produkte als wichtiger zu erachtende Eigenschaft ist die Fortschrittlichkeit der Teilnehmer. Der Selbsselektionseffekt kann zur Identifizierung fortschrittlicher Kunden gezielt genutzt werden.

Schließlich zeigen die Ergebnisse der Untersuchung, dass die derzeit bestehenden multimedialen und interaktiven Möglichkeiten im Internet ausreichend sind, um eine benutzerfreundliche Innovationsatmosphäre zu schaffen. Der Einsatz virtueller Prototypen in frühen Phasen der Produktentwicklung verhilft den Kunden, auch sehr komplexe und radikal neue Produkte zu verstehen, bevor diese überhaupt physisch existieren. Dies wirkt sich wiederum positiv auf den Transfer und die Artikulationsfähigkeit zukunftsgerichteter Kundenbedürfnisse aus. Insbesondere der Methodentest und die im Rahmen des *Virtual Lab II* umgesetzten Weiterentwicklungen des *User Designs* können Managern als konkrete Anhaltspunkte für eine erfolgsversprechende Realisierung der VKI dienen.

Anhang

A.1 Messergebnisse der Regressionen zu den moderierenden Effekten der situativen Faktoren

Moderierende Effekte der Technologiedynamik im Akzeptanzmodell

Kognitive Einstellung als unabhängige Variable und verhaltensorientierte Akzeptanz als abhängige Variable						
Unabhängige Variable	B	Beta-Wert	Signifikanz	B	Beta-Wert	Signifikanz
Kognitive Einstellung	0,692	0,752	0,000	0,694	0,755	0,000
Technologiedynamik	-0,049	-0,043	0,358	-0,061	-0,055	0,243
Kognitive Einstellung x Technologiedynamik				**-0,072**	**-0,108**	**0,019**
Bestimmtheitsmaß R^2	0,553			0,565		
Korrigiertes R^2	0,549			0,559		
F-Wert (Signifikanzniveau)	131,937 (0,000)			91,721 (0,000)		
ΔR^2				0,011		

Subjektive Normen als unabhängige Variable und verhaltensorientierte Akzeptanz als abhängige Variable						
Unabhängige Variable	B	Beta-Wert	Signifikanz	B	Beta-Wert	Signifikanz
Subjektive Normen	0,678	0,699	0,000	0,681	0,702	0,000
Technologiedynamik	0,019	0,017	0,733	0,011	0,010	0,844
Subjektive Normen x Technologiedynamik				-0,043	-0,060	0,225
Bestimmtheitsmaß R^2	0,492			0,495		
Korrigiertes R^2	0,487			0,488		
F-Wert (Signifikanzniveau)	103,134 (0,000)			69,403 (0,000)		
ΔR^2				0,004		

Wahrgenommene Verhaltenskontrolle als unabhängige Variable und verhaltensorientierte Akzeptanz als abhängige Variable						
Unabhängige Variable	B	Beta-Wert	Signifikanz	B	Beta-Wert	Signifikanz
Wahrgenommene Verhaltenskontrolle	0,487	0,605	0,000	0,486	0,603	0,000
Technologiedynamik	0,051	0,045	0,408	0,043	0,038	0,489
Wahrgenommene Verhaltenskontrolle x Technologiedynamik				-0,047	-0,080	0,140
Bestimmtheitsmaß R^2	0,375			0,381		
Korrigiertes R^2	0,369			0,373		
F-Wert (Signifikanzniveau)	63,918 (0,000)			43,584 (0,000)		
ΔR^2				0,006		

Tabelle 39: Moderierende Effekte der Technologiedynamik mit der verhaltensorientierten Akzeptanz als abhängige Variable

Anmerkung: Signifikante Interaktionseffekte sind hervorgehoben

Moderierende Effekte der Mitarbeiteranzahl im Akzeptanzmodell

Kognitive Einstellung als unabhängige Variable und verhaltensorientierte Akzeptanz als abhängige Variable

Unabhängige Variable	B	Beta-Wert	Signifikanz	B	Beta-Wert	Signifikanz
Kognitive Einstellung	0,723	0,767	0,000	0,725	0,769	0,000
Mitarbeiteranzahl	0,000	-0,017	0,747	0,000	-0,028	0,653
Kognitive Einstellung x Mitarbeiteranzahl				0,000	0,020	0,742
Bestimmtheitsmaß R^2		0,582			0,583	
Korrigiertes R^2		0,577			0,575	
F-Wert (Signifikanzniveau)		112,994 (0,000)			74,951 (0,000)	
ΔR^2						0,000

Subjektive Normen als unabhängige Variable und verhaltensorientierte Akzeptanz als abhängige Variable

Unabhängige Variable	B	Beta-Wert	Signifikanz	B	Beta-Wert	Signifikanz
Subjektive Normen	0,683	0,698	0,000	0,683	0,698	0,000
Mitarbeiteranzahl	0,001	0,080	0,154	0,001	0,080	0,167
Subjektive Normen x Mitarbeiteranzahl				0,000	-0,001	0,991
Bestimmtheitsmaß R^2		0,510			0,510	
Korrigiertes R^2		0,504			0,501	
F-Wert (Signifikanzniveau)		84,191 (0,000)			55,781 (0,000)	
ΔR^2						0,000

Wahrgenommene Verhaltenskontrolle als unabhängige Variable und verhaltensorientierte Akzeptanz als abhängige Variable

Unabhängige Variable	B	Beta-Wert	Signifikanz	B	Beta-Wert	Signifikanz
Wahrgenommene Verhaltenskontrolle	0,464	0,578	0,000	0,462	0,576	0,000
Mitarbeiteranzahl	0,001	0,107	0,093	0,002	0,112	0,103
Wahrgenommene Verhaltenskontrolle x Mitarbeiteranzahl				0,000	-0,013	0,847
Bestimmtheitsmaß R^2		0,361			0,361	
Korrigiertes R^2		0,353			0,349	
F-Wert (Signifikanzniveau)		45,663 (0,000)			30,273 (0,000)	
ΔR^2						0,000

Tabelle 40: Moderierende Effekte der Mitarbeiteranzahl mit der verhaltensorientierten Akzeptanz als abhängige Variable

Moderierende Effekte der Innovativität im Akzeptanzmodell

Kognitive Einstellung als unabhängige Variable und verhaltensorientierte Akzeptanz als abhängige Variable						
Unabhängige Variable	B	Beta-Wert	Signifikanz	B	Beta-Wert	Signifikanz
Kognitive Einstellung	0,684	0,744	0,000	0,686	0,744	0,000
Innovativität	0,027	0,019	0,675	0,029	0,019	0,660
Kognitive Einstellung x Innovativität				-0,009	-0,011	0,818
Bestimmtheitsmaß R^2	0,552			0,552		
Korrigiertes R^2	0,548			0,546		
F-Wert (Signifikanzniveau)	131,189 (0,000)			87,088 (0,000)		
ΔR^2				0,000		
Subkjektive Normen als unabhängige Variable und verhaltensorientierte Akzeptanz als abhängige Variable						
Unabhängige Variable	B	Beta-Wert	Signifikanz	B	Beta-Wert	Signifikanz
Subjektive Normen	0,681	0,702	0,000	0,682	0,703	0,000
Innovativität	-0,079	-0,055	0,256	-0,079	-0,055	0,258
Subjektive Normen x Innovativität				-0,005	-0,005	0,914
Bestimmtheitsmaß R^2	0,495			0,495		
Korrigiertes R^2	0,490			0,488		
F-Wert (Signifikanzniveau)	104,296 (0,000)			69,212 (0,000)		
ΔR^2				0,000		
Wahrgenommene Verhaltenskontrolle als unabhängige Variable und verhaltensorientierte Akzeptanz als abhängige Variable						
Unabhängige Variable	B	Beta-Wert	Signifikanz	B	Beta-Wert	Signifikanz
Wahrgenommene Verhaltenskontrolle	0,494	0,613	0,000	0,501	0,622	0,000
Innovativität	-0,100	-0,071	0,192	-0,096	-0,068	0,213
Wahrgenommene Verhaltenskontrolle x Innovativität				-0,046	-0,058	0,290
Bestimmtheitsmaß R^2	0,378			0,381		
Korrigiertes R^2	0,372			0,373		
F-Wert (Signifikanzniveau)	64,737 (0,000)			43,558 (0,000)		
ΔR^2				0,003		

Tabelle 41: Moderierende Effekte der Innovativität mit der verhaltensorientierten Akzeptanz als abhängige Variable

Moderierende Effekte der Managementposition im Akzeptanzmodell

Kognitive Einstellung als unabhängige Variable und verhaltensorientierte Akzeptanz als abhängige Variable

Unabhängige Variable	B	Beta-Wert	Signifikanz	B	Beta-Wert	Signifikanz
Kognitive Einstellung	0,684	0,733	0,000	0,802	0,860	0,000
Managementposition – Dummy 1	-0,015	-0,005	0,947	-0,009	-0,003	0,968
Managementposition – Dummy 2	-0,197	-0,065	0,421	-0,202	-0,067	0,411
Kognitive Einstellung x Dummy 1				-0,181	-0,148	0,205
Kognitive Einstellung x Dummy 2				-0,047	-0,026	0,770
Bestimmtheitsmaß R^2		0,531			0,537	
Korrigiertes R^2		0,522			0,523	
F-Wert (Signifikanzniveau)		64,059 (0,000)			38,990 (0,000)	
ΔR^2					0,007	

Subkjektive Normen als unabhängige Variable und verhaltensorientierte Akzeptanz als abhängige Variable

Unabhängige Variable	B	Beta-Wert	Signifikanz	B	Beta-Wert	Signifikanz
Subjektive Normen	0,706	0,719	0,000	0,905	0,922	0,000
Managementposition – Dummy 1	-0,487	-0,169	0,042	-0,546	-0,190	0,025
Managementposition – Dummy 2	-0,397	-0,132	0,113	-0,469	-0,156	0,064
Subjektive Normen x Dummy 1				**-0,278**	**-0,213**	**0,094**
Subjektive Normen x Dummy 2				-0,131	-0,074	0,461
Bestimmtheitsmaß R^2		0,514			0,525	
Korrigiertes R^2		0,506			0,510	
F-Wert (Signifikanzniveau)		60,030 (0,000)			37,066 (0,000)	
ΔR^2					0,010	

Wahrgenommene Verhaltenskontrolle als unabhängige Variable und verhaltensorientierte Akzeptanz als abhängige Variable

Unabhängige Variable	B	Beta-Wert	Signifikanz	B	Beta-Wert	Signifikanz
Wahrgenommene Verhaltenskontrolle	0,488	0,611	0,000	0,368	0,460	0,001
Managementposition – Dummy 1	0,137	0,048	0,618	0,034	0,012	0,906
Managementposition – Dummy 2	0,496	0,165	0,910	0,432	0,143	0,152
Wahrgenommene Verhaltenskontrolle x Dummy 1				0,115	0,101	0,361
Wahrgenommene Verhaltenskontrolle x Dummy 2				**0,214**	**0,150**	**0,097**
Bestimmtheitsmaß R^2		0,358			0,369	
Korrigiertes R^2		0,347			0,350	
F-Wert (Signifikanzniveau)		31,652 (0,000)			19,640 (0,000)	
ΔR^2					0,011	

Tabelle 42: Moderierende Effekte der Managementposition mit der verhaltensorientierten Akzeptanz als abhängige Variable

Anmerkung: Signifikante Interaktionseffekte sind hervorgehoben

Moderierende Effekte des Geschlechts im Akzeptanzmodell

Kognitive Einstellung als unabhängige Variable und verhaltensorientierte Akzeptanz als abhängige Variable

Unabhängige Variable	B	Beta-Wert	Signifikanz	B	Beta-Wert	Signifikanz
Kognitive Einstellung	0,681	0,730	0,000	0,700	0,750	0,000
Geschlecht	-0,263	-0,072	0,168	-0,243	-0,067	0,205
Kognitive Einstellung x Geschlecht				-0,113	-0,050	0,387
Bestimmtheitsmaß R^2	0,532			0,534		
Korrigiertes R^2	0,527			0,526		
F-Wert (Signifikanzniveau)	97,247 (0,000)			64,988 (0,000)		
ΔR^2				0,002		

Subjektive Normen als unabhängige Variable und verhaltensorientierte Akzeptanz als abhängige Variable

Unabhängige Variable	B	Beta-Wert	Signifikanz	B	Beta-Wert	Signifikanz
Subjektive Normen	0,696	0,709	0,000	0,688	0,680	0,000
Geschlecht	-0,139	-0,038	0,478	-0,147	-0,041	0,425
Subjektive Normen x Geschlecht				0,162	0,069	0,024
Bestimmtheitsmaß R^2	0,504			0,508		
Korrigiertes R^2	0,498			0,499		
F-Wert (Signifikanzniveau)	86,846 (0,000)			58,471 (0,000)		
ΔR^2				0,004		

Wahrgenommene Verhaltenskontrolle als unabhängige Variable und verhaltensorientierte Akzeptanz als abhängige Variable

Unabhängige Variable	B	Beta-Wert	Signifikanz	B	Beta-Wert	Signifikanz
Wahrgenommene Verhaltenskontrolle	0,479	0,599	0,000	0,440	0,550	0,000
Geschlecht	0,279	0,077	0,222	0,400	0,110	0,091
Wahrgenommene Verhaltenskontrolle x Geschlecht				**0,262**	**0,131**	**0,064**
Bestimmtheitsmaß R^2	0,347			0,360		
Korrigiertes R^2	0,340			0,349		
F-Wert (Signifikanzniveau)	45,508 (0,000)			31,936 (0,000)		
ΔR^2				0,013		

Tabelle 43: Moderierende Effekte des Geschlechts mit der verhaltensorientierten Akzeptanz als abhängige Variable

Anmerkung: Signifikante Interaktionseffekte sind hervorgehoben

A.2 Graphische Darstellung signifikanter moderierender Effekte der situativen Faktoren

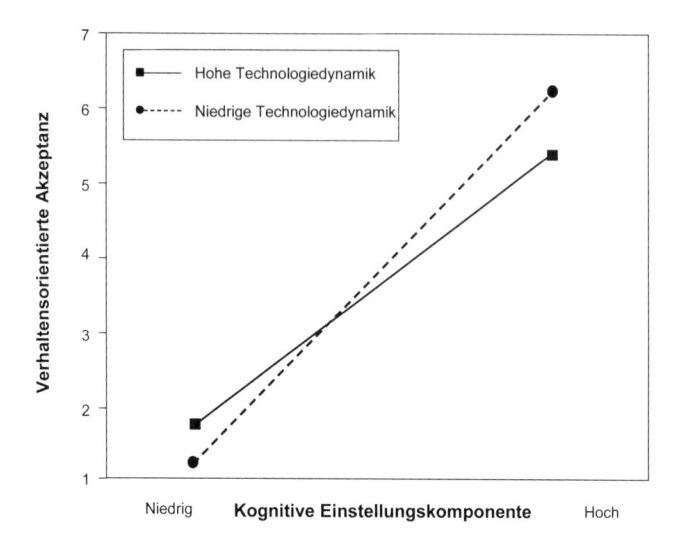

Abbildung 71: Moderierender Effekt der Technologiedynamik auf die Beziehung zwischen kognitiver Einstellungskomponente und verhaltensorientierter Akzeptanz

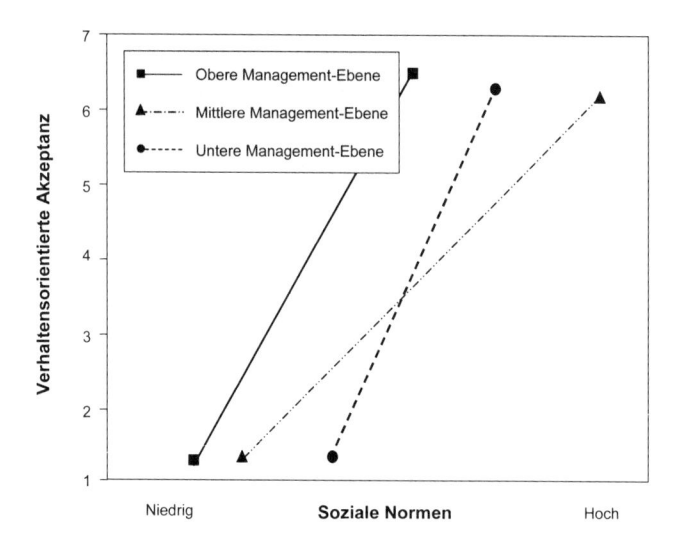

Abbildung 72: Moderierender Effekt der Managementposition auf die Beziehung zwischen sozialen Normen und verhaltensorientierter Akzeptanz

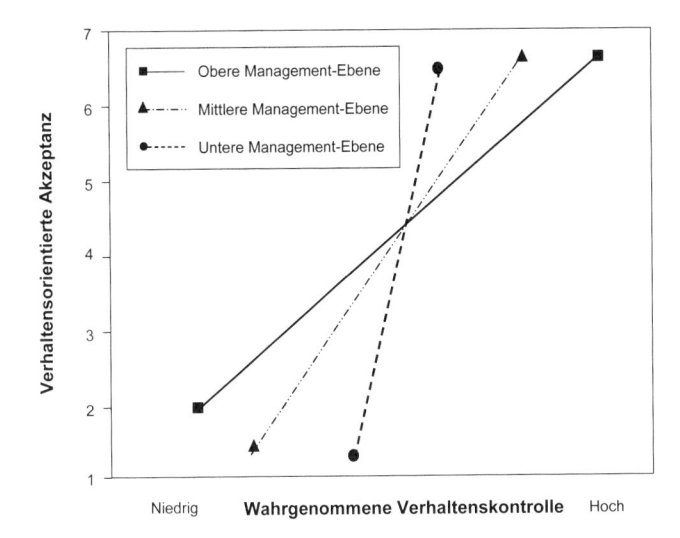

Abbildung 73: Moderierender Effekt der Managementposition auf die Beziehung zwischen wahrgenommener Verhaltenskontrolle und verhaltensorientierter Akzeptanz

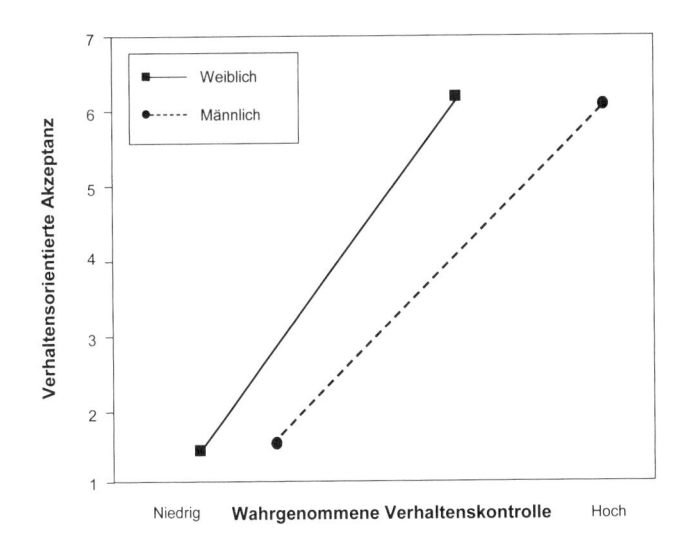

Abbildung 74: Moderierender Effekt des Geschlechts auf die Beziehung zwischen wahrgenommener Verhaltenskontrolle und verhaltensorientierter Akzeptanz

Literaturverzeichnis

Aaker, D. A./Kumar, V./Day, G. S. (2001): Marketing Research, 6. Aufl., New York.

Aarts, H./Ando, K./Hinkle, S. (1998): Predicting behavior from actions in the past: repeated decision making or a matter of habit? Journal of Applied Social Psychology, 28, S. 1355-1374.

Adamson, R. (1952): Functional Fixedness as Related to Problem solving: A Repetition of Three Experiments. Journal of Experimental Psychology, 44(4), S. 288-291.

Adamson, R./Taylor, D. (1954): Functional Fixedness as Related to Elapsed Time and to Set. Journal of Experimental Psychology, 47(2), S. 122-126.

Aiken, L. S./West, S. G. (1991): Multiple Regression: Testing and Interpreting Interactions, Newbury Park/London/New Delhi.

Ajzen, I. (1980): Understanding Attitudes and Predicting Social Behavior, Englewood-Cliffs.

Ajzen, I. (1985): From intentions to action: a theory of planned behavior. In: Kuhl, J./Beckman, J. (Hrsg.), Action-Control: From Cognition to Behavior, Heidelberg, S. 11-38.

Ajzen, I. (1988): Attitudes, Personality and Behavior, Chicago.

Ajzen, I. (1991): The Theory of Planned Behavior. Organizational Behavior & Human Decision Processes, 50(2), S. 179-211.

Ajzen, I. (1993): Attitude Theory and the Attitude-Behavior Relation. In: Krebs D./Schmidt, P. (Hrsg.), New Directions in Attitude Measurement, Berlin, S. 41-58.

Ajzen, I. (2001): Nature and Operation of Attitudes. Annual Review of Psychology, 52, S. 27-58.

Ajzen, I./Fishbein, M. (1980): Understanding Attitudes and Predicting Social Behavior, New York.

Ajzen, I./Madden, T. J. (1986): Predictions of Goal-Directed Behavior: Attitudes, Intentions, and Perceived Behavioral Control. Journal of Experimental Social Psychology, 22, S. 453-474.

Alba, J. W./Hutchinson, J. W. (1987): Dimensions of Consumer Expertise. Journal of Consumer Research, 13, S. 411-454.

Albers, S./Brockhoff, K./Hauschildt, J. (2000): Betriebswirtschaftslehre für Technologie und Innovation - eine Leistungsbilanz, Kiel.

Albers, S./Skiera, B. (1998): Regressionsanalyse. In: Herrmann A./Homburg C. (Hrsg.), Marktforschung, Wiesbaden, S. 205-236.

Amabile, T. M. (1987): Creativity in the R&D laboratory, Greensboro.

Amabile, T. M. (1988): A Model of Creativity and Innovation in Organizations. Research in Organizational Behavior, 10, S. 123-167.

Amabile, T. M. (1996): Creativity in Context, Boulder.

Anderson, T. W./Challagalla, G./N.McFarland, R. G. (1999): Anatomy of Exchange. Journal of Marketing Theory and Practice, (Fall 1999), S. 8-19.

Arbuckle, J. L. (1989): Analysis of moment structures. The American Statistician, 43(1), S. 66-67.

Arbuckle, J. L./Wothke, W. (1999): Amos 4.0 Users's Guide, Chicago.

Armitage, C. J./Christian, J. (2004): Planned behavior: The relationship between human thought and action, New Brunswick, NJ.

Armitage et al. (1999): Different Perceptions of Control: Applying an Extended Theory of Planned Behavior to Legal and Illegal Drug Use. Basic and Applied Social Psychology, 21, S. 301-316.

Armstrong, A./Hagel, J. (1996): The real value of on-line communities. Harvard Business Review, 4 (3), S. 134-141.

Armstrong, S/Overton, T. (1977): Estimating Nonresponse Bias in Mail Surveys. Journal of Marketing Research, 14, S. 396-402.

Arnold, H. (1982): Moderator Variables: A Clarification of Conceptual, Analytic, and Psychometric Issues. Organizational Behavior and Human Performance, 29, S. 143-174.

Backhaus, K. (1990): Investitionsgütermarketing, 2. Aufl., München.

Backhaus, K. (1999): Industriegütermarketing, 6. Aufl., München.

Backhaus, K./de Zoeten, R. (1992): Organisation der Produktentwicklung. In: Frese, E. (Hrsg.), Handwörterbuch der Organisation, Stuttgart, Sp. 2024-2040.

Backhaus, K. et al. (2000): Multivariate Analysemethoden: eine anwendungsorientierte Einführung, 9. Aufl., Berlin et al.

Backhaus, K. et al. (2003): Multivariate Analysemethoden: eine anwendungsorientierte Einführung, 10. Aufl., Berlin.

Bagozzi, R. P. (1975): Marketing as Exchange. Journal of Marketing, 39, S. 32-39.

Bagozzi, R. P. (1978): Marketing as Exchange. American Behavioral Scientist, 21(4), S. 535-556.

Bagozzi, R. P. (1982): A Field Investigation of Causal Relations Among Cognitions, Affect, Intentions, and Behavior. Journal of Marketing Research, 19, S. 562-583.

Bagozzi, R. P. (1994): Structural Equation Models in Marketing Research: Basic Principles. In: Bagozzi, R. P. (Hrsg.), Principles of Marketing Research, Cambridge et al.

Bagozzi, R. P./Baumgartner, H. (1994): The Evaluation of Structural Equation Models and Hypothesis Testing. In: Bagozzi, R. P. (Hrsg.), Principles of Marketing Research, Cambridge et al.

Bagozzi, R. P./Phillips, L. W. (1982): Representing and Testing Organizational Theories: A Holistic Construal. Administrative Science Quarterly, 27, S. 459-489.

Bagozzi, R. P./Wong, N./Abe, S. et al. (2000): Cultural and Situational Contingencies and the Theory of Reasoned Action: Application to Fast Food Restaurant Consumption. Journal of Consumer Psychology, 9(2), S. 97-106.

Bagozzi, R. P./Yi, Y./Phillips, L. W. (1991): Assessing Construct Validity in Organizational Research. Administrative Science Quarterly, 36, S. 421-458.

Bagozzi, R./Dholakia, U. (2002): Intentional Social Action in Virtual Communities. Journal of Interactive Marketing, 16(2), S. 2-21.

Bagozzi, R./Schnedlitz, P. (1985): Social Contingencies in the Attitude Model: A Test of Certain Interaction Hypotheses. Social Psychology Quarterly, 48(4), S. 366-373.

Bagozzi, R./Warshaw, P. (1990): Trying to Consume. Journal of Consumer Research, 17, S. 127-140.

Balachandra, R./Friar, J. (1997): Factors for Success in R&D Projects and New Product Innovation: A Contextual Framework. IEEE Transactions on Engineering Management, 44(3), S. 276-287.

Bamberg, S./Schmidt, P. (1993): Verkehrsmittelwahl - eine Anwendung der Theorie des geplanten Verhaltens. Zeitschrift für Sozialpsychologie, S. 25-37.

Bandura, A. (1977): Self-efficacy: Toward a unifying theory of behavioral change. Psychological Review, 84, S. 191-215.

Bandura, A. (1997): Self-efficacy: The exercise of control, New York.

Bansal, H. S./Taylor, S. F. (2002): Investigating Interactive Effects in the Theory of Planned Behavior in a Service-Provider Switching Context. Psychology & Marketing, 19(5), S. 407-425.

Bänsch, A. (1998): Käuferverhalten, München/Wien.

Bartl, M., Ernst, H.Füller, J. (2004): Community Based Innovation - eine Methode zur Einbindung von Online Communities in den Innovationsprozess. In: Herstatt, C./Sander, J. (Hrsg.), Produktentwicklung mit virtuellen Communities, Wiesbaden, S. 141-168.

Batinic, B./Werner, A./Gräf, L. et al. (1999): Online Research: Methoden, Anwendungen und Ergebnisse, Göttingen.

Bauer, H. H./Fischer, M./ McInturff, Y. (1999): Der Bildkommunikationseffekt - eine Metaanalyse. Zeitschrift für betriebswirtschaftliche Forschung, 51(9), S. 805-831.

Bayus, B. (1998): An Analysis of Product Lifetimes in an Technologically Dynamic Industry. Management Science, 44(6), S. 763-775.

Becker, J. (1990): Marketing - Konzeption - Grundlagen des strategischen Marketing-Managements, 3. Aufl., München.

Becker, J. (1999): Marktorientierte Unternehmensführung: Messung - Determinanten – Erfolgswirkungen, Wiesbaden.

Beckmann, J. (1996): Perspektiven der Motivationsforschung. In: Witte, E. H. (Hrsg.), Sozialpsychologie der Motivation und Emotion, Lengrich et al., S. 13-33.

Bentler, P. M. (1985): Theory and Implementation of EQS: A Structural Equations Program, Los Angeles.

Berekhoven, L./Eckert, W./Ellenrieder, P. (1999): Marktforschung: Methodische Grundlagen und praktische Anwendung, 8. Aufl., Wiesbaden.

Betz, J. (2003): Die Akzeptanz des E-Commerce in der Automobilwirtschaft, Wiesbaden.

Biemans, W. (1991): User and Third-Party Involvement in Developing Medical Equipment Innovations. Technovation, 11(3), S. 163-182.

Billing, F. (2003): Koordination in radikalen Innovationsvorhaben, Wiesbaden.

Blau, P. (1964): Exchange and Power in Social Live, New York.

Böcker, F. (1990): Marketing, 3. Aufl., Stuttgart.

Bohner, G. (2002): Einstellungen. In: Stroebe W./Jonas K./Hewstone M. (Hrsg.), Sozialpsychologie. Eine Einführung, Berlin/Heidelberg.

Bortz, J. (1993): Statistik für Sozialwissenschaftler, 4. Aufl., Berlin.

Bortz, J./Döring, N. (1995): Forschungsmethoden und Evaluation, 2. Aufl., Berlin.

Bosnjak, M. (2001): Teilnahmeverhalten bei Web-Befragungen - Nonresponse und Selbstselektion. In: Theobald, A./Dreyer, M./Starsetzki, T. (Hrsg.), Online-Marktforschung, Wiesbaden, S. 79-95.

Boyett, J. H./Conn, H. P. (1992): Workplace 2000: The Revolution Reshaping American Business, New York.

Brockhoff, K. (1997): Wenn der Kunde stört - Differenzierungsnotwendigkeiten bei der Einbeziehung von Kunden in die Produktentwicklung. In: Bruhn M./Steffenhagen, H. (Hrsg.), Marktorientierte Unternehmensführung: Reflexionen - Denkanstöße - Perspektiven, Wiesbaden, S. 351-370.

Brockhoff, K. (1998): Der Kunde im Innovationsprozeß. In: Berichte aus den Sitzungen der Joachim Jungius-Gesellschaft der Wissenschaften e.V. Hamburg, 16(3), Hamburg, S. 3-34.

Brockhoff, K. (1999): Forschung und Entwicklung, Planung und Kontrolle, 5. Aufl., München/Wien.

Brockhoff, K. (1999): Produktpolitik, 4. Aufl., Stuttgart.

Brockhoff, K. (2003): Customers' Perspectives of Involvement in New Product Development. International Journal of Technology Management, 26(5/6), S. 464-481.

Brockhoff, K/Hauschildt, J. (1993): Schnittstellen-Management - Koordination ohne Hierarchie. Zeitschrift Führung und Organisation, 62(6), S. 396-403.

Brown, J. S.Duguid, P. (2001): Knowledge and Organization: A Social-Practice Perspective. Organization Science, 12(2), S. 198-213.

Brown, J./Utterback, J. (1985): Uncertainty and Technical Communication Patterns. Management Science, 31(3), S. 301-311.

Bruce, M./Leverick, F./Littler, D., et al. (1995): Success Factors for Collaborative Product Development: A Study of Suppliers of Information and Communication Technology. R&D Management, 25, S. 33-44.

Bstieler, L. A. (1997): The Impact of External Partnering on Key Drivers and Project Performance in Industrial New Product Development, Innsbruck.

Bullinger, H.-J./Fröschle, N./Mack, O. (2003): Business Communities im Internet: Management von Kunden-, Mitarbeiter und Geschäftspartnerbeziehungen im Internet. In: Bruhn, M./Stauss, B. (Hrsg.), Dienstleistungsnetzwerke - Dienstleistungsmanagement Jahrbuch 2003 Wiesbaden, S. 537-563.

Bürgel, H. D./Haller, C./Binder, M. (1996): F & E-Management, München.

Burke, R. R. (1996): Der virtuelle Laden - Testmarkt mit Zukunft? Harvard Business Manager, 18(4), S. 107-117.

Burke, R. R. (1996): Virtual Shopping: Breakthrough in Marketing Research. Harvard Business Review, (March-April 1996), S. 120-131.

Buurman, D. (1997): User-centered Design of Smart Products. Ergonomics, 40(10), S. 1159-1169.

Calder, B. J./Philips, L. W./Tybout, A. M. (1982): The Concept of External Validity. Journal of Consumer Research, 9(3), S. 240-244.

Campbell, A. J./Cooper, R. G. (1999): Do Customer Partnerships Improve New Product Success Rates? Industrial Marketing Management, 28(5), S. 507-519.

Cannon, J./Perreault, W. (1999): Buyer-Seller Relationships in Business Markets. Journal of Marketing Research, XXXVI, S. 439-460.

Carmines, E./Zeller, R. (1979): Reliability and Validity Assessment, Newbury Park et al.

Chan, N. T. et al. (2001): Experimental Markets for Product Concepts, Working Paper MIT, Coambridge.

Chan, T.-Y./Lee, J.-F. (2004): A Comparative Study of Online User Communities Involvement in Product Innovation and Development. Working Paper, 13th International Conference on Management of Technology IAMOT , Washington D.C. ,April 3-7 (http://opensource.mit.edu/papers/chanlee.pdf).

Christensen, C. M. (1997): The Innovator's Dilemma: When New Technologies Cause Great Firms to Fail, Cambridge.

Churchill, G. A. (1979): A Paradigm for Developing Better Measures of Marketing Constructs. Journal of Marketing Research, 16, S. 64-73.

Churchill, G. A./Surprenant, C. (1982): An Investigation into the Determinants of Customer Satisfaction. Journal of Marketing Research, 19, S. 64-73.

Cohen, J./Fischbein, M./Ahtola, O. (1972): The nature and Uses of Expectancy-Value Models in Consumer Attitude Research. Journal of Marketing Research, IX, S. 456-60.

Cooper, R. G. (1983): The New Product Process: An Empirical-Based Classification Scheme. R&D Management, 13(1), S. 1-13.

Cooper, R. G./Edgett, S. J./Kleinschmidt, E. J. (2002): Optimizing the Stage-Gate Process: What Best-Practice Companies Do--II. Research Technology Management, 45(6), S. 43-49.

Cordano, M./Frieze, I. (2000): Pollution Reduction Preferences of U.S. Environmental Managers: Applying Ajzens's Theory of Planned Behavior. Academy of Management Journal, 43(4), S. 627-641.

Costley, C. L. (1988): Meta Analysis of Involvement Research. Advances in Consumer Research, 15, S. 554-562.

Craig, C. S/.Ginter, J. L. (1975): An Empirical Test of a Scale for Innovativeness. Advances in Consumer Research, 2(1), S. 555-562.

Cristiano, J. J./Liker, J. K./White, C. C. (2000): Customer-Driven Product Development Through Quality Function Deployment in the U.S. and Japan. Journal of Product Innovation Management, 17, S. 286-308.

Csikszentmihalyi, M. (1987): Das Flow-Erlebnis: jenseits von Angst und Langeweile: im Tun aufgehen, 2. Aufl., Stuttgart.

Csikszentmihalyi, M. (2002): Creativity: Flow and the Psychology of Discovery and Invention, New York.

Dahan, E./Hauser, J. R. (2002): The Virtual Customer. Journal of Product Innovation Management, 19(5), S. 332-353.

Dahan, E./Srinivasan, V. (2000): The Predictive Power of Internet-Based Product Concept Testing Using Visual Depiction and Animation. Journal of Product Innovation Management, 17, S. 99-109.

Darrow, A./Kahl, D. (1982): A Comparison or Moderated Regression Techniques Considering Strength of Effect. Journal of Management, 8(2), S. 35-47.

Daumenlang, K. (1987): Querschnitt- und Längsschnittmethoden. In: v. Roth, E./ Heidenreich, K. (Hrsg.), Sozialwissenschaftliche Methoden. Lehr- und Handbuch für Forschung und Praxis, 2. Aufl., München/Wien, S. 319-336.

Davis, D./Bagozzi, R./Warshaw, P. (1989): User Acceptance of Computer Technology: A Comparison of two Theoretical Models. Management Science, 35(8), S. 982-1003.

De Bondt, R. (1992): Consumer Evaluations of Early Product-Concepts, Delft.

De Bono, E. (1996): Serious Creativity, Stuttgart.

de Brentani, U. (2001): Innovative versus Incremental New Business Services: Different Keys for Achieving Success. Journal of Product Innovation Management, 18(3), S. 169-187.

Deci, E. L. (1971): Effects of externally mediated rewards on intrinsic motivation. Journal of Personality and Social Psychology, 18(1), S. 105-115.

Deci, E. L./Ryan, R. M. (2002): Handbook of Self-Determination Research, Rochester.

Deshpandé, R./Farley, J. U./Webster, F. E. (1993): Corporate Culture, Customer Orientation, and Innovativeness in Japanese Firms: A Quadrat Analysis. Journal of Marketing, 57, S. 23-37.

Dholakia, U./Morwitz, V. G. (2002): The Scope and Persistence of Mere-Measurement Effects: Evidence from a Field Study of Customer Satisfaction Measurement. Journal of Consumer Research, 29(2), S. 159-167.

Dillman, D. A. (2000): Mail and Internet Surveys: The Tailored Design Method, New York.

Dwyer, F. R./Schurr, P. H./Oh, S. (1987): Developing Buyer-Seller Relationships. Journal of Marketing, 51(2), S. 11-27.

Dyer, G. W./Wilkens, A. L. (1991): Better Stories, Not Better Constructs to Generate Better Theory: A Rejoinder to Eisenhardt. Academy of Management Review, 16(3), S. 613-619.

Eliashberg, J./Lilien, G. L./Rao, V. (1997): Minimizing technological oversights: A marketing research perspective. In: Garud, R./Nayyar, P./Rattah, P./Shapira, Z. B. (Hrsg.), Technological Innovation: Oversights and Foresights, New York/Camebridge, S. 214-230.

Emerson, R. (1972): Exchange Theory, Part I: A Psychological Basis for Social Exchange. In: Berger, J./Zelditch, M./Anderson, B. (Hrsg.), Sociological Theories in Progress, S. 38-57.

Emerson, R. (1972): Exchange Theory, Part II: Exchange Relations and Network Structures. In: Berger, J./Zelditch, M./Anderson B. (Hrsg.), Sociological Theories in Progress, S. 58-87.

Emerson, R. (1987): Toward a Theory of Value in Social Exchange. In: Cook, K. (Hrsg.), Social Exchange Theory, Newbury Park.

Engelhardt, C. (1999): Dienstleistungsinnovation durch Kundenintegration. In: Arbeitspapier zur Schriftenreihe Schwerpunkt Marketing der Ludwig-Maximilians-Universität München, Band 103, München.

Epple, M./Hahn, G. (2001): Dialog im virtuellen Raum - Die Online-Focusgroup in der Praxis. In: Theobald, A./Dreyer, M./Starsetzki, T. (Hrsg.), Online-Marktforschung, Wiesbaden, S. 249-259.

Ernst, H. (2001): Erfolgsfaktoren neuer Produkte - Grundlagen für eine valide empirische Forschung, Wiesbaden.

Ernst, H. (2002): Success Factors of New Product Development: a Review of the Empirical Literature. International Journal of Management Review, 4(1), S. 1-40.

Ernst, H. (2003): Unternehmenskultur und Innovationserfolg - Eine empirische Analyse. Zeitschrift für betriebswirtschaftliche Forschung, 55, S. 23-44.

Ernst, H. (2004): Virtual Customer Integration - Maximizing the Impact of Customer Integration on New Product Performance. In: Sönke, A. (Hrsg.), Cross-functional Innovation Management, Wiesbaden, S. 192-208.

Ernst, H./Gulati, R. (2003): Virtual Customer Integration. Bringing the Customer back into the Organization. Working Paper, Vallendar/Evanston.

Ernst, H./Schnoor, A. (2000): Einflußfaktoren auf die Glaubwürdigkeit kundenorientierter Produkt-Vorankündigungen: Ein signaltheoretischer Ansatz. Zeitschrift für Betriebswirtschaft, 70(12), S. 1331-1350.

Ernst, H./Soll, J. H./Spann, M. (2004): Möglichkeiten zur Lead-User-Identifikation in Online Medien. In: Herstatt, C./Sander, J. (Hrsg.), Produktentwicklung mit virtuellen Communities, Wiesbaden, S. 121-140.

Ernst, O./Sattler, H. (2000): Multimediale versus traditionelle Conjoint-Analysen. Ein empirischer Vergleich alternativer Produktpräsentationsformen. Marketing ZFP, 2, S. 161-172.

Evans, P./Wurster, T. S. (1999): Blown to Bits - How the New Economics of Information Transforms Strategy, Boston.

Fama, E. F. (1970): Efficient Capital Markets: A Review of Theory and Empirical Work. Journal of Finance, 25, S. 383-417.

Fischer, L. (1992): Rollentheorie. In: Frese, E. (Hrsg.), Handwörterbuch der Organisation, Stuttgart, S. 2224-2234.

Fishbein, M. (1963): An investigation of the relationship between beliefs about an object and the attitude toward that object. Human Relations, 16, S. 233-240.

Fishbein, M. (1967): Attitude and the prediction of behavior. In: Fishbein, M. (Hrsg.), Readings in Attitude Theory and Measurement, New York, S. 477-492.

Fishbein, M./Ajzen, I. (1972): Attitudes and Opinions. Annual Review of Psychology, 23, S. 487-544.

Fishbein, M./Ajzen, I. (1974): Attitudes Toward Objects as Predictors of Single and Multiple Behavior Criteria. Psychological Review, 81, S. 59-74.

Fishbein, M./Ajzen, I. (1975): Belief, Attitude, Intention and Behaviour: An Introduction to Theory and Research, Reading, MA.

Fishbein, M./Middlestadt, S. (1995): Noncognitive Effects on Attitude Formation and Change: Fact of Artifact? Journal of Consumer Psychology, 4(2), S. 181-202.

Ford, D. (1990): Understanding Business Markets: Interaction, Relationships, and Networks, London.

Fornell, C./Larcker, D. (1981): Evaluating Structural Equation Models with Unobservable Variables and Measurement Error. Journal of Marketing Research, 18, S. 39-50.

Franke, N./Shah, S. (2003): How Communities Support Innovative Activities: An Exploration of Assistance and Activities Among Innovative Users of Sporting Equipment. Research Policy, 32(1), S. 157-178.

Franke, N./Piller, F. (2004): Value Creation by Toolkits for User Innovation and Design: The Case of the Watch Market. Journal of Product Innovation Management, 21, S. 401-415.

Freeman, C. (1991): Networks of Innovators: a Synthesis of Research Issues. Research Policy, 20, S. 499-514.

Frese, E. (1988): Grundlagen der Organisation. Die Organisationsstruktur der Unternehmung, 4. Aufl., Wiesbaden.

Frey, D./Stahlberg, D./Gollwitzer, P. M. (1993): Einstellungen und Verhalten: Die Theorie des überlegten Handelns und die Theorie des geplanten Verhaltens. In: Frey, D./Irle, M. (Hrsg.), Kognitive Theorien, Band I, Bern.

Friedrich von den Eichen, S. A. et al. (2002): Durch Kooperation den Kundenwert steigern. In: Hinterhuber, H. H./Matzler, K. (Hrsg.), Kundenorientierte Unternehmensführung, 3. Aufl., Wiesbaden, S. 393-411.

Füller, J. (2005): Why Consumers Engage in Virtual New Product Developments Initiated by Producers. Advances in Consumer Research, Vol. XXXIII.

Füller, J./Mühlbacher, H./Bartl, M. (2004): Beziehungsmanagement durch virtuelle Kundeneinbindung in den Innovationsprozess. In: Hinterhuber, H. H./Matzler, K. (Hrsg.), Kundenorientierte Unternehmensführung, 4. Aufl., Wiesbaden, S. 215-239.

Füller, J./Mühlbacher, H./Rieder, B. (2003): An die Arbeit lieber Kunde. Harvard Business Manager, August, S. 36-45.

Füller, J./Schmidt-Gabriel, M. (2003): Vom Lead User zum Unternehmer - Virtuelle Kundeneinbindung am Beispiel des "DiGGiT"Snowboard Rucksacks, (From Lead User to Entrepreneur). In: Piller, F./Stotko, C. (Hrsg.), Mass Customization und Kundenintegration, Düsseldorf.

Gales, L./Mansour-Cole, D. (1995): User Involvement in Innovation Projects: Toward an Information Processing Model. Journal of Engineering and Technology Management, 12, S. 77-109.

Gatignon, H./Robertson, T. (1986): An Exchange Theory Model of Interpersonal Communication. Advances in Consumer Research, 13, S. 534-538.

Gebert, D./Rosenstiel, L. (1989): Organisationspsychologie, Stuttgart.

Gebhardt, A. (2000): Rapid Prototyping: Werkzeuge für die schnelle Produktentstehung, München.

Gemünden, H. G. (1980): Effiziente Interaktionsstrategien im Investitionsgütermarketing. Markting ZFP, 2(1), S. 21-32.

Gerbing, D./Anderson, J. C. (1988): An Updated Paradigm for Scale Development Incorporating Unidimensionality and its Assessment. Journal of Marketing Research, 25, S. 186-192.

Giering, A. (2000): Der Zusammenhang zwischen Kundenzufriedenheit und Kundenloyalität: Eine Untersuchung moderierender Effekte, Wiesbaden.

Gilmore, J. H./Pine, J. B. I. (2000): Markets of one: Creating Customer-Unique Value through Mass Customization, Boston.

Goldsmith, R. E./Hofacker, C. F. (1991): Measuring Consumer Innovativeness. Journal of the Academy of Marketing Science, 19(3), S. 209-221.

Görts, T. (2001): Gruppendiskussion - Ein Vergleich von Online- und Offline-Focus-Groups. In: Theobald, A./Dreyer, M./Starsetzki, T. (Hrsg.), Online-Marktforschung, Wiesbaden, S. 149-164.

Gräf, L. (1999): Optimierung von WWW-Umfragen. In: Batinic, B./Werner, A./Gräf, L./Bandilla, W. (Hrsg.), Online Research: Methoden, Anwendungen und Ergebnisse, Göttingen, S. 159-177.

Green, P. E./Tull, D. S. (1982): Methoden und Techniken der Marktforschung, 4. Aufl., Stuttgart.

Griffin, A./Hauser, J. R. (1996): Integrating R&D and Marketing: a Review and Analysis of the Literature. Journal of Product Innovation Management, 13, S. 191-215.

Griffin, A./Hauser, J. R. (1993): The Voice of the Customer. Marketing Science, 12(1), S. 1-26.

Grossnickle, J./Raskin, O. (2001): Handbook of Online Market Research, New York.

Gruner, K. E. (1997): Kundeneinbindung in den Produktinnovationsprozeß: Bestandsaufnahme, Determinanten, und Erfolgswirkungen, Wiesbaden.

Gruner, K. E./Homburg, C. (1999): Innovationserfolg durch Kundeneinbindung. Eine empirische Untersuchung. Zeitschrift für Betriebswirtschaft, Ergänzungsheft 1, S. 119-142.

Gruner, K. E./Homburg, C. (2000): Does Customer Interaction Enhance New Product Success? Journal of Business Research, 49, S. 1-14.

Gummesson, E. (2000): Qualitative Methods in Management Research, 2. Aufl., Thousand Oaks.

Gupta, A. K./Raj, S. P./Wilemon, D. (1986): R&D and Marketing Managers in High-Tech Companies: Are They Different? IEEE Transactions on Engineering Management, EM-33, S. 25-32.

Haddock, G./Zanna, M. P. (1998): Assessing the impact of affective and cognitive information in predicting attitudes toward capital punishment. Law and Human Behavior, 22(3), S. 325-339.

Hafermalz, O. (1976): Schriftliche Befragung - Möglichkeiten und Grenzen, Wiesbaden.

Hagel III, J./Armstrong, A. (1997): Net Gain: expanding markets through virtual communities, Boston.

Hair, J. F./Anderson, R. E./Tatham, R. L. et al. (1998): Multivariate Data Analysis, 5. Aufl., New Jersey.

Hakansson, H. (1982): International Marketing and Purchasing of Industrial Goods - An Interaction Approach, New York.

Hammann, P./Erichson, B. (2000): Marktforschung, 4. Aufl., Stuttgart.

Hansen, U. (1982): Die Stellung des Konsumenten im Prozeß der unternehmerischen Produktentwicklung. Marketing ZFP, 4(1), S. 27-36.

Hansen, U/Henning, T. (1995): Der Co-Produzenten-Ansatz im Konsumgütermarketing, Darstellung und Implikationen einer Neuformulierung der Konsumentenrolle. In: Hansen, U. (Hrsg.), Verbraucher- und umweltorientiertes Marketing: Spurensuche einer dialogischen Marketingethik, Stuttgart, S. 309-332.

Hansen, U/Raabe, T. (1991): Konsumentenbeteiligung an der Produktentwicklung von Konsumgütern. Zeitschrift für Betriebswirtschaft, 61(2), S. 171-194.

Hanson, W. (2000): Principles of Internet Marketing, Cincinnati/Ohio et al.

Harhoff, D./Henkel, J./von Hippel, E. (2003): Profiting from Voluntary Information Spillovers: How Users Benefit by Freely Revealing Their Innovations. Research Policy, 32(1), S. 142-156.

Hartwick, J./Barki, H. (1994): Explaining the Role of User Participation in Information System Use. Management Science, 40(4), S. 440-465.

Hauptmanns, P./Lander, B. (2001): Zur Problematik von Internet-Stichproben. In: Theobald, A./Dreyer, M./Starsetzki, T. (Hrsg.), Online-Marktforschung, Wiesbaden, S. 28-40.

Hauschildt, J. (1993): Innovationsmanagement - Determinanten des Innovationserfolges. In: Hauschildt, J./Grün, O. (Hrsg.), Ergebnisse empirischer betriebswirtschaftlicher Forschung: Zu einer Realtheorie der Unternehmung, Stuttgart, S. 295-326.

Hauschildt, J. (1997): Innovationsmanagement, 2. Aufl., München.

Hauschildt, J./Schlaak, T. M. (2001): Zur Messung des Innovationsgrades neuartiger Produkte. Zeitschrift für Betriebswirtschaft, 71(2), S. 161-182.

Heckhausen, H. (1989): Motivation und Handeln, Berlin.

Hemetsberger, A. (2001): Fostering Cooperation on the Internet, Advances in Consumer Research, 29, S. 354-356.

Hemetsberger, A. (2001): Fostering cooperation on the Internet, social exchange processes in innovative virtual consumer communities. Advances in Consumer Research, 29, S. 354-356.

Henkel, J./Sander, J. (2003): Identifikation innovativer Nutzer in virtuellen Communities. In: Herstatt, C./Verworn, B. (Hrsg.), Management der frühen Innovationsphasen, Wiesbaden, S. 73-102.

Henning-Thurau, U. H. (2001): Kundenartikulation im Internet. Die Betriebswirtschaft, 61(5), S. 560-580.

Herstatt, C. (1991): Anwender als Quellen für die Produktinnovation, Zürich.

Herstatt, C./Lüthje, C./Lettl, C. (2004): Fortschrittliche Kunden zu Breakthrough Innovationen stimulieren. In: Herstatt, C./Sander, J. (Hrsg.), Produktentwicklung mit virtuellen Communities, Wiesbaden, S. 57-71.

Herstatt, C./von Hippel, E. (1992): From experience: Developing New Product Concepts via the Lead User Method: a Case Study in a 'low tech' Field. Journal of Product Innovation Management, 9(3), S. 213-221.

Herstatt, C./Sander, J. G. (2004): Online-Kundeneinbindung in den frühen Innovationsphasen. In: Herstatt, C./Sander, J. (Hrsg.), Produktentwicklung mit virtuellen Communities, Wiesbaden, S. 99-119.

Hildebrandt, L. (1984): Kausalanalytische Validierung in der Marketingforschung. Marketing ZFP, 6, S. 41-51.

Hildebrandt, L. (1995): Kausalanalyse. In: Tietz, B./Köhler, R./Zentes, J. (Hrsg.), Handwörterbuch des Marketing, 2. Aufl., Stuttgart, S. 1125-1135.

Hill, M./Mann, L./Wearing, A. (1996): The effects of attitude, subjective norm and self-efficacy on intention to benchmark. Journal of Organizational Behavior, 17(4), S. 313-327.

Hill, R. J. (1981): Attitudes and behavior. In: Rosenberg, M./Truner, R. H. (Hrsg.), Social Psychology: Sociological Perspectives, New York, S. 347-377.

Hirschmann, E. (1980): Innovativeness, Novelty Seeking, and Consumer Creativity. Journal of Consumer Research, 7, S. 283-295.

Holbrook, M. B./Moore, W. L. (1981): Feature Interactions in Consumer Judgements of Verbal vs. Pictoral Presentations. Journal of Consumer Research, 8, S. 103-113.

Holt, K./Geschka, H./Peterlongo, G. (1984): Need Assessment - A Key to User-oriented Product Innovation, New York.

Homans, G. (1958): Social Behavior as Exchange. American Journal of Sociology, 63(6), S. 597-606.

Homans, G. C. (1986): Elementarfaktoren sozialen Verhaltens, Köln-Opladen.

Homburg, C. (2000): Kundennähe von Industriegüterunternehmen. Konzeption - Erfolgsauswirkungen - Determinanten, 3. Aufl., Wiesbaden.

Homburg, C./Baumgartner, H. (1995): Beurteilung von Kausalmodellen: Bestandsaufnahme und Empfehlungen. Marketing ZFP, 17(3), S. 162-176.

Homburg, C./Baumgartner, H. (1995): Die Kausalanalyse als Instrument der Marketingforschung: Eine Bestandsaufnahme. Zeitschrift für Betriebswirtschaft, 65, S. 1091-1108.

Homburg, C./Giering, A. (1996): Konzeptualisierung und Operationalisierung komplexer Konstrukte: Ein Leitfaden für die Marketingforschung. Marketing ZFP, 18(1), S. 2-54.

Homburg, C./Hildebrandt, L. (1998): Die Kausalanalyse: Bestandsaufnahme, Entwicklungsrichtungen, Problemfelder. In: Hildebrandt, L./Homburg, C. (Hrsg.), Die Kausalanalyse: Ein Instrument der empirischen betriebswirtschaftlichen Forschung, Stuttgart, S. 15-43.

Homburg, C./Hildebrandt, L. (1998): Die Kausalanalyse: Ein Instrument der empirischen betriebswirtschaftlichen Forschung, Stuttgart.

Homburg, C./Krohmer, H. (2003): Marketingmanagement, Wiesbaden.

Homburg, C./Pflesser, C. (1999): Strukturgleichungsmodelle mit latenten Variablen. In: Herrmann, A./Homburg, C. (Hrsg.), Marktforschung, Wiesbaden.

Homburg, C./Stock, R. (2001): Theoretische Perspektiven zur Kundenzufriedenheit. In: Homburg, C. (Hrsg.), Kundenzufriedenheit. Konzepte - Methoden - Erfahrungen, Wiesbaden, S. 17-50.

Hopkins, K. D./Gullickson, A. R. (1993): Response Rates in Survey Research: A Meta Analysis of the Effects of Monetary Gratuities. Journal of Experimental Education, 61(1), S. 52-62.

Hudi, R./Bartl, M./Tappe, R. (2001): Infotainment-Systeme im Fahrzeug - Neue Formen des Systemdesigns für die Bewältigung einer rasanten Entwicklung. Elektronik Automotive, September (2001), S. 42-48.

Hühn, M. (2000): Der Kunde als Consultant. Die Bank, (8), S. 532-535.

Hurt, T./Joseph, K./Cook, C. (1977): Scales for the Measurement of Innovativeness. Human Communication Research, 4(1), S. 58-65.

Iansiti, M./MacCormack, A. (2000): Developing Products on Internet Time. Harvard Business Review, 75(5), S. 108-117.

Ives, B./Olson, M. (1984): User Involvement and MIS Success: A Review of Research. Management Science, 30(5), S. 586-603.

Izard, C. E. (1994): Die Emotionen des Menschen: eine Einführung in die Grundlagen der Emotionspsychologie, 2. Aufl., Weinheim et al.

Jacoby, J./Troutman, T./Kuss, A. et al. (1986): Experience and Expertise in Complex Decision Making. Advances in Consumer Research, 13, S. 469-472.

Jain, D. (1994): Regression Analysis for Marketing Decisions. In: Bagozzi, R. P. (Hrsg.), Principles of Marketing Research, Cambridge, S. 162-194.

Jap, S. (2001): Perspectives on joint competitive advantages in buyer–supplier relationships. International Journal of Research in Marketing, 18, S. 19-35.

Jawecki, G./Füller, J./Mühlbacher, H. (2005). Joint Product Development Activities in Online Consumer Groups - The Basketball Innovation Community. EMAC 34, Milan, Italy, European Marketing Academy (EMAC).

Jaworski, B./Kohli, A. (1993): Market Orientation: Antecedents and Consequences. Journal of Marketing, 57(July), S. 53-70.

Jeppesen, L. B. (2005): User Toolkits for Innovation: Consumers Support Each Other. Journal of Product Innovation Management(22), S. 347-362.

Jöreskog, K. (1973): A General Method for Estimating a Linear Structural Equations System. In: Golberger, A. S./Duncan, O. D. (Hrsg.), Structural Equations Models in the Social Sciences, New York, S. 88-99.

Jöreskog, K./Sörbom, D. (1982): Recent Developments in Structural Equation Modeling. Journal of Marketing Research, 19, S. 404-416.

Jöreskog, K./Sörbom, D. (1993): LISREL 8: Structural Equation Modeling with the SIMPLIS Command Language, Chicago.

Jost, A./Wiedmann, K.-P. (1993): Dialog und Kooperation mit Konsumenten, Mannheim.

Kaiser, H. F. (1974): An Index of Factorial simplicity. Psychometrika, 39, S. 31-36.

Kantola, S. K./Syme G. J./Campbell, N. A. (1982): The role of individual differences and external variables in a test of the sufficiency of Fishbein's model to explain behavioral intentions to conserve water. Journal of Applied Social Psychology, 12, S. 70-83.

Karavdic, M./Gregory, G. (2005): Integrating e-commerce into existing export marketing theories: A contingency model. Marketing Theory, 5(1), S. 75-104.

Karle-Komes, N. (1997): Anwenderintegration in die Produktentwicklung, Frankfurt.

Katz, R./Allen, T. J. (1982): Investigating the Not Invented Here (NIH) syndrome: A Look at the Performance, Tenure and Communication Patterns of 50 R&D Project Groups. R&D Management, 12(1), S. 7-19.

Kaulio, M. A. (1998): Customer, Consumer and User Involvement in Product Develeopment: A Framework and a Review of Selected Methods. Total Quality Management, 9(1), S. 141-149.

Kelly, K. (1998): New Rules for the New Economy - 10 Radical Strategies for a Connected World, New York.

Kern, E. (1990): Der Interaktionsansatz im Investitionsgütermarketing: eine konfirmatorische Analyse, Berlin.

Kidwell, B./Jewell, R. D. (2003): The Moderated Influence of Internal Control: An Examination Across Health-Related Behaviors. Journal of Consumer Psychology, 13(4), S. 377-386.

Kieser, A. (1993): Der Situative Ansatz. In: Kieser, A. (Hrsg.), Organisationstheorien, Stuttgart/Berlin, S. 161-191.

Kieser, A./Kubicek, H. (1978): Organisationstheorien I und II, Stuttgart.

Kieser, A./Kubicek, H. (1992): Organisation, 3. Aufl., Berlin/New York.

Kim, J./Wilemon, D. (2002): Focusing on the Fuzzy Front-End in New Product Development. R&D Management, 32(4), S. 269-279.

Kinnear, T./Taylor, J. (1991): Marketing Research: An applied Approach, 4. Aufl., New York.

Kirchmann, E. M. W. (1994): Innovationskooperation zwischen Herstellern und Anwendern, Wiesbaden.

Kirsch, W./Kutscher, M./Lutschewitz, H. (1980): Ansätze und Entwicklungstendenzen im Investitionsgütermarketing, Auf dem Wege zu einem Interaktionsansatz, Stuttgart.

Kleinaltenkamp, M. (1996): Customer Integration - Kundenintegration als Leitbild für das Business-to-Business-Marketing. In: Kleinaltenkamp, M./Fließ, S./Jacob, F. (Hrsg.), Customer-Integration: von der Kundenorientierung zur Kundenintegration, Wiesbaden, S. 13-24.

Kleinaltenkamp, M. (1999): Kundenbindung durch Kundenintegration. In: Bruhn, M./Homburg, C. (Hrsg.), Handbuch Kundenbindungs-Management: Grundlagen - Konzepte - Erfahrungen, 2. Aufl., Wiesbaden. S. 255-272.

Kleinaltenkamp, M./Marra, A. (1995): Institutionenökonomische Aspekte der „Customer Integration". In: Kaas, K. P. (Hrsg.), Kontrakte, Geschäftsbeziehungen, Netzwerk-Marketing und Neue Institutionenökonomik, Zeitschrift für betriebswirtschaftliche Forschung, S. 101-117.

Kleinaltenkamp, M./Staudt, M. (1991): Kooperation zwischen Investitionsgüter-Herstellern und führenden Anwendern („Lead User"). In: Kleinaltenkamp, M./Nordhause-Janz, J./Widmaier, B. (Hrsg.), Neue Kooperationsformen in der Wirtschaft, Hemsbach, S. 59-70.

Kline, R. B. (1998): Software Programs for Structural Equation Modeling: Amos, EQS, and LISREL. Journal of Psychoeducational Assessment, 16, S. 343-364.

Knoblich, H. (1995): Gütertypologien. In: Tietz, B./Köhler, R./Zentes, J. (Hrsg.), Handwörterbuch des Marketing, 2. Aufl., Stuttgart, S. 838-850.

Köhler, R. (1993): Produktpolitik - Strategische Stoßrichtung und Erfolg von Produktinnovationen. In: Hauschildt, J./Grün, O. (Hrsg.), Ergebnisse empirischer betriebswirtschaftlicher Forschung: Zu einer Realtheorie der Unternehmung, Stuttgart, S. 255-293.

Kohli, A./K.Jaworski, B. J. (1990): Market orientation: The construct, research propositions. Journal of Marketing, 54(2), S. 1-18.

Kohn, A. (1993): Why Incentive Plans Cannot Work. Harvard Business Review, September-October 1993, S. 54-63.

Kollock, P./Smith, M. (1998): Communities in Cyberspace, London.

Kotler, P. (1972): A Generic Concept of Marketing. Journal of Marketing, 36(2), S. 46-54.

Kozinets, R. (1997): 'I want to believe': A netnography of x-piles' subculture of consumption. Advances in Consumer Research, 24(1), S. 470-76.

Kozinets, R. (1998): On netnography: Initial reflections on consumer research investigations of cyberculture. Advances in Consumer Research, 25(1), S. 366-371.

Kozinets, R. (2001): Utopian Enterprise: Articulating the Meanings of Star Trek's Culture of Consumption. Journal of Consumer Research, 28(1), S. 67-88.

Kozinets, R. (2002): The Field Behind the Screen: Using Netnography for Marketing Research in Online Communications. Journal of Marketing Research, 39(1), S. 61-72.

Kozinets, R. V. (1999): E-Tribalized Marketing?: The Strategic Implications of Virtual Communities of Consumption. European Management Journal, 17(7), S. 252-264.

Kozinets, R/.Handelman, J. (1998): Ensouling consumption: A netnographic exploration of the meaning of boycotting behavior. Advances in Consumer Research, 25(1), S. 475-80.

Krafft, M. (1997): Der Ansatz der logistischen Regression und seine Interpretation. Zeitschrift für Betriebswirtschaft, 67(5/6), S. 625-642.

Krappmann, L. (1971): Soziologische Dimensionen der Identität, Stuttgart.

Kristensson, P./Gustafsson, A./Archer, T. (2004): Harnessing the Creative Potential among Users. Journal of Product Innovation Management, 21(1), S. 4-14.

Kroeber-Riel, W. (1996): Bildkommunikation - Imagerystrategien für die Werbung, München.

Kroeber-Riel, W./Weinberg, P. (1999): Konsumentenverhalten, 7. Aufl., München.

Kromrey, H. (1998): Empirische Sozialforschung: Modelle und Methoden der Datenerhebung und Datenauswertung, 8. Aufl., Opladen.

Kuwabara, K. (2000): Linux: A Bazaar at the Edge of Chaos. Firstmonday, 5(3), S. 1-61.

Lakhani, K./von Hippel, E. (2003): How Open Source Software Works: "Free" User-to-User Assistance. Research Policy, 32(6), S. 923-942.

Lambe, J./Wittman, M./Spekman, R. (2001): Social Exchange Theory and Research on Business-to-Business Relational Exchange. Journal of Business-to-Business Marketing, 8(3), S. 1-36.

Laurent, G./Kapferer, J. N. (1985): Measuring Consumer Involvement Profiles. Journal of Marketing Research, 22, S. 41-53.

Lavine, H./Thomson, C./Zanna, M. P. et al. (1998): On the primacy of affect in the determination of attitudes and behavior: the moderating role of affective-cognitive ambivalence. Journal of Experimental Social Psychology, 34, S. 398-421.

Lengnick-Hall, C. A. (1996): Customer Contributions to Quality: A Different View of the Customer-Oriented Firm. Academy of Management Review, 21(3), S. 791-824.

Lengnick-Hall, C. A./Claycomb, V./Inks, L. W. (2000): From Recipient to Contributor: Examining Customer Roles and Experienced Outcomes. European Journal of Marketing, 34(3/4), S. 359-383.

Leonard-Barton, D. (1996): Wellsprings of Knowledge: Building and Sustaining the Sources of Innovation, Boston.

Leonard-Barton, D./Sinha, D. (1993): Developer-User Interaction and User Satisfaction in Internal Technology Transfer. The Academy of Management Journal, 36, S. 1125-1139.

Li, H./Atuahene-Gima, K. (2001): The Impact of Interaction Between R&D and Marketing on New Product Performance: An Empirical Analysis of Chinese High Technology Firms. International Journal of Technology Management, 21(1/2), S. 61-75.

Liebeskind, J. P. (1996): Knowledge, Strategy, and the Theory of the Firm. Strategic Management Journal, 17 (Special Issue), S. 93-107.

Lilien, G. L. et al. (2002): Performance Assessment of the Lead User Idea-Generation Process for New Product Development. Management Science, 48(8), S. 1042-1059.

Lim, J. (2003): A conceptual framework on the adoption of negotiation support systems. Information & Software Technology, 45(8), S. 469-477.

Linton, R. (1936): The Study of Man, New York.

Littler, D./Leverick, F./Bruce, M. (1995): Factors Affecting the Process of Collaborative Product Development: A Study of UK Manufacturers of Information and Communication Technology Product. Journal of Product Innovation Management, 12, S. 16-32.

Loch, C. H./Terwiesch, C./Thomke, S. (2001): Parallel and Sequential Testing of Design Alternatives. Management Science, 45(5), S. 663-678.

Lohr, S. (2005): I.B.M. Hopes to Gain By Sharing Its Ideas. New York Times, Money & Business, 25.04.2005.

Lojacono, G./Zaccai, G. (2004): The Evolution of the Design-Inspired Enterprise. MIT Sloan Management Review, 45(3), S. 75-79.

Loken, B. (1983): The Theory of Reasoned Action: Examination of the Sufficiency Assumption for a Television Viewing Behavior. Advances in Consumer Research, 10(1), S. 100-105.

Lüthje, C. (2000): Kundenorientierung im Innovationsprozess: eine Untersuchung der Kunden-Hersteller-Interaktion in Konsumgütermärkten, Wiesbaden.

Lüthje, C. (2004): Characteristics of innovating users in a consumer goods field: An empirical study of sport-related product consumers. Technovation, 24(9), S. 683-695.

Lutz, R. J. (1977): An Experimental Investigation of Causal Relations Among Cognitions, Affect, and Behavioral Intention. Journal of Consumer Research, 3, S. 197-208.

Lynn, G. S./Akgün, A. E. (1998): Innovation Strategies Under Uncertainty: a Contingency Approach for New Product Development. Engineering Management Journal, 10 (3), S. 11-17.

MacCormack, A./Verganti, R./Iansiti, M. (2001): Developing Products on "Internet Time: The Anatomy of a Flexible Development Process. Management Science, 47 (1), S. 133-150.

Magretta, J. (1998): The Power of Virtual Integration: An Interview with Dell Computer's Michael Dell. Harvard Business Review, 76 (2). S. 73-84.

Mahajan, V./Muller, E./Bass, F. (1990): New Product Diffusion Models in Marketing: A Review and Directions for Research. Journal of Marketing, 54(January), S. 1-26.

Manning, K./Bearden, W./Madden, T. (1995): Consumer Innovativeness and the Adoption Process. Journal of Consumer Psychology, 4(4), S. 329-345.

Mason, C./Perreault, W. (1991): Collinearity, Power, and Interpretation of Multiple Regression Analysis. Journal of Marketing Research, 28, S. 268-280.

Maurer, T. J./Palmer, J. K. (1999): Management development intentions following feedback. Journal of Management Development, 18(9), S. 733-751.

McAlexander, J. H./Schouten, J. W./Koenig, H. F. (2002): Building Brand Community. Journal of Marketing, 66(1), S. 38-54.

McClelland, G./Judd, C. (1993): Statistical Difficulties of Detecting Interactions and Moderator Effects. Psychological Bulletin, 114(2), S. 376-390.

McWilliam, G. (2000): Building Strong Brands through Online Communities. Sloan Management Review, 41(13), S. 43-54.

Meffert, H. (1992): Marketingforschung und Käuferverhalten, 2. Aufl., Wiesbaden.

Meyer, A./Blümelhuber, C./Pfeifer, M. (2000): Der Kunde als Co-Produzent und co-Designer - oder: die Bedeutung der Kundenintegration für die Qualitätspolitik von Deinstleistungsanbietern. In: Bruhn, M./Stauss, B. (Hrsg.), Dienstleistungsqualität, 3. Aufl., Wiesbaden, S. 45-70.

Meyer, A./Pfeiffer, M. (1998): Virtuelle Kundenintegration. In: Franke, N./von Braun, C.-F. (Hrsg.), Innovationsforschung und Technologiemanagement, Berlin, S. 298-313.

Michel, S. (1996): Prosuming-Marketing, Bern/Stuttgart/Wien.

Midgley, D./Dowling, G. (1978): Innovativeness: The Concept and Its Measurement. Journal of Consumer Research, 4, S. 229-242.

Mitchell, A. A. (1981): The Dimensions of Advertising Involvement. Advances in Consumer Research, 8, S. 25-29.

Mittal, B. (1995): A Comparative Analysis of Four Scales of Involvement. Psychology & Marketing, 12, S. 663-682.

Mittal, B./Lee, M.-S. (1988): Separating Brand-Choice Involvement from Product Involvement via Consumer Involvement Profiles. Advances in Consumer Research, 15(1), S. 43-49.

Moenaert, R. K. /Souder, W. E. (1990): An Information Transfer Model Integration Marketing and R&D Personnel in New Product Development Projects. Journal of Product Innovation Management, 7, S. 91-107.

Moenaert, R. K. et al. (1995): R&D/Marketing Communication during the Fuzzy Front-End. IEEE Transactions on Engineering Management, 42(2), S. 243-257.

Moenaert, R. K. et al. (1994): R&D Marketing Integration Mechanisms, Communication Flows, and Innovation Success. Journal of Product Innovation Management, (11), S. 31-45.

Mönchhalfen, C. (2000): Marktforschung via Internet, Bochum.

Morgan, R. M./Crutchfield, T. N./Lacey, R. (2000): Patronage and Loyalty Strategies: Understanding the Behavioral and Attitudinal Outcomes of Customer Retention. In: Hennig-Thurau, T./Hansen U. (Hrsg.), Relationship Marketing, Heidelberg, S. 72-87.

Morgan, R. M./Hunt, S. D. (1994): The Commitment-Trust Theory of Relationship Marketing. Journal of Marketing, 58(3), S. 20-38.

Morris, M. G./Venkatesh, V. (2000): Age Differences in Technology Adoption Decisions: Implications for a Changing Work Force. Personnel Psychology, 53, S. 375-403.

Morrison, P. D./Roberts, J. H./von Hippel, E. (2000): Determinants of User Innovation and Innovation Sharing in a Local Market. Management Science, 46(12), S. 1513-1527.

Morrison, P./Roberts, J. H./Midgley, D. (2004): The Nature of Lead Users and Measurement of Leading Edge Status. Research Policy, 33(2), S. 351-362.

Mühlbacher, H. (1988): Ein situatives Modell der Motivation zur Informationsaufnahme und -verarbeitung bei Werbekontakten. Marketing ZFP, 2, S. 85-94.

Müller-Böling, D./Müller, M. (1986): Akzeptanzfaktoren der Bürokommunikation, München/Wien.

Müllers, A. (1988): Die Gewinnung innovationswirksamer Informationen mittels Anbieter-Nachfrager-Kommunikation, Frankfurt am Main.

Mullins, J. W./Sutherland, D. J. (1998): New Product Development in Rapidly Changing Markets: An Exploratory Study. Journal of Product Innovation Management, 15, S. 224-236.

Muniz, A./O'Guinn, T. (2001): Brand Community. Journal of Consumer Research, 27(4), S. 412-432.

Murphy, P./Enis, B. (1986): Classifying Products Strategically. Journal of Marketing, 50(3), S. 24-43.

Nambisan, S. (2002): Customer Co-Innovation in Virtual Environments: A Behavioural Perspective. Working Paper, Troy.

Nambisan, S. (2002): Designing Virtual Customer Environments for New Product Development: Toward a Theory. Academy of Management Review, 27(3), S. 392-413.

Narver, J./Slater, S. (1990): The Effect of a Market Orientation on Business Profitability. Journal of Marketing, 54, S. 20-35.

Notani, A. S. (1998): Moderators of Perceived Behavioral Control's Predictiveness in the Theory of Planned Behavior: A meta-analysis. Journal of Consumer Psychology, 7, S. 247-271.

Novak, T. P./Hoffman, D. L./Yung, Y. F. (2000): Measuring the Flow Construct in Online Environments: A Structural Modeling Approach. Marketing Science, 19 (1), S. 22-42.

Nunnally, J. C. (1978): Psychometric Theory, 2. Aufl., New York.

o.V. (2005a): Anwender-Orientierung - Immer öfter setzten Unternehmen professionelle Werkzeuge ein, um die Geistesblitze ihrer Kundschaft strategisch nutzbar zu machen. Das Ergebnis sind meist neue Kreationen und mitunter komplette Produktlinien, S. 4-9.

o.V. (2005b): Durchbruch von unten - Eine neue Methode der Produktentwicklung nutzt Erfahrung und Bedürfnisse von Pionieranwendern. Eine Chance für neue Technologiesprünge, S. 140-145.

o.V. (2005c): Kunden als Produktentwickler - Clevere Firmen haben einen Weg gefunden, über den sie kostengünstig an Innovationen kommen: Kundeneinbindung per Internet, S. 42-45.

o.V. (2005d): The rise of the creative consumer - How and why smart companies are harnessing the creativity of their customers, S. 59-60.

o.V. (2005e): Why Companies need good ideas - How to tap customer to create new products, S. 16-20.

O'Connor, B. P. (1998): SIMPLE: All-In-One Programs for Exploring Interactions in Moderated Multiple Regression. Educational and Psychological Measurement, 58(5), S. 836-840.

O'Hara-Devereaux, M./Johansen, R. (1994): Global Work. Bridging Distance, Culture and Time, San Francisco.

Ogawa, S. (1998): Does Sticky Information Affect the Locus of Innovation? Evidence from the Japanese Convenience-Store Industry. Research Policy, 26, S. 777-790.

Oh, S./Ahn, J./Kim, B. (2003): Adoption of broadband Internet in Korea: the role of experience in building attitude. Journal of Information Technology, (18), S. 276-280.

Olson, E. L./Bakke, G. (2001): Implementing the Lead User Method in a High Technology Firm: A Longitudinal Study of Intentions versus Action. Journal of Product Innovation Management, 18, S. 388-395.

Olson, E. M./Walker, O. C./Ruekert, R. W. et al. (2001): Patterns of Cooperation During New Product Development among Marketing, Operations and R&D: Implications for Project Performance. Journal of Product Innovation Management, 18, S. 258-271.

Ozer, M. (1999): The Use of Internet-Based Groupware in New Product Forecasting. Journal of the Market Research Society, 41, S. 425-439.

Pallister, J./Foxall, G. (1998): Psychometric properties of the Hurt–Joseph–Cook scales for the measurement of innovativeness. Technovation, 18(11), S. 663-675.

Palupski, R. (1995): Virtual Reality und Marketing. Marketing ZFP, 17, S. 264-272.

Parthasarthy, R./Hammond, J. (2002): Product innovation input and outcome: moderating effects of the innovation process. Journal of Engineering and Technology Management, 19, S. 75-91.

Peter, J. (1979): Reliability: A review of Psychometric Basics and Recent Marketing Practices. Journal of Marketing Research, 16, S. 6-17.

Peter, J. (1981): Construct Validity: A Review of Basic Issues and Marketing Practices. Journal of Marketing Research, 18, S. 133-145.

Pfleiderer, R. (2001): Zufallsauswahl im Internet. In: Theobald, A./Dreyer, M./Starsetzki, T. (Hrsg.), Online-Marktforschung, Wiesbaden, S. 55-65.

Pflesser, C. (1999): Marktorientierte Unternehmenskultur - Konzeption und Untersuchung eines Mehrebenemodells, Wiesbaden.

Picot, A./Reichwald, R./Nippa, M. (1988): Zur Bedeutung der Entwicklungsaufgabe für die Entwicklungszeit - Ansätze für die Entwicklungszeitgestaltung. Zeitschrift für betriebswirtschaftliche Forschung, Sonderheft 23, S. 112-136.

Picot, A./Reichwald, R./Wigand, R. T. (1996): Die grenzenlose Unternehmung, 2. Aufl. Wiesbaden.

Piere, L. (1934): Attitudes and Actions. Social Forces, 13, S. 230-237.

Piller, F. T. (2000): Mass Customization: ein wettbewerbsstrategisches Konzept im Informationszeitalter, Wiesbaden.

Piller, F. T./Schoder, D. (1999): Mass Customization und Electronic Commerce. Eine empirische Einschätzung zur Umsetzung in deutschen Unternehmen. Zeitschrift für Betriebswirtschaft, 69(10), S. 1111-1136.

Pinchot, G./Pinchot, E. (1993): The End of Bureaucracy and the Rise of the Intelligent Organization, San Francisco.

Pine, J. (1993): Mass Customization: The New Frontier in Business Competition, Cambridge.

Pinto, B. M./ Pinto, J. K. (1990): Project Team Communication and Cross-Functional Cooperation in New Program Development. Journal of Product Innovation Management, 7, S. 200-212.

Pirovsky, W./Komarek, F. (2001): Online Research - Ein Erfahrungsbericht. Planung und Analyse, 28(1), S. 28-32.

Prahalad, C./Ramaswamy, V. (2004b): The Future of Competition: Co-Creating Unique Value with Customers, Boston.

Price, L. L. (1983): Development of a Scale to Measure Use Innovativeness. Advances in Consumer Research, 10(1), S. 679-684.

Puff, F. (2002): Was ihr wollt - Kunden wirken an Infotainment-Entwicklung mit. Audimobil, Juni 2002, S. 15.

Raabe, T. (1993): Konsumentenbeteiligung an der Produktinnovation, Frankfurt/Main.

Raffée, H./Wiedmann, K.-P. (1987): Dialoge 2: Konsequenzen für das Marketing, Hamburg.

Raju, P. S./Lonial, S. C./Mangold, W. G. (1995): Differential Effects of Subjective Knowledge, Objective Knowledge, and User Experience on Decision Making - An Exploratory Investigation. Journal of Consumer Psychology, 4(2), S. 153-180.

Rammstedt, B./Koch, K./Borg, I. et al. (2004): Entwicklung und Validierung einer Kurzskala für die Messung der BIG-FIVE-Persönlichkeitsdimensionen in Umfragen. ZUMA-Nachrichten, 55 (November), S. 5-28.

Ranaweera, C./McDougall, G./Bansal, H. (2005): A model of online customer behavior during the initial transaction: Moderating effects of customer characteristics. Marketing Theory, 5(1), S. 51-74.

Randall, T./Terwiesch, C./Ulrich, K. T. (2003): Principles for User Design of Customized Products. Working Paper Wharton School (September), Philadelphia.

Reichwald, R./Piller, F. (2002): Der Kunde als Wertschöpfungspartner: Formen und Prinzipien. In: Albach, H. (Hrsg.), Wertschöpfungsmanagement als Kernkompetenz, Wiesbaden, S. 27-52.

Reips, U.-D. (2002): Standards for internet-based experimenting. Experimental Psychology, 49(4), S. 243-256.

Rheingold, H. (1993): The Virtual Community: Homesteading on the Electronic Frontier, Reading.

Rice, R. (1992): Task Analysability, Use of New Media and Effectiveness: A multi-Site Exploration of Media Richness. Organization Science, 3, S. 475-500.

Robertson, T. S. (1967): The Process of Innovation an the Diffusion of Innovation. Journal of Marketing, 31, S. 14-19.

Rogers, E. M. (1995): Diffusion of Innovations, 4. Aufl., New York.

Rogers, E. M./Shoemaker, F. (1971): Communication of Innovations, New York.

Rosenbald-Wallin, E. (1985): User-oriented Product Development Applied to Functional Clothing. Applied Ergonomics, (16), S. 279-287.

Rüdiger, M. (2001): „E-Customer-Innogration" - Potenziale der internetbasierten Kundeneinbindung in Innovationsprozesse. WHU Working Paper, Juli 2001 (Nr. 20).

Rüdiger, M./Vanini, S. (1998): Das Tacit knowledge-Phänomen und seine Implikationen für das Innovationsmanagement. Die Betriebswirtschaft, 58(4), S. 467-480.

Sattler, H./Schrader, S. (1995): Innovationsmarketing. In: Tietz, B./Köhler, R./Zentes, J. (Hrsg.), Enzyklopädie der Betriebswirtschaftslehre, Band 4, Handwörterbuch des Marketing, Stuttgart, Sp. 996-1008.

Sawhney, M./Prandelli, E. (2000): Communities of Creation: Managing Distributed Innovation in Turbulent Markets. California Management Review, 42(4), S. 24-54.

Sawhney, M./Prandelli, E./ Verona, G. (2003): The Power of Innomediation. MIT Sloan Management Review, 44(2), S. 77-82.

Scheuch, E. K./Kutsch, T. (1975): Grundbegriffe der Soziologie, Band 1, Stuttgart.

Schmelzer (1992): Organisation und Controlling von Produktentwicklungen: Praxis des wettbewerbsorientierten Entwicklungsmanagements, Stuttgart.

Schnell, R./Hill, P./Esser, E. (1993): Methoden der empirischen Sozialforschung, 4. Aufl., München.

Schoch, R. (1969): Der Verkaufsvorgang als sozialer Interaktionsprozeß, Winterthur.

Schönecker, H. G. (1980): Bedienerakzeptanz und technische Innovationen: Akzeptanzrelevante Aspekte bei der Einführung neuer Bürotechniksysteme, München.

Schouten, J./McAlexander, J. (1995): Subcultures of Consumption: An Ethnography of the New Bikers. Journal of Consumer Research, 22 (1), S. 43-61.

Schrader, S. (1990): Zwischenbetrieblicher Informationstransfer - Eine empirische Analyse kooperativen Verhaltens, Berlin.

Schrader, S./Göpfert, J. (1998): Zielklarheit und Zieloffenheit. In: Franke, N./von Braun, C.-F. (Hrsg.), Innovationsforschung und Technologiemanagement, Berlin, S. 191-204.

Schrader, S./Riggs, W. M./Smith, R. P. (1993): Choice over Uncertainty and Ambiguity in Technical Problem Solving. Journal of Engineering and Technology Management, 10, S. 73-99.

Schrader, S./Göpfert, J. (1998): Zielklarheit und Zieloffenheit. In: Franke, N./von Braun, C.-F. (Hrsg.), Innovationsforschung und Technologiemanagement, Berlin, S. 191-204.

Schreier, M. (2004): Toolkits for User Innovation and Design. In: Herstatt, C./Sander. J. (Hrsg.), Produktentwicklung mit virtuellen Communities, Wiesbaden, S. 199 - 219.

Schubert, B. (1991): Entwicklung von Konzepten für Produktinnovationen mittels Conjointanalyse, Stuttgart.

Schumpeter, J. A. (1912): Theorie der wirtschaftlichen Entwicklung, Leipzig.

Schweiger, W./Reisbeck, M. (1999): Bannerwerbung im Web - Zm Einfluß der Faktoren Animation und Platzierung auf die Selektion. In: Wirth, W./Schweiger, W. (Hrsg.), Selektion im Internet, Opladen/Wiesbaden, S. 221-247.

Shapiro, C./Varian, H. R. (1999): Information Rules: a Strategic Guide to the Network Economy, Boston.

Sharma, S./Durand, R./Gur-Arie, O. (1981): Identification and Analysis of Moderator Variables. Journal of Marketing Research, 18(3), S. 291-300.

Shaw, B. (1985): The Role of the Interaction between the User and the Manufacturer in Medical Equipment Innovation. R&D Management, 14(4), S. 283-292.

Sheppard, B. H./Hartwick, J./Warshaw, P. R. (1988): The Theory of Reasoned Action: A Meta-Analysis of Past Research with Recommendations for Modifications and Future Research. Journal of Consumer Research, 15, S. 325-343.

Sheth, J. (1975): Buyer-Seller Interaction: A Conceptual Framework. Advances in Consumer Research, S. 131-140.

Singh, K. (1997): The Impact of Technological Complexity and Interfirm Cooperation on Business Survival. Academy of Management Journal, 40(2), S. 339-367.

Sirdeshmukh, D./Singh, J./Sabol, B. (2002): Consumer trust, Value, and Loyalty in Relational Exchanges. Journal of Marketing, 66, S. 15-37.

Sobrero, M./Schrader, S. (1998): Structuring Inter-firm Relationships: A Metaanalytic Approach. Organization Studies, 19(4), S. 585-615.

Song, X. M./Montoya-Weiss, M. M. (1998): Critical development activities for really new versus incremental products. Journal of Product Innovation Management, 15(2), S. 124-135.

Song, X. M./Thieme, R. J./Xie, J. (1998): The Impact of Cross-functional Joint Involvement across Product Development Stages: an Exploratory Study. Journal of Product Innovation Management, 15, S. 289-303.

Souder, W. E. (1988): Managing Relations Between R&D Marketing and Marketing in New Product Development Projects. Journal of Product Innovation Management, 5, S. 6-19.

Spann, M. (2002): Virtuelle Börsen als Instrument der Marktforschung. Wiesbaden.

Spann, M./Ernst, H./Skiera, B. et al. (2004): Using Experimental Stock Markets to Identify Innovative Users. WHU Workingpaper, Mai 2004 (Nr. 98).

Staehle, W. H. (1981): Deutschsprachige situative Ansätze in der Managementlehre. In: Kieser, A. (Hrsg.), Organisationstheoretische Ansätze, München, S. 215-226.

Staehle, W. H. (1987): Management: Eine verhaltenswissenschaftliche Perspektive, 3. Aufl., München.

Stake, R. E. (1995): The Art of Case Study Reseach, Thousand Oaks.

Starsetzki, T. (2001): Rekrutierungsformen und ihre Einsatzbereiche. In: Theobald, A./Dreyer, M./Starsetzki, T. (Hrsg.), Online-Marktforschung, Wiesbaden, S. 41-53.

Stauss, B. (2000): Using New Media for Customer Interaction: A Challenge for Relationship Marketing. In: Henning-Thurau, T./Hansen, U. (Hrsg.), Relationship Marketing, Berlin, S. 233-253.

Stroebe, W./Jonas, K./Hewstone, M. (2002): Einstellungen, Berlin/Heidelberg.

Strohtmann, K.-H./Kliche, M. (1989): Innovations-Marketing, Wiesbaden.

Sulivan, L. P. (1986): Quality Function Deployment. Quality Progress, June 1986, 39-50.

Tajfel, H./Turner, J. (1979): An Integrative Theory of Intergroup Conflict. In: Austin, W. G./Worchel, S. (Hrsg.), The psychology of intergroup relations, Monterey.

Tapscott, D./Lowi, A./Ticoll, D. (2000): Digital Capital - Harnessing the Power of Business Webs, Boston.

Theobald, A. (1999): Marktforschung im Internet. In: Bliemel, F./Fassott, G./Theobald, A. (Hrsg.), Electronic Commerce: Herausforderungen - Anwendungen - Perspektiven, Wiesbaden, S. 343-359.

Theobald, A. (2000): Das World Wide Web als Befragungsinstrument, Wiesbaden.

Theobald, A. (2001): Sinn und Unsinn von Incentives in der Online-Marktforschung. In: Theobald, A./Dreyer, M./Starsetzki, T. (Hrsg.), Online-Marktforschung, Wiesbaden, S. 179-190.

Theobald, A./Dreyer, M./Starsetzki, T. (2001): Online-Marktforschung, Wiesbaden.

Thibaut, J./Kelley, H. (1967): The social psychology of groups, 5. Aufl., New York.

Thom, N. (1980): Grundlagen des betrieblichen Innovationsmanagements, Königstein.

Thomke, S. H. (1998): Simulation, Learning and R&D Performance: Evidence from Automotive Development. Research Policy, 27, S. 55-74.

Thomke, S./von Hippel, E. (2002): Customers as Innovators. Harvard Business Review, 80(4), S. 74-81.

Thomke, S./von Hippel, E. (2002): Kunden zu Erfindern machen: Ein neuer Trend in Forschung und Entwicklung verändert den Alltag in der Industrie: Die Hersteller lassen ihre Abnehmer die Produkte selbst entwickeln. Harvard Business Manager, (05/2002), S. 51-60.

Thomke, S./von Hippel, E. (2002): Customers as Innovators: A New Way to Create Value. Harvard Business Review, 80(4), S. 74.

Tollin, K. (2002): Customization as Business Strategy - a Barrier to Customer Integration in Product Development? Total Quality Management, 13(4), S. 427-439.

Triandis, H. C. (1975): Einstellungen und Einstellungsänderungen, Basel.

Trommsdorff, V. (1998): Konsumentenverhalten, 3. Aufl., Stuttgart/Berlin/Köln.

Turnball, P. W./Valla, J.-P. (1982): Strategies for International Industrial Marketing and Purchasing, London/Sydney/Dover.

Turner, J./Brown, R. J./Tajfel, H. (1979): Social Comparison Interest in Ingroup Favourism. European Journal of Social Psychology, 9, S. 187-204.

Turner, R. H. (1962): Role-Taking: Process Versus Conformity. In: Rose, A. M. (Hrsg.), Human Behavior and Social Processes, Boston, S. 20-40.

Tushman, M. L./Anderson, P. C./Reilly, T. (1997): Technology cycles, innovation streams, and ambidextrous organizations. In: Tushman, M. L./Anderson, P. C. (Hrsg.), Managing Strategic Innovation and Changes, New York, S. 3-23.

Ulwick, A. W. (2002): Turn Customer Input into Innovation. Harvard Business Review, 80(1), S. 91-97.

Unger, L. S./Kernan, J. B. (1983): On the Meaning of Leisure: An Investigation of Some Determinants of the Subjective Experience. Journal of Consumer Research, 8(1), S. 607-611.

Urban, G./Hauser, J. (2004): "Listening In" to Find and Explore New Combinations of Customer Needs. Journal of Marketing, 68, S. 72-87.

Urban, G. L./Hauser, J. R./Qualls, W. J. et al. (1997): Information Acceleration: Validation and Lessons from the Field. Journal of Marketing Research, 34, S. 143-153.

Urban, G. L./von Hippel, E. (1988): Lead User Analyses for the Development of New Industrial Products. Management Science, 34(5), S. 569-582.

Vandenbosch, M./Dawar, N. (2002): Beyond Better Products: Capturing Value in Customer Interactions. MIT Sloan Management Review, 43(4), S. 35-42.

Venkatesh, V./Morris, M. G./Davis, G. B. et al. (2003): User Acceptance of Information Technology: Toward A Unified View. MIS Quarterly, 27(3), S. 425-478.

Verona, G./Prandelli, E. (2002): A Dynamic Model of Customer Loyalty to Sustain Competitive Advantage on the Web. European Management Journal, 20(3), S. 299-309.

Veryzer, R. (1998): Key Factors Affecting Customer Evaluation of Discontinous New Products. Journal of Product Innovation Management, 15, S. 136-150.

von Hippel, E. (1976): The Dominant Role of Users in the Scientific Instrument Innovation Process. Research Policy, 5, S. 212-239.

von Hippel, E. (1977): The Dominant Role of the User in Semiconductor and Electronic Subassembly Process Innovation. IEEE Transactions on Engineering Management, 24(2), S. 60-71.

von Hippel, E. (1978): A Customer-Active Paradigm for Industrial Product Idea Generation. Research Policy, 7(3), S. 240-266.

von Hippel, E. (1978): Successful Industrial Products from Customer Ideas, Presentation of a New Customer-Active Paradigm with Evidence and Implications. Journal of Marketing, (42), S. 39-49.

von Hippel, E. (1979): A customer-active paradigm for industrial product idea generation. In: Baker, M. J. (Hrsg.), Industrial Innovation, London, S. 82-110.

von Hippel, E. (1982): Appropriability of Innovation Benefits As a Predictor of the Source of Innovation. Research Policy, 11(11), S. 95-115.

von Hippel, E. (1986): Lead Users: a Source of Novel Product Concepts. Management Science, 32(7), S. 791-805.

von Hippel, E. (1988): The Sources of Innovation, New York.

von Hippel, E. (1994): Sticky Information and the Locus of Problem Solving: Implication for Innovation. Management Science, 40(4), S. 429-439.

von Hippel, E. (1998): Economics of Product Development by users: The impact of "sticky" local information. Management Science, 44(5), S. 629-644.

von Hippel, E. (2001): Learning from Open-Source Software. MIT Sloan Management Review, Summer 2001, S. 82-86.

von Hippel, E. (2001): Perspective: User Toolkits for Innovation. Journal of Product Innovation Management, 18(4), S. 247-257.

von Hippel, E. (2005): Democratizing Innovation, Cambridge/London.

von Hippel, E./Thomke, S./Sonnack, M. (1999): Creating Breakthroughs at 3M. Harvard Business Review, September-October 1999, S. 47-57.

von Hippel, E./Katz, R. (2002): Shifting Innovation to Users via Toolkits. Management Science, 48(7), S. 821-833.

von Rosenstiel, L. (1975): Die motivationalen Grundlagen des Verhaltens in Organisationen. Leistung und Zufriedenheit, Berlin.

von Rosenstiel, L. (2000): Grundlagen der Organisationspsychologie, 4. Aufl., Stuttgart.

Wächter, H. (1992): Aktionsforschung. In: Frese, E. (Hrsg.), Handwörterbuch der Organisation, 3. Aufl., Stuttgart, S. 79-88.

Wahren, H.-K. E. (1987): Zwischenbetriebliche Kommunikation und Interaktion in Unternehmen: Grundlagen, Probleme und Ansätze zur Lösung, Berlin/New York.

Wikström, S. (1996): Value Creation by Company-Consumer Interaction. Journal of Marketing Management, 12, S. 359-374.

Wiswede, G. (1992): Soziale Rolle. In: Gangler, E./Weber, W. (Hrsg.), Handwörterbuch des Personalwesens, 2. Aufl., Stuttgart, Sp. 2001-2010.

Witte, E. (1973): Organisation für Innovationsentscheidungen, Göttingen.

Witte, E. (1974): Empirische Forschung in der Betriebswirtschaftslehre. In: Grochla, E./Wittmann, W. (Hrsg.), Handwörterbuch der Betriebswirtschaftslehre, 4. Auflage, Stuttgart, Sp. 1264-1281.

Witte, E. (1977): Lehrgeld für empirische Forschung. Notizen während einer Diskussion. In: Köhler, R. (Hrsg.), Kommission Wissenschaftstheorie im Verband der Hochschullehrer für Betriebswirtschaft e.V., Bericht über die Tagung in Aachen, März 1976, Stuttgart, S. 269-281.

Witte, E. (1997): Feldexperimente als Innovationstests - Die Pilotprojekte zu neuen Medien. Zeitschrift für betriebswirtschaftliche Forschung, 49(5), S. 419-436.

Wobser, G. (2003): Produktentwicklung in Kooperation mit Anwendern, Wiesbaden.

Wu, F./Lee, Y.-K. (2005): Determinants of e-communication adoption: The internal push versus pull factors. Marketing Theory, 5(1), S. 7-31.

Yin, R. K. (1984): Case Study Research: Design and methods, Newbury Park.

Zaichkowsky, J. (1985): Measuring the Involvement Construct. Journal of Consumer Research, 12(3), S. 341-352.

Zaichkowsky, J. L. (1986): Conceptualizing Involvement. Journal of Advertising, 15(2), S. 4-14.

Zaltman, G./Pinson, C./Angelmar, R. (1973): Metatheory and Consumer Research, New York.

Zeithaml, V. A./Bitner, M. J. (1996): Services Marketing, Singapore.

Zeithaml, V. A./Varadarajan, P./Zeithaml, C. P. (1988): The Contingency Approach: Its Foundations and Relevance to Theory Building and Research in Marketing. European Journal of Marketing, 22(7), S. 37-64.

Zerdick, A. et al. (1999): Die Internet-Ökonomie. Strategien für die digitale Wirtschaft, 2. Aufl., Berlin.

Zerr, K. (2001): Erscheinungsformen des Online Research - Klassifikation und kritische Betrachtung, Pforzheim.

Stichwortverzeichnis

A

Akzeptanz · 93ff, 219ff, 241ff, 271, 275, 279, 284ff
Akzeptanz, verhaltensorientierte · 97ff, 242ff, 284ff
Anonymität · 123, 254, 282
Anreize · 142ff, 174, 265ff, 278

B

Bedürfnisse · 73f, 176, 179, 184ff, 194, 273
Benutzerfreundlichkeit · 85f, 86, 195ff, 197, 274

C

Co-Design · 11
Community · 42, 75, 127f, 145
Community Based Innovation · 59
Conjoint-Analyse · 35f
Customer-Active-Paradigm 18

D

Design · 24f, 62, 231ff, 264, 269, 277

E

Einbindungsgrad · 86f, 195, 198ff, 271, 274
Einstellungskomponente, affektiv · 97, 219f, 242, 271
Einstellungskomponente, kognitiv · 98, 219f, 242, 271
Empowerment · 87, 202

F

Flow-Erlebnis · 62, 274
Fuzzy Front End · 29

I

Ideengenerierung · 18, 28f 54, 87, 120f, 170, 231ff, 251, 264, 268
Ideenwettbewerb · 76
Informations- und Kommunikationstechnologie · 12, 110
Informationsgehalt · 82f, 91, 138, 195, 198f, 201f, 271, 274
Informationstheorie · 64
Infotainment · 88, 163f, 167, 169f, 176, 198
Innovation · 2, 3, 5, 14, 21, 42, 60, 63, 74, 87, 113, 115, 132, 135, 142ff, 184, 204, 250, 266, 281
Innovationsaufgabe · 61f, 118, 135,ff, 144, 250, 260ff, 276f
Innovationsfähigkeit · 72, 144
Innovationsprozess · 18ff, 53, 55, 61ff, 87, 95, 106, 131, 133, 251, 259
Innovationstransfer · 81ff, 195, 198ff, 271, 274
Intensität · 119ff, 139ff, 148ff, 264, 269, 276, 282
Interaktionsforschung · 16, 64
Interaktionsmuster · 126, 282
Interaktionsprozess · 66f

K

Kommunikationsmuster · 125, 127, 140, 255
Konfigurator · 51
Kontinuität · 121f, 140, 252f, 264, 269, 277, 282
Kreativität · 147, 195, 273
Kundenintegration · VII, IX, 2, 4, 11, 20ff, 25, 29, 32, 35, 40, 49, 52, 54, 61ff, 68ff, 79ff, 88, 103, 105, 121f, 127, 130, 135, 141f, 145, 147, 163, 184, 214, 232, 235, 250, 251, 252, 258, 264, 276, 280
Kundenorientierung · 11, 20, 114, 228, 249, 251, 309, 312
Kundenwissen · 108

L

Lead User · 22f, 28f, 39, 49, 56, 70f, 73ff, 80, 90, 104, 195

M

Manufacturer-Active-Paradigm · 18
Marktforschung · 37, 47, 50ff, 70, 77f, 121, 157, 183, 250, 264, 273
Marktorientierung · 114, 225ff, 244ff, 275
Mass Customization · 39, 89, 274
Motivation · 74, 79, 141, 146ff, 266, 269, 271, 278

N

Neuproduktentwicklung · 13f, 18, 23, 42, 60, 63, 70, 87, 177, 220, 264, 281
Neuproduktentwicklungsprozess · 21, 27, 44, 270

O

Open Source · 78, 126f

P

Produktinnovation · 14, 27, 60, 84, 134
Produktpräsentation · 37, 53, 69, 82ff, 91, 195ff, 202, 207, 271, 274
Prototypen · 23, 38ff, 53f, 74, 84, 91, 106f, 166, 196f, 202ff, 208, 259, 282f
Pyramiding · 71

Q

Quality Function Deployment · 25

R

Rapid Prototyping · 41

S

Screening · 71, 76f
Selbstselektion · 77ff, 80, 129, 131, 183, 186, 256, 273
Situative Faktoren · 113, 115f, 226f, 244, 272
Solution Space · 56
Spaßfaktor · 87f, 146, 195, 198, 266, 269, 271
Sticky Information · 82, 139, 108f, 274
Subjektive Normen · 100, 220, 246f, 271

T

Toolkits · 31, 55ff, 64f, 82, 84f, 91, 134, 139
Transaktionskosten · 111

U

User Design · 3, 41, 54, 57, 65, 69, 88ff, 134, 169, 183, 202, 204ff, 271, 274, 283
User Innovation · 142, 282, 301, 314, 319

V

Virtual Customer · 27, 52, 54, 65, 88, 280
Virtual Customer Integration · 27
Virtual Reality · 34f
Virtuelle Kundenintegration · 41

W

Wahrgenommene Verhaltenskontrolle · 101, 220, 246f, 271, 284ff
Wertschöpfung · 1f, 11, 258, 280